기초를 탄탄히 세워주는
컴퓨터 사이언스

COMPUTER SCIENCE - AN OVERVIEW

기초를 탄탄히 세워주는
컴퓨터 사이언스

이해연 | **류승진** | **최정호** 지음

저자 약력

이해연_ 금오공과대학교 컴퓨터소프트웨어공학과 교수
류승진_ 한국전자통신연구원 부설연구소 선임연구원
최정호_ 한국전자통신연구원 부설연구소 선임연구원

기초를 탄탄히 세워주는
컴퓨터 사이언스

발행일 2014년 8월 1일
저 자 이해연, 류승진, 최정호
발행인 오성준
발행처 카오스북
주 소 경기도 파주시 문발동 507-9번지
전 화 031-949-2765
팩 스 031-949-2766

등록번호 제406-2012-000111호

디자인 Moon & Park

웹사이트 www.chaosbook.co.kr
ISBN 978-89-98338-55-8 93000

정가 25,000원

머리말

"IT 항로의 바른 길잡이를 위하여!"

저자는 컴퓨터 공학에 대해 18년 동안 공부하고, 연구하고, 학생들을 교육을 하면서 컴퓨터 공학에 대해 필수적인 정보를 담고 있으며 바이블(Bible)처럼 간직하고자 하는 책을 찾을 수가 없었다.

급변하는 컴퓨터 환경에서 모든 최신의 내용을 담고 있는 단 한 권의 책을 찾는 것은 불가능하겠지만, 최신 컴퓨터 환경에 기본이 되고 변함이 없는 지식을 포함하고 있는 책의 중요성은 매우 높다. 또한 인터넷의 발달로 최신 정보나 동향에 대한 지식의 검색이 손쉽게 가능하지만 컴퓨터를 처음 배우는 초보자에게 검색해서 학습해야 하는 정보를 가르쳐주는 마일스톤과 같은 가이드가 필요하다.

컴퓨터 개론은 컴퓨터 환경에 기본이 되고 변함이 없는 지식을 포함하기에 매우 좋은 주제이다. 컴퓨터 개론을 통하여 컴퓨터 전반에 걸친 기본적인 지식을 학습하고 이해를 한다면, 운영체제, 컴퓨터구조, 프로그래밍 언어, 네트워크, 알고리즘, 데이터베이스, 소프트웨어 공학, 멀티미디어, 컴퓨터 그래픽스 등의 심화된 컴퓨터 주제에 대하여 학습을 하는 데 도움이 된다.

컴퓨터에서 학습하는 모든 주제들은 독립된 것이 아니라 서로 유기적으로 연관이 되어 있다. 학생들의 교육을 위하여 대학교에서 다양한 주제에 대하여 강의를 한 지 4년이 지나고 있으며, 컴퓨터 개론의 중요성에 대하여 모든 강의를 통하여 느끼고 있다. 특히, 대학교를 졸업하고 사회에 뛰어드는 4학년 학생에게 기본적인 지식을 질문을 하여도 이해를 못하고 있는 것에 대하여 아쉬움을 느끼고 컴퓨터 개론에 대한 지식만 가지고 졸업했으면 하는 생각을 하게 된다.

대학교 새내기 학생들에게 컴퓨터 개론에 대하여 강의를 하고 있으나 이론과 실습이 포함되어 학생들에게 스스로 체험을 통하여 학습할 수 있도록 도와주는 교재는 접하지 못하였다. 또한 대학교에서 컴퓨터 개론은 1학년 교과과정에 포함이 되는데 재학 중에 군대에 다녀와야 하는 우리나라의 실정으로 인하여 교육의 연계성이 많이 떨어지는 실정이다.

저자는 컴퓨터 개론에 대하여 심오한 이론만을 설명하기보다는 해당 분야에 대해 실습을 통하여 학생들이 흥미를 갖도록 하고, 몸으로 학습하여 오래 기억할 수 있는 책을 만들고자 하였다. 대학교에서 컴퓨터를 전공하고 사회에 나아가는 독자들에게 기본적으로 알아야 할 필수적인 내용을 다룰 수 있도록 하였다. 또한, 컴퓨터를 전공하지는 않지만 컴퓨터에 관심이 있으며 컴퓨터를 활용하는 독자에게는 기초적인 지식을 실습을 통하여 전달하고자 하였다.

집필을 하는 동안 이 책을 만나게 될 독자들이 컴퓨터에 대한 기본적인 이론과 실습을 통한 실력을 쌓아가는 데 있어서 바이블과 같은 역할을 해주기를 희망하였다. 하지만 때로는 부족한 부분이 있거나 이론적으로 심화된 내용도 있을 것이다. 그러나 이 책을 대학교에서 강의에 활용하면서 학생들의 피드백을 받아서 보완하고, 더불어 독자들의 요구를 수렴하여 좀 더 좋은 도서가 만들어 질 수 있도록 노력하고자 한다.

마지막으로 이 책이 나오기까지 독려해주신 카오스북에 감사의 마음을 전한다. 이 책의 마무리까지 완성도를 높이기 위하여 밤낮으로 같이 작업한 KAIST 대학원생에게도 친애하는 마음을 전한다. 언제나 아낌없는 성원을 보내주시는 금오공과대학교 컴퓨터공학부 교수님들과 학생들, 그리고 이 책을 교재로 선정해주시는 여러 대학교의 교수님들에게도 감사의 마음을 전한다.

2014년 7월
대표저자 이 해 연

차 례

1부 컴퓨터 기초

컴퓨터와 정보화 사회

우리는 정보 기술의 발달로 인하여 정보화 사회를 살고 있으며, 정보 기술의 비약적인 발전 중심에는 컴퓨터가 있다. 또한 인터넷 및 스마트폰의 급속한 발달로 필요한 정보를 간단하게 획득할 수 있을 뿐만 아니라 정보의 홍수 속에 살아가고 있다. 이 장에서는 이와 같이 정보 기술 발전의 중심에 있는 컴퓨터의 역사와 종류에 대해서 알아보자.

학습목표

- 정보화 사회와 정보 기술을 이해
- 컴퓨터의 개념과 역사를 이해
- 컴퓨터의 종류를 이해
- 컴퓨터의 응용분야를 이해

1.1 정보화 사회

정보화는 어떤 지역이나 분야가 정보를 중시하는 방향으로 변화하는 과정을 말한다. 문명의 발전 단계는 농경시대, 산업시대, 정보시대로 나누어 볼 수 있는데, 원시시대에서 농경시대로 진행되는 과정을 농경화, 농경시대에서 산업시대로 진행하는 과정을 산업화라고 하듯이 정보시대로 진행하는 과정을 정보화라고 할 수 있다.

정보화 사회란 정보를 가공, 처리, 유통하는 활동이 활발하여 사회 및 경제의 중심이 되는 사회이다. 즉 정보 기술information technology, IT을 정치, 문화, 교육, 일상생활 등 여러 분야에서 활용하여 큰 변화를 가져오는 것을 의미한다.

1990년대 중반 이후, 인터넷이나 휴대 전화의 보급에 따라, 정보화 사회라는 말이 널리 사용되고 있다. 하지만, 그 개념이 처음 등장한 시기는 1960년대 초기라고 보는 견해가 일반적이다. 1962년 경제학자 프리츠 마흘루프는 미국 사회를 가리켜 정보화 사회라고 하였다.

1.1.1 정보화 사회의 특징

'정보화 사회'라는 말은 산업 사회, 농경 사회, 수렵 사회 등과 대비되는 개념으로 사용된다. 공업화가 일정한 수준에 도달했거나 공업화가 완료된 사회에서 일어나기 때문에 이때는 사회 발전 단계의 하나로서의 의미가 강하다. 또한, 정보화 사회라는 용어는 유의어가 여럿 있는데, 이들 유의어는 정보에 관련되는 단어를 수반하는 것이 보통이다. 멀티미디어 사회, 디지털 사회, 지식 사회, 정보 네트워크 사회, 글로벌 · 네트워크 사회 등이 그것이다. 이들 용어에서 사회를 시대로 바꾸어 쓰는 경우도 있다. 산업 사회 성립의 계기가 된 일련의 사건들을 산업 혁명이라 하는 것과 같이, 정보화 사회로 진행되는 과정을 정보 혁명이라고 부르기도 한다. 사회 전체적으로 기술 사회 · 지식 사회 · 고학력 사회를 형성한다. 산업 사회 이후 정보화 사회를 규명하기 위해서 많은 신조어들이 만들어졌다.

1.1.2 정보화 사회의 문제

정보와 지식이 중심이 되는 정보화 사회에서는 산업화 시대에서 찾아볼 수 없었던 새로운 사회 문제가 발생하기 시작했다.

먼저 나이, 교육 수준, 경제적 수준, 지역에 따라 정보에 접근할 수 있는 기회에 격차가 발생한다. 기성 세대, 교육 수준이 낮은 계층, 경제적으로 여유가 없는 계층, 산골이나 벽지 등 정보화 시설이 부족한 지역의 주민들은 정보를 이용할 수 있는 기회가 크게 부족하다. 정보 사회에서는 정보에 접근하고 이를 활용할 수 있는 능력이 중요한 경쟁력이므로 이러한 정보 격차는 사회적 불평등의 원인이 될 수 있다.

또한, 사생활이 침해될 위험이 적지 않다. 개인이 컴퓨터에 기록된 다른 사람의 정보를 빼내 부정하게 이용할 수 있으며, 국가 기관에서 일반 시민을 감시하기 위해 개인 정보를 관리, 통제할 수도 있다.

정보화는 빠르게 진행되고 있으나 사이버 공간의 규범은 아직 정착되지 않았다. 이에 따라 해킹, 컴퓨터 바이러스 유포, 익명성을 이용한 언어 폭력 등의 문제가 나타난다. 또한 인터넷을 절제하지 못해 중독되거나 이로 인해 사회 생활을 정상적으로 하지 못하는 사람들의 수가 심각하게 늘어나고 있다.

1.2 컴퓨터

컴퓨터computer는 수식이나 논리적 언어로 표현된 계산을 수행하거나 작업을 통제하는 기계다. 사전에서 찾을 수 있는 위와 같은 정의는 정확하지만 가리키는 범위가 너무 넓어 이전의 컴퓨터와 현재의 컴퓨터 그리고 미래의 컴퓨터를 정확하게 설명하기는 어렵다.

수학자 파스칼pascal은 세무사였던 아버지의 작업을 돕기 위해 덧셈과 뺄셈을 자동으로 수행하는 기계식 계산기를 고안했다. 1950년대 초에 컴퓨팅 머신computing machine이라는 말이 전산기를 지시하기 위해서 쓰였다. 마침내, 더 짧은 컴퓨터라는 말이 컴퓨팅 머신을 대체했다. 본래, 산술은 수학적인 문제와 밀접하게 연관되어 있지만, 현대 컴퓨터들은 값이 싸지고 용도가 다양해짐에 따라 수학과는 관계없는 많은 일에도 쓰인다.

1.2.1 컴퓨터의 기능

컴퓨터는 전자회로로 구성되며 자동적으로 계산이나 데이터를 처리하는 기계로 프로그래밍이 가능하며, 입력자료를 받아들여 처리하고 그 정보를 저장하고 검색하여 결과를 출력하는 일을 한다.

컴퓨터는 아날로그형과 디지털형이 있으나 1960년 이후로는 거의 디지털형만 이용된다. 컴퓨터는 여러 가지 명령어로 구성된 프로그램의 지시에 따라 입력한 데이터를 분석·처리하여, 그 결과를 사용자에게 제공한다. 그러나 컴퓨터가 하나의 업무를 처리하기 위해서는 입력, 제어, 기억, 연산, 출력 등의 장치가 서로 밀접하게 연관 되어야만 종합적인 기능을 수행할 수 있다.

❶ 입력 기능

프로그램을 컴퓨터 내부로 읽어 들이는 기능으로서 입력장치에 갖추어져 있다.

❷ 제어 기능

기억장치에 있는 프로그램의 명령을 하나씩 읽고 해석하여, 모든 장치의 동작을 지시하고 감독·통제하는 기능이다. 제어 기능은 컴퓨터에서 가장 핵심적인 기능으로 이러한 제어 기능이 있기 때문에 컴퓨터는 자동성을 갖는다. 제어 기능은 중앙처리장치의 제어부에서 담당한다.

❸ 기억 기능

입력장치로 읽어들인 데이터나 프로그램, 중간 결과 및 처리된 결과를 기억하는 기능으로서 중앙처리장치의 주기억장치와 보조 기억장치에 갖추어져 있다.

❹ 연산 기능

기억된 프로그램이나 데이터를 꺼내어 산술 연산이나 논리 연산 등을 하는 기능으로서 중앙처리장치의 연산부에서 담당한다.

❺ 출력 기능

컴퓨터가 기억하고 있는 내용이나 연산 결과 등을 다양한 출력 매체를 통해 외부로 내보내는 기능으로서 프린터나 모니터 등의 출력 장치에 의해 수행된다.

1.2.2 컴퓨터의 역사

❶ 초기 계산 장치

계산을 하는 도구로서 가장 간단한 것은 주판이며, 그 역사는 매우 오래 되었다. 주판을 제외하면 17세기에 이르도록 계산을 위한 특별한 도구가 없다가 1642년 프랑스 수학자·철학자인 B. 파스칼이 톱니바퀴를 이용한 수동 계산기를 고안했는데, 이를 파스칼라인이라고도 부른다. 이 최초의 기계식 수동 계산기는 덧셈과 뺄셈만이 가능했던 것으로 이 장치는 기어로 연결된 바퀴판들로 덧셈과 뺄셈을 했다. 첫째 바퀴는 첫째 자리의 숫자를, 둘째 바퀴는 둘째 자리의 숫자를, 셋째 바퀴는 셋째 자리의 숫자를 나타낸다. 각각의 바퀴에는 눈금이 열 개씩 있어, 눈금 10개가 모두 돌아가면 다음 자릿수의 바퀴가 돌아간다. 파스칼의 계산기는 최초의 디지털 계산기였다. 1671년 무렵 독일의 G. W. 라이프니츠가 이를 개량하여 곱셈과 나눗셈도 가능한 계산기를 발명하였다. 또 라이프니츠는 십진법보다 기계 장치에 더 적합한 진법을 연구해서, 17세기 후반에 이진법을 창안했다. 이진법은 0과 1만을 사용하며, 이들을 배열해서 모든 숫자를 표시한다.

그림 1.1 파스칼의 계산기: 파스칼라인

그림 1.2 라이프니츠의 계산기

❷ 천공카드 계산 장치

수학자 찰스 배비지는 처음으로 자동계산기에 대한 견해를 발표하였다. 그는 1823년 삼각함수를 유효숫자 5자리까지 계산하여 종이에 표로 인쇄하는 차분기관 difference engine을 만들었다. 또한 1830년대에는 방정식을 순차적으로 풀 수 있도록 고안된 기계식 계산기 해석기관 analytical engine을 설계하였다. 이 자동 계산기는 수를 저장하는 장치(기억), 저장된 수치간의 계산을 하는 장치(연산), 기계의 동작을 제어하는 장치(제어), 입출력 장치로 이루어져 오늘날 사용하는 자동 컴퓨터의 모든 기본 요소를 갖춘 것이었다. 그러나 당시 기계부품 제작 기술의 한계로 인해 실물을 제작하지는 못했다

그림 1.3 배비지의 차분기관

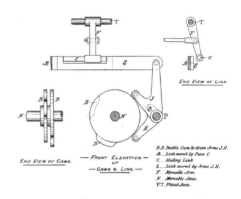

그림 1.4 배비지의 해석기관 설계도

❸ 다용도 디지털 컴퓨터

1946년 미국 펜실베이니아 대학의 P. 에커트와 J. W. 모클리는 에니악 electronic numerical integrater and computer, ENIAC이라는 다용도 디지털 컴퓨터를 개발했다. 18,000여 개의 진공관과 1,500개의 계전기를 사용하였고, 무게가 30t이나 되는 거대한 기계였다. 150kw의 전력을 소비하였고, 프로그램을 배선판에 일일이 배선하는 외부 프로그램 방식이었으므로, 에니악에서는 작업에 따라 배선판을 교체해야만 하였다.

그 뒤 에니악의 단점을 보완하기 위해 1945년 존 폰 노이만이 기억장치에 컴퓨터의 명령이나 데이터를 모두 기억시키는 프로그램 내장방식을 제안하였다. 1949년 영국 케임브리지 대학에서 세계 최초로 이 프로그램 내장방식을 채택하여 에드삭 EDSAC을 개발하였고, 미국에서는 1952년 노이만이 자신이 제안한 전자식 프로그램 내장방식인 에드박 EDVAC을 만들었다. 또한 1951년에는 유니박-원 UNIVAC-I을 만들어 상품화하는 데 성공하였는데, 이

것이 최초의 상업용 컴퓨터이다. 에드삭은 소프트웨어 면에서도 크게 이바지하였다. 그 뒤 프린스턴고등연구소에서 노이만의 지도 아래 제작된 이아스IAS 컴퓨터를 비롯하여 차례로 매사추세츠공대의 윌윈드whirlwind, 에커트와 모클리의 바이낙BINAC, 일리노이대학의 일리악 ILLIAC, 랜드회사의 조니악JOHNIAC 등이 제작되었다. 또한 컴퓨터의 크기는 반도체 기술과 전자기술의 발달로 점점 작아지고 연산속도도 피코초ps 단위로 빨라졌으며, 이용범위도 확대되어 가정은 물론 산업사회의 여러 분야에서 다양하게 이용되고 있다. 컴퓨터는 제1세대인 진공관, 제2세대인 트랜지스터, 제3세대인 ICintegrated circuit, 제4세대인 초 VLSIvery large scale integration와 같이 대략 10년마다 집적도를 높여 고속화, 대용량화하였고, 슈퍼 컴퓨터 역시 출현하였다.

그림 1.5 에니악(ENIAC)

그림 1.6 에드박(EDVAC)

진공관

트랜지스터

IC

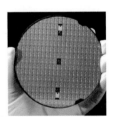

VLSI

그림 1.7 **컴퓨터 회로의 발전 과정**

❹ 개인용 컴퓨터

개인용 컴퓨터personal computer, PC는 기업이나 가정에서 개인적으로 사용하는 컴퓨터를 말한다. 보통 책상 위에 놓고 사용할 수 있을 정도의 크기로, PC라는 이름은 70년대 초 미국의 IBM 사와 휴렛팩커드 사가 발매한 기종에 처음 사용되었다. 이때는 트랜지스터 방식이었으나 그 후 마이크로 컴퓨터의 등장으로 본격적인 PC 시대를 맞게 되었다.

PC라는 단어가 본격적으로 쓰이게 된 것은 IBM에서 생산한 개인용 컴퓨터의 상품명인 IBM PC에서 유래한 것이다.

한국은 1967년 경제기획원이 IBM 1401 컴퓨터를 도입하여 인구조사 결과를 처리한 것을 시작으로 컴퓨터가 다방면에 널리 사용되게 되었다. 특히, 1990년대 이후 인터넷의 확산과 함께 널리 보급되었다.

그림 1.8 IBM 1401 컴퓨터

최초로 상업적으로 판매된 개인용 컴퓨터는 MITs사 Altair 8800이었으며, 이를 본따 많은 개인용 컴퓨터가 출시되었다. 이후 애플II 컴퓨터, 코모도어 VIC-20 등이 상업화에 성공하였다. 1980년대 이후, MS와 인텔은 MS-DOS와 윈텔 플랫폼으로 개인용 컴퓨터 시장을 대부분 지배하였다. 1990년에 들어 32비트 컴퓨터가 보급되었고, 현재는 컴퓨터 성능이 발전하여 64비트 컴퓨터가 보급되며, 코어가 여러 개인 CPU도 널리 보급되고 있다.

1970년대 8비트 시대

1974년 마이크로 프로세서가 등장하면서, 개인이 구입할 수 있는 저렴한 소형 컴퓨터가 등장했다. 개인용 컴퓨터는 1974년 미국에서 만들어졌다. 최초의 개인용 컴퓨터는 Altair 8800이었다. 애초에 개인용 컴퓨터personal computer라는 개념은 Altair 8800의 설계자인 에드 로버츠가 최초로 언급해서 사용하기 시작한 단어이다. 그 후 Apple Computer, Tandy RadioShack, 코모도, 아타리 등 8비트 마이크로 프로세서를 탑재한 제품이 등장했다. 특히, 스프레드 시트의 VisiCalc와 같은 킬러 애플리케이션을 탑재한 Apple II는 큰 성공을 거두었다.

그림 1.9 ALTAIR 8800 컴퓨터

그림 1.10 Apple II

8비트 시대의 개인용 컴퓨터는 CP/M이나 OS-9 또는 DISK-BASIC을 운영체제로 사용하였다. 또한 ROM-BASIC을 표준으로 탑재한 컴퓨터가 가장 많았고, OS 부팅 디스크가 없는 경우는 ROM-BASIC이 자동으로 시작되었다.

1980년대 16비트 시대

1981년 16비트 IBM PC(IBM 5150)가 등장하고 세계적인 베스트셀러가 되어, IBM PC에서 사용되는 인텔의 x86 계열의 CPU와 마이크로 소프트의 MS-DOS가 주류(사실상 표준)가 되었다. 또한 컴팩 등으로 구성된 IBM PC 호환기종 시장이 형성되고, "개인용 컴퓨터"의 명칭이 일반화되었다. 스프레드시트로 Lotus 1-2-3, 워드 프로세서로 워드퍼팩트(일본에서는 이치타로)가 보급되었다.

1984년에 등장한 Macintosh는 그래픽 사용자 인터페이스 개념을 크게 보급시키는 데 성공하여, 다음 세대 컴퓨터에 큰 영향을 주었다. 1985년 Macintosh에서 동작하는 Microsoft Excel이 등장했고, 그 인터페이스는 다음 Windows 응용 프로그램의 원형이 되었다.

그림 1.11 IBM 5150 PC

그림 1.12 Macintosh PC

9

1990년대 32비트 시대

1990년대 초반까지 Amiga와 코모도어 64, 아르키메데스 같은 취미용 컴퓨터는 여전히 일정한 점유율을 유지했지만, 1990년대 중반 이후 세계에서 IBM PC 호환기종 및 Macintosh가 PC 시장의 대부분을 차지하게 되었다 .

그림 1.13 Amiga PC   그림 1.14 코모도어 Comodore PC

1991년에 Windows 3.0이, 1995년에 Windows 95가 출시되어 기존의 "16비트 DOS"에서 나아가 "32비트 Windows"가 사용되기 시작하였다. 일부 파워 유저는 UNIX 워크스테이션에 맞먹는 기능을 가진 OS/2나 Windows NT, 더욱 강력한 OPENSTEP을 사용하거나 PC에서 PC-UNIX도 이용하기 시작했다.

1990년대 중반에는 인터넷이 급격히 발전하여, 개인이 인터넷을 사용할 수 있게 되었다. 이때 Netscape와 Internet Explorer 등의 사이에서 웹 표준을 놓고 브라우저 전쟁이 발생했다. 1998년 "인터넷을 위한 차세대 PC"라고 이름을 붙인 iMac이 등장하였다.

컴퓨터 관련 기술은 나날이 발전하여 1990년경 16~20MHz 정도에 머물렀던 PC용 CPU의 클럭이 2000년에는 1GHz에 도달했다.

2000년대 64비트 시대

2001년 Macintosh OS가 OPENSTEP 기술을 중심으로 만든 Mac OS X가 등장하였다. 또한 같은 해에는 Windows NT를 기반으로 하는 Windows XP가 출시되면서 Windows NT와 Windows 9x 계열 제품 라인의 통합이 이뤄졌다.

2003년 최초의 64비트 PC인 PowerMac G5(PowerPC 970 포함)가 발매되고, 이어 x86의 64비트 확장 버전인 AMD64(x86-64)가 등장했다. OS는 Windows가 여전히 주류이지만, 오픈 소스인 GNU/Linux 시스템도 일부 보급되고 있다.

2000년대에는 개인용 컴퓨터(PC/AT 호환 기종)의 상용화가 진행되었다. 독자 플랫폼을 견지하고 있는 애플을 제외한 PC 제조 업체들은 가격 경쟁 격화로 인한 곤경에 몰리면서 개편도 잇따랐다. 2002년 휴렛팩커드의 컴팩 인수, 2004년 IBM의 개인용 컴퓨터 사업 Lenovo에 매각, 2007년 에이서의 팩커드 벨 인수 등 주요 제조 업체의 재편이나 과점화가 진행되었다. 일본에서는 세이코, 샤프, 미쓰비시 전기, 산요전기 등의 개인용 컴퓨터 사업부분이 축소되거나 철수되었다.

한편, 2000년대에는 PC에 연결하여 이용하는 것을 전제로 한 정보 기기와 가전 제품이 보급되었다. 디지털 카메라, MP3플레이어는 컴퓨터 사용의 확대를 배경으로 전통적인 필름 카메라와 미니 디스크ᴹᴰ의 수요의 대부분을 대체했다. 2001년, 애플은 PC를 다양한 디지털 기기를 연결하는 허브(중심)를 담당하는 "디지털 허브"에 자리잡는 비전을 제시하고 iPod을 Windows에 대응함으로써 이 개념을 보급시켜 갔다. 다른 PC 메이커도 이렇듯 기기에 정보를 저장하고 가공하는 기기로 PC의 수요 입지를 환기시키고 있다.

2007년부터는 최소 성능을 가진 저렴한 가격의 컴팩트한 노트북이 보급되면서 후에 넷북이라는 장르를 형성했다. 이것을 가능하게 하는 기술적 배경으로 클라이언트에서의 처리를 최소화하고 네트워크 대상 서버 측에서 처리의 대부분을 담당하는 클라우드 컴퓨팅 등의 보급을 들 수 있다. 또한 AJAX 등을 기반으로 한 클라우드 컴퓨팅의 보급을 배경으로 다시 브라우저 전쟁이 발발, Safari, Google Chrome을 중심으로 하는 WebKit 계열 브라우저와 Mozilla Firefox가 나타나 Internet Explorer가 독점하는 상황이 크게 변화하고 있다.

2011년대에 들어서 쿼드코어 CPU가 널리 보급되면서 판매율이 2010년 하반기 30%에서 2011년 2월에는 46%까지 상승하였다.

미래의 컴퓨터

컴퓨터의 기능은 앞으로 점점 더 우수해질 것이다. 컴퓨터 연구가들은 더 빠르고 성능 좋은 하드웨어와 소프트웨어를 개발하고 있다. 소프트웨어 연구는 단순히 자료를 다루는 것이 아니라 스스로 판단까지 할 수 있는 인공지능의 개발이 또한 진행되고 있다. 컴퓨터를 더 작게 만들기 위한 노력도 계속되고 있다. 전문가들은 대부분 가까운 미래에도 집적회로로 만든 컴퓨터가 계속 사용될 것으로 예상한다. 그러나 몇몇 과학자들은 만든다기보다 기른다고 해야 할 생물학적 컴퓨터가 생산되고, 단위분자에 데이터를 저장할 수 있게 될 것이라고 예측한다. 분자저장 시스템을 이용하면 책 한 권도 안 되는 작은 공간에 인류의 모든 지식을 저장할 수 있게 될 것이다.

컴퓨터는 디지털과 아날로그 형태의 두 가지로 구분할 수 있으나 현재는 대부분이 디지털 방식으로 동작한다. 또한 컴퓨터는 사용 목적, 데이터 취급 방법, 기억 용량, 연산 처리 능력, 가격 등 여러 측면에서 분류할 수 있다

❶ 사용 목적에 따른 분류

개인용 컴퓨터

개인용 컴퓨터는 기업이나 가정에서 개인적으로 사용하는 컴퓨터를 말한다. 보통 책상 위에 놓고 사용할 수 있을 정도의 크기로, PC라는 이름은 70년대 초 미국의 IBM사와 HP사가 발매한 기종에 처음 사용되었다.

노트북 컴퓨터

노트북 컴퓨터notebook computer, notebook PC는 개인용 컴퓨터를 휴대할 수 있도록 작은 크기로 집적한 컴퓨터이며, 영어권 국가에서는 랩탑 컴퓨터laptop computer라고 부른다. 본래 노트북은 노트북 컴퓨터를 두루 일컫는 용어가 아니라, 모델 이름 중 하나였다.

슈퍼 컴퓨터

슈퍼 컴퓨터super computer는 주로 과학기술 연산에 사용되는 초고속 컴퓨터이다. 이 개념은 절대적 기준이 아닌 상대적인 것으로 당대 최상급 처리 능력, 특히 최상급 연산 속도를 보유한 고성능 컴퓨터를 가리키는 말이며, 단순히 HPChigh-performance computer라고 부르기도 한다.

최초의 슈퍼 컴퓨터

최초의 슈퍼 컴퓨터는 1964년 미국 CDC사 Seymour Cray가 설계한 CDC 66000이며, 1985년 미국 Cray Research 사의 Cray-2를 통해서 슈퍼 컴퓨터가 대중적으로 알려졌다. 전 세계 슈퍼 컴퓨터 통계는 TOP500 Supercomputer Sites에서 확인 가능하며 미국 맨하임 대학교와 테네시 대학교가 공동으로 운영하고 linpack 성능 비교 테스트를 통해 순위를 매긴다. 2010년 11월 기준으로 최고의 슈퍼 컴퓨터는 중국 국방과학기술대학에서 개발한 천하 1호로 18만여 개 제온 및 NVIDIA GPU로 구성되어있다. 2011년 6월 기준으로 가장 빠른 컴퓨터는 일본 K컴퓨터이다. 대한민국 최초의 슈퍼 컴퓨터는 1988년 11월 연구전산망 KREOnet의 중앙전산기로 도입된 2GFlops 성능의 Cray-2S이며, 1993년 11월 슈퍼 컴퓨터 2호기로 16GFlops 성능의 Cray-C900이 도입되었다. 2007년 11월 기준 대한민국은 세계 순위 500위에 포함되는 슈퍼 컴퓨터 1대를 보유하고 있으며, 한국과학기술정보연구원 산하에 슈퍼컴퓨팅센터를 두고 있다. 그 밖에 한국슈퍼컴퓨팅센터협의회가 구성되어 모두 15개 기관이 가입하고 있다.

메인프레임 또는 대형 컴퓨터

메인프레임mainframe 또는 대형 컴퓨터는 다양한 데이터를 처리할 수 있는 범용 목적의 대형 컴퓨터로서 다수의 단말기terminal를 연결하여 많은 사람들이 복잡한 작업을 수행할 수 있다. 1964년 IBM에서 출시한 System/360이 현대식 메인프레임의 시초이다.

메인프레임은 인구조사, 소비자 통계, ERP, 금융 트랜잭션 처리와 같은 연구기관과 대기업의 중요한 응용프로그램들을 사용하는 데 쓰이는 컴퓨터이다.

미니 컴퓨터

미니 컴퓨터minicomputer는 대형 컴퓨터인 메인프레임과 비슷한 역할을 하되, 그 크기와 성능을 간소화한 컴퓨터이다. 최초의 미니 컴퓨터는 1964년 DEC가 출시한 PDP-8이다.

마이크로컴퓨터

마이크로컴퓨터microcomputer는 마이크로프로세서를 중앙처리장치로 사용하는 컴퓨터를 가리킨다. 물리적으로 메인프레임과 미니 컴퓨터에 견주어 작은 편이다. 마이크로 컴퓨터에 키보드가 장착되고 입출력을 위한 화면들이 제공되면 개인용 컴퓨터라고 할 수 있다.

워크스테이션

워크스테이션workstation은 주로 과학기술 연산, 공학 설계, 통계 처리, 금융 자료 분석, 컴퓨터 그래픽스 등 전문 분야의 작업을 염두에 둔 고성능 개인용 컴퓨터이다.

슈퍼 컴퓨터: Cray-2

메인프레임: IBM Z800

마이크로컴퓨터: Commodore 64

워크스테이션: Sun Sparc Station

PDA: Palm Pilot

착용형 컴퓨터

그림 1.15 **사용목적에 따른 컴퓨터 분류**

1981년 미국 아폴로 컴퓨터사의 DN100, 1982년 미국 썬 마이크로시스템즈사의 Sun-1을 시초로 탄생한 전통적인 워크스테이션은 곧이어 많은 제조업체들에서 출시되는데, 각각 고유 설계를 바탕으로 한 독자 기종들이었으나 대부분 CPU는 RISC 계열, 운영체제는 유닉스 계열이 사용되었다. 콘솔이 결합된 개인용 컴퓨터 형태로서 네트워킹 기능과 아울러 고해상도 화면, 대용량 주기억장치, 고속 부동소수점 연산이 제공되는 등의 공통점이 있다. 1980년대 초반의 등장 당시에는 미니 컴퓨터의 성능에 준하여 설계된 고성능 개인용 컴퓨터로서 마이크로컴퓨터 계통의 범용 PC들과는 확연한 성능 차이가 있어 사용 영역의 구분도 분명하였다. 이후 PC 기술의 비약적인 발전과 제조단가의 하락으로 고급 PC가 출현하고 PC 기종에도 기능과 안정성이 향상된 고성능 운영체제들이 등장하면서 점차 고성능 PC와 워크스테이션의 경계가 모호하게 되었다. 그 결과 전통적인 워크스테이션의 사용은 점차 축소되어 많은 부분에서 상대적으로 저렴한 고성능 PC로 대체되는 경향이 두드러지면서, 고사양 부품을 사용한 PC에 '윈도 NT'나 '리눅스' 등의 고성능 운영체제를 탑재하여 전문 작업을 염두에 둔 고급 PC 기종을 '퍼스널 워크스테이션' 등으로 분류하거나, 혹은 전통적인 워크스테이션이 주로 유닉스를 사용했다는 점과 비교하여 'NT 워크스테이션', '리눅스 워크스테이션' 등으로 부르기도 한다. 아울러, 기존에 유닉스 기반 워크스테이션에서만 구동되던 전문적인 응용 프로그램들도 PC 기종으로 이식되면서 실제 활용에서 별다른 차이가 없게 되었다. 이에 따라 전통적인 워크스테이션의 제조업체들도 PC 설계를 바탕으로 한 x86 기종들을 출시하면서 현재는 전문적 용도의 고급 PC 기종도 워크스테이션으로 취급하기도 한다. 이러한 고성능 PC 기종들도 근본적인 설계에서는 보통의 범용 PC와 구조적 차이는 없고 단지 전문적인 사용을 염두에 두고 안정성 및 성능 강화를 위하여 고급 부품들로 제조된 것으로 워크스테이션 분류는 주요 전문 응용 프로그램의 동작 인증 여부를 기준으로 삼기도 한다. 그 동안의 여건 변화에도 불구하고 '워크스테이션은 전문적 용도'라는 관점만은 줄곧 유지되어 새로운 기술의 채택 및 대형 기종의 기술 도입 등은 전통적인 워크스테이션의 특징으로 여겨지며, 매우 전문적인 분야는 여전히 워크스테이션의 고유한 영역으로 남아 있다.

개인 정보 단말기

개인 정보 단말기personal digital assistant, PDA는 터치 스크린을 주 입력장치로 사용하는 한 손에 들어올 만큼 작고 가벼운 컴퓨터이다. 개인의 일정관리, 주소록, 계산기 등의 기본 기능을 가지고 있으며, 데스크톱과 노트북 컴퓨터의 자료를 서로 주고받기 쉽다. 현재는 PDA와 휴대전화의 기능을 합친 스마트폰의 대중화에 따라서 PDA가 점점 사라지고 있다.

착용형 컴퓨터

1966년 MIT에서 착용형 컴퓨터wearable computer 또는 착용형 컴퓨팅wearable computing의 기술을 제안했다. 착용형 컴퓨팅이란 컴퓨터를 옷이나 안경, 시계처럼 착용할 수 있게 함으로써 컴퓨터를 들고 다니기 거추장스러운 것에서 인간 몸의 일부로 만드는 데 기여하는 기술이다.

패션쇼에서도 휴대용 PC, MP3, 디지털카메라 등의 기능이 부착된 형태의 착용형 컴퓨팅 접목 패션이 선보이고 있다.

❷ 제조기술에 따른 분류

직렬 컴퓨터

마이크로프로세서 또는 연산 논리 장치를 하나만 가지며 데이터를 차례대로 처리하는 컴퓨터를 직렬 컴퓨터serial computer라고 한다.

병렬 컴퓨터

동시에 동작하는 복수의 마이크로프로세서를 사용하는 컴퓨터를 병렬 컴퓨터parallel computer라고 한다. 병렬 컴퓨터용으로 작성된 프로그램은 태스크를 동시에 처리하는 복수의 처리 장치에 골고루 분담시킴으로써 처리 속도를 향상시키고, 단위 시간당 작업량을 증가시킬 수 있다.

❸ 수행 능력에 따른 분류

범용 컴퓨터

범용 컴퓨터general-purpose computer는 사무 처리에서부터 기술 계산까지의 폭넓은 용도에 사용할 수 있는 컴퓨터로, 규모에 따라서 초대형, 대형, 중형, 소형으로 분류할 수 있다.

특수 목적 컴퓨터

특수 목적 컴퓨터special-purpose computer는 특정 분야의 한정된 업무에만 쓸 수 있도록 만들어진 컴퓨터로서 범용 컴퓨터에 비하여 신뢰성의 요구, 온도 등 설정 조건에의 요구가 엄격하다. 또 프로세스와의 정보 교환 수단으로서 스캐너, A/D 교환기, 펄스 계수기, 출력 릴레이 등 특수한 입출력 기기를 갖추고 있을 수 있다. 냉장고, 세탁기 등 가전제품 제어로부터 비행기, 미사일의 항로 제어에 이르기까지 많은 분야에서 사용되고 있으며 최근에는 규모가 작은 것은 중앙처리장치CPU, 기억장치(ROM 및 RAM) 등을 하나의 칩에 집적하여 마이크로 제어기라는 이름으로 제조되고 있다.

단일 목적 컴퓨터

단일 목적 컴퓨터single-purpose computer는 한정된 목적을 위해 설계, 제조된 데이터 처리 기계로, 회계기라든가 통신 제어용 컴퓨터 등을 말한다.

❹ 운영체제에 따른 분류

운영체제의 종류에 따라 사용자가 이용할 수 있는 프로그램의 종류가 크게 달라지고 이용 방식 또한 달라지므로, 운영체제에 따른 분류가 실용적인 분류로 자주 사용된다.

윈도 호환 기종

마이크로소프트 윈도우microsoft windows는 마이크로소프트가 개발한 컴퓨터 운영체제이다. 애플이 개인용 컴퓨터에 처음으로 도입한 그래픽 사용자 인터페이스GUI 운영체제인 맥 오에스에 대항하여, 당시 널리 쓰이던 MS-DOS에서 멀티태스킹과 GUI 환경을 제공하기 위한 응용 프로그램으로 처음 출시되었다. 현재 전 세계 90%의 개인용 컴퓨터에서 쓰고 있으며, 서버용 운영체제로도 점차 영역을 넓혀 나가고 있다. 윈도 운영체제의 경우 큰 시장 점유율을 차지하고 있는 까닭에 일반 사용자들에게 매우 익숙할뿐 아니라 호환되는 유명한 응용 프로그램이 많다는 장점을 지니고 있지만, 그만큼 보안 문제에서는 취약한 부분이 많은 운영체제로 인식되기도 한다.

매킨토시

맥mac으로 줄여쓰는 매킨토시macintosh는 애플사가 디자인, 개발, 판매하는 개인용 컴퓨터의 제품 이름이다. 1984년 1월 24일 처음 출시된 매킨토시는 당시 유행하던 명령 줄 인터페이스 대신 그래픽 사용자 인터페이스와 마우스를 채용해 상업적으로 성공한 최초의 개인용 컴퓨터였다. 하지만 현재 전 세계 대부분의 사람들은 IBM PC 호환기종을 쓰고 있다. 매킨토시는 값이 비싸며 내부를 공개하지 않았기 때문이다.

1980년대 후반을 지나면서 애플은 1980년대의 MS-DOS와 마이크로소프트 윈도를 사용하던 IBM 호환 PC 시장 점유율을 서서히 걷어내기 시작했다. 애플은 1998년 성공적인 판매와 더불어 매킨토시 상표의 부활을 보여준 아이맥 데스크톱 모델로 다양한 수준의 소비자들을 끌어들였다. 지금의 맥 시스템은 주로 가정과 교육, 전문직 종사자들을 대상으로 하는 시장을 공략하고 있다. 그것들이 바로 앞서 설명한 아이맥과 맥 미니 데스크톱 모델들, 워크스테이션 수준의 맥 프로, 맥북, 맥북 에어 그리고 맥북 프로, Xserve 서버 등이다.

유닉스

유닉스unix는 컴퓨터 운영체제의 하나이며 1960~1970년대 벨 연구소 직원인 켄 톰슨, 데니스 리치, 더글러스 매클로리 등이 처음 개발하였다. 오늘날의 유닉스 시스템은 AT&T를 비롯한 여러 회사들과 버클리대학UC Berkeley 등 비영리 단체들이 개발한 다양한 버전들이 있다.

유닉스는 처음부터 다양한 시스템 사이에서 서로 이식할 수 있고, 멀티태스킹과 다중 사용자를 지원하도록 설계되었다.

1980년대에 태어난 많은 상업 유닉스 업체들 중에서 휴렛패커드의 HP-UX, IBM의 AIX, NeXT의 NEXTSTEP(Mac OS X) 및 썬 마이크로시스템즈 솔라리스 운영체제들만이 아직도 시장에서 판매되고 있다. 리눅스와 오픈-소스 BSD의 사용이 증가됨에 따라 기존의 상업 유닉스 시장이 침식되고 있다.

리눅스

리눅스linux는 컴퓨터 운영체제이며, 그 커널을 뜻하기도 한다. 리눅스는 자유 소프트웨어와 오픈 소스 개발의 가장 유명한 표본으로 들 수 있다. 리눅스는 다중 사용자, 다중 작업(멀티태스킹), 다중 스레드를 지원하는 네트워크 운영체제NOS이다.

초기에 리눅스는 개인적인 애호가들이 광범위하게 개발하였다. 이후 리눅스는 IBM, HP와 같은 거대 IT 기업의 후원을 받으며, 서버 분야에서 유닉스와 마이크로소프트 윈도 운영체제의 대안으로 자리 잡았다.

1.3.1 개인용 컴퓨터

개인용 컴퓨터는 다음과 같이 분류할 수 있다.

❶ 데스크톱 컴퓨터

데스크톱 컴퓨터desktop computer는 가공되지 않은 데이터를 뜻이 있는 정보로 변환하는 전자 기기 컴퓨터로 사무용이나 가정용으로 책상 위에 올려 놓고 쓸 수 있게 만들어져 있다.

❷ 넷북

넷북netbook은 'Internet'과 'Notebook'의 합성어로 웹사이트의 콘텐츠 열람이나 전자 우편·채팅 정도의 기본적인 인터넷 위주의 작업을 목적으로 하는 상대적으로 값이 싸고 가벼운 노트북을 말한다. 비슷한 컴퓨터로 데스크톱 컴퓨터인 넷톱nettop이 있다.

넷북 및 넷톱은 비교적 값이 싸면서도 크기가 작은 개인용 컴퓨터(노트북 PC/데스크톱 PC)로서의 최소한의 기능을 갖춘 제품이나 그 제품이 속하는 분류의 명칭이다. 2008년 3월 3일에 인텔이 아톰 프로세서를 발표하면서 이 용어가 최초로 등장하였다.

❸ 울트라 모바일 PC

울트라 모바일 PCUMPC 또는 오리가미 프로젝트는 폼 팩터 태블릿 PC를 위한 규격이다. "오리가미"는 종이접기를 뜻하는 일본어 낱말로 마이크로소프트, 인텔, 삼성 등이 합동으로 개발하였다. 인텔은 또한 UMPC의 개념의 일종인 모바일 인터넷 장치를 관리할 책임을 진다.

❹ 노트북 컴퓨터

노트북 컴퓨터notebook computer는 개인용 컴퓨터를 휴대할 수 있도록 작은 크기로 집적한 컴퓨터로 영어권 국가에서는 보편적으로 랩탑 컴퓨터laptop computer라고 부른다.

❺ 포켓 PC

포켓 PCpocket PC는 마이크로소프트 윈도 모바일 운영체제를 실행할 수 있는 모바일 컴퓨터 PDA를 위한 하드웨어 규격이다. 넷BSD, 리눅스, 안드로이드와 같은 대체 운영체제를 실행할 수도 있고, 현대 데스크톱 컴퓨터의 기능 대다수를 갖추고 있다.

❻ 태블릿 PC

태블릿 PCtablet PC란 터치 스크린을 주 입력장치로 장착한 휴대용 PC이며 개인이 직접 갖고 다니며 조작할 수 있게 설계되어 있다. 이 용어는 2001년에 마이크로소프트사가 발표한 제품으로 인하여 잘 알려지게 되었으나, 이제 태블릿 PC는 운영체제의 구별 없이 태블릿 크기의 개인용 컴퓨터를 가리키는 말이 되었다. 노트북과는 달리 태블릿 PC는 가상 스크린을 대신 사용할 경우 키보드를 장착하지 않고 있을 수도 있다. 모든 태블릿 PC는 인터넷과 랜을 위한 무선 어댑터를 갖추고 있다.

넷북: HP Mini 210   울트라 모바일 PC, Wibrain B1   포켓 PC: Qtek   태블릿 PC, HP Table PC

그림 1.16 **개인용 컴퓨터**

1.4 응용 분야

초기의 디지털 컴퓨터는 군사용으로서 야포의 탄도 계산을 위해 설계되었으며, 로켓, 미사일, 핵무기 등을 설계하는 데 쓰였다. 컴퓨터의 성능이 좋아질수록 단시간에 처리할 수 있는 정보의 양도 많아졌으며, 이로 인해 컴퓨터를 이용해 빠른 결과를 얻을 수 있는 분야 역시 인터넷, 엔터테인먼트, 디자인, 시뮬레이션, 예술 등으로 넓어졌다.

❶ 네트워크와 인터넷

1970년대에 미국 전역의 연구소들에 있는 컴퓨터들이 통신 기술을 통해 연결되기 시작했다. 이 작업은 ARPA의 후원을 받아 이루어졌으며 이 네트워크의 이름을 아파넷ARPANET이라 명명하였다. 아파넷의 토대가 된 기술은 꾸준히 발전하고, 학술기관 바깥으로 퍼져 나가서 인터넷이라 알려지게 되었다. 존 게이지john gage와 썬 마이크로시스템즈의 빌 조이bill joy 는 이를 "네트워크가 곧 컴퓨터가 되었다"고 표현하였다. 인터넷을 비롯한 네트워크의 발달로 운영체제와 응용 프로그램들이 개인용 컴퓨터 바깥의 주변기기와 같은 다른 자원에도 접근할 수 있도록 변화되었다. 초기에 이런 설비에 접근할 수 있는 사람들은 한정되어 있었으나, 1990년대에 전자 우편과 월드 와이드 웹 등의 확산과 더불어 이더넷ethernet과 ADSL 같은 값싸고 빠른 네트워킹 기술이 개발되어 컴퓨터 네트워킹은 여러 나라에서 일상화되었으며, 휴대통신 기술과 결합하여 유비쿼터스ubiquitous라는 신조어를 만들기도 했다.

❷ 보안과 해킹

컴퓨터를 통해 제작된 콘텐츠나 컴퓨터를 이용한 콘텐츠를 나쁜 의도를 품은 제 3자가 해당 콘텐츠의 취약점을 찾아내어 자신의 이기적인 목적을 달성하는 것(원 저자가 의도하지 않은)을 크래킹이라고 하며, 그것을 막는 행위를 보안이라고 한다. 네트워크의 보안 취약점을 공격하거나, 일부 전문가들의 단순한 자기 과시를 위한 바이러스의 유포 등 과거의 크래킹 예와는 달리, 현재에는 지워도 지워지지 않는 광고 팝업 창, 게임기의 정품 소프트웨어 인식 장치를 무력하게 하는 하드웨어, 키보드를 누를 때 생기는 전자파를 이용하여 해당 컴퓨터에 접속하지 않고도 바깥에서 암호를 알아내는 장치 등 소프트웨어적, 하드웨어적으로 넓은 범위로 확산되어 가고 있다.

참고로 해킹 행위가 불법인가 아닌가에 대한 것은 나라마다 다르다. 2004년 1월 이탈리아의 법원에서 모드 칩을 플레이스테이션 개발사인 소니의 독점을 막고 플레이스테이션2의 활용성을 더욱 높이려는 장치라 정의하고 사용자의 모드 칩 장착은 합법이라고 규정한 바가 있다.

❸ 엔터테인먼트

영화, 게임 등에서 흥미를 위한 도구로 이용된다.

❹ 디자인

비누 케이스, 컵 등에서부터 자동차, 비행기, 건축물에 이르기까지 실로 다양한 방면의 사물을 디자인하기 위해 이용된다.

❺ 시뮬레이션

컴퓨터 성능의 발전과 함께 컴퓨터 그래픽스(CG) 기술의 발전은 눈으로 확인하기 힘든 상황들을 컴퓨터에서 가상으로 진행해 볼 수 있게 했다. 대표적인 시뮬레이션으로는 원자와 전자의 위상, 기상 변화, 은하 간 충돌 등이 있으며, 실제로 경험하기엔 너무 위험하거나 발생 확률이 극히 작아 경험하기 힘든 상황들이 주로 시뮬레이션 대상이 된다.

시뮬레이션은 자연 과학 분야 중 원자, 전자, 쿼크 등으로 구성된 미립자계에서의 미립자 간 충돌, 위상에 관한 연구에 주로 이용되며, 관측 시간 단위가 매우 큰 지질상태 변화를 적절한 시간 단위로 보여주거나, 항성, 은하, 블랙홀 등으로 구성된 우주 공간의 변화를 적절한 화면 크기로 보여주는 데에 사용된다.

❻ 컴퓨터 작곡

음악을 작곡하는 데 기계를 사용하려는 발상이 최근에야 생겨난 것은 아니다. 이미 17세기 런던에 살던 사무엘 피프스란 사람이 만든 작곡 기계가 지금도 케임브리지 대학에 남아 있다. 어쨌든 명령받은 대로 일을 하는 것은 컴퓨터에게 아주 쉬운 일이며, 작곡에 관한 원칙을 짜넣은 프로그램이 개발되어 있다. 또 프로그램의 일부를 바꿔 줌으로써, 그 때마다 다른 작품을 만들어 낼 수도 있다.

1955년에 처음으로 음악 작곡에 컴퓨터가 이용되었는데, 컴퓨터가 작곡한 음악은 인간이 작곡한 음악만큼 인기가 없었다. 그것은 아마 컴퓨터가 인간의 예술적 재능을 흉내낼 수 없기 때문이거나, 아니면 좋은 음악을 작곡시킬 만큼 세련된 프로그램이 아직 개발되지 않았기 때문일 것이다. 하지만 최근에는 컴퓨터를 이용한 작곡이 급증하고 있고, 새로운 기법을 도입한 신세대 음악가들에 의해 다양한 모습으로 선보이고 있다.

신시사이저는 연주용 키보드와 컴퓨터를 조합한 복잡한 전자 장치이다. 악음樂音은 3개의 서로 다른 상相으로 구성되어 있는데, 기음상起音相에서는 소리가 점점 강해지며, 그 뒤 얼마 동안 거의 일정한 상태로 머물다가 소음상消音相에서는 점점 작아져 간다. 각 악기의 특징에 따라 이 3가지 상을 어떻게 거쳐갈지 조합을 해 줌으로써 각각의 악기에 독자적인 음색을 주는 것이다. 신시사이저는 각각의 상을 개별적으로 조정하여, 여러 가지 악기와 닮은 소리를 만들어 낼 수 있다. 연주는 키보드를 통해 이루어지며, 컴퓨터가 만들어 내는 음악은 마치 연주자가 선택한 악기에서 울려오는 듯이 들린다.

❼ 미술 작품

미술은 풍부한 상상력과 높은 기교에 의해서 새롭고 매력적인 것을 만들어 내는 과정이라고 할 수 있다. 현재 상업미술의 많은 분야에서 컴퓨터의 도움을 받아 작품이 만들어지고 있다.

예를 들면 그래픽 디자이너는 작품을 디자인할 때 컴퓨터를 이용하여 화면상에 러프 스케치를 그리고 색을 칠하고 선이나 문장을 자유로이 바꿀 수가 있다. 디자이너는 작업하는 동안 여러 가지 요소를 변화시키고, 필요하다면 그림 자체도 얼마든지 변경시켜 나간다. 만족스런 것이 완성되었을 때, 혹은 작성 도중이라도 화면상의 작품을 인쇄할 수가 있다. 이 경우 별도의 프로그램에 의해, 화상을 이루고 있는 수치의 정보를 컬러 작도기를 움직이는 데 필요한 지령으로 변환시킨다. 옷감 디자이너도 이와 마찬가지 방법을 사용하여 실제로 옷감을 짜지 않고도 어떠한 무늬의 옷감이 될 것인가를 수요자에게 미리 보여 줄 수 있다. 수요자가 그 무늬에 만족하면, 컴퓨터는 방직기를 작동시키는 데 필요한 일련의 명령을 하고 자동적으로 그 무늬의 옷감을 짜낸다.

❽ 설계 디자인

기술자는 상상력을 구사하여 목표했던 기능을 발휘하는, 새롭고 매력 있는 장치나 기계를 만들어 내기 위해 계산, 대체안의 검토, 해解의 분석과 제시 등을 필요로 한다.

컴퓨터 원용 설계computer aided design, CAD는 이러한 작업의 모든 측면에서 기술자를 돕는다. CAD 프로그램은 일반적으로 마우스를 써서 설계 내용을 컴퓨터에 입력한다. 프로그램은 설계자의 명령을 숫자로 변환하고 처리하여, 화면에 그 물건의 형태를 나타낸다. 물론 3차원의 입체적 화상으로서 표시하는 프로그램도 개발되어 있다. 이 화상은 원하는 대로 그 모양이나 기능에 따른 명확한 이미지를 얻을 수 있다. 이 단계에서 목표에 이르면, 다음에는 실제로 제작하기 위한 상세한 도면과 부품목록을 만들게 된다. 여기에는 2차원의 프로그램을 쓰며, 데이터는 3차원 프로그램으로부터 입력하든가 설계자가 직접 입력한다.

많은 부문에서 전통적인 제도판은 컴퓨터 원용 프로그램과 데스크톱 컴퓨터로 인해 완전히 밀려나고 말았다. 화면상에서 도면이 완성되면 다른 프로그램을 사용하여, 도면의 수치에 의한 표현을 프린터를 작동시키기 위한 지령으로 변환한다. 부품을 해석하고, 그 기능을 예측하기 위해서는 별도의 프로그램을 사용하는데, 구조물에 하중이 가해졌을 때의 변화를 계산하는 것 등이 그 예이다. 또 부품 내부의 열이나 전류의 흐름을 그림으로 나타내거나, 부품을 만드는 데 필요한 비용을 계산하는 프로그램도 있다.

여러 가지 CAD 시스템을 제조 기계와 결합시켜, 설계에서 제조까지 일관된 공정을 형성할 수도 있다. 이 방식을 도입하는 데는 높은 비용과 복잡한 과정이 필요하기 때문에 별로 채택되지 않지만, 기업으로서 성공하기 위해 이 방식이 필요한 산업도 있다. 그 좋은 예가 자동차 산업이다. 디자이너가 아이디어를 스케치하면 그로부터 상세한 도면이 만들어진다. 컴퓨터에서는 이미 사용되고 있는 부품·제조·가공·기계에 대한 지식을 이용하여 그 제품을 만드는 데 필요한 작업 프로그램을 만든다. 각각의 부품을 만드는 제조·가공 기계의 준비가 완료되면, 필요한 일련의 명령이 기계에 직접 전달된다. 그리고 모든 부품이 갖추어지면, 컴퓨터는 그 사실을 기술자에게 알리고 기술자는 조립 작업을 개시한다. 예전 같으면 완벽한 시제품이 만들어질 때까지 몇 번이고 시제품을 만들어 보고, 마음에 들지 않으면 깨뜨려 버리는 작업을 되풀이했다. 그러나 컴퓨터 원용 기술을 이용하면, 시제품의 수를 줄이고 제품 개발 비용을 낮출 수가 있다.

❾ 컴퓨터 그래픽스

컴퓨터를 사용하면 실험을 통해 얻어진 측정치를 그림의 형태로 바꾸어 표시할 수가 있다. 이렇게 그림으로 나타내는 것이 길다란 수치의 나열보다 훨씬 이해하기 쉬운데, 이것도 컴퓨터 그래픽스의 하나이다. 예를 들면, 각 지방의 강우량이나 환자의 몸 각 부분을 통과한 X선의 강도 등이 하나의 지도로 표시된다. 컴퓨터 그래픽스를 이용하여 측정치를 표시할 경우, 같은 값은 같은 색으로 나타나며, 색깔 값의 차이를 표현할 수 있다. 이와 같이 측정값을 여러 색의 화상으로 표현함으로써, 실제로는 눈에 보이지 않은 대상에 대해, 경우에 따라서는 그 움직임에까지 직관적인 이미지를 줄 수가 있다.

컴퓨터 그래픽스는 '랜드새트'와 같은 원격탐사 위성에서 촬영하여 보내온 지구의 모습을 나타내는 데도 이용된다. 이 인공위성은 여러 가지 파장의 빛을 사용하여 지구를 탐사하고, 지구로부터의 반사광의 강도를 전자적으로 기록하여 신호로 보내오는데, 컴퓨터는 이 신호를 처리하여 채색 화상을 만든다. 보통의 사진에서는 촬영할 수 없는 것을 화상으로 만들 때에도 컴퓨터 그래픽스를 사용할 수가 있다.

예를 들면, 항성으로부터 오는 보이지 않는 전파의 강도를 측정하여 그 결과를 나타내거나, 레이더에 의한 비행기의 탐지, 일기 개황도 화면에 표시할 수 있다. 또한 수중 탐사의 음파 분석에도 컴퓨터를 사용한다. 물 위에 떠 있는 배로부터 아래를 향해 내보낸 음파의 반향의 강도를 측정하고, 그 결과를 해저지도로 표시한다. 이 방법으로 침몰한 배를 발견할 수도 있는데, 실제로 침몰한 타이타닉호를 발견하는 데에도 활용되었다.

❿ 의학

병원에서는 환자 몸의 내부 영상을 얻기 위해 컴퓨터에 의한 화상 기술을 폭넓게 이용하고 있다. 어머니 태내에 있는 태아의 화상도 초음파와 컴퓨터를 이용하여 얻어진다. 의사는 그로써 태아가 정상으로 자라고 있는가를 진단할 수 있다. 인체에 함유되어 있는 화학 물질은 전자파를 이용한 핵자기공명 영상법NMRI을 써서 조사할 수가 있다. 환자는 긴 원통 모양의 자석 속에 눕는다. 자장 속에서 원하는 각각 특정 주파수의 전자파를 이용하여 몸 안에 있는 각각의 원자의 농도를 측정할 수가 있으며, 그 데이터를 컴퓨터를 이용하여 화상으로 만들어 낸다. 또 하나의 효과적인 영상법은 CT 스캐너이다. CT 스캐너는 X선원으로부터 방사상으로 발사한 X선을 환자 몸 안에 통과시킨 뒤 측정한다. X선원을 회전시킴으로써 인체의 단면을 여러 각도에서 볼 수가 있으며, 컴퓨터는 이것을 통해 완전한 화상을 만들어 낸다.

⓫ TV 방송

TV 방송에서도 컴퓨터는 중요한 역할을 맡고 있다. 최근의 방송에서 많이 볼 수 있는 것으로 컴퓨터 그래픽이 있다. 컴퓨터 그래픽은 여러 가지 수치 자료를 그림과 도표로 바꾸어 표시하는 것으로, 점·선·원·타원·문자 등을 표시하며 크게 확대, 축소할 수 있고 위치를 움직이거나 회전시킬 수 있다. 그리고 다른 화면과 겹쳐서 문자, 그림, 도표 등을 나타낼 수 있고, 물체의 입체적인 모습으로 나타낼 수 있다. 또한 글자, 그림, 도표 등의 색깔을 자유롭게 변환시킬 수 있다. 컴퓨터 그래픽은 이 밖에도 여러 가지 기능이 있어 시청자에게 보다 재미있고 알기 쉬운 그림과 도표를 보여 주고 있다.

1. 정보화 사회의 문제점에 대하여 설명하시오. 또한 정보의 홍수로 인하여 겪을 수 있는 문제에 대해서도 설명하시오.

2. 컴퓨터가 가지고 있는 입력장치, 기억장치, 연산장치, 출력장치에 대해서 나열하시오.

3. 미래의 컴퓨터의 모습에 대하여 설명하시오.

4. 착용형 컴퓨터는 컴퓨터를 옷이나 안경처럼 착용할 수 있는 기술이다. 착용형 컴퓨터에 적합한 응용 분야를 설명하시오.

5. 컴퓨터는 다양한 분야에 있어서 응용되고 있는데 "우주 항공", "군사", "생물" 분야에 있어서 응용 가능한 내용을 설명하시오.

6. 노트북 컴퓨터나 넷북이 데스크탑 컴퓨터에 비하여 가지고 있는 장점과 단점에 대하여 설명하시오.

02 수의 체계와 데이터 표현

소형컴퓨터에서부터 서버, 슈퍼컴퓨터와 같이 다양한 종류의 컴퓨터가 존재하고 있다. 이들 컴퓨터의 목적은 다양한 데이터를 처리하고, 저장하는데 있다.

소형컴퓨터는 사무, 게임, 인터넷 접속 등에 활용되고, 서버는 홈페이지 구축, 데이터 저장 등에 활용되며, 슈퍼컴퓨터는 기상예측, 고도의 과학계산 등에 활용이 된다.

컴퓨터의 데이터에는 텍스트, 숫자, 이미지, 오디오, 비디오, 3D 그래픽, 가공 매체 등이 있다. 데이터의 처리는 수치값 계산, 시뮬레이션, 3차원 영상 생성, 이미지 처리, 음원 믹싱, 인코딩 등을 의미한다.

학습목표

- 컴퓨터에서 데이터를 처리하고 저장하는 방법을 이해
- 비트 및 부울 연산을 이해
- 이진 체계를 이해
- 수의 표현 방법을 이해
- 정보 표현 방법을 이해

2.1.1 비트

사람들은 일상적으로 숫자를 표현하기 위하여 10진수(0, 1, 2, …, 9)를 활용하며, 이를 사용하여 다양한 연산(덧셈, 뺄셈, 곱셈, 나눗셈 등)을 수행한다. 또한 문자를 표현하기 위하여 A, B, C, …, a, b, c, … 등의 기호를 활용한다.

- 숫자 : 0, 1, 10, 100, …, 2012
- 문자 : University, High, Low

사람과 다르게 컴퓨터는 숫자, 문자 등의 정보를 일반적으로 0과 1의 패턴(하드웨어적으로는 + 또는 −로 표현되기도 함)으로 표현하며 이를 비트binary digits, bits: 이진 숫자라고 부른다. 여기서 0과 1은 숫자보다는 기호로 활용된다.

이 비트들의 패턴은 컴퓨터가 동작할 때 경우에 따라서 숫자를 나타내기도 하며, 문자나 컴퓨터 명령 등을 나타내기도 한다.

- 01000101 : 숫자(69), 문자(A), 명령, 데이터

참고로, 수를 표현하기 위하여 10진수와 2진수 외에 8진수, 16진수 등을 활용하는 경우도 존재하며, 이에 대해서는 다음 절에서 설명한다.

컴퓨터는 왜 사람과 같이 10진수 또는 10진 체계를 사용하지 않고 이진 체계(0과 1)로 정보를 표현하는 것일까? 다양한 설명이 가능하겠지만, 컴퓨터 하드웨어의 구현상의 용이성으로 인하여 이진 체계를 사용한다.

2.1.2 부울연산

부울연산boolean operation이란 참TRUE과 거짓FALSE을 다루는 연산으로서, 덧셈, 뺄셈, 곱셈 등의 산술 계산이 아닌 논리 계산에서 사용한다.

부울연산에는 대표적으로 AND, OR, NOT, XOR 연산이 존재하며, 각 연산은 다음과 같이 정의된다. AND, OR, NOT, XOR는 각각 &, |, ~, ^로 표현되기도 하며, 컴퓨터에서 거짓FALSE은 0으로 표현되며, 참TRUE은 0이 아닌 값(일반적으로 1)으로 표현된다.

AND 연산(&)	입력1	0	0	1	1
	입력2	AND 0	AND 1	AND 0	AND 1
	결과	0	0	0	1

OR 연산(l)	입력1	0	0	1	1
	입력2	OR 0	OR 1	OR 0	OR 1
	결과	0	1	1	1

XOR 연산(^)	입력1	0	0	1	1
	입력2	XOR 0	XOR 1	XOR 0	XOR 1
	결과	0	1	1	0

| NOT 연산(~) | 입력 | NOT 0 | NOT 1 |
| | 결과 | 1 | 0 |

그림 2.1 논리 연산

AND 연산의 경우 입력이 모두 1인 경우에만 결과 값이 1이 나오게 된다. OR 연산의 경우 입력에 하나라도 1이 있으면 결과 값이 1이 된다. NOT 연산의 경우 입력된 값을 역으로 변환하는 연산으로 0이 입력되면 1이 출력되고, 1이 입력되면 0이 출력된다. XOR 연산의 경우 입력 값이 동일하면 0이 출력되고, 입력 값이 다른 경우 1이 출력된다.

❶ 게이트와 플립플롭

부울연산의 입력 값들이 주어질 때 연산 결과를 출력하는 장치 또는 소자를 게이트gate라고 하며, 전압 수준에 따라서 0과 1을 나타내는 전자 회로로 만들어진다. 대표적인 게이트는 AND, OR, XOR, NOT 등이 있다(NAND, NOR 게이트 등도 존재함).

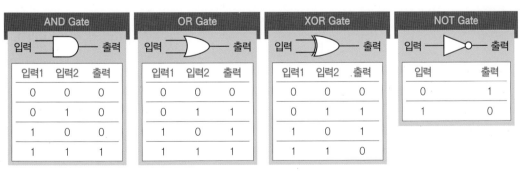

그림 2.2 논리 게이트

다양한 게이트들은 집적 회로IC chip에 포함되어 제작되며, 빵판 bread board 등을 이용하여 간단히 회로를 구성하여 동작을 테스트해 볼 수 있다. 다음의 그림은 컴퓨터나 전자 회로를 구성하는 대표적인 IC 칩으로 내부의 구성을 보면 AND 게이트들로 구성된 것을 확인할 수 있다.

 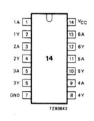 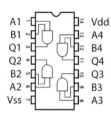

그림 2.3 집적 회로 예

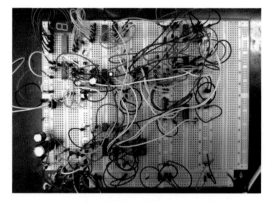

그림 2.4 빵판을 이용한 회로 구성 예

2.2 수의 체계

2.2.1 2진법

사람이 사용하는 10진법이 0, 1, ..., 9의 수를 사용하여 표현되는 것과 마찬가지로 2진법은 0, 1의 수를 사용하여 표현된다. 2진법에서 각 숫자의 위치는 특정한 양에 연계가 되어 있으며, 각 자리에 연계된 양의 차이는 2배이다.

먼저 10진법에서 숫자 369는 3자리 수이므로 다음과 같이 10의 0승, 10의 1승, 10의 2승에 해당하는 값을 각 자리의 수에 곱하여 합산한 값을 의미한다. 이와 유사하게 2진법에서 숫자 1001은 4자리 수이므로 2의 0승, 2의 1승, 2의 2승, 2의 3승에 해당하는 값을 각 자리의 수에 곱하여 합산한 값을 의미하며 10진수로는 9에 해당한다.

10진법	2진법
369 $=3\times10^2+6\times10^1+9\times10^0$ $=3\times100+6\times10+9\times1$	1001 $=1\times2^3+0\times2^2+0\times2^1+1\times2^0$ $=1\times8+0\times4+0\times2+1\times1$ $=9(10진수)$ $=0x09(16진수)$ $=011(8진수)$

❶ 10진수와 2진수의 변환

10진법의 수(10진수)를 2진법의 수(2진수)로 변환하는 방법에 대하여 알아보자. 간단한 예로 10진수 13을 2진수로 변환을 해보자. 변환하는 과정은 다음과 같이 2로 주어진 값을 나누고, 나머지를 기록한 후에, 몫이 0일 때까지 나누는 과정을 반복한 뒤, 나머지를 역순으로 출력하면 된다. 이와 같은 과정을 통해서 10진수 13을 의미하는 2진수는 1101임을 알 수 있다.

- 단계1 : 주어진 값을 2로 나누고 나머지를 기록
- 단계2 : 단계1의 몫이 0이 아니면 단계1로 이동
- 단계3 : 몫이 0이므로, 나머지에 해당하는 값들을 오른쪽에서 왼쪽으로 나열

13	13/2		6/2		3/2		1/2
몫	6	→	3	→	1	→	0
나머지	1		0		1		1
	←─────────── 읽는 방향						

나머지 : 1 1 0 1

간단하게 변환의 결과 값이 맞는지 테스트하기 위해서는 윈도우의 계산기를 활용하면 된다. 10진수decimal digit를 입력한 후에 2진수binary digit를 선택하면 해당 10진수에 대한 2진수 표현을 나타내 준다.

그림 2.5 **계산기를 이용한 진법 변환**

29

❷ 2진 덧셈

2진법의 덧셈은 10진수의 덧셈과 마찬가지로 가장 오른쪽 자리의 숫자를 더하고, 그 합에서 작은 자리 숫자를 가장 오른쪽 자리에 적고, 합의 큰 자리에 올림수가 있으면, 왼쪽으로 넘긴 다음 덧셈을 계속한다.

0	1	0	1
+ 0	+ 0	+ 1	+ 1
0	1	1	10

❸ 소수 표현

10진법과 같이 소수점을 사용하여 이진법에서도 소수를 표현할 수 있다. 소수점 왼쪽의 숫자들은 정수를 나타내며, 소수점 오른쪽의 숫자는 분수를 나타낸다.

1	0	1	.	1	0	1
2^2	2^1	2^0		2^{-1}	2^{-2}	2^{-3}
4	2	1		½	¼	⅛

$$= 1*4+0*2+1*1+1*½+0*¼+1*⅛ = 5⅝$$

2.2.2 16진법

컴퓨터는 비트단위로 데이터를 처리 및 저장하고, 대부분 많은 비트를 한 세트로 처리한다. 사람이 보았을 때 비트 패턴은 한눈에 알아보기가 어렵고 처리가 용이하지 않기 때문에, 이를 쉽게 표현하기 위해 오른쪽 표와 같이 16진법hexadecimal notation 표기법을 사용한다.

- 16진법은 4비트 패턴에 대하여 1개의 기호를 사용
  예) 1000101011010001 : 8AD1
- 16진법을 10진법과 구분하기 위하여 앞에 0x를 표시함
  예) 1001(10진법), 0x1001(16진법)

비트 패턴	16진법 표현	비트 패턴	16진법 표현
0000	0	1000	8
0001	1	1001	9
0010	2	1010	A
0011	3	1011	B
0100	4	1100	C
0101	5	1101	D
0110	6	1110	E
0111	7	1111	F

표 2.1 비트 패턴과 16진법 표현

❶ 16진수 연산

- $0x09 + 0x01 = 0x0A$
- $0x0F + 0x01 = 0x10$

❷ 16진수의 10진수 변환

- $0xFF = F(15) \times 16 + 15 = 255$
- $0x11 = 1(1) \times 16 + 1 = 17$

2.2.3 8진법

16진법hexadecimal notation과 마찬가지로 8진법octadecimal notation도 드물게 사용이 된다. 오른쪽 표는 변환법을 나타낸 것이다.

- 8진법은 3비트 패턴에 대하여 1개의 기호를 사용
  예) 100010101101000 : 42550
- 8진법을 10진법과 구분하기 위하여 앞에 0을 표시함
  예) 1001(10진법), 01001(8진법)

비트 패턴	8진법 표현
000	0
001	1
010	2
011	3
100	4
101	5
110	6
111	7

표 2.2 비트 패턴과 8진법 표현

31

❶ 8진법 연산

- $07 + 01 = 010$
- $017 + 01 = 020$

❷ 8진수의 10진수 변환

- $077 = 7 \times 8 + 7 = 63$
- $011 = 1 \times 8 + 1 = 9$

2진법, 8진법, 10진법, 16진법 사이의 변환 관계는 다음과 같다.

2진법 표현	8진법 표현	10진법 표현	16진법 표현
0000	0	0	0
0001	1	1	1
0010	2	2	2
0011	3	3	3
0100	4	4	4
0101	5	5	5
0110	6	6	6
0111	7	7	7
1000	10	8	8
1001	11	9	9
1010	12	10	A
1011	13	11	B
1100	14	12	C
1101	15	13	D
1110	16	14	E
1111	17	15	F

표 2.3 2진법, 8진법, 10진법, 16진법

2.3 수의 표현 방법

2.3.1 2의 보수

사람이 0을 포함한 양의 정수만 사용한다면 컴퓨터도 2진법을 사용하여 표현하기 매우 편리하다. 즉 어떤 양의 정수라도 2의 n승의 합산으로 나타낼 수 있고 이를 통하여 2진 비트 패턴으로 나타내면 된다.

물론 컴퓨터에서 표현할 수 있는 자릿수로 인하여 모든 수를 무한히 표현할 수는 없다. 최근 64비트 컴퓨터는 64비트 패턴을 활용하여 정수를 표현한다. 양의 정수만을 표현한다면 $0 \sim 2^{64}-1$까지의 수를 표현할 수 있다.

그러나 사람은 필연적으로 음수를 활용하고 있고, 컴퓨터에서도 음수를 포함한 정수를 표현해야 한다. 만일 내가 컴퓨터 개발자라면 어떻게 비트들을 활용하여 음수를 저장하여 표현할 수 있도록 하겠는가? 간단한 방법 중에 하나는 아래와 같이 최상위 비트(가장 좌측의 비트)가 양수일 경우 0으로 표시하고, 음수일 경우 1로 표시하는 방법을 사용하면 된다. 이 방법에는 어떤 문제점들이 존재하는가? 0과 −0이 존재하고 있는 것을 제외하고는 특별한 문제가 없어 보인다. 그러나 문제점은 단순히 수의 표현이 아니라 수들의 연산을 수행할 때 발생하게 된다.

가령 5와 −2의 덧셈을 생각해 보자. 2진수의 덧셈 방법에 따라서 0101+1010을 더하면 1111이 되고 이는 −7을 의미한다. 연산 결과는 3이어야 하지만 이와 같은 표현 방법에서는 문제가 될 수 밖에 없다.

비트 패턴	표현값	비트 패턴	표현값
0111	7	1111	−7
0110	6	1110	−6
0101	5	1101	−5
0100	4	1100	−4
0011	3	1011	−3
0010	2	1010	−2
0001	1	1001	−1
0000	0	1000	−0

표 2.4 음수 표현 방법

❶ 2의 보수

실제로 컴퓨터에서는 음수를 포함한 정수를 표현하기 위해서 2의 보수를 사용한 표기법을 널리 활용한다. 참고로 초과표기법도 있다. 2의 보수에 대한 설명의 용이성을 위해 4비트를 가정하면, 4비트 패턴에 대한 2의 보수 표기는 다음 표와 같이 정의된다. 비트 패턴에서 가장 왼쪽의 비트MSB는 부호비트sign bit로 사용이 되므로, 양수는 0이고, 음수는 1이다.

4비트로 표현할 수 있는 값의 범위는 −8에서 7까지이며, 0은 양수로 분류하여 양수보다 음수로 표현할 수 있는 범위가 넓다. 일반화하여 이야기하면 n비트로 표현할 수 있는 값의 범위는 $-2^{n-1} \sim 2^{n-1}-1$이다.

비트 패턴	표현값
0111	7
0110	6
0101	5
0100	4
0011	3
0010	2
0001	1
0000	0
1111	−1
1110	−2
1101	−3
1100	−4
1011	−5
1010	−6
1001	−7
1000	−8

표 2.5 **2의 보수 표현법**

❷ 음수 2의 보수 계산

양수는 2진법 표기에 의하여 쉽게 계산이 되지만, 음수는 계산이 어렵다. 음수 2의 보수를 계산하는 과정은 크게 두 가지 방법이 있다.

첫 번째 2의 보수를 계산하는 방법은 다음과 같다.

- 단계1 : 음수에 대응하는 양수의 비트 패턴을 계산한다.
- 단계2 : 양수의 비트 패턴에서 모두 1 ↔ 0(0은 1로, 1은 0으로) 변환한다.
- 단계3 : 변환된 비트 패턴에 1을 더한다.

음수	단계1	단계2	단계3	결과
−6	0110	1001	1001 + 0001	1010
−8	1000	0111	0111 + 0001	1000

두 번째 2의 보수를 계산하는 방법은 다음과 같다.

- 단계1 : 음수에 대응하는 양수의 비트 패턴을 계산한다.
- 단계2 : 양수의 비트 패턴에서 하위 비트부터 시작하여 상위 비트로 이동을 하며 1을 처음 만날 때까지 비트들을 복사한다.
- 단계3 : 처음 만난 1을 제외한 비트들을 보수를 취하여 복사한다.

❸ 2의 보수의 덧셈

2의 보수 표기법으로 표현된 값을 더하기 위해서는 이진 덧셈에서와 동일한 알고리즘으로 연산을 수행한다. 비트 수의 제한으로 인하여 발생하는 마지막 올림수는 절삭한다. 이와 같이 2의 보수를 사용할 경우 뺄셈 연산을 덧셈으로 표현이 가능하여 회로의 단순화가 가능하다.

10진법 연산	3 + 2 5	−3 + −2 −5	7 + −5 2
2의 보수 연산	0011 + 0010 0101	1101 + 1110 1011	0111 + 1011 0010

표 2.6 2의 보수 덧셈(4비트를 가정함)

2.3.2 오버플로우 및 언더플로우

컴퓨터는 사람이 사용하는 모든 숫자를 표현할 수 있을까? 만약에 표현할 수 없다면 그 이유는 무엇인가?

설명의 편리함과 수의 표현을 위하여 4비트를 사용하는 경우를 가정하다. 4비트로 숫자를 표현할 경우, 양의 정수로만 사용하면 0에서 15까지, 2의 보수로 사용하면 −8에서 7까지 표현이 가능하다. 따라서 연산 결과 표현할 수 있는 값의 범위를 넘어가는 경우가 발생한다.

- 오버플로우overflow는 숫자값이 표현할 수 있는 범위의 최대값을 넘어가는 경우
- 언더플로우underflow는 숫자값이 표현할 수 있는 범위의 최소값을 넘어가는 경우

이와 같은 오버플로우 및 언더플로우는 컴퓨터에서 숫자를 표현하기 위해서 사용하는 비트의 제한으로 인하여 발생하며, 필수불가결하다.

2.3.3 소수의 표현

소수의 표현을 위하여 컴퓨터에서는 부동소수점floating point 표기법을 사용한다.

❶ 부동소수점

부동소수점 표기법은 부호sign, 지수 부분exponent field, 유효숫자 부분mantissa field으로 구성된다. 예를 들어 8비트로 숫자를 표현한다고 가정하면, 1비트는 부호 비트이며 3비트는 지수 부분이고 4비트는 유효숫자 부분으로 지정할 수 있다.

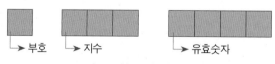

→ 부호   → 지수   → 유효숫자

그림 2.6 **부동소수점 표기법**

- 지수 부분은 소수점의 위치를 표시
- 유효숫자는 표현하고자 하는 수를 표시
- 정규형 : 소수를 표시할 때 유효숫자 첫 자리를 1로 시작하도록 지수를 정함
- 예) 비트 패턴 01101011의 경우

    부호 : 0

지수 : 110−초과표기법의 경우 2로 해석됨

유효숫자 : 1011

해석 : 10.11로 분석되고 십진수 $2\frac{3}{4}$ 에 대한 부동소수점 표현

❷ IEEE 754 부동소수점 표준

IEEE 754 표준은 컴퓨터에서 부동소수점을 표현하기 위해서 가장 널리 쓰이는 표준이다. 이 표준에는 32비트(single precision), 64비트(double precision), 43비트, 79비트에 대한 형식을 정의하고 있다. 많은 프로그래밍 언어에서 부동소수점을 표현하기 위하여 IEEE 표준을 따르고 있으며, 이 절에서는 C/C++의 실수형 데이터형인 float에 적용된 32비트 부동소수점 형식에 대해서 설명한다.

IEEE 754 표준에서 부동소수점 표현은 최상위 부호sign 비트와 지수 부분exponent과 가수 부분fraction/mantisa의 3영역으로 구분된다.

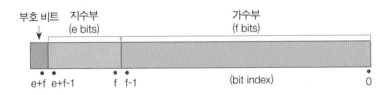

32비트 부동소수점의 경우 부호 비트(1bit), 지수부(8bit), 가수부(23bit) 구조로 되어 있다. 이를 통하여 표현할 수 있는 값의 범위는 $1.2^{-38} \sim 3.4^{38}$이다.

- 부호 비트sign는 0이면 양수, 1이면 음수를 표현한다.
- 지수부exponent는 127 초과표기법을 사용해서 표현한다.
- 가수부mantisa는 정규화를 하고, 가장 왼쪽에 있는 1.을 생략한다.

예를 들어서 10진수로 13.5를 IEEE 754 부동소수점 표현으로 변환해 보자. 13.5를 2진수로 표현하면 $1101.1_{(2)}$로 표현되고 이를 정규화하면 $1.1011_{(2)} \times 2^3$이 된다. 따라서 부호 비트

는 양수이므로 0, 지수부는 3이므로 127 초과표기법으로 표현하면 130(127+3)이므로 2진수 표현으로 $10000010_{(2)}$이다. 가수부는 1.1011이므로 가장 왼쪽의 1.을 생략하면 1011로 표현된다. 따라서 $13.5_{(10)}$을 부동소수점으로 표현하면 0100 0001 0101 1000 0000 0000 0000 $0000_{(2)}$로 표현된다.

0	100 0001 0	101 1000 0000 0000 0000 000
부호	지수	가수

다른 예로 10진수로 −0.625를 변환하면 $−0.101_{(2)}$로 표현되고 이를 정규화하면 $−1.01_{(2)}$ ×2^{-1}로 된다. 따라서 부호 비트는 음수이므로 1, 지수부는 −1이므로 127 초과표기법으로 표현하면 126(127−1)이므로, 2진수 표현으로 $01111110_{(2)}$이다. 가수부는 1.01이므로 왼쪽 1.을 생략하면 01로 표현되므로 부동소수점으로 표현하면 1011 1111 0010 0000 0000 0000 0000 $0000_{(2)}$로 표현된다.

참고로 64비트 부동소수점의 경우 부호 비트(1bit), 지수부(11bit), 가수부(52bit) 구조로 되어 있다. 이 경우 지수부는 1023 초과표기법을 사용한다.

2.4 정보의 표현 방법

2.4.1 텍스트

텍스트text 정보는 각각의 문자에 고유한 비트 패턴을 지정하는 코드에 의하여 표현된다. 초기 컴퓨터 환경에서는 텍스트의 표현을 위하여 여러 종류의 코드들이 설계되어 사용되었으나, 통신, 호환성 등의 문제가 발생하여 ASCII 코드를 표준으로 정의하여 활용하고 있다.

❶ ASCII 코드

ASCIIAmerican Standard Code for Information Interchange 코드란 ANSIAmerican National Standard Institute 에서 정의한 코드로서 대부분의 컴퓨터, 워크스테이션 및 서버 등에서 텍스트를 표현하기 위하여 사용하고 있다.

10진수	16진수	8진수	ASCII	10진수	16진수	8진수	ASCII
0	0x00	000	NULL	34	0x22	042	"
1	0x01	001	SOH	35	0x23	043	#
2	0x02	002	STX	36	0x24	044	$
3	0x03	003	ETX	37	0x25	045	%
4	0x04	004	EOT	38	0x26	046	&
5	0x05	005	ENQ	39	0x27	047	'
6	0x06	006	ACK	40	0x28	050	(
7	0x07	007	BEL	41	0x29	051	)
8	0x08	010	BS	42	0x2A	052	*
9	0x09	011	HT	43	0x2B	053	+
10	0x0A	012	LF	44	0x2C	054	'
11	0x0B	013	VT	45	0x2D	055	−
12	0x0C	014	FF	46	0x2E	056	.
13	0x0D	015	CR	47	0x2F	057	/
14	0x0E	016	SO	48	0x30	060	0
15	0x0F	017	SI	49	0x31	061	1
16	0x10	020	DLE	50	0x32	062	2
17	0x11	021	DC1	51	0x33	063	3
18	0x12	022	SC2	52	0x34	064	4
19	0x13	023	SC3	53	0x35	065	5
20	0x14	024	SC4	54	0x36	066	6
21	0x15	025	NAK	55	0x37	067	7
22	0x16	026	SYN	56	0x38	070	8
23	0x17	027	ETB	57	0x39	071	9
24	0x18	030	CAN	58	0x3A	072	:
25	0x19	031	EM	59	0x3B	073	;
26	0x1A	032	SUB	60	0x3C	074	<
27	0x1B	033	ESC	61	0x3D	075	=
28	0x1C	034	FS	62	0x3E	076	>
29	0x1D	035	GS	63	0x3F	077	?
30	0x1E	036	RS	64	0x40	100	@
31	0x1F	037	US	65	0x41	101	A
32	0x20	040	SP	66	0x42	102	B
33	0x21	041	!	67	0x43	103	C

표 2.7 아스키 코드 표(계속)

10진수	16진수	8진수	ASCII	10진수	16진수	8진수	ASCII
68	0x44	104	D	98	0x62	142	b
69	0x45	105	E	99	0x63	143	c
70	0x46	106	F	100	0x64	144	d
71	0x47	107	G	101	0x65	145	e
72	0x48	110	H	102	0x66	146	f
73	0x49	111	I	103	0x67	147	g
74	0x4A	112	J	104	0x68	150	h
75	0x4B	113	K	105	0x69	151	i
76	0x4C	114	L	106	0x6A	152	j
77	0x4D	115	M	107	0x6B	153	k
78	0x4E	116	N	108	0x6C	154	l
79	0x4F	117	O	109	0x6D	155	m
80	0x50	120	P	110	0x6E	156	n
81	0x51	121	Q	111	0x6F	157	o
82	0x52	122	R	112	0x70	160	p
83	0x53	123	S	113	0x71	161	q
84	0x54	124	T	114	0x72	162	r
85	0x55	125	U	115	0x73	163	s
86	0x56	126	V	116	0x74	164	t
87	0x57	127	W	117	0x75	165	u
88	0x58	130	X	118	0x76	166	v
89	0x59	131	Y	119	0x77	167	w
90	0x5A	132	Z	120	0x78	170	x
91	0x5B	133	[	121	0x79	171	y
92	0x5C	134	\	122	0x7A	172	z
93	0x5D	135	]	123	0x7B	173	{
94	0x5E	136	^	124	0x7C	174		
95	0x5F	137	_	125	0x7D	175	}
96	0x60	140	.	126	0x7E	176	~
97	0x61	141	a	127	0x7F	177	DEL

표 2.7 아스키 코드 표

영문 알파벳(대소문자), 구두점, 숫자, 제어문자(LF, FF, CR, Tab 등)를 표현하기 위해 7비트를 할당하여 사용했지만, 메모리 셀 크기에 맞춰 확장하여 8비트로 사용하고 있다. 가령 Hello 문자에 대한 ASCII 코드는 다음과 같다.

비트 패턴	01001000	01100101	01101100	01101100	01101111
16진법	48	65	6C	6C	6F
	H	e	l	l	o

❷ 유니코드

ASCII 코드는 8비트 256개의 비트 패턴만을 사용하므로 숫자, 영어, 제어문자를 표현하는 데 충분하지만, 한국어, 중국어, 일본어, 히브리어 등의 언어를 표현하는 데 한계가 존재한다. 한국어, 중국어, 일본어 등을 컴퓨터에서 쓰지 않는다면 좋겠지만 정보의 표현을 위해서는 필연적으로 코드로 표현할 수 있어야 한다.

이와 같은 문제를 해결하기 위하여 유니코드unicode는 하드웨어 및 소프트웨어 업체들의 협력으로 개발된 코드로, 16비트 65,536개의 비트 패턴을 사용하고 있다.

❸ ISO 코드

ISOInternational Organization for Standardization에서 유니코드와 경쟁하기 위하여 개발한 코드로 32비트 2^{32}개의 비트 패턴을 사용한다.

ASCII 코드나 유니코드 등을 사용하여 인코딩된 기호들의 집합을 텍스트 파일이라고 부르며, 확장자는 일반적으로 .txt를 사용한다. 텍스트 파일은 워드프로세서에서 호환이 되지만, 워드프로세서 자체에서 사용하는 파일은 형식(.doc, .hwp)이 다르다.

2.4.2 수치

숫자의 경우 문자와는 다르게 코드를 사용하여 처리하는 것이 효율적이지는 않다. 예를 들어 79를 ASCII 코드를 사용하여 표현할 경우 0x37 0x39(00110111 00111001)와 같이 2바이트(16비트)를 필요로 한다. 또한 표현할 수 있는 수의 범위는 0~99이다. 그러나 2진법을 사용하면 16비트의 경우 0~65535 범위의 수를 표현할 수 있다. 따라서 컴퓨터에서는 숫자 데이터를 저장할 때 2진법을 널리 사용한다.

2.4.3 이미지

디지털 카메라, 휴대폰, 캠코더 등의 발달로 이미지, 오디오, 비디오 등의 멀티미디어 데이터가 널리 이용되고 있다. 이 중에서 이미지 데이터를 표현하는 방법은 비트맵bitmap과 벡터vector가 있다. 이 절에서는 간략히 설명하고 구체적인 내용은 2부 멀티미디어 부분에서 다루도록 한다.

❶ 비트맵

이미지의 비트맵 표현 방법에서는 이미지를 점들의 집합으로 표현하는데, 각 점을 픽셀picture element, Pixel이라고 한다. 또한 각 픽셀은 비트열로 인코딩된다.

비트맵 이미지는 이진 영상, 회색조 영상, 컬러 영상으로 구분할 수 있다.

- 이진 영상binary image : 픽셀은 1비트로 구성되고 0과 1의 값을 갖는다.
- 회색조 영상gray image : 픽셀은 8비트로 구성되고 0에서 255의 값을 갖는다. 즉 1픽셀은 256가지의 색상을 표현할 수 있다. 최근에 기술의 발달로 의료영상, 항공영상 등에서는 12 또는 16비트를 사용하여 영상의 해상도를 향상시키고 있다.
- 컬러 영상color image : 픽셀은 빛의 3원색인 R, G, B의 채널로 구성되며, 각 채널은 8비트로 표현되어 0에서 255의 값을 갖는다. 따라서 1픽셀은 24비트(0~1,677,215)를 사용할 수 있다. R, G, B로 표현되는 대표적인 색들은 다음 그림과 같다(24비트를 8비트로 나누어서 16진법으로 표현). 색을 표현할 때 RGB 외에 투명도를 위한 Alpha 채널을 사용하는데, 이 경우 1픽셀은 32비트로 구성된다. RGB 외에 HSI, HSV, YUV 등의 인코딩 방법도 존재한다.

이진영상
100x100x2bits: 20k bits

회색조영상
100x100x8bits: 80k bits

그림 2.7 비트맵 영상의 종류

컬러영상
100x100x24bits: 240k bits

RGB Colour Codes

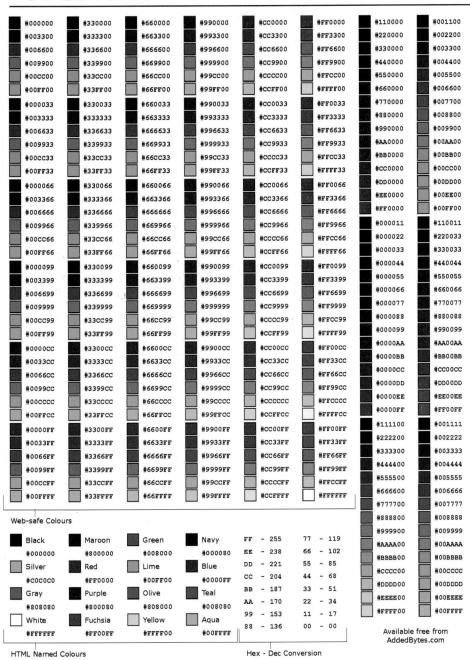

Web-safe Colours

Black	Maroon	Green	Navy
#000000	#800000	#008000	#000080
Silver	Red	Lime	Blue
#C0C0C0	#FF0000	#00FF00	#0000FF
Gray	Purple	Olive	Teal
#808080	#800080	#808000	#008080
White	Fuchsia	Yellow	Aqua
#FFFFFF	#FF00FF	#FFFF00	#00FFFF

HTML Named Colours

FF	-	255
EE	-	238
DD	-	221
CC	-	204
BB	-	187
AA	-	170
99	-	153
88	-	136

77	-	119
66	-	102
55	-	85
44	-	68
33	-	51
22	-	34
11	-	17
00	-	00

Hex - Dec Conversion

그림 2.8 비트맵 색상 코드표

비트맵을 사용하여 이미지를 표현할 때의 장점은 사진과 같은 다양한 색상을 가진 이미지를 정밀하게 표현할 수 있다는 것이고, 단점은 임의의 크기로 확대하거나 축소하는 것이 쉽지 않다는 것이다.

❷ 벡터

벡터 기법은 이미지를 점과 선들의 집합으로 표현한다. 점과 선들의 집합을 어떻게 화면에 그릴 것인지는 디스플레이 장치에 따라 다르다. 벡터 기법은 임의의 확대나 축소에서 해상도를 유지할 수 있는 방법이다.

우리가 많이 사용하는 일반적인 모니터는 비트맵 방식으로 이미지 데이터를 처리하지만 오실로스코프와 같이 파형을 분석하는 장비들의 경우 벡터 방식으로 이미지 데이터를 출력한다.

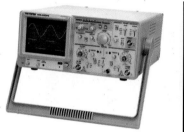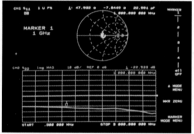

그림 2.9 **오실로스코프**

벡터 기법을 사용하여 이미지를 표현할 때 장점은 임의의 확대나 축소에서 해상도를 유지할 수 있다는 것이고, 단점은 디스플레이 장치의 기능이 복잡해지고 가격이 비싸다는 점이다. 참고로, 컴퓨터에서 텍스트를 출력할 때는 일반적으로 비트맵 폰트보다는 벡터 폰트를 사용한다.

2.4.4 사운드

사운드(또는 오디오)는 물체의 진동으로 인해 일어나는 물리적 현상이다. 물체의 진동은 아날로그 파형의 형태로 표현할 수 있으며, 컴퓨터에서는 오디오를 기록하거나 생성하기 위하여 아날로그 신호를 디지털화하여 저장한다.

일반적인 방법은 일정한 간격으로 소리 파동의 진폭 샘플을 추출하여 얻은 일련의 값들을 기록한다. 오디오 데이터는 채널의 수에 따라서 음질 및 현실감이 늘어나며, 2채널(스테레오), 5.1 채널 등이 널리 활용된다.

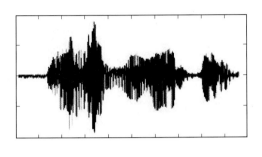

그림 2.10 사운드의 아날로그 파형

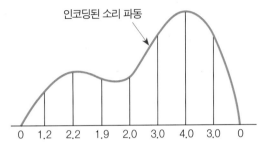

그림 2.11 파형에 대한 디지털화 과정 예

❶ CD 오디오

CDcompact disk 오디오는 고품질 사운드로 초당 44,100개(44kHz)의 샘플을 추출하고 각 샘플은 16비트로 표현되며, 스테레오일 경우 32비트로 표현한다.

4분짜리 CD 오디오 품질의 음악(.wav)에 대한 파일 크기를 계산해보면 4bytes×4분(240초)×44,100개 이므로 42,336,000(42MBytes) 바이트의 용량이 된다. 일반 텍스트 데이터에 비하여 오디오 데이터의 크기가 방대함을 알 수 있다.

2.4.5 비디오

비디오는 동영상motion pictures이라고 부르며 프레임frame들과 오디오 데이터로 구성된다. 각 프레임은 1장의 이미지를 의미하고, 오디오는 품질에 따라서 2채널에서 5.1채널 등으로 구성된다.

동영상 등 멀티미디어 데이터에 있어서 기술적으로 중요한 사항은 자료의 방대성, 실시간 처리 및 서비스 품질, 다양한 매체 간의 상호 동기화(프레임＋오디오), 표준화 요구 등이 있다.

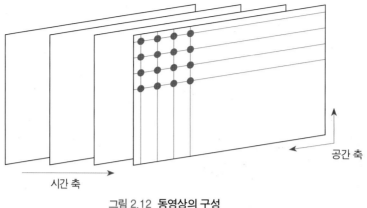

공간 축

시간 축

그림 2.12 **동영상의 구성**

❶ 동영상 압축

동영상은 이미지나 사운드 데이터에 비하여 그 파일 크기가 매우 크다. 가령 HD^{high definition} 품질을 가지고 있으며 초당 30프레임으로 구성된 1시간짜리 동영상의 크기를 계산해보자. HD 품질의 경우 1920×1080픽셀의 해상도를 의미한다.

1920×1080(픽셀)×3bytes(RGB)×60×60(초)×30(프레임)이 되고 671 기가바이트 (671,846 메가바이트, 671,846,400 킬로바이트)의 용량이 된다. 최근 출시되고 있는 2 테라바이트 용량의 하드디스크에 3개의 동영상을 저장하면 더 이상 저장이 불가능하다.

그러나 동영상 압축 기술을 활용하면 동영상의 내용에 따라 다르겠지만 100배 이상의 압축이 가능하다. 동영상을 어떻게 압축하면 되겠는지 생각해보기 바란다. 동영상 압축 기술에 대해서는 2부 멀티미디어 장에서 설명하도록 하겠다.

1. 10진수 181을 2진수, 8진수, 16진수로 각각 변환하시오.

2. 16진수 F9를 2진수로 변환하시오.

3. 2진수 111.111을 십진수로 변환하시오.

4. 2의 보수를 이용하는 이유를 설명하시오.

5. 4비트를 사용하는 시스템이 있다. 이때 1011과 0101을 더하면 어떤 결과가 나오는지 계산하여라 (단, 양의 정수만을 고려한다). 만일 계산 결과가 의도와는 다르게 나오는 것을 무엇이라 하는지 말하고 이유가 무엇인지도 설명하시오.

컴퓨터 구조

개인용 컴퓨터(personal computer, PC)는 다양한 외부 및 내부 장치들과 복잡한 회로들로 구성되어 있다. 컴퓨터의 외부 장치들은 스캐너, 프린터, 스피커, 마우스, 키보드, 모니터 등이 있으며, 주로 사용자가 직접 사용을 한다. 컴퓨터의 내부 장치들은 메인보드, CPU, 비디오 카드, 메모리 등이 있으며, 컴퓨터 본체 안에 설치되어 있다.

이 장에서는 컴퓨터의 구조와 동작의 원리를 이해하는 데 목적을 둔다.

학습목표

- 컴퓨터 구조와 동작 원리를 이해
- 기계어와 해석 방법을 이해
- 프로그램 실행 방법을 이해
- 컴퓨터의 연산 명령을 이해
- 장치 간 통신의 이해
- 성능 향상을 위한 방법을 이해

소형컴퓨터에서부터 서버, 슈퍼컴퓨터와 같이 다양한 컴퓨터가 존재하고 있으며, 각 컴퓨터의 기본적인 동작 원리는 유사하다.

소형컴퓨터(PC, Laptop)   서버(Server)   슈퍼컴퓨터(Super Computer)

그림 3.1 **컴퓨터 종류**

3.1.1 중앙처리장치

중앙처리장치central processing unit, CPU는 컴퓨터 동작을 제어하고 저장된 데이터의 처리를 담당하는 컴퓨터 회로로, 프로세서processor라고도 한다. 기술의 발전으로 CPU의 크기는 작아져서 개인용 컴퓨터의 CPU는 2인치 정도의 작고 납작한 사각형으로 제작되며, 컴퓨터의 메인보드mainboard 또는 마더보드motherboard의 주회로 기판에 장착된다.

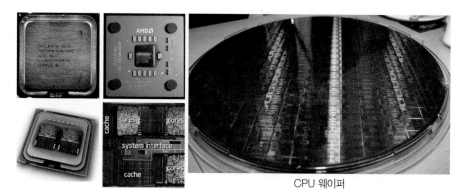

CPU 웨이퍼

그림 3.2 **컴퓨터 CPU 예**

CPU의 대표적인 제조사는 인텔(8086, 8088, 80286, 80386, 80486, 펜티엄, 셀러론), AMD사(에슬론, 셈프론) 등이 있으며, 모토롤라, 삼성, VIA 등에서도 제작하고 있다.

중앙처리장치는 연산장치와 제어장치로 구성된다. 연산장치arithmetic/logic unit는 데이터의 덧셈이나 뺄셈과 같은 연산을 수행하는 회로이며, 제어장치control unit는 컴퓨터의 동작을 조정하는 회로이다.

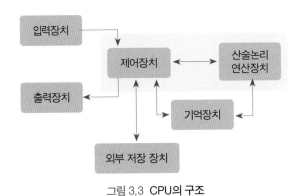

그림 3.3 **CPU의 구조**

제어장치에는 정보를 임시로 저장하기 위한 레지스터register가 존재하며, 범용 레지스터와 용도지정 레지스터로 구분된다.

용도지정 레지스터는 명령 레지스터나 프로그램 카운터로서 레지스터의 기능이 지정되어 있어서 임의로 사용이 불가능하다.

범용 레지스터는 CPU에서 처리되는 데이터를 위한 임시 저장공간으로 연산장치 회로의 입력이나 출력을 저장하기 위해 이용된다. 즉, 주기억장치main memory에 저장된 데이터에 대한 연산을 수행하기 위해서는 제어장치가 주기억장치의 데이터를 범용 레지스터로 전송하고, 레지스터의 종류를 연산장치에 알려준 후에, 연산장치의 회로를 작동시켜 연산을 수행한 뒤 연산결과를 저장할 레지스터를 연산장치에 알려준다.

C=A+B 덧셈연산 동작 예

- 단계1 : 덧셈에 사용될 값 중에 하나(A)를 주기억장치에서 CPU 레지스터(R1)로 가져온다.
- 단계2 : 덧셈에 사용될 값 중에 하나(B)를 주기억장치에서 CPU 레지스터(R2)로 가져온다.
- 단계 3 : 레지스터(R1, R2)를 입력으로 사용하고, 결과를 다른 레지스터(R3)에 저장하도록 지정하여 연산장치(덧셈회로)를 작동한다.
- 단계 4: 레지스터(R3)의 내용을 주기억장치에 저장한다.

주기억장치의 속도는 CPU의 속도에 비하여 상당히 느리다. 캐시cache 메모리는 이런 속도차이에 의한 병목현상을 줄이기 위하여 만들어진 CPU에 위치한 고속 메모리이다. 컴퓨터의 캐시 메모리는 자주 사용되는 주기억장치의 복사본을 유지한다. 원래 레지스터와 주기억장치에서 일어날 데이터 전송 작업이 레지스터와 캐시 메모리 사이에서 일어남으로써 주기억장치와 레지스터 사이의 통신으로 인한 지연을 줄일 수 있으므로 신속하게 계산을 수행할 수 있다. 캐시 메모리에 저장되어 있는 데이터는 적절한 시점에 주기억장치로 전달된다. 캐시 메모리의 성능을 향상시키기 위한 다양한 알고리즘이 연구되고 있다.

인텔 펜티엄 CPU와 셀러론 CPU의 가장 큰 차이점은 캐시 메모리의 유무로서, 고성능을 필요로 하지 않는 일반적인 사용자들을 위하여 고가의 캐시 메모리를 제거하여 프로세서의 가격을 절감하였다.

빠른 속도로 CPU와 주기억장치 간의 병목현상을 해소해 줄 수 있는 캐시 메모리를 사용하면 항상 컴퓨터의 성능이 향상되는 것일까? 컴퓨터 프로그램은 실행될 때 순차적으로 수행도 하지만, 특정한 위치로 점프하는 부분도 매우 많다. 그리고 캐시 메모리는 용량이 제한적이고, 그 내용은 주기억장치에 저장되어 있는 내용의 복사본에 해당한다. 따라서, 캐시 메모리에 복사되어 있는 내용이 실행하는 프로그램 코드와 불일치할 확률이 높은 경우 캐시 메모리의 사용이 장점이 될 수 없다. 그러나 일반적으로 캐시 메모리의 활용을 위하여 예측 알고리즘을 도입하여 사용하므로, 캐시 메모리를 사용함으로서 성능을 향상시킬 수 있다. 또한, 가격이 비싸고 집적율이 낮은 단점도 있다.

캐시 메모리의 예측 알고리즘에 대해서는 컴퓨터 구조 과목에서 자세히 학습할 수 있다.

❶ 프로그램 내장 개념

초기의 컴퓨터들은 프로그램을 제어장치에 직접 구현을 하여 프로그램이 고정되어 여러 가지 기능을 수행할 수 있는 유연성이 없었다. 즉, 프로그램을 직접 하드웨어적인 회로로 구현하고 데이터만 주기억장치에 저장하였다. 이런 구조는 프로그램의 수정을 어렵게 하였다.

폰 노이만은 프로그램을 주기억장치 안에 데이터와 유사하게 저장하고, 제어장치가 메모리에서 프로그램을 가져와 실행하도록 설계하는 프로그램 내장 개념을 제시하였다. 현재의 컴퓨터의 대부분은 이 방식을 채택하고 있다.

프로그램 내장 개념stored program concept의 장점과 단점은 무엇일까? 프로그램 내장 개념을 통해서 프로그램을 데이터를 변경하듯이 수시로 바꿀 수 있어서 컴퓨터의 일반성이 매우 높아진다. 그러나 전통적인 컴퓨터 설계기법에서 CPU와 외부의 장치 사이에 버스라고 부르는 단 하나의 통로에 정보가 집중됨으로써 작업이 지연될 수밖에 없는데, 이와 같은 지연 현상을 폰 노이만 병목현상이라고 한다.

❷ 수치보조 프로세서

컴퓨터의 중앙처리장치는 범용 프로세서로 다양한 기능의 수행을 목적으로 개발되었다. 범용으로 개발되어, 복잡한 계산을 요구하는 수치연산에서는 그 성능이 저하되므로 수치보조 프로세서를 사용함으로써 컴퓨터 시스템의 수치연산 성능을 개선할 수 있다. 대표적으로 인텔사의 80x87 프로세서가 있다.

3.1.2 버스

컴퓨터를 구성하는 CPU, 주기억장치, 보조장치 및 제어장치 사이는 어떻게 연결이 되어 있을까? 컴퓨터의 장치들은 주소, 데이터 및 제어신호를 전송하기 위해서 버스bus로 연결되어 있다. 즉, 주소 버스, 데이터 버스, 제어 버스로 연결되어 있다.

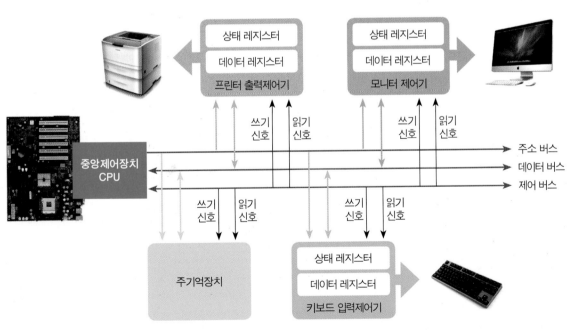

그림 3.4 **컴퓨터의 버스 : 주소 버스, 데이터 버스, 제어 버스**

주소 버스address bus는 CPU가 기억장치나 입출력장치의 주소 정보를 전송하는 신호선의 집합이다. 또한 신호가 CPU에서 주기억장치나 보조장치와 같은 외부의 장치들로 향하는 단방향 버스uni-directional bus이다.

데이터 버스data bus는 CPU가 기억장치나 입출력장치의 데이터를 보내거나 반대로 기억장치나 입출력장치에서 데이터를 읽어 들일 때 데이터를 전송하기 위한 신호선의 집합이다. 데이터는 CPU에서 외부의 장치로 전송될 수 있고, 외부의 장치에서 CPU로 전송되어야 하므로 데이터 버스는 양방향 버스bidirectional bus이다.

제어 버스control bus는 CPU가 컴퓨터 시스템 내의 각종 장치들의 동작을 제어하기 위한 신호선의 집합이다.

CPU 내부의 산술논리 연산장치나 PC, MAR, MBR 등의 레지스터들도 CPU 내부 버스에 의하여 연결되어 있다.

버스는 CPU 외에도 주기억장치, 보조장치 및 제어장치들과 공동으로 사용하고 있다. 이와 같은 공유로 인하여 문제점은 없을까? CPU의 처리 속도가 매우 빠르더라도 버스를 통하여 데이터를 주고받아야 하므로 버스의 성능이 뒷받침해주지 못하는 경우 의미가 없다. 또한, 다양한 장치들이 버스를 동시에 사용하려고 접근할 경우 문제가 발생할 수 있다.

3.1.3 주기억장치

컴퓨터에는 데이터 저장을 위하여 수많은 회로들을 포함하고 있는데, 이와 같은 저장소를 주기억장치main memory 또는 메인 메모리라고 부른다. 또한, 대부분의 컴퓨터는 주기억장치의 휘발성과 제한적인 크기로 인하여 보조기억장치 또는 대용량 저장장치를 가지고 있다. 주기억장치의 용량이 지속적으로 커지고 있으나, 이에 따른 응용프로그램이나 데이터의 크기도 증가하여, 대용량 저장장치의 필요성은 지속적으로 대두되고 있다.

주기억장치는 대용량 저장장치에 비하여 빠른 접근 속도가 장점이지만, 휘발성, 적은 용량, 높은 비용 등의 단점이 있다. 대용량 저장장치는 주기억장치에 비하여 비 휘발성, 큰 저장용량, 적은 비용 등의 장점이 있지만, 주기억장치에 비하여 접근속도가 느린 것이 단점이다.

대용량 저장장치는 경우에 따라서 컴퓨터에서 분리할 수 있다. 장치가 컴퓨터에 연결되어 사람의 개입 없이 접근할 수 있을 경우 온라인online 장치라고 하며, 사람의 개입을 통하여 접근이 가능한 경우 오프라인offline 장치라고 한다.

❶ 메모리

그림 3.5 **컴퓨터 메모리 예**

컴퓨터의 메모리memory는 셀cell 단위로 구성되며 메모리 셀의 크기는 1바이트(8비트)이다. 메모리 셀을 구성하는 비트들은 1줄로 배열되었다고 간주하고, 좌측을 상단high-order end, 우측을 하단low-order end으로 부른다.

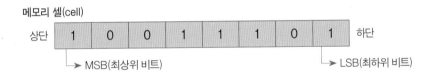

메모리 셀(cell)

| 상단 | 1 | 0 | 0 | 1 | 1 | 1 | 0 | 1 | 하단 |

MSB(최상위 비트)　　　　　　　　　　　LSB(최하위 비트)

MSB와 LSB

최상위 비트most significant bit, MSB는 상단의 마지막 비트를 의미하며, 2진 체계에서 1비트 변화(0 ↔ 1)는 128의 값이 차이를 나타낸다.

최하위 비트least significant bit, LSB는 하단의 마지막 비트를 의미하며, 2진 체계에서 1비트 변화(0 ↔ 1)는 1의 값이 차이를 나타낸다.

주소

컴퓨터의 주기억장치를 구성하는 메모리 셀들을 식별하기 위하여, 각 셀에는 주소address라는 고유한 이름이 할당한다. 따라서 메모리 셀은 동일한 주소를 가질 수 없다.

주소를 사용하여 주기억장치의 특별한 셀의 데이터를 읽거나 데이터를 저장할 수 있으며, 메모리 셀은 고유한 주소가 있으므로 CPU는 필요한 셀에 독립적으로 접근 가능하다. 그렇다면 주소의 크기는 얼마나 될까? 일반적으로 주소 크기는 컴퓨터 비트 수에 의해 결정된다. 8비트 컴퓨터는 0에서 255번지까지의 주소를 가지며, 16비트 컴퓨터는 0에서 65535번지까지 주소를 갖는다. 32비트 컴퓨터의 경우 0에서 2^{32}번지까지의 주소를 갖는다.

8비트컴퓨터 : 0~255 주소

16비트컴퓨터 : 0~65535 주소

32비트컴퓨터 : 0~2^{32} 주소

※ 가상 메모리(virtual memory)

그림 3.6 메모리 주소 예

가상 메모리

가상 메모리virtual memory는 운영체제에서 메모리를 관리하는 방법 중에 하나로 실제 주기억장치보다 큰 메모리 영역을 제공하는 방법으로도 사용된다. 즉 각 프로그램에 실제 메모리 주소가 아닌 가상의 메모리 주소를 주는 방식으로 이루어지며, 이를 통하여 주기억장치의 용량의 한계를 극복할 수 있다.

❷ RAM과 ROM

컴퓨터의 주기억장치를 임의접근 메모리random access memory, RAM로 부르며, 주소를 통하여 임의 쉘의 접근이 가능하고, 휘발성을 가지며, 빠른 응답시간을 제공한다.

컴퓨터의 CMOS는 ROMread only memory으로 부르며, 한 번 기록한 메모리의 내용을 읽을 수는 있지만, 임의로 메모리에 데이터를 저장하는 것이 불가능하며, 비휘발성이고, 응답시간이 상대적으로 느리다. 최근에는 ROM도 PROMprogrammable ROM, EPROMerasable PROM 등과 같이 프로그래밍이 가능한 제품들이 나오고 있다.

동적 메모리dynamic ram, DRAM란 1초 동안에 여러 번 반복적으로 전하를 복원하는 재생회로를 갖는 휘발성 메모리를 의미하며, 빠른 응답시간을 가지고 있다. 삼성전자 등 반도체 업체에서는 경쟁적으로 새로운 RAM을 만들기 위하여 연구하고 있고 RDRAMrambus DRAM, SDRAMsynchronous DRAM 등 다양한 RAM이 존재한다.

❸ 저장장치 용량

컴퓨터에서 주기억장치나 저장장치의 크기는 1024(2^{10}) 쉘 단위로 측정하며 바이트byte 단위를 사용한다. 단위는 킬로, 메가, 기가, 테라 등의 접두사를 사용한다.

- 킬로바이트kilobyte, KB : 1024bytes
- 메가바이트megabyte, MB : 1024KB, 1024×1024bytes
- 기가바이트gigabyte, GB : 1024MB, 1024×1024×1024bytes
- 테라바이트terabyte, TB: 1024GB, 1024×1024×1024×1024bytes

참고로 통신에서는 비트bit 단위를 사용한다. 따라서 주기억장치나 저장장치에 저장되어 있는 100메가바이트의 파일을 100메가비트의 통신선로를 통해서 전송할 때는 최소한 8초 이상이 소요된다.

3.1.4 저장장치 : 자기장치

자기장치는 가장 보편적인 대용량 저장장치로서 하드디스크hard disk, HDD, 플로피디스크floppy disk, FDD, 자기테이프magnetic tape: DAT, DLT 등이 있다. 데이터 저장을 위하여 자기 코딩을 입힌 매체(디스크, 테이프)를 헤드가 지나가면서 자성을 읽거나 변경함으로서 데이터의 접근이 가능하다.

그림 3.7 자기저장 장치

❶ 자기디스크

디스크 저장장치는 디스크 상하에 읽기/쓰기를 위한 헤드가 존재하고, 하나의 축에 여러 개의 디스크로 구성이 가능하다. 하드디스크 및 플로피디스크가 자기디스크에 해당되고, 디스크는 트랙, 실린더, 섹터의 용어로 정의된다.

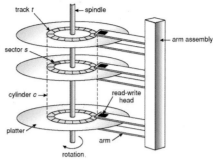

그림 3.8 자기 디스크 구조

트랙track이란 디스크가 회전할 때 헤드가 지나가는 자리(원모양)를 의미하며, 실린더cylinder 란 서로 다른 디스크면 상의 같은 크기의 동심원 트랙을 말한다. 섹터sector란 하나의 트랙을 작은 원호로 분할한 영역으로 연속된 비트열을 저장하고, 한 섹터 크기는 512바이트에서 수 킬로바이트에 해당한다.

트랙이나 섹터의 물리적 위치는 디스크 상의 고정되는 것이 아닌 포맷formatting의 초기화 과정 을 거쳐서 설정된다.

디스크 장치의 성능은 탐색시간seek time, 회전지연rotation delay, 접근시간access time, 전송속도 transfer rate를 사용하여 측정한다.

탐색시간은 읽기/쓰기 헤드를 한 트랙에서 다른 트랙으로 이동하는 데 필요한 시간이며, 회 전지연은 트랙에서 필요데이터가 회전하여 헤드 위치에 오는 데 걸리는 평균 시간이다. 접근 시간은 탐색시간과 회전지연을 의미(탐색시간 + 회전지연)을 말하며 전송속도는 데이터를 디 스크로 보내거나 디스크에서 받아오는 속도를 말한다.

디스크의 회전속도는 RPMrotation per minute로 표현하며, 3.5인치 HDD의 경우 7,200RPM, 2.5인치 HDD의 경우 5,400RPM이 다수이다. 왜 데스크탑 컴퓨터의 경우 3.5인치 HDD에 7,200RPM, 노트북 컴퓨터의 경우 2.5인치 HDD에 5,400RPM을 많이 사용하는 것일까? 주 요한 이유는 전력소모가 차이가 나므로 용도에 맞도록 설치했기 때문이다. 노트북 컴퓨터의 경우 휴대성이 중요하므로 7,200RPM의 전력 소모가 많은 제품을 설치할 경우 휴대성이 저 하된다. 따라서 최근 노트북에는 전력 소모를 낮추기 위하여 하드디스크보다는 솔리드 스테 이트 드라이브solid state drive, SSD를 사용하고 있지만 제품의 가격이 증가한다.

❷ 자기테이프

자기테이프는 릴에 감긴 얇은 플라스틱 테이프 상의 자기 코딩에 정보를 기록한다. 정보에 접근하기 위해서는 테이프 드라이브에 테이프를 넣고, 컴퓨터 제어 하에, 읽기, 쓰기, 되감기 등의 기능을 수행한다.

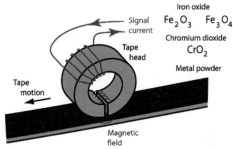

그림 3.9 자기 테이프

자기테이프의 장점은 대개의 경우 자기디스크보다 용량이 크다는 것이다. 그러나 주요한 단점은 테이프 안에서 다른 위치로 이동할 때 테이프의 막대한 분량과 물리적인 장치 특성으로 인하여 데이터 입출력 시간이 오래 걸린다는 것이다. 따라서 주로 오프라인 저장장치로 활용된다.

3.1.5 저장장치 : 광학장치

광학기술을 이용한 저장장치는 CD^{compact disk}, DVD^{digital video/versatile disk} 등이 있다. 광학디스크는 투명보호막으로 표면 처리된 반사매체로, 컴퓨터는 반사표면에 변화를 가하여 정보를 기록하고, 레이저 빔으로 회전하는 디스크의 반사표면의 불규칙성을 탐지하여 정보를 읽어낸다.

그림 3.10 광학저장 장치

광학디스크의 경우 자기디스크와 달리 안쪽에서 시작하여 바깥쪽으로 진행하는 방향으로 트랙이 연속적이다. 트랙은 섹터단위로 분할된다.

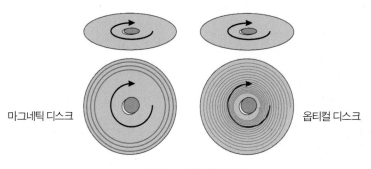

마그네틱 디스크　　옵티컬 디스크

그림 3.11 **저장 장치 구조**

CD의 저장 용량은 600MB에서 700MB정도(최근에는 800MB)이며 DVD의 저장 용량은 4.7GB에서 8.5GB(듀얼레이어)이다. CD나 DVD의 경우 그 특성에 따라서 다음과 같이 분류할 수 있다.

- CD-DA : Compact Disk for Digital Audio
- CD-R : Read Only CD
- CD-RW : Re-Writable CD
- DVD-R/DVD+R : Read Only DVD
- DVD-RW : Re-Writable DVD

3.1.6 플래시 드라이브

전기적으로 데이터를 지우고, 재기록할 수 있는 비휘발성 기억장치로서, 전자적 신호를 전송하면 작은 실리콘 다이옥사이드SiO^2에 전자를 가두어 전자회로의 특성을 변경하는 방식으로 작동한다. 하드디스크와 다르게 물리적인 충격에 민감하지 않으며, 읽기 속도도 빠르므로 휴대용 장비에서 많이 사용된다.

- 콤팩트플래시compact flash, CF는 샌디스크사에서 개발한 플래시메모리
- 메모리스틱MS/MS-PRO은 소니가 개발한 플래시메모리
- SD카드는 마스시다, 샌디스크, 도시바가 개발한 플래시메모리
- 마이크로SD(T−플래시)는 샌디스크에서 개발된 플래시메모리

| CF | Memory Stick | MicroSD | SD |

그림 3.12 플래시 드라이브 예

 기계어

프로그램 내장 개념을 적용하기 위해 CPU는 비트 패턴으로 인코딩된 명령들을 해석할 수 있다. 이런 인코딩된 명령 집합을 기계어machine language라고 한다.

3.2.1 CPU 아키텍쳐

CPU 아키텍쳐architecture는 CPU가 가지고 있는 기계 명령어의 개수가 많고 적음에 따라서 CISC와 RISC로 나눌 수 있다.

RISCreduced instruction set computer는 CPU가 최소의 기계명령 집합을 실행하도록 설계하여 컴퓨터를 효율적이고 빠르게 수행할 수 있다. 복잡한 처리는 모두 소프트웨어로 처리 하도록 하였다. 대표적으로 애플, IBM, 모토롤라 PowerPC에서 RISC 계열의 CPU가 이에 해당한다.

CISCcomplex instruction set computer는 CPU가 많은 수의 복잡한 명령을 실행하도록 설계하였다. 특히 많이 사용되는 여러 개의 명령을 하나의 명령으로 묶음 처리하여 손쉽게 프로그래밍이 가능하며, 멀티미디어에 뛰어난 성능을 보인다. 대표적으로 인텔 펜티엄 계열의 CPU가 이에 해당한다.

3.2.2 명령 종류

기계어 명령들은 데이터 전송, 연산, 제어연산의 3그룹으로 구분할 수 있다.

❶ 데이터 전송 명령

데이터 전송data transfer 명령은 데이터를 한 장소에서 다른 장소로 전송(복사)할 것을 요청하는 명령들로 구성된다. 주기억장치의 메모리 셀의 내용을 레지스터로 옮기는 명령은 LOAD라고 부르며, 역으로 레지스터의 내용을 주기억장치의 메모리 셀로 옮기는 명령은 STORE라고 부른다.

데이터 전송 명령에는 CPU와 프린터, 키보드, 모니터, 디스크 장치 등의 입출력input output, I/O 장치와의 통신 명령도 있다.

❷ 연산 명령

연산arithmetic/logic 명령은 제어장치가 연산장치에 어떤 작업을 요청하는 명령들로 구성된다. 연산장치는 기본적인 산술연산 외에도 논리연산, 자리이동연산 등을 수행할 수 있다.

- 산술연산 : ADD, SUB, MUL, DIV 등
- 논리연산 : AND, OR, XOR, NOT 등
- 자리이동연산 : SHIFT, ROTATE 등

❸ 제어연산 명령

제어연산control 명령은 프로그램의 실행을 조정하는 명령들로 구성된다. 제어장치가 명령 목록상에서 다음 명령이 아닌 다른 명령을 실행하도록 조정(분기, branch)하기 위해서 수행된다.

- 조건 분기conditional jump : 조건을 만족하는 경우 분기 수행
- 무조건 분기unconditional jump : 무조건적인 분기 수행

3.2.3 기계어 예제

인코딩된 기계명령은 명령코드operation code, op-code와 피연산자operand의 두 부분으로 구성된

다. 명령코드는 연산 명령, 제어연산 명령 등 어느 기본 명령인지를 나타내며, 피연산자는 명령코드가 사용할 정보를 나타낸다. 예를 들어 STORE 명령의 경우 피연산자는 데이터를 가지고 있는 레지스터 번호, 레지스터의 내용을 저장할 메모리주소를 나타낸다.

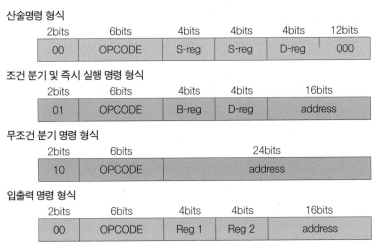

그림 3.13 **실제로 쓰이는 기계어 예제**

3.2.4 가상 컴퓨터 시스템

컴퓨터 시스템으로 16개의 범용 레지스터와 256개 주기억장치 셀(각 셀의 용량은 8비트)을 가정하자. 각 레지스터는 0에서 15까지의 번호가 부여되어 있고, 메모리 셀은 0에서 255(0xFF)까지의 주소가 부여되어 있다.

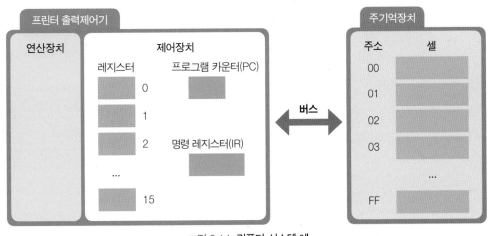

그림 3.14 **컴퓨터 시스템 예**

63

컴퓨터 시스템에서 명령들은 16비트로 구성되어 있고, 상위 4자리는 명령을 표시하고, 나머지 12비트는 피연산자를 나타낸다. 본 시스템에서 사용하는 기계어 명령들을 다음 그림과 같이 가정하자.

	15 14 13 12	11 10 9	8 7 6	5	4 3	2 1 0
ADD[+]	0001	DR	SR1	0	00	SR2
ADD[+]	0001	DR	SR1	1	imm5	
AND[+]	0101	DR	SR1	0	00	SR2
AND[+]	0101	DR	SR1	1	imm5	
BR	0000	n z p	PCoffset9			
JMP	1100	000	BaseR	000000		
JSR	0100	1	PCoffset11			
JSRR	0100	0 00	BaseR	000000		
LD[+]	0010	DR	PCoffset9			
LDI[+]	1010	DR	PCoffset9			
LDR[+]	0110	DR	BaseR	Coffset6		
LEA[+]	1110	DR	PCoffset9			
NOT[+]	1001	DR	SR	111111		
RET	1100	000	111	000000		
RTI	1000	000000000000				
ST	0011	SR	PCoffset9			
STI	1011	SR	PCoffset9			
STR	0111	SR	BaseR	Coffset6		
TRAP	1111	0000	trapvect8			
reserved	0001					

그림 3.15 기계어 명령 정의

16비트 STORE(ST) 명령 구성 및 예를 들어 설명한다. STORE 명령의 경우 명령코드 4비트, 레지스터 지정 4비트로 0에서 15까지 지정이 가능하며, 메모리 셀 지정의 경우 8비트로 0에서 255까지 지정이 가능하다. 만일 주기억장치가 그 이상의 셀을 갖는 경우 접근할 수 없고, 그보다 적은 수의 셀을 갖는 경우 존재하지 않는 셀을 지정하는 경우도 생긴다.

다음과 같이 0x3547의 16비트 패턴의 명령이 있다고 하자. 이 경우 0011은 STORE 명령을 의미하며, 0101은 레지스터 번호, 01000111은 주기억장치 메모리 셀의 주소를 의미한다.

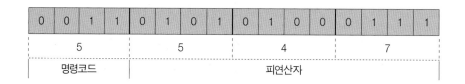

0 0 1 1	0 1 0 1	0 1 0 0	0 1 1 1
5	5	4	7
명령코드	피연산자		

3.3 프로그램 실행

3.3.1 프로그램 실행

컴퓨터는 주기억장치의 명령들을 제어장치로 복사하여 해석하고 실행한다. 주기억장치에서 명령들을 가져오는 순서는 제어연산(명령)에 의하여 실행순서가 변경되지 않는 한, 메모리에 저장된 순서대로 가져온다.

제어장치에는 명령 레지스터instruction register, IR와 프로그램 카운터program counter, PC의 용도지정 레지스터가 있다. 명령 레지스터는 실행할 명령을 보관하며, 프로그램 카운터는 다음에 실행 할 명령의 주소를 보관한다.

제어장치는 기계주기machine cycle의 인출fetch, 해석decode, 실행execute의 3단계 과정을 반복적 으로 수행함으로써 명령을 수행한다.

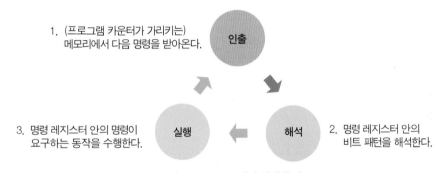

1. (프로그램 카운터가 가리키는) 메모리에서 다음 명령을 받아온다.

인출

2. 명령 레지스터 안의 비트 패턴을 해석한다.

해석

3. 명령 레지스터 안의 명령이 요구하는 동작을 수행한다.

실행

그림 3.16 **프로그램의 실행 주기**

인출 과정에서는 프로그램 카운터가 지정하는 주소에 저장된 명령을 주기억장치에 요청한다. 이때 제어장치는 주기억장치에서 명령을 명령 레지스터로 옮긴 후, 프로그램 카운터의 값을 명령어의 크기만큼 증가시킨다. 16비트 컴퓨터의 경우 프로그램 카운터의 값을 2바이트 증 가시키며 32비트 컴퓨터의 경우 프로그램 카운터의 값을 4바이트 증가시킨다.

해석 과정에서는 제어장치가 실행할 명령은 명령 레지스터에 할당되어 있고, 제어장치는 명령 을 해석한다. 명령코드에 따라서 피연산자의 필드를 구분하는 작업 등을 포함하고 있다.

실행 과정에서 제어장치는 명령이 요청한 작업을 수행하기 위하여 적절한 회로를 작동시켜 명 령을 실행한다. 가령 LOAD 명령일 경우 주기억장치에 적절한 신호를 보내고, 주기억장치의 데이터 전송을 대기한 후에, 주기억장치가 데이터를 전송해 오면, 수신한 데이터를 레지스터에 저장한다. 만일 산술 명령이라면 제어장치는 지정된 레지스터를 입력으로 하여 연산장치의 회로를 작동시키고, 연산장치의 결과를 대기한 후에, 결과를 레지스터에 저장한다.

명령이 실행되면 제어장치는 다시 인출단계에서 기계주기를 시작한다. 이전 인출단계에서 프로그램 카운터 값이 변경되었으므로, 다음 실행할 명령은 변경된 프로그램 카운터가 가리키는 주소에 저장된 내용이다. 만일 실행한 명령이 제어명령(조건 분기, 무조건 분기)일 경우 명령의 실행단계에서 다음 실행할 명령의 주소가 변경된 경우 프로그램 카운터의 값이 해당 주소로 변경되어 있다.

❶ 프로그램 실행 예제

프로그램 실행에 따른 컴퓨터의 동작 및 프로그램 카운터 및 명령 레지스터 값들의 변화를 알아보기 위하여 명령을 수행하는 과정을 알아보자.

16비트 컴퓨터이고 프로그램 카운터에 A0가 입력되어 있고 실행을 대기하는 상태라고 가정하자. 16비트 컴퓨터이므로 버스의 경우 16비트의 데이터를 전송할 수 있다.

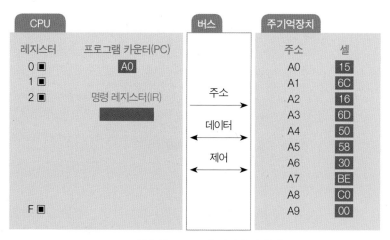

그림 3.17 **프로그램 시작 초기 상태**

인출 단계가 시작되면 프로그램 카운터가 가리키는 주기억장치의 데이터를 명령 레지스터로 명령을 전송한다. 그 후에 프로그램 카운터의 값은 다음 실행할 명령의 주소로 변경되는데, 16비트 컴퓨터이므로 A2가 된다.

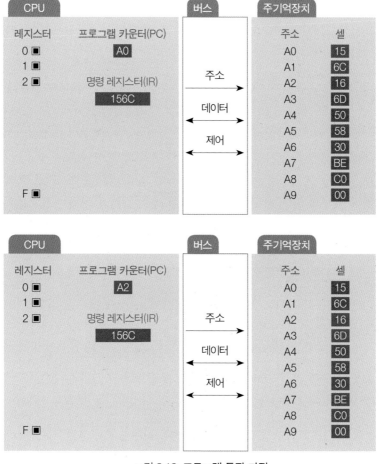

그림 3.18 **프로그램 동작 과정**

해석 단계에서는 명령 레지스터에 있는 156C의 값을 해석하게 되는데, 1은 로드load 명령에 해당하며, 레지스터 번호는 5번이고 메모리 주소는 6C라는 것을 알게 된다.

실행 단계에서는 메모리 주소 6C에 있는 내용을 레지스터 5번으로 옮겨오는 과정을 수행하게 된다.

하나의 명령에 대하여 인출, 해석, 실행의 과정을 거치게 되면 다시 인출 단계에 들어가서 프로그램 카운터가 A2를 가리키고 있으므로 166D의 명령을 인출하고, 해석하여 실행하게 된다. 166D 명령의 경우도 로드 명령이며 메모리주소 6D의 내용을 레지스터 6번으로 옮기는 명령이다.

3.3.2 프로그램과 데이터

주기억장치 안에는 여러 개의 프로그램이 서로 다른 영역에 위치하여 동시에 저장될 수 있다. 컴퓨터에서 여러 개의 프로그램 중에서 어떤 것을 실행할지는 프로그램 카운터의 주소 값을 조정하여 결정한다.

컴퓨터 주기억장치에 저장되어 있는 0과 1의 비트 패턴이 프로그램인지 데이터인지 구분할 수 없다. 명령에서 프로그램이 저장되어 있는 주소를 데이터로 지정하면 프로그램을 데이터로 간주하고, 데이터 영역을 프로그램 카운터가 지정하면 컴퓨터는 프로그램으로 간주하여 실행한다. 주소지정이 잘못될 경우 이와 같이 컴퓨터가 동작하므로 응용 프로그램의 오동작이 발생한다.

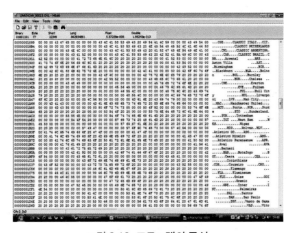

그림 3.19 **프로그램의 구성**

3.4 연산 명령

컴퓨터의 연산 명령은 산술연산, 논리연산, 자리이동연산으로 구분해 볼 수 있다.

3.4.1 산술연산

산술연산arithmetic operation은 덧셈, 뺄셈, 곱셈, 나눗셈 등으로 구성된다. 작은 CPU의 경우 덧셈과 뺄셈연산만 가능하다. 이 경우 다음과 같이 보수 연산이나 반복 연산을 통하여 산술연산이 가능하다.

- 뺄셈은 2의 보수 연산을 통하여 덧셈으로 계산
- 곱셈은 덧셈의 반복으로 계산
- 나눗셈은 뺄셈의 반복으로 계산

3.4.2 논리연산

논리연산logical operation은 비트열의 각 자리에 AND, OR, NOT, XOR 등의 기본연산을 적용하여 계산한다. 즉, 두 개의 비트열을 조합하여 한 개의 출력 비트열을 생성한다.

1비트에 대한 AND, OR, NOT, XOR 비트연산의 경우 다음과 같다.

AND(&)		
입력1	입력2	출력
0	0	0
0	1	0
1	0	0
1	1	1

OR(|)		
입력1	입력2	출력
0	0	0
0	1	1
1	0	1
1	1	1

XOR(^)		
입력1	입력2	출력
0	0	0
0	1	1
1	0	1
1	1	0

NOT(~)	
입력	출력
0	1
1	0

8비트의 비트열에 대하여 AND, OR, XOR, NOT 연산을 수행한 결과는 다음과 같다. AND 연산의 경우 각 자리의 비트 중에 히나라도 0이 있으민 출력 비트열의 해당 자리에 값이 0이며, OR 연산의 경우 각 자리의 비트 중에 하나라도 1이 있으면 출력 비트열의 해당 자리 값이 1이 된다. XOR 연산의 경우 연산하는 자리의 비트값이 같으면 출력 비트열의 해당 자리 값이 0이되고 다르면 1이 된다. NOT 연산의 경우 입력되는 비트열의 자리값을 모두 반전하여 출력한다.

```
        10011010            10011010            10011010
AND  11001001        OR  11001001        XOR  11001001        NOT  10011010
        10001000            11011011            01010011            01100101
```

❶ 논리연산 응용

비트열에 대한 논리연산은 왜 사용하는 것일까? 논리 연산을 응용한 몇 가지 예제를 보자.

먼저 AND 연산을 응용한 예제를 보자.

- 10101010의 상위 4비트를 모두 0으로 만드는 연산은? 10101010 & 00001111
- 10101010의 최상위 비트가 1인지 0인지 판단하는 연산은? 10101010 & 10000000
- 10101010의 최하위 비트가 1인지 0인지 판단하는 연산은? 10101010 & 00000001

OR 연산을 응용한 예제를 보자.

- 10101010의 상위 4비트를 모두 1로 만드는 연산은? 10101010 | 11110000
- 10101010의 최하위 비트를 1로 만드는 연산은? 10101010 | 00000001

XOR 연산을 응용한 예제를 보자.

- 10101010을 보수로 만드는 연산은? 11111111 ^ 10101010

어떤 숫자가 홀수인지 짝수인지 판단하는 방법을 생각해보자. 우리는 어떻게 이 숫자가 홀수인지 짝수인지 판단하는가? 해당 숫자를 2로 나누어서 나머지가 0인지 1인지를 가지고 판단하게 된다.

컴퓨터를 사용하여 홀수인지 짝수인지 판단할 수 있도록 하기 위해서는 산술연산(/ 또는 %)을 적용하면 가능하다. 참고로 %는 모듈러 연산으로 나머지 값을 계산해 주는 연산자이다. 그러나 산술연산의 경우 복잡한 CPU의 처리를 필요로 하고 수행 속도가 매우 느리다. 컴퓨터에서 숫자는 비트열로 간주되고 AND 논리연산을 통하여 최하위 비트가 1인지 0인지 판단하면 홀수와 짝수를 편리하고 빠르게 계산할 수 있다.

컴퓨터나 통신에 있어서 비트열의 특정한 비트에 0 또는 1을 설정함으로서 장치의 상태 등을 나타내게 되는데, 논리연산을 통하여 장치의 상태 등의 확인이 가능하다.

3.4.3 자리이동 연산

자리이동 연산 명령들은 레지스터 내부에서 비트들을 이동하거나 자리 맞춤 문제를 해결하기 위해 사용된다. 명령들은 이동방향과 회전성에 따라서 회전식 자리이동 circular shift, or rotation, 논리적 자리이동 logical shift과 산술적 자리이동 arithmetic shift으로 구분된다.

❶ 회전식 자리이동

레지스터의 비트들을 우측으로 1비트씩 이동을 가정하자. 이 경우 오른쪽 끝의 잘려나가는 1비트를 왼쪽 끝의 빈자리에 넣는 방법이다. 동일하게, 좌측으로 1비트씩 이동을 가정하면, 잘려나가는 왼쪽 끝의 1비트를 오른쪽 끝의 빈자리에 넣을 수 있다.

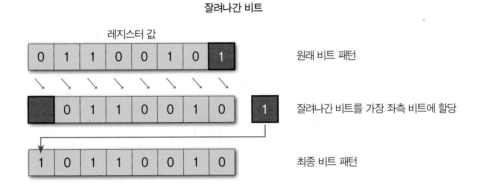

❷ 논리적 자리이동

레지스터의 비트들을 우측으로 1비트씩 이동을 가정하자. 이 경우 왼쪽 끝의 빈자리를 항상 0으로 채우는 방법이다. 동일하게, 좌측으로 1비트씩 이동을 가정하면, 오른쪽 끝의 빈자리를 항상 0으로 채운다.

- 좌측으로의 자리이동은 2를 곱하는 연산과 동일
- 우측으로의 자리이동은 2로 나누는 연산과 동일

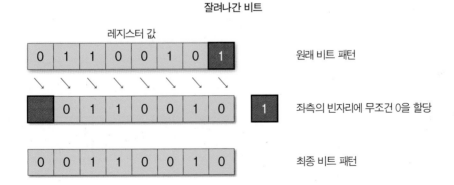

71

❸ 산술적 자리이동

논리적 자리이동에 있어서 부호비트가 변경되지 않도록 처리하는 자리이동을 산술적 자리이동이라고 한다. 예를 들어, 우측 방향의 자리이동에서는 왼쪽 끝 빈자리는 원래 그 자리에 있던 값으로 자리를 채운다.

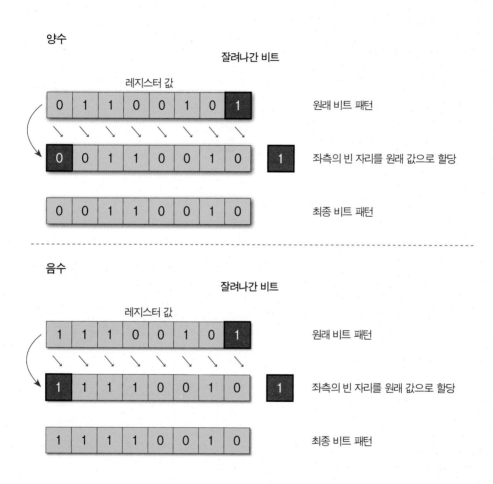

3.5 장치통신

CPU와 주기억장치가 대용량 저장장치, 프린터, 키보드, 모니터, 마우스 등의 주변장치들과 어떻게 통신하는지 알아보자.

3.5.1 제어기

제어기controller는 컴퓨터와 다른 장치들 사이의 통신을 중개하는 메인보드에 설치된 회로일 수도 있고, 슬롯을 통하여 연결되는 회로일 수도 있다.

제어기는 컴퓨터 본체의 내부에서 주변장치들과 케이블로 연결되거나, 외부장치들과 포트를 통하여 연결된다. 경우에 따라서 제어기는 메모리와 간단한 CPU를 가질 수 있으며, 제어기의 CPU는 제어기 동작을 지시하는 프로그램을 실행한다. 기존에는 제어기는 특정 유형의 장치에 맞도록 설계되었으며, 새로운 장치를 구입하면 장치에 따른 제어기가 필요했다.

최근에는 범용 직렬버스universal serial bus, USB나 파이어 와이어firewire와 같은 표준이 개발되어 하나의 제어기가 다양한 장치를 제어할 수 있게 되었다.

- USB : 인텔 주도로 개발, 전송속도가 상대적으로 느리지만 저가
- 호환장비 : 마우스, 키보드, 프린터, 스캐너, 디지털카메라, 대용량 저장장치 등
- 파이어 와이어 : 애플 주도로 개발, 전송속도가 빠르지만 고가

각 제어기는 컴퓨터의 CPU와 주기억장치를 연결하는 버스에 연결을 만들어 컴퓨터와 통신한다. 따라서 제어기는 CPU와 주기억장치 사이에 전송되는 신호를 수신할 수 있고, 자신의 제어신호를 버스 상에 전송할 수 있다.

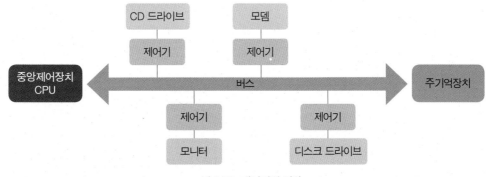

그림 3.20 **제어기의 역할**

CPU가 버스에 연결된 제어기와 통신하는 방법은 제어기 전용명령을 사용하는 방법과 주기억장치 제어명령을 사용하는 방법의 두 가지가 있다.

❶ 제어기 전용명령 사용하는 방법

제어기에 어떤 비트 패턴을 전송하기 위해서 먼저 CPU의 범용 레지스터에 비트 패턴을 넣고, 비트 패턴을 제어기로 전송하기 위한 명령을 실행한다. 제어기는 비트 패턴을 받은 경우 해당 명령에 따라서 동작한다.

단점은 제어기 전용명령이 CPU에서 필요하며, 제어기가 다수일 경우 다수의 제어명령을 정의해야 하므로 CPU의 설계가 복잡하며 한계가 있다는 점이다.

❷ 주기억장치 제어명령 사용하는 방법(메모리-사상 입출력)

제어기에 어떤 비트 패턴을 전송하기 위해서 주기억장치와 통신을 위해 이미 정의되어 있는 LOAD 및 STORE 명령을 사용한다. 이 경우 제어기는 주기억장치에서 무시하는 특정 주소들에 반응하도록 설계된다. 즉 CPU가 제어기에 지정된 메모리 주소로 버스를 통하여 비트 패턴을 전송하면, 해당 제어기가 데이터를 수신한다.

입출력 장치들이 각기 다른 메모리 위치에 나타나는 것과 같이 동작하므로 메모리-사상 입출력memory-mapped I/O라고 부른다.

3.5.2 직접 메모리접근

제어기는 컴퓨터의 버스에 연결되어 있기 때문에 CPU가 버스를 사용하지 않는 사이에, 제어기 자체로 주기억장치와 통신을 수행할 수 있다. 이와 같이 제어기가 CPU의 도움을 받지 않고, 주기억장치에 직접 접근할 수 있는 기능을 직접 메모리접근direct memory access, DMA이라고 한다.

❶ DMA 동작 예

디스크의 한 섹터에서 데이터를 읽는 경우, CPU는 제어기에 해당 섹터를 주기억장치의 지정 장소로 저장하도록 요청하는 명령을 전송한다. 제어기는 읽기 작업을 수행하여 DMA를 통하여 데이터를 주기억장치에 저장한다. 이 기간 동안 CPU는 다른 작업을 진행함으로써 두 가지 작업이 동시에 수행되고, 상대적으로 속도가 느린 디스크 입출력 기간 동안 CPU의 자원 낭비를 피할 수 있으므로 컴퓨터의 성능이 향상된다.

❷ DMA 문제점

DMA를 사용할 경우 컴퓨터의 버스 상에서 일어나는 통신을 복잡하게 만드는 부정적인 효과도 있다. 비트 패턴들은 CPU와 주기억장치 사이, CPU와 각 제어기 사이, 주기억장치와 제어기 사이를 이동해야 한다. 버스를 아무리 잘 설계하더라도 이들의 활동을 조정하는 것은 어렵고, 버스의 사용권을 두고 경쟁을 하게 된다. 따라서 중앙의 버스에서 정체현상이 발생할 수 있다. 이와 같은 현상을 폰 노이만 병목현상bottle-neck이라고 한다.

폰 노이만 병목현상은 폰 노이만 구조, 즉 프로그램 내장 개념에서 발생하게 되는데, CPU가 주기억장치에서 명령을 읽어 순차적으로 수행하고 데이터도 같이 읽는 구조에 기인한다.

3.5.3 핸드셰이킹

데이터의 전송은 단방향으로 보다는 양방향으로 발생하게 된다. 또한 데이터 전송을 수행하는 양측 장비의 처리 속도도 다르다. 예를 들어 컴퓨터는 프린터의 속도보다 훨씬 빠르게 동작한다. 이 경우 컴퓨터에서 전송하는 데이터를 프린터가 모두 실시간에 처리할 수 없어서 데이터의 손실이 발생한다. 이런 단점을 방지하기 위해서 양방향 통신이 필요하다.

컴퓨터가 주변장치와 지속적인 양방향 대화를 통하여 장치의 상태에 대한 정보를 교환하고, 서로의 활동을 조정하는데, 이와 같은 과정을 핸드셰이킹handshaking이라고 한다.

핸드셰이킹은 상태단어status word를 활용하는데, 주변장치와 제어기 사이에 주고받는 비트 패턴으로, 각각의 비트는 장치의 상태를 나타낸다. 예를 들이 프린터 장치 상태에는 용지부족, 토너부족, 용지 걸림 등이 있다.

3.5.4 통신매체 및 속도

컴퓨터의 장치들 사이의 통신을 처리하는 방법에는 병렬통신과 직렬통신이 있다.

❶ 병렬통신

병렬통신parallel communication의 경우 여러 개의 신호를 각기 다른 회선을 통하여 동시에 전송한다. 데이터를 빨리 전송할 수 있지만, 상대적으로 복잡한 통신 경로를 요구한다.

컴퓨터 버스는 여러 비트를 동시에 전송하므로 병렬통신에 해당하며, 본체의 뒤에 위치한 병렬포트parallel port의 경우 한 번에 8비트씩 데이터를 전송하였고, 초기 프린터들을 연결하는데 사용되어서 프린터포트라고도 부른다. 최근 프린터들은 USB나 네트워크 방식을 통하여 연결하고 있다.

❷ 직렬통신

직렬통신serial communication의 경우 한 회선 상에서 한 번에 한 개씩 신호를 전송한다. 병렬통신에 비하여 회로가 단순하다. USB나 파이어 와이어 등이 이에 해당하며 이더넷과 무선통신 등도 직렬통신을 사용한다.

❸ 통신 속도

컴퓨터에서 데이터의 저장을 위해서는 바이트 단위를 사용하지만, 컴퓨터 구성요소들 사이의 비트들이 전송되는 속도는 초당 전송되는 비트수bits per second, bps로 측정한다.

- Kbps : Kilo-bps, 1,000 bps
- Mbps : Mega-bps, 1,000,000 bps
- Gbps : Giga-bps, 1,000,000,000 bps

최대 전송속도는 통신 경로의 대역폭bandwidth으로 표현하며, 초당 전송할 수 있는 용량을 나타낸다.

3.6 컴퓨터 성능향상

3.6.1 파이프라이닝

컴퓨터가 명령을 실행하기 위해서는 인출, 해석, 실행의 과정을 거친다. 각 과정에서 회로를 동작시키기 위해서 여러 클락clock을 필요로 한다.

컴퓨터의 성능을 개선하는 방법으로 처리율throughput을 향상시키는 방법도 있다. 처리율이란 주어진 시간에 수행할 수 있는 작업량을 의미한다. 처리율을 증가시키는 방법 중의 하나인 파이프라이닝pipeline은 기계주기의 단계들을 중첩시키는 기술이다. 명령이 실행되는 동안, 다음 명령이 인출될 수 있으며, 이는 임의의 시점에 각기 다른 처리 단계에 있는 둘 이상의 명령이 파이프라인 안에 있음을 의미한다. 이와 같은 방식을 통하여 개별 명령을 인출하고 실행하는 데 소요되는 시간에는 변화가 없지만, 컴퓨터의 총 처리율은 향상된다.

without pipelining (15 clocks)

1	2	3	4	5	6	7	8	9	10	11	12	13	14	15
Fetch	Decode	Execute	Fetch	Decode	Execute	Fetch	Decode	Execute	Fetch	Decode	Execute	Fetch	Decode	Execute

with pipelining (7 clocks)

1	2	3	4	5	6	7
Fetch	Decode	Execute				
	Fetch	Decode	Execute			
		Fetch	Decode	Execute		
			Fetch	Decode	Execute	
				Fetch	Decode	Execute

그림 3.21 파이프라이닝

3.6.2 다중 프로세서

파이프라이닝은 동시에 여러 개의 동작을 수행하는 다중처리multi-processing 또는 병렬처리parallel computing로 간주하지만, 진정한 병렬처리는 둘 이상의 프로세서를 필요로 한다.

병렬 프로세서parallel processor는 물리적인 CPU를 두 개 이상 설치하여 운영하는 방법을 말한다.

❶ 듀얼코어 및 쿼드코어

기술이 발전하여 실리콘 칩 안에 많은 회로를 배치할 수 있게 되었는데, 듀얼코어는 하나의 칩 안에 두 개의 CPU와 공유하는 캐시 메모리로 구성하는 기술이다. 최근에는 하나의 칩 안에 네 개의 코어를 포함한 쿼드코어 기술이 범용적이며 8개의 코어를 포함한 옥타코어 기술도 나와 있다.

그림 3.22 **듀얼 코어 예**

❷ SISD(Single Instruction stream, Single Data stream)

하나의 데이터에 대하여 하나의 명령을 수행한다. 일반적인 CPU가 채택하는 방법으로 성능 향상을 위하여 대부분 파이프라이닝 기술을 채택한다.

❸ MIMD(Multiple Instruction stream, Multiple Data stream)

다수의 프로세서가 서로 다른 명령어와 데이터를 처리한다. 최근 출시되고 있는 듀얼코어, 쿼드코어가 이에 해당된다.

❹ SIMD(Single Instruction stream, Multiple Data stream)

하나의 명령어로 다수의 데이터를 처리하는 방식이다. 현재까지 구현된 바 없고 펜티엄의 MMX 기술이 입력 데이터가 단순하고 반복적인 경우에 한하여 비슷하게 동작한다.

❺ MISD(Multiple Instruction stream, Single Data stream)

다수의 프로세서가 다른 명령어를 실행하지만 처리하는 데이터는 하나이다.

3.6.3 다양한 컴퓨팅 기술

❶ 분산 컴퓨팅

분산 컴퓨팅distributed computing은 네트워크로 연결된 여러 대의 컴퓨터를 사용하여 성능을 향상시키는 방법을 뜻한다.

❷ 그리드 컴퓨팅

그리드 컴퓨팅grid computing은 분산 병렬 컴퓨팅의 한 분야로서, 원거리 통신망으로 연결된 서로 다른 기종의heterogeneous 컴퓨터들을 묶어 가상의 대용량 고성능 컴퓨터를 구성하여 고도의 연산computation intensive jobs 혹은 대용량 연산data intensive jobs을 수행하는 것을 말한다.

그림 3.23 **클라우드 컴퓨팅**

❸ 클라우드 컴퓨팅

클라우드 컴퓨팅cloud computing은 인터넷 기반cloud의 컴퓨팅computing 기술을 의미한다. 개인 정보가 인터넷 상에 영구히 저장되고 사용자의 개인 컴퓨터는 이것에 접속하기 위한 용도로만 쓰인다.

1. 파이프라인 방식을 이용하면 효율적으로 일을 처리할 수 있다. 하지만 그 구조상 여러 문제점을 가지고 있는데 이에 대해 설명하고, 문제점을 해결할 수 있는 방법을 제시하시오.

2. 최근 CPU의 속도가 한계에 부딪치면서, 다중 코어를 이용한 속도 향상을 꾀하고 있다. 다중 코어를 이용할 때에는 어떤 상황에서 효과적인지 설명하시오.

3. 다중 코어를 이용하여 하나의 프로그램을 구동시키는 경우에도 효율을 높일 수 있는 방안을 설명하시오.

4. 폰 노이만의 프로그램 내장 방식은 프로그램을 손쉽게 바꿀 수 있어서 컴퓨터 산업을 급격히 발전시켰다. 하지만 데이터와 프로그램이 주기억장치에 공존하면서 여러 문제도 발생되었다. 어떤 문제들이 있을 수 있는지 생각해 보시오.

5. 2진법의 숫자 00111110을 3회의 연산만으로 8로 나누려고 한다. 어떤 연산을 이용하는지, 어떻게 연산하는지 기술하시오.

6. 2진법의 수 01111111중에 홀수 비트를 0으로 만드는 연산은?

7. 두 수 A, B 가 있다. 이를 xor 만을 이용하여 두 수의 값을 서로 바꿔보시오.

8. 프로그램 실행을 위하여 제어장치가 수행하는 3단계와 각각의 단계에서 하는 일을 설명하시오.

9. RISC와 CISC의 장단점을 설명하시오.

10. 주기억장치와 중앙처리장치 간의 속도 차이를 해소하기 위하여 대부분의 CPU회사에서 채용하고 있는 것의 이름과 원리를 설명하시오.

04

운영체제

운영체제는 컴퓨터의 전반적인 운영을 제어하는 시스템 소프트웨어로서 컴퓨터의 하드웨어를 직접적으로 제어하고 관리하는 일을 수행한다. 즉 컴퓨터 내부 활동을 조정하고, 외부와 통신을 담당하는 소프트웨어 패키지들로 구성된다.

- 사용자가 파일을 저장하거나 불러올 수 있는 파일시스템 서비스를 제공
- 사용자가 프로그램을 실행할 때 사용할 수 있는 인터페이스를 제공
- 응용 프로그램을 실행할 수 있는 환경을 제공
- 하드웨어 등의 자원을 최대한 공정하고 효율적으로 각 프로세스에 할당
- 프로세스들 사이의 경쟁을 관리

이 장에서는 운영체제의 구조와 동작의 원리를 이해하는 데 목적을 둔다

학습목표

- 운영체제 구조 및 동작 원리를 이해
- 운영체제 발전 과정을 이해
- 운영체제 구조를 이해
- 프로세스 개념을 이해
- 주기억장치 관리방법을 이해
- 파일시스템 관리방법을 이해

4.1 운영체제의 발전

초기 컴퓨터들은 프로그램을 실행시키기 위해서 자기테이프를 걸고, 천공카드를 카드판독기에 넣고, 스위치를 설정하는 등의 작업을 필요로 하였다. 여러 사용자가 한 대의 컴퓨터를 함께 사용할 경우, 각자 사용 시간대를 예약하였다. 따라서 한 사용자에게 할당된 시간 동안에는 한 사용자가 컴퓨터를 독점적으로 사용하였다. 하지만 이런 방식은 매우 비효율적이었기 때문에 운영체제라는 시스템이 도입되기 시작하였다.

운영체제는 프로그램 준비 작업을 쉽게 만들고, 작업들 사이의 전환을 단순화시키기 위한 시스템이다. 운영자가 프로그램과 데이터를 대용량 저장장치에 적재하면, 운영체제는 이를 적절히 판단하여 효율적으로 처리해준다. 일의 처리를 판단하는 방법에는 일괄처리, 대화식처리, 실시간처리 등의 방법이 있다.

이와 같이 운영체제는 프로그램을 한 번에 한 개씩 불러와 실행시키는 단순한 프로그램에서 시분할을 조정하고, 컴퓨터의 대용량 저장장치에서 프로그램과 데이터 파일을 읽어 들여 유지하며, 사용자의 요청에 직접 응답하는 복잡한 시스템으로 발전해 왔다. 또한 부하균형load balancing, 스케일링scaling 등의 복잡한 기능도 지원한다.

4.1.1 일괄처리

일괄처리batch processing는 작업들을 모아 하나의 묶음으로 만들어두고, 사용자의 개입 없이 실행시키는 작업 방식을 의미한다. 일괄처리 시스템에서는 대용량 저장장치에 들어있는 작업들이 작업 큐job queue에서 실행되기를 기다린다. 참고로 큐queue란 선입선출first-in first-out, FIFO 방식의 자료구조이고, 스택stack은 후입선출last-in first-out, LIFO 방식의 자료구조이다.

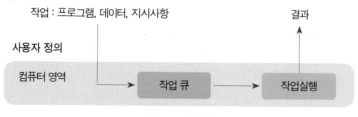

그림 4.1 **일괄처리**

일괄처리의 단점은, 일단 작업을 운영자에게 제출한 후에는 작업에 전혀 개입할 수 없다는 것이다.

4.1.2 대화식 처리

대화식 처리interactive processing는 실행되는 프로그램이 단말기를 통해 사용자와 대화할 수 있게 해주는 작업의 처리를 의미한다.

운영체제가 한 번에 한 개의 작업을 실행하지 않고, 여러 개의 작업을 실행하기 위한 방법으로 시분할 방식을 지원한다.

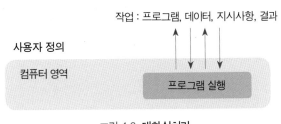

작업 : 프로그램, 데이터, 지시사항, 결과

사용자 정의

컴퓨터 영역

프로그램 실행

그림 4.2 **대화식처리**

❶ 시분할 방식

시분할time sharing 방식은 시간을 작은 구간들로 나누고, 한 작업은 한 구간 동안만 실행시키는 방법이다. 각 구간이 끝날 때 현재의 작업은 제쳐놓고, 다음 구간 동안 다른 작업이 실행되도록 한다. 이러한 방식으로 작업들을 교대시키면, 여러 작업이 동시에 실행되는 것처럼 보이는데, 이를 시분할 방식이라고 한다. 통신방식에서 CDMAcode division multiple access, TDMAtime division multiple access 방식이 있는데, TDMA가 이와 비슷하게 동작한다.

4.1.3 실시간 처리

실시간 처리realtime processing는 컴퓨터가 작업을 충분히 신속하게 처리함으로써, 외부환경에서 일어날 수 있는 활동을 따라갈 수 있는 작업의 처리를 의미한다.

4.2 운영체제의 구조

4.2.1 컴퓨터 소프트웨어

컴퓨터 소프트웨어는 크게 시스템 소프트웨어system software와 응용 소프트웨어application software로 분류할 수 있다. 시스템 소프트웨어는 컴퓨터 시스템들에 공통적인 작업들을 수행하는 프로그램으로 응용 소프트웨어가 필요로 하는 환경을 제공한다. 응용 소프트웨어는 컴퓨터를 이용하는 작업을 수행하기 위한 프로그램들로 구성된다.

- 시스템 소프트웨어 예 : 운영체제(MS DOS, MS Windows, Linux, iOS, Android)
- 응용 소프트웨어 예 : 데이터베이스(MS-SQL, Oracle), 프로그램 개발 소프트웨어(Visual Studio, Eclipse), 오피스 소프트웨어(MS Office, 한글), 멀티미디어 소프트웨어(Adobe Photoshop, Paintshop Pro) 등

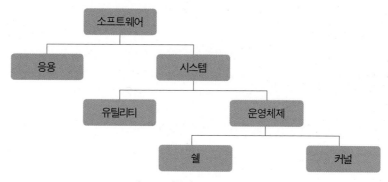

그림 4.3 **컴퓨터 소프트웨어 종류**

시스템 소프트웨어는 운영체제와 유틸리티 소프트웨어로 분류할 수 있으며, 운영체제는 컴퓨터의 운영을 담당하며, 유틸리티 소프트웨어는 컴퓨터에서 기본적인 활동을 수행하는 프로그램들로 운영체제의 기능을 확장시켜준다(CD 포맷, 디스크 CD 복사, 데이터압축, 네트워크 통신 등). 유틸리티 소프트웨어와 응용 소프트웨어의 구분은 분명하지 않다.

4.2.2 운영체제 구성요소

운영체제는 쉘과 커널로 구성된다. 쉘은 운영체제와 사용자 사이의 인터페이스 역할을 수행

하며, 커널은 컴퓨터를 관리하는 데 필수적인 기능을 포함하고 있다.

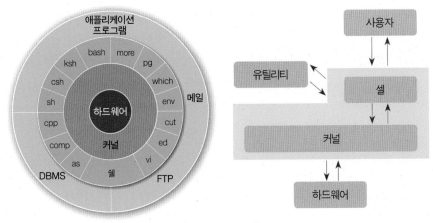

그림 4.4 **운영체제 구성요소**

❶ 쉘

쉘shell은 운영체제와 사용자의 소통을 담당하는 요소이다. DOS, Unix, Linux 등 이전에는 쉘이 키보드와 모니터 화면을 사용하여 텍스트 메시지를 통해 사용자와 대화하였다. 최근에는 처리 대상이 되는 항목을 모니터 상에 아이콘과 같은 그림으로 제공하는 그래픽 사용자 인터페이스graphical user interface를 통하여 운영체제와 사용자의 소통을 담당한다.

Unix 운영체제에서는 Bourne shell, C shell, Korn shell 등이 지원되었으며, MS-DOS 운영체제는 텍스트 기반의 쉘을 제공하였다.

윈도우 관리자

윈도우 관리자windows manager는 GUI 쉘의 중요한 구성 요소로 화면상에 공간을 할당하고, 어떤 응용 프로그램이 각 윈도우와 연계되어 있는지 추적한다. 또한 마우스 버튼, 키보드 입력 등의 동작을 해당 응용 프로그램에 전달하는 것도 윈도우 관리자의 기능이다.

❷ 커널

커널kernel은 컴퓨터가 필요로 하는 가장 기본적인 기능을 수행하는 파일 관리자, 장치 관리자, 메모리 관리자, 일정 관리자, 실행 관리자 등의 소프트웨어 요소를 포함한다.

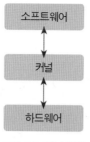

그림 4.5 **커널 역할**

파일 관리자

컴퓨터 대용량 저장장치의 이용을 관장하는 모듈로서 파일 저장 위치, 파일 접근 허용 사용자 정보, 공간 정보 등 대용량 저장장치에 저장된 모든 파일에 대한 정보를 유지 및 관리한다. 파일 관리자 file manager에서는 파일을 디렉터리나 폴더의 그룹을 지정하여 관리하며, 운영체제 외의 다른 프로그램의 파일 접근은 파일 관리자의 감독을 통하여 관리된다. 즉, 응용 프로그램에서 파일 열기를 수행하면, 파일 관리자에게 접근을 요청하고, 파일 관리자가 요청을 승인하는 경우, 파일을 찾아 이용하기 위한 정보 즉, 파일 서술자 file descriptor를 제공한다.

장치 관리자

컴퓨터에 연결된 주변장치의 동작들을 수행하기 위해 제어기나 또는 주변장치와 직접 통신하는 프로그램 또는 모듈로서 프린터, 디스크 장치, 모니터 등 각 장치 유형마다 각각의 장치 관리자가 존재하며, 일반화된 요청을 장치가 요구하는 독자적인 일련의 명령들로 변환한다.

응용 프로그램에서는 개별 장치에 대한 정보를 모두 관리할 필요가 없으며, 장치 관리자에서 개별 장치에 대한 관리를 담당한다.

메모리 관리자

컴퓨터 주기억장치의 사용을 관장하는 모듈로서 한 번에 하나의 작업만 처리하는 환경에서는 지정된 위치에 작업을 옮겨놓고 실행한 후, 다음 작업을 수행하기 위한 프로그램을 같은 위치에 옮기는 단순작업만 수행한다.

특히 다중사용자 또는 멀티태스킹 환경에서는 컴퓨터가 동시에 여러 요구에 응답해야 하므로, 메모리 관리자의 역할이 중요하다. 즉 요구에 대해 메모리 공간을 할당하고, 각 프로그램이 주어진 공간에서 활동하도록 관리해야 하며 서로 다른 활동들이 생겼다가 사라지므로, 메모리 영역에 대한 추적을 지원해야 한다.

요청된 주기억장치의 크기가 실제 하드웨어에서 지원되는 공간을 초과할 경우, 메모리 관리자의 역할은 매우 복잡해진다.

컴퓨터에서 메모리의 관리를 위하여 페이징paging 기법을 사용하는데, 이는 프로그램과 데이터를 주기억장치와 대용량 저장장치 사이를 오가며 옮기는 기법이다. 또한 주기억장치의 물리적인 용량을 극복하기 위하여 가상 메모리virtual memory를 사용한다. 가상 메모리는 페이징에 의해 만들어진 가상적인 큰 기억 공간으로 볼 수 있다.

가상 메모리와 페이지 기법을 사용할 경우 실제 물리적 메모리의 용량보다 더 많은 메모리 공간을 사용할 수 있다. 또한, 여러 프로세스를 관리하기 편하며 메모리를 효율적으로 사용할 수 있게 된다. 그러나 물리적 메모리 용량을 초과하여 사용하는 메모리가 많아서 꽉 차는 경우 하드디스크의 일부를 메모리 공간으로 이용하고, 프로그램의 실행과정에서 주기억장치의 페이지와 하드디스크 사이의 페이지 교환으로 인하여 컴퓨터의 처리 속도가 느려진다.

일정 관리자
일정 관리자scheduler는 시분할 시스템에서 실행 중인 여러 작업 중에서 어느 작업을 실행할지 결정하는 모듈이다.

실행 관리자
실행 관리자dispatcher는 작업에 대한 시간 할당을 관리한다.

4.2.3 운영체제 시동

운영체제의 시동은 부트스트랩boot strap 또는 부팅booting이라고 부르는 절차에 의해 이루어지며, 컴퓨터 전원을 켤 때마다 수행된다. 대용량 저장장치에 영구적으로 저장되어 있는 운영체제를 전원이 켜질 때 비어 있는 상태의 주기억장치로 옮기는 작업이 부팅절차이다.

컴퓨터 설계상에서 CPU의 프로그램 카운터(PC)는 전원이 들어올 때마다 미리 정해져 있는 특정 주소를 가리킨다. 운영체제를 실행하기 위해서는 특정 주소에 운영체제를 저장하면 된다. 그러나 경제성과 효율성을 이유로 주기억장치를 휘발성 메모리로 사용하므로, 컴퓨터의 전원이 차단되면 저장되어 있는 데이터가 모두 지워진다. 따라서 컴퓨터를 다시 켤 때마다 주기억장치를 다시 채울 방법이 필요하다.

컴퓨터는 비휘발성 메모리로 ROM^{read only memory}을 사용하는데, ROM에는 부트스트랩 프로그램이 저장되어 있다. 컴퓨터의 전원이 들어오면 부트스트랩 프로그램이 자동으로 실행된다.

부트스트랩 프로그램은 CPU로 하여금 대용량 저장장치(주로 자기디스크)의 특정 위치에 저장된 운영체제를 주기억장치의 휘발성 영역으로 옮기는 작업이다. 운영체제가 주기억장치로 옮겨온 다음에는 부트스트랩이 CPU에게 운영체제의 시작부분으로 점프 명령을 실행하여, 운영체제가 컴퓨터의 활동을 제어할 수 있도록 한다.

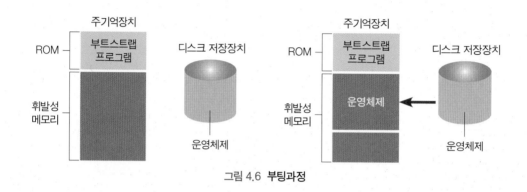

그림 4.6 **부팅과정**

4.3 프로세스 관리

운영체제가 응용 소프트웨어, 유틸리티 소프트웨어, 운영체제 내부의 프로그램 등의 실행을 조정하는 방법에 대해서 설명한다.

4.3.1 프로세스 개념

프로그램은 명령들의 정적인 집합이며, 프로그램의 실행은 시간의 경과에 따라 성질이 변하는 동적인 활동이다. 이와 같은 활동을 프로세스^{process}라고 한다. 프로그램은 보조기억장치에 존재하다가 이것이 주기억장치로 올라오면 프로세스로 변하게 된다.

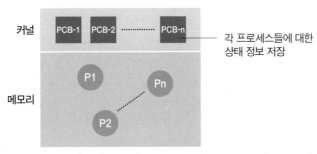

그림 4.7 **프로세스 동작**

프로세스는 "실행중인 프로그램(작업)", "커널에 등록되고, 커널의 관리하에 있는 작업", "각 종 자원들을 요청하고 할당받을 수 있는 개체", "프로세스 관리 블록을 할당받은 개체", "능 동적인 개체로 실행 중에 각종 자원을 요구, 할당, 반납하며 진행" 등으로 정의된다.

프로세스에는 프로세스의 상태process state를 나타내는 상태 정보, 즉 프로세스 제어블록 process control block, PCB이 존재한다. 상태 정보에는 프로그램의 현재 실행위치, 즉 프로그램 카 운터의 값과 CPU 레지스터 및 관련 메모리 셀들의 값이 저장된다. PCB에 저장되어야 할 정 보는 운영체제에 따라 서로 다르며, 커널의 PCB 영역 참조 및 갱신 속도 개선은 시스템 전체 성능에 매우 중요한 영향을 끼친다.

프로세스 번호	고유한 식별 번호
프로세스 상태	신규, 준비, 실행, 대기 등
프로그램 카운터	다음 실행될 주소(PC)
CPU 레지스터	accumulator, stack pointer general register 등의 내용
메모리 관리 정보	사용 중인 메모리의 상한/하한
입출력 상태 정보	오픈한 파일 목록
계정 정보, 부모/자식 포인터, 프로세스 우선 순위 등	

표 4.1 **PCB 구성**

시분할 시스템에서는 보통 여러 개의 프로세스가 컴퓨터의 자원을 공유하기 때문에, 이들은 자원의 접근을 위하여 서로 경쟁한다. 각 프로세스들이 주변장치, 주기억장치 공간, 파일에 대한 접근, CPU에 대한 접근 등의 필요한 자원을 얻고, 서로 방해하지 않으면서 정보를 교환 할 필요가 있는 프로세스가 정보를 교환하도록 프로세스들을 관리하는 것이 운영체제의 역 할이다.

❶ 프로세스 구성요소

프로세스는 명령코드, 데이터 공간, 프로세스 제어블록으로 구성된다. 명령코드는 수행 가능한 프로그램을 의미하며, 데이터 공간에는 프로그램 수행에 필요한 데이터가 존재한다. 프로세스 제어블록은 운영체제가 프로세스를 관리하는 데 필요한 자료구조 및 프로세스 정보 등의 모든 정보가 저장되어 있으며, 프로세스 시작 시점에 생성 및 종료 시점에 소멸된다. 또한 PCB의 개수는 수행 중인 프로세스의 수와 같다.

4.3.2 프로세스 관리

프로세스들의 실행을 조정하는 작업을 처리하는 것은 일정 관리자와 실행 관리자이다. 일정 관리자는 컴퓨터 시스템에 존재하는 프로세스들에 대한 기록을 관리하고, 새로운 프로세스들을 추가하거나 완료된 프로세스들을 삭제한다. 실행 관리자는 일정이 잡혀있는 프로세스가 실제로 실행되도록 해준다.

❶ 일정 관리자

모든 프로세스들을 추적하기 위해 주기억장치 안에 프로세스 테이블이라고 부르는 정보 블록을 유지한다. 프로그램의 실행이 요청될 때마다 일정 관리자는 프로세스 테이블 안에 해당 프로세스를 위한 새로운 항목을 생성한다.

프로세스 테이블에는 프로세스에 할당된 메모리 영역, 프로세스의 우선순위, 프로세스의 상태(준비 또는 대기) 등의 정보가 포함된다. 준비상태는 프로세스가 실행할 수 있는 상태이며, 대기 상태는 디스크의 I/O 완료, 키보드 동작, 다른 프로세스로부터의 메시지 수신 등의 외부 이벤트가 발생할 때까지 진행이 연기되어 있는 상태이다.

❷ 실행 관리자

시분할 시스템에서 시분할을 통해 실행을 관리한다. 한 번에 대략 50밀리초의 할당 시간을 초과하지 않도록 프로세스의 CPU할당량을 조절한다. 한 프로세스에서 다른 프로세스로 전환하는 절차를 프로세스 스위치process switch 또는 문맥 교환context switch이라고 부른다.

실행 관리자가 프로세스에게 할당 시간을 부여할 때마다 타이머 회로를 가동시키는데, 이 회로는 할당 시간이 종료될 경우 인터럽트interrupt라는 신호를 생성하여 CPU에게 알려준다.

CPU가 인터럽트 신호를 받을 경우 현재의 기계주기를 마친 후, 현재 프로세스 위치를 저장하고, 인터럽트 처리기interrupt handler 프로그램의 실행을 시작한다. 인터럽트 처리기는 실행 관리자의 일부이며, 실행 관리자가 인터럽트 신호의 종류에 따라서 어떻게 반응해야 할지 정해놓은 것이다.

시분할 예제

두 개의 프로세스 A와 B가 실행이 되고, 프로세스 A의 수행시간 1분, 프로세스 B의 수행시간 10초이며 프로세스 A가 우선 도착한 상황을 가정하자. 프로세스의 수행 중에 입출력 등으로 인한 대기 상태가 없다고 가정하면 수행시간은 일괄처리 방식이 문맥 교환 등의 시간이 소요되지 않으므로 시분할 처리 방식에 비하여 빠르다. 그러나 프로세스의 대기 상태가 존재한다면 시분할 처리 방식이 일괄처리 방식에 비하여 빠른 특성을 나타낸다.

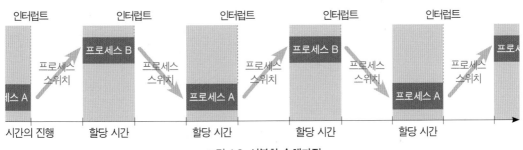

그림 4.8 **시분할 수행과정**

문맥 교환

문맥 교환context switch은 하나의 프로세스가 CPU를 사용 중인 상태에서 다른 프로세스가 CPU를 사용하도록 하기 위해, 이전의 프로세스의 상태(문맥)를 보관하고 새로운 프로세스의 상태를 적재하는 작업을 말한다. 한 프로세스의 문맥은 그 프로세스의 프로세스 제어블록에 기록되어 있다.

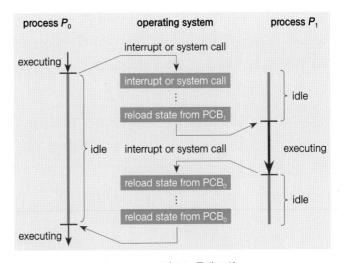

그림 4.9 **문맥 교환**

문맥을 교환하는 동안에는 유용한 작업을 수행할 수 없기 때문에, 문맥 교환 시간은 일종의 오버헤드라고 할 수 있다. CISC와 RISC는 각각 장단점이 있는데, RISC가 가지고 있는 문맥 교환 측면의 단점은 레지스터의 용량이 CISC보다 상대적으로 크기 때문에 좀 더 큰 오버헤드가 발생한다는 것이다.

4.3.3 프로세스 상태

프로세스는 신규new/created, 준비ready, 실행running, 대기blocked/sleep, 종료terminated/exit 상태로 구성된다. 추가적으로 기억장치 공간을 점유하지 않을 경우 지연 준비상태suspended ready 및 지연 대기상태suspended blocked가 존재한다.

상태		특성	
활동상태 (active)	실행상태(running)	프로세서를 할당받은 상태	기억장치를 할당받은 상태
	준비상태(ready)	필요한 자원을 모두 소유하고, 프로세서를 요청할 수 있는 상태	
	대기상태(blocked, sleep)	프로세서 외에 다른 자원을 요구하는 상태	
지연상태 (suspended)	지연 준비상태(suspended ready)	프로세서를 요청하고 있는 상태	기억장치를 잃은 상태
	지연 대기상태(suspended blocked)	프로세서 외에 다른 자원을 요구하는 상태	

❶ 프로세스 상태 전이

프로세스는 시작되면 준비, 실행, 대기의 상태를 반복하면서 수행되고 모든 명령을 다 수행한 경우 종료를 하게 된다. 프로세스가 수행하는 과정에서 상태의 변화를 나타낸 그림을 상태 전이state transition 또는 천이도라고 한다.

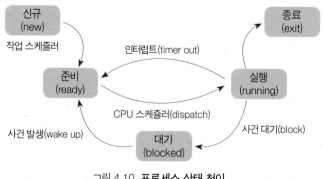

그림 4.10 **프로세스 상태 천이**

디스패치(dispatch)

준비상태에서 대기하고 있는 프로세스 중에 하나가 스케줄링되어 CPU를 할당받아 실행 상태로 전이되는 과정을 말한다.

인터럽트(interrupt)

프로세스가 주어진 시간time quantum에 작업이 끝나지 않을 경우, 타임아웃 인터럽트timer out를 발생시켜 운영체제가 프로세서를 회수하게 하는 기능을 말한다.

대기(block)

실행상태의 프로세스가 지정된 시간 이전에 입출력이나 기타 수행을 필요로 할 때 스스로 프로세서를 양도하고 대기상태로 전이하는 것을 말한다.

사건 발생(wake up)

입출력 작업이 끝나 대기상태의 프로세스가 준비상태로 전이되는 것을 말한다.

4.3.4 프로세스 스케줄링

준비ready 리스트에서 다음 수행할 프로세스를 결정하는 과정을 스케줄링이라고 한다. 스케줄링은 선점preemptive 방식과 비선점non-preemptive 방식으로 구분할 수 있으며, 프로세스 스케줄링은 디스패처dispatcher가 수행한다. 효율적인 스케줄링 알고리즘에 대한 다수의 연구들이 진행되어 왔다.

❶ FIFO 스케줄링

비 선점, 먼저 들어온 작업을 처리한다. 작업 처리 중간에 다른 프로세스가 끼어들 수 없다.

그림 4.11 FIFO 스케줄링

❷ 라운드로빈(round robin) 스케줄링

선점, FIFO와 작업 처리 순서는 같다. 들어온 작업은 매우 작은 시간 동안만 실행하고 남은 작업을 맨 뒤로 보내서 모든 작업이 동시에 실행되는 것처럼 느껴진다.

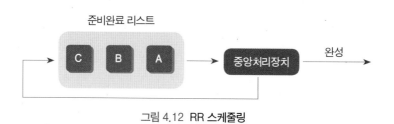

그림 4.12 RR 스케줄링

❸ 다단계 큐 스케줄링

선점, 작업 큐를 여러 레벨로 나누어서 우선순위를 부여하고 미리 지정된 정책에 따라 스케줄링하는 방식이다. MS의 윈도우 운영체제에서 사용하고 있는 스케줄링 방식이다.

4.4 주기억장치 관리

단순한 구조를 가지고 있는 주기억장치를 관리하는 방법으로 단일 연속 주기억장치 관리 방법과 분할 주기억장치 관리 방법이 있다.

4.4.1 단일 연속 주기억장치 관리

주기억장치에 운영체제 외에 한 개의 사용자 프로그램만 저장하는 방법으로서 주기억장치를 두 영역으로 나누어 한 영역에는 운영체제를 저장하고 다른 영역에는 한 개의 사용자 프로그램을 저장하는 방식으로 관리한다.

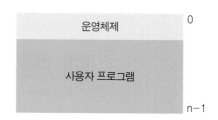

그림 4.13 단일 연속 주기억장치 관리

4.4.2 분할 주기억장치 관리

분할 주기억장치 관리의 방법은 주기억장치를 n개의 영역으로 분할하여 각 영역에 서로 다른 프로세스를 동시에 저장하는 방식이다.

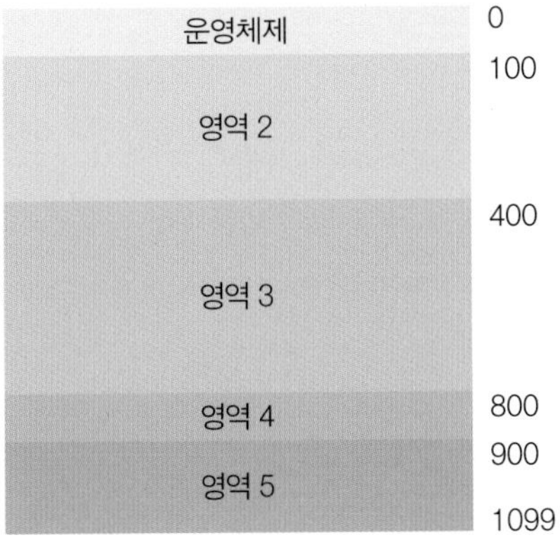

그림 4.14 **분할 주기억장치 관리**

그림과 같이 주기억장치가 다양한 크기의 영역으로 분할되어 있는 경우, 프로세스가 시작되었을 때 어떤 영역에 넣어야 할지에 따라 컴퓨터 성능이 좌우된다. 일반적인 분할 주기억장치에서의 할당 방식은 최초 적합 방식, 최적 적합 방식, 최악 적합 방식 등이 있다. 프로세스의 크기를 150으로 가정하고 각 방법이 어떻게 메모리 영역에 할당이 되는지 알아보자.

할당 방식	설명
최초 적합(first fit)	프로세스의 크기보다 큰 최초의 영역에 할당한다.
최적 적합(best fit)	프로세스의 크기보다 큰 영역 중 가장 작은 영역에 할당한다.
최악 적합(worst fit)	프로세스의 크기보다 큰 영역 중 가장 큰 영역에 할당한다.

최초 적합 방식은 프로세스의 크기보다 큰 최초의 영역에 할당하는 방법으로 프로세스는 영역 2, 영역 3 그리고 영역 5 중에서 최초 영역인 영역 2에 저장된다.

최적 적합 방식은 프로세스의 크기보다 큰 영역 중에서 가장 작은 영역에 할당하는 방법으로 프로세스는 영역 2, 영역 3, 영역 5 중 가장 작은 영역인 영역 5에 저장된다.

최악 적합 방식은 프로세스의 크기보다 큰 영역 중에 가장 큰 영역에 할당하는 방법으로 프로세스는 영역 2, 영역 3, 영역 5 중 가장 큰 영역인 영역 3에 저장된다.

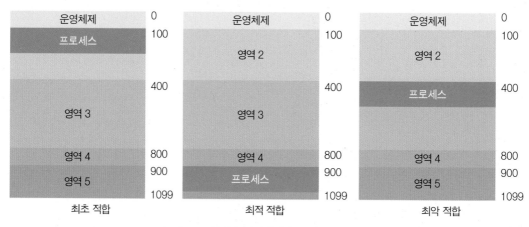

그림 4.15 **분할 주기억장치에 메모리 할당 방법**

4.4.3 가상 메모리

컴퓨터의 주기억장치 용량이 10바이트이고, 보조기억장치에 실행하고자 하는 프로그램이 존재한다고 가정하자.

만일 크기 5바이트의 프로그램이 있고, 이를 주기억장치에 할당하고자 하면 아무런 문제가 발생하지 않는다.

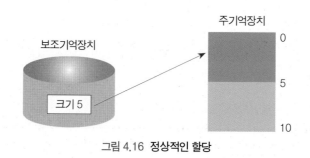

그림 4.16 **정상적인 할당**

보조기억장치에 크기 20바이트의 프로그램이 있고, 이를 주기억장치에 할당하고자 하면 주기억장치의 용량보다 프로그램의 크기가 크기 때문에 문제가 발생한다. 또한, 보조기억장치에 여러 개의 프로그램이 존재하고, 실행하고자 하는 프로그램이 필요로 하는 주기억장치 요구량이 주기억장치의 크기보다 큰 경우 프로그램을 실행할 수 없는 문제가 발생한다.

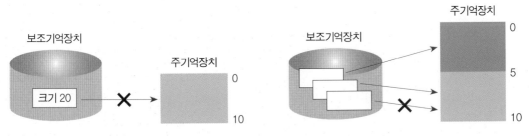

그림 4.17 **기억할당 오류**

이와 같은 문제를 해결하는 방법은 당장 실행에 필요한 부분만 주기억장치에 저장하고, 당장 필요하지 않은 나머지 부분은 보조기억장치에 넣어 두고 실행을 하면 된다. 이와 같은 기능을 가상 메모리라고 하고 운영체제에서 가상 메모리를 지원함으로서 사용자user는 실제 주기억장치보다 큰 주기억장치를 가지고 있는 것처럼 느끼게 된다.

그러면 프로그램을 어떻게 주기억장치와 보조기억장치에 나누어서 보관을 할 것인가? 프로그램을 바이트 단위로 관리를 할 것인가? 가상 메모리에서는 프로그램을 일정 크기로 나누어서 관리를 하는데, 프로그램을 일정 크기로 나눈 단위를 페이지page라고 부른다. 페이지 단위로 주기억장치에 올리며 동작하는 과정을 페이징이라고 한다.

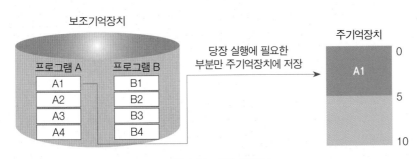

그림 4.18 **가상 메모리**

❶ 페이징

페이징paging은 가상 메모리를 구현하는 한 방법으로 가상 메모리 공간을 일정한 크기의 페이지로 나누어 관리하는 방법이다. 페이지 프레임page frame이란 실제 주기억장치의 페이지에 해당하는 부분을 말한다. 페이지 테이블page table은 프로세스마다 각 페이지가 주기억장치의 어느 프레임에 저장되는지를 나타내는 테이블이다.

16개 페이지로 이루어진 프로세스 A와 프로세스 B가 실행 중이고, 주기억장치는 24개 페이지 프레임 크기라고 가정하자. 각 페이지의 크기는 1000이라 가정하고 프로세스 A의 페이지

0과 프로세스 B의 페이지 0, 1이 당장 실행되어야 한다고 가정하면 프로세스, 페이지 테이블, 페이지 프레임의 관계는 다음 그림과 유사하게 나타날 것이다.

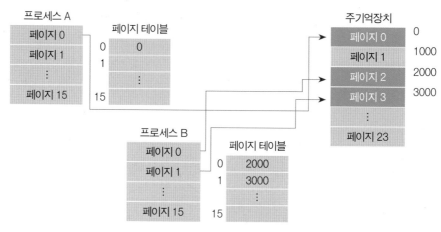

그림 4.19 페이징 및 페이지 테이블

❷ 페이지 교체 알고리즘

프로세스가 수행되면서 보조기억장치에 있는 프레임을 주기억장치의 프레임으로 가지고 와야할 필요가 있을 때, 비어있는 프레임이 없으면 새로운 페이지를 저장하기 위해 주기억장치에 위치한 페이지를 제거해야 한다. 이와 같은 결정을 하는 방법을 페이지 교체 알고리즘이라고 한다.

페이지 교체를 수행할 때 주기억장치에 위치한 페이지의 내용이 수정된 경우 보조기억장치에 저장을 해야 하고, 수정되지 않았을 경우 단순히 기억장치에서 제거만 하면 된다.

그림 4.20 페이지 수정 여부에 따른 페이지 교체 방법

페이지 교체 알고리즘에 대해 알아보기 위하여 페이지 프레임이 3개인 주기억장치가 있고, 참조한 페이지의 번호가 1, 2, 2, 2, 3, 1, 1, 3, 4의 순서라고 가정해 보자. 어떤 형태로 주기억장치의 프레임을 교체하는 방법이 있겠는가?

그림 4.21 페이지 교체 예제

FIFO(first-in first-out) 알고리즘

페이지를 교체해야 할 때 주기억장치에 가장 먼저 올라온 페이지를 선택해서 제거하는 기법이다. 이와 같은 가정에서 주기억장치에 페이지가 변화하는 모습은 다음 그림과 같다.

참조 페이지 : 1	
프레임 0	페이지 1
프레임 1	
프레임 2	

참조 페이지 : 2	
프레임 0	페이지 1
프레임 1	페이지 2
프레임 2	

참조 페이지 : 2	
프레임 0	페이지 1
프레임 1	페이지 2
프레임 2	

참조 페이지 : 2	
프레임 0	페이지 1
프레임 1	페이지 2
프레임 2	

참조 페이지 : 3	
프레임 0	페이지 1
프레임 1	페이지 2
프레임 2	페이지 3

참조 페이지 : 3	
프레임 0	페이지 1
프레임 1	페이지 2
프레임 2	페이지 3

참조 페이지 : 1	
프레임 0	페이지 1
프레임 1	페이지 2
프레임 2	페이지 3

참조 페이지 : 1	
프레임 0	페이지 1
프레임 1	페이지 2
프레임 2	페이지 3

참조 페이지 : 4	
프레임 0	페이지 4
프레임 1	페이지 2
프레임 2	페이지 3

페이지 1 교체

그림 4.22 FIFO 알고리즘

LRU(least recently used) 알고리즘

페이지를 교체해야 할 때, 주기억장치에 올라온 페이지들 중에서 가장 오랫동안 사용되지 않았던 페이지를 제거하는 기법이다. 이와 같은 가정에서 주기억장치에 페이지가 변화하는 모습은 다음 그림과 같다.

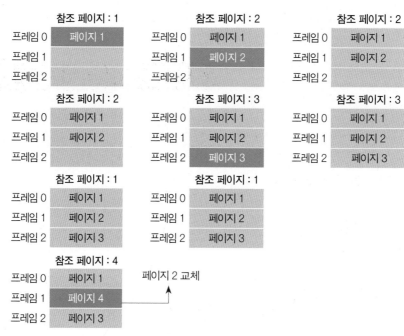

그림 4.23 LRU 알고리즘

LFU(least frequently used) 알고리즘

페이지를 교체해야 할 때 페이지들 중 사용빈도가 가장 낮은 페이지를 선택해서 제거하는 기법이다. 이와 같은 가정에서 주기억장치에 페이지가 변화하는 모습은 다음 그림과 같다.

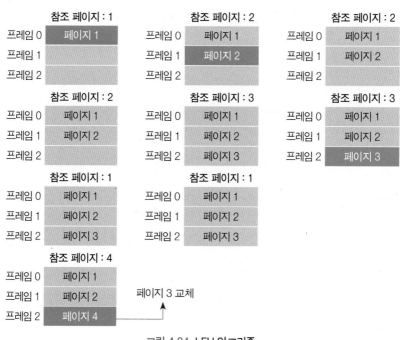

그림 4.24 LFU 알고리즘

4.5 파일시스템 관리

일반적으로 컴퓨터 시스템에서 사용자 프로그램이 보조기억장치에 파일을 읽고 쓰는 동작은 운영체제를 통해서 처리가 된다. 보조기억장치에 파일을 읽고 쓰는 방법은 운영체제에 따라서 다르다. 이 책에서는 윈도우 파일시스템과 유닉스 파일시스템에 대해서 알아보자.

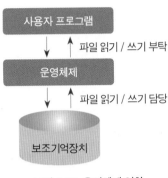

그림 4.25 **운영체제 역할**

4.5.1 윈도우 파일시스템

윈도우 시스템 디스크의 논리적인 구조는 다음의 그림과 같이 시스템 영역과 데이터 영역으로 구성된다. 시스템 영역에는 부트 레코드, 파일 할당 테이블, 루트 디렉토리가 위치하며, 데이터 영역은 클러스터로 분할하여 관리한다.

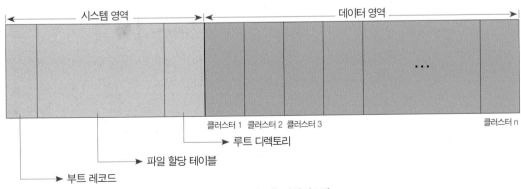

그림 4.26 **윈도우 파일시스템**

101

부트 레코드boot record는 컴퓨터를 처음 켰을 때 동작하는 프로그램을 저장하는 영역인데, 이 프로그램은 디스크에 저장되어 있는 운영체제를 주기억장치로 올리는 역할을 한다.

파일 할당 테이블file allocation table은 데이터 영역의 어느 부분이 사용되고 있는지의 여부를 나타내며, 한 파일 할당 테이블에 오류가 발생했을 때 다른 파일 할당 테이블을 이용하기 위해 테이블이 두 개가 있다.

디렉토리directory는 디스크에 저장된 파일들에 대한 정보를 보관하는 장소다. 특히 루트 디렉토리는 포맷을 하면 시스템 영역에 자동적으로 생성된다.

❶ 윈도우 파일시스템의 동작 예

클러스터 크기를 1,000바이트라고 가정하고 다음과 같은 순서로 파일을 생성하고 수정하는 경우를 생각해 보자.

① /src/test.c 1,500바이트 생성
② /c.hwp 1,100바이트 생성
③ /src/test.c 파일을 수정/변경 2,500바이트 생성

먼저 루트 디렉토리 아래에 src 디렉토리를 생성한다.

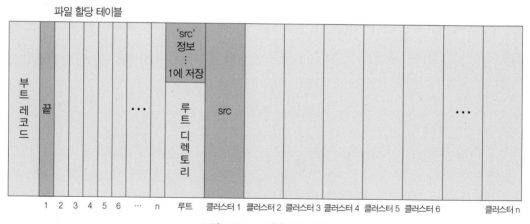

파일 할당 테이블

그림 4.27 **src 디렉토리 생성**

src 디렉토리에 1,500바이트 크기의 test.c 파일을 생성한다.

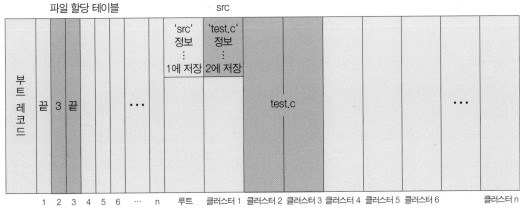

그림 4.28 test.c 파일 생성

루트 디렉토리에 1,100바이트 크기의 c.hwp 파일을 생성한다.

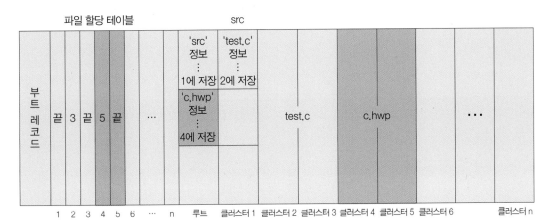

그림 4.29 c.hwp 파일 생성

test.c 파일을 수정해서 크기가 2,500바이트로 커진다.

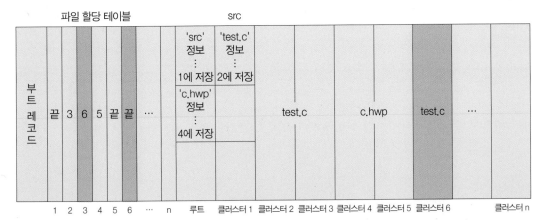

그림 4.30 test.c 파일 수정

이와 같이 파일이 저장되어 있을 때 src 디렉토리의 test.c 파일을 읽는 순서는 다음과 같다.

① 루트 디렉토리에서 src 디렉토리에 대한 정보를 찾는다.

② 이 정보로 src 디렉토리가 클러스터 1에 저장된 것을 알고 클러스터 1로 간다.

③ 클러스터 1에 위치한 src 디렉토리에서 test.c 파일에 대한 정보를 찾는다.

④ test.c 파일의 첫 부분이 클러스터 2에 저장된 것을 확인한다.

⑤ FAT 2에 3이, FAT 3에 6이 그리고 FAT 6에 끝을 의미하는 값이 저장된 것을 확인한다. 이를 통해 test.c 파일이 클러스터 2, 3, 6에 저장된 것을 알고 이들 클러스터에 저장된 내용을 읽는다.

4.5.2 유닉스 파일시스템

유닉스 파일시스템의 구조는 다음 그림과 같이 부트 블록, 슈퍼 블록, i-node 리스트, 데이터 블록 들로 구성되어 있다.

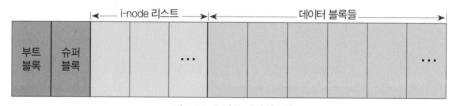

그림 4.31 **유닉스 파일시스템**

부트 블록은 운영체제를 주기억장치에 올리는 역할을 하는 프로그램이 들어 있는 영역으로, 윈도우의 부트 레코드와 유사하다.

슈퍼 블록은 디스크에 대한 다양한 정보를 저장한다. 이들 정보에는 전체 블록 수, 블록 크기, 사용 중인 블록 수, 사용할 수 있는 블록 번호, i-node 리스트 크기, 사용할 수 있는 i-node 번호 등이 있다.

i-node 리스트는 i-node들을 모아놓은 곳인데, 한 블록에 여러 개의 i-node를 저장하고 있다.

데이터 블록에는 일반적인 파일과 디렉토리 그리고 간접블록을 저장하는 영역이다.

❶ i-node

i-node는 인덱스 노드index node로 파일에 대한 다양한 정보를 저장하며 각 파일마다 하나씩 지정된다.

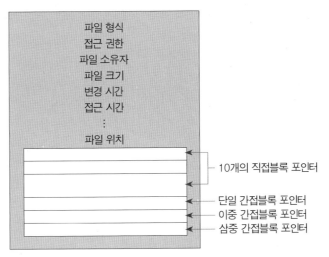

파일 형식
접근 권한
파일 소유자
파일 크기
변경 시간
접근 시간
⋮
파일 위치

├ 10개의 직접블록 포인터

← 단일 간접블록 포인터
← 이중 간접블록 포인터
← 삼중 간접블록 포인터

그림 4.32 i-node 구조

❷ 유닉스 파일시스템의 동작 예

유닉스 파일시스템의 동작은 윈도우의 파일 정보를 디렉토리에 저장하는 것과는 차이가 있다. 동작하는 모습을 설명하기 위해 블록 크기는 1,000바이트로 가정하자.

윈도우 파일시스템에서와 동일하게 다음의 순서로 파일을 생성하고 수정하는 경우를 가정하자.

① /src/test.c 1,500바이트 생성
② /c.txt 1,100바이트 생성
③ /src/test.c 파일을 수정/변경 2,500바이트 생성
④ /src/book.c 12,500바이트 생성

유닉스로 포맷한 디스크의 초기 구조는 다음과 같다.

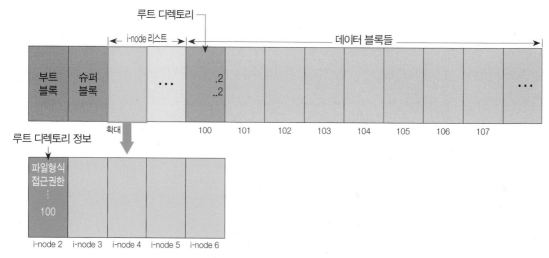

그림 4.33 유닉스 파일시스템 초기 구조

먼저, 루트 디렉토리 아래에 src 디렉토리를 생성한다.

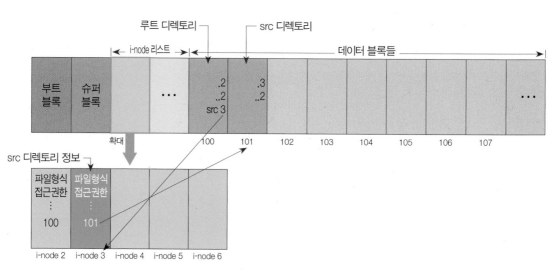

그림 4.34 src 디렉토리 생성

src 디렉토리에 1,500바이트 크기의 test.c 파일을 생성한다.

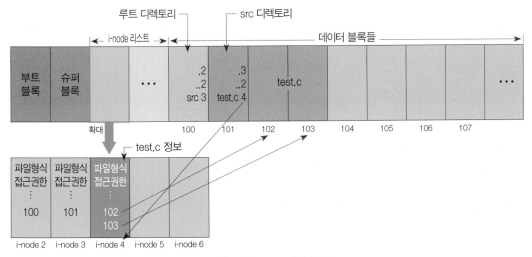

그림 4.35 test.c 파일 생성

루트 디렉토리에 1,100바이트 크기의 c.txt 파일을 생성한다.

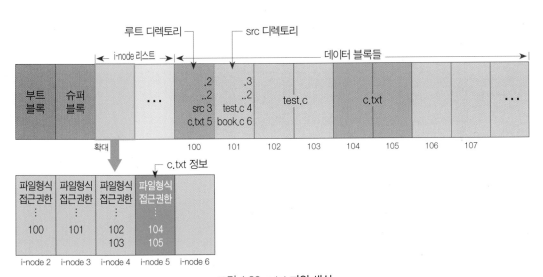

그림 4.36 c.txt 파일 생성

test.c 파일을 수정해서 크기가 2,500바이트로 커졌다고 하자.

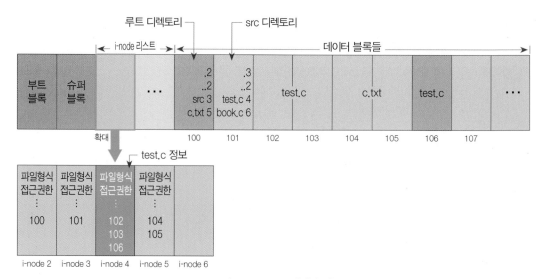

그림 4.37 test.c 파일 수정

src 디렉토리에 12,500바이트 크기의 book.c 파일을 생성한다.

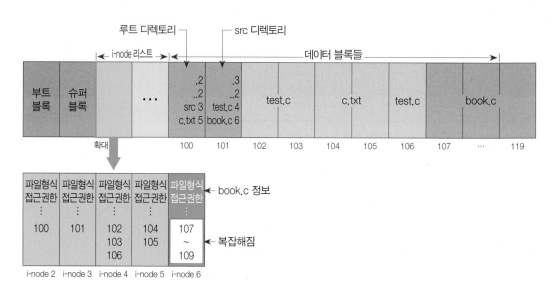

그림 4.38 book.c 파일 생성 문제점

파일의 크기가 커서 i-node 블록의 직접블록 포인터로 모두 관리하지 못할 경우 간접블록 포인터를 활용한다. 간접블록 포인터는 정해진 블록 크기를 넘는 파일인 경우를 대비한 방법이다.

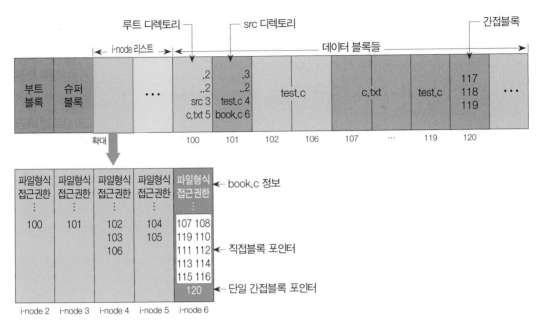

그림 4.39 **간접블록 포인터를 이용한 book.c 파일 생성**

src 디렉토리의 test.c 파일을 읽는 순서는 다음과 같다.

① 루트 디렉토리에 대한 정보를 저장하고 있는 i-node 2에서 루트 디렉토리가 블록 100에 저장된 것을 확인하고 블록 100으로 이동한다.

② 블록 100에 위치한 루트 디렉토리에서 src의 정보가 i-node 3에 저장된 것을 알고, i-node 3으로 이동한다. 만약 루트 디렉토리에 src에 대한 내용이 없으면 더 이상 진행하지 않고 종료한다.

③ i-node 3에서 src 디렉토리가 블록 101에 저장된 것을 확인하고 블록 101로 이동한다.

④ src 디렉토리에서 test.c의 정보가 i-node 4에 저장된 것을 알고 i-node 4로 이동한다.

⑤ i-node 4에서 test.c가 블록 102, 103, 106에 저장되어 있음을 알고 이들 블록에 저장된 내용을 읽는다.

4.6 유닉스 실습

유닉스unix는 컴퓨터 시스템을 효율적으로 사용하기 위한 운영체제로서 1969년 AT&T 벨 연구소에서 켄 톰슨ken thompson과 데니스 리치dennis ritche에 의하여 개발되었다. 최초에는 어셈블리어로 작성되었으나 후에 C 언어로 재작성되었다. 초기 UNIX 소스 코드는 대학에 공개되었다.

버클리 대학에서 수정한 UNIX를 BSDberkeley software distribution라고 하며, AT&T 버전은 System III, System V 등으로 부른다.

현재 UNIX는 상용제품으로 비용을 지불해야 하며, 초기의 공개 소프트웨어 정신을 추구하는 버전이 Linux이다.

❶ 유닉스 특징

유닉스는 대화형 시스템으로 다중 사용자 시스템multi-user이며 다중 작업용 시스템multi-processing/tasking이다. 높은 이식성, 확장성, 개방성을 가지고 있고 계층적 파일시스템을 지원하며 부가적 기능이 다양하게 제공된다.

❷ 유닉스 구조

유닉스는 크게 커널, 쉘, 유틸리티와 파일시스템으로 구분된다.

그림 4.40 유닉스 구조

커널

유닉스 운영체제의 핵심 부분으로 컴퓨터의 모든 자원을 관리하는 핵심 프로그램이다. 커널Kernel은 파일시스템 관리, 장치 관리, 프로세스 관리, 메모리 관리 등의 기능을 수행한다.

쉘

쉘shell은 사용자와 커널 사이의 인터페이스interface 즉, 중간자 역할을 담당하며 사용자가 입력한 명령을 해석하고 실행한다.

많이 알려진 쉘에는 본쉘bourne shell, C쉘C shell, 콘쉘korn shell, 배시쉘bash shell 등이 있다.

파일시스템

파일시스템은 컴퓨터 파일, 디렉토리 등 정보를 관리한다.

유틸리티/명령어

유틸리티 및 명령어에는 vi editor 등의 파일 편집기, gcc 등 프로그래밍 언어, talk, ping, traceroute, nslookup 등 통신 명령어들이 있다.

4.6.1 로그인 및 로그아웃

유닉스 시스템을 접속하기 위해서는 유닉스가 동작하고 있는 컴퓨터가 필요하다. 또한 단말기나 개인용 컴퓨터와 유닉스 시스템의 사용자 계정(접속 ID와 암호)이 필요하다. 만약에 사용자 계정이 없다면 유닉스 시스템 관리자에게 요청하여 계정을 생성해야 한다.

로그인login은 시스템의 사용을 허가받고, 자원을 할당받는 과정이다. 로그인의 경우 유닉스가 동작하는 컴퓨터에서 직접 연결을 할 수도 있고, 개인용 컴퓨터에서 연결을 할 경우 Telnet 등을 통하여 접속이 가능하다.

윈도우의 실행 창을 띄운 후에 다음과 같이 telnet server_address를 입력하여 유닉스 시스템에 연결을 해보자. 보안 상의 문제로 telnet 연결을 차단한 경우 연결이 되지 않을 수 있으니 주의하자.

연결을 하면 로그인 ID와 암호를 물어보는데, 올바르게 입력하면 성공적으로 로그인이 되고 프롬프트(사용하는 쉘에 따르지만 $ 등이 표시)가 뜨게 된다. 또한 마지막으로 로그인했던 시간이나 유닉스 개발 회사 및 버전 정보 등이 출력된다.

유닉스 시스템의 사용이 끝나면 로그아웃logout 과정을 통하여 접속을 해제하여야 한다. 로그아웃을 위해서는 로그아웃을 입력하거나 exit 또는 ctrl + d를 입력하면 된다.

4.6.2 유닉스 명령 구조

유닉스 명령은 MS-DOS나 Window의 Command 창에 입력하는 명령과 유사하게 명령, 옵션, 인자 등으로 구성된다.

명령 [옵션] [인자]

명령은 유닉스를 사용하기 위해 사용자가 입력하는 ls, date, cal 등 다양한 명령을 의미하며, 옵션은 명령의 세부 기능을 선택하는 것이다. 옵션은 - 기호로 시작하며 대문자와 소문자를 구분한다.

인자는 명령으로 전달되는 값을 의미하며 보통 파일명이나 디렉토리명을 입력한다. 명령에 대한 사용법의 경우 man [명령어]를 통하여 옵션 및 인자에 대한 도움말을 확인할 수 있다.

대표적인 유닉스 명령들을 실습해 보자.

- date : 날짜와 시간을 출력
- clear : 화면을 깨끗이 지움
- man : 명령에 대한 설명을 출력

- ls : 현재 디렉토리의 파일을 표시

- pwd : 현재 디렉토리의 위치를 표시
- who : 현재 로그인한 사용자를 표시
- talk : 특정한 사용자와 채팅을 수행

- hostname : 컴퓨터 시스템의 이름 확인

- id : 접속한 사용자 id 확인
- alias : 명령어 재정의
- passwd : 자신의 로그인 암호를 변경

 4.7 리눅스 실습

리눅스linux는 리누스 토르발스라는 핀란드 헬싱키 대학의 대학원생이 취미 삼아 개발한 커널이었다. 토르발스는 원래 앤드류 스튜어트 타넨바움이라는 교수가 운영체제 디자인을 가르치기 위해 만든 교육용 유닉스인 미닉스를 사용하고 있었다. 타넨바움은 미닉스를 다른 사람이 함부로 개조하지 못하게 제한했는데, 이러한 제한으로 미닉스의 기능에 만족하지 못한 토르발스가 새로운 운영체제를 개발하는 계기가 되었다.

리눅스는 원래 운영체제 위에서 실행되는 터미널 에뮬레이터였다. 초기에는 시리얼포트를 이용하여 간단한 신호를 주고받는 작업 밖에 할 수 없었지만, 리누스는 디스크의 파일을 읽고 저장할 수 있게 되기를 원했다. 이런 식으로 완전한 파일 제어가 가능해지자, 토르발스는 이것을 포직스POSIX에 호환되는 운영체제 커널로 발전시키기로 마음먹고 이를 기반으로 리눅스를 개발하기 시작하였다. 리눅스의 첫 번째 버전인 0.01은 1991년 9월 17일 인터넷을 통해 공개되었고, 첫 공식 버전인 0.02는 같은 해 10월에 발표되었다. 그 이후 지금까지 전 세계 수천만의 개발자들이 리눅스 개발에 자발적으로 참여하고 있다. 초창기 리눅스는 설치와 부팅을 하기 위해서 미닉스와 같은 다른 운영체제가 필요했다. 그러나 리로lilo와 같은 부트로더가 개발되고, GNU 프로젝트가 만들어낸 모든 유틸리티를 리눅스에서 사용할 수 있게 됨에 따라, 리눅스는 빠른 속도로 미닉스를 능가하게 되었다.

초기에 리눅스는 개인적 애호가들에 의해 광범위하게 개발되었다. 이후 IBM, HP와 같은 거대 IT 기업의 후원을 받으며, 서버 분야에서 유닉스와 마이크로소프트 윈도우즈 운영체제의 대안으로 자리잡았다. 리눅스는 처음에 인텔 386 마이크로프로세서를 위해 개발되었으나 현재는 다양한 컴퓨터 아키텍처를 지원한다. 리눅스는 개인용 컴퓨터에서부터 슈퍼컴퓨터는 물론 휴대 전화, 개인용 비디오 레코더와 같은 임베디드 시스템까지 광범위하게 이용되고 있다.

오늘날에도 여전히 토르발스는 리눅스 커널 개발을 지휘하고 있다. 현재 리눅스는 X윈도우를 기반으로 한 GNOME이나 KDE와 같은 통합 데스크톱 환경과 수많은 응용 프로그램을 실행시킬 수 있으며, 많은 기업과 단체의 후원을 받고 있다. 턱스tux라는 이름의 펭귄은 1996년 래리 유잉이 창조한 리눅스의 마스코트이다.

4.6.1 리눅스 커널

커널은 운영체제의 핵심으로서, processor와 시스템 메모리에 상주하며 processor 관리, process 관리, 메모리 관리, 파일시스템 관리, 디바이스 제어, 네트워크 관리 등의 핵심 기능을 수행한다.

리눅스는 컴퓨터 운영체제이며, 그 커널을 뜻하기도 한다. 리눅스는 자유 소프트웨어와 오픈소스 개발의 가장 유명한 표본으로 들 수 있다. 리눅스는 다중 사용자, 다중 작업(멀티태스킹), 다중 스레드를 지원하는 네트워크 운영체제(NOS)이다.

엄밀하게 따지면 이 '리눅스'라는 용어는 리눅스 커널만을 뜻하지만, 리눅스 커널과 GNU 프로젝트의 라이브러리와 도구들이 포함된 전체 운영체제(GNU/리눅스라고도 알려진)를 나타내는 말로 흔히 쓰인다. 리눅스 배포판은 핵심 시스템 외에 대다수 소프트웨어를 포함한다. 현재 200여 종류가 넘는 배포판이 존재한다.

커널은 크게 모노리식monolithic 커널과 마이크로micro 커널의 두 가지 타입으로 분류할 수 있다. 모노리식 커널은 모든 자원을 숨기고 모든 서비스는 시스템 호출을 통해 제공하는 거대한 객체에 비유될 수 있다. 일반적으로 시스템 호출에 의한 서비스가 빠르지만, 새로운 하드웨어 추가나 운영체제 기능 변경시 커널을 새로 컴파일하고 부팅해야 한다. 반면, 마이크로 커널은 필요한 핵심적인 기능만 남겨둔 최소한의 커널이다. 이식성이 뛰어나 하드웨어 추가도 서버만 추가하면 되기 때문에 커널의 변화가 없어 커널 수행 중에도 이러한 서비스를 동적으로 추가할 수 있다. 또, 커널의 크기가 작으므로 커널과 일부 서비스만으로 작은 운영체제를 구성하여 임베디드 시스템에 사용할 수 있다. 마이크로 커널에서는 많은 서비스가 사용자 프로세스의 형태로 제공되므로 우선 순위가 높은 실시간 프로세스의 수행 기회가 더 많아진다. 리눅스는 모노리식 커널에 해당한다.

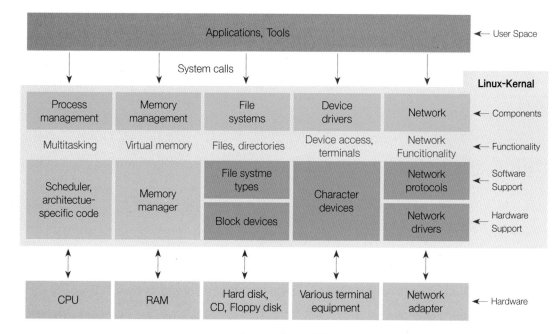

그림 4.41 **리눅스 커널**

4.6.2 리눅스 기본 명령어

현재의 리눅스는 GUI의 많은 발달로 인해 대부분의 기능을 윈도우 GUI를 통해 설정하고 수
행할 수 있다. 하지만, 마치 MS-DOS와 유사한 커맨드 라인 인터페이스를 통해서 보다 상세
한 설정 및 동작이 가능하므로, 숙련된 사용자라면 다양한 리눅스 명령어를 숙지하는 것이
필수적이다.

	date	날짜와 시간을 설정 및 확인
기본명령어	time	실행한 명령어가 수행되는 시간
	which	명령어의 위치 출력
	help	도움말 출력
	cal	달력을 출력
	exit	현재 실행 중인 쉘 종료
	man	해당 명령어의 매뉴얼을 출력
	history	사용한 명령어 목록 출력
사용자 생성/관리	useradd	계정 생성
	userdel	삭제
	usermod	정보 수정
	passwd	암호 변경
디렉터리와 파일 관리 명령	ls	목록 출력
	chown	소유권 변경
	chgrp	소유 그룹 변경
	cat	내용 출력
	file	파일 종류 표시
	more	텍스트 파일을 한 화면으로 나눠 출력
	touch	파일 수정 시간 변경 및 빈 파일 생성
	grep	정규표현 형식을 이용한 파일 내 문자열 검색
	df	하드디스크 사용량 표시
	find	검색
	chmod	허용권한 변경
	cp	복사
	mv	이동
	rm	삭제
	ed	디렉터리 이동
	pwd	절대경로 표시
	mkdir	디렉터리 생성
	du	디렉터리 사용량 표시
통신 및 네트워크	who, w, users	접속하고 있는 사용자 확인
	netstat	네트워크 상태 정보 출력
	finger	특정 사용자의 정보를 출력
	talk	특정 사용자와 채팅
	wall	접속하고 있는 사람들에게 메시지 전송
	ping	상대 컴퓨터와 통신 가능 여부 확인
	nslookup	네임 서버 조회
	ipconfig	네트워크 인터페이스의 확인 및 설정
	traceroute	상대 서버까지 경로 출력

표 4.2 리눅스 명령어

1. 가상 메모리를 이용하는 경우에는 메모리에서 자주 사용하지 않는 부분을 하드디스크에 저장하고 요청이 있을 때 다시 메모리로 읽어서 실행한다. 이때 발생될 수 있는 문제에 대하여 설명하시오. 또한 이를 해결하기 위한 방법을 제시하시오.

2. 시분할 시스템에서 문맥 교환은 큰 오버헤드이다. 문맥 교환을 하지 않는다면 작업을 훨씬 빨리 처리할 수 있다. 하지만 현재 대부분의 시스템은 문맥 교환을 함으로써 프로세스를 계속 교체하는데 그 이유가 무엇인지 설명하시오.

3. 시분할 시스템에서 가장 효율적인 프로세스의 스케줄링 방법은 가장 짧은 작업을 먼저 실행하는 것이다. 이것은 앞서 말한 실시간성에 유리하다. 하지만 실제로 이것은 구현이 불가능한데 그 이유를 설명하시오.

4. 리눅스는 기본적으로 GPL(General Public License, 일반 공중 사용 허가서)에 기반하여 프로그램 및 소스가 무료로 배포되고 있다. 또, 리눅스 상에서 동작하는 많은 응용프로그램 또한 GPL을 따르고 있다. 이러한 GPL하의 소프트웨어 제작 및 배포가 전체 소프트웨어 산업에 끼치는 영향을 설명하시오.

5. 프로세스는 무엇을 의미하는가?

6. 운영체제의 핵심 기능이 구현되어 있는 프로그램을 가리키는 말은?

7. 다단계 큐 스케줄링 기법에서는 가장 우선순위가 낮은 큐의 프로세스들은 실행이 영원히 안 될 수 있다. 이를 보완하시오.

8. 리눅스는 모든 기능이 하나의 큰 프로그램으로 구성된 모노리식 커널 방식이다. 이러한 모노리식 커널의 단점은 무엇인가?

9. 시분할 시스템에서는 자원 배분이 문제가 된다. 예를 들어보시오.

05

프로그래밍 언어

컴퓨터는 스스로 학습하고 생각할 수 없다. 컴퓨터 구조에서 설명한 것과 같이 보조기억장치에 위치하고 있는 이진 비트열들을 주기억장치로 읽어들인 후에 명령의 인출, 해석, 실행의 과정을 거치는 단순 반복의 구조를 빠르게 처리할 뿐이다. 사람이 컴퓨터를 이용하여 숫자 계산이나 문서 작성, 인터넷, 게임 등을 할 수 있는 것은 각 기능을 수행하는 이진 비트열로 인코딩된 미리 정해진 명령을 컴퓨터에 저장해 두고 그 명령을 원할 때 실행함으로써 가능해진다. 이렇게 컴퓨터에 저장된 명령들의 집합이 우리가 사용하는 한글, Internet explorer, 및 게임 프로그램 등의 소프트웨어 또는 컴퓨터 프로그램이 된다. 이와 같이 컴퓨터 시스템을 구동시키는 소프트웨어를 작성하기 위한 언어가 프로그래밍 언어이다. 이 장에서는 프로그래밍 언어에 대해서 학습한다.

학습목표

- 프로그래밍 언어 역사 및 필요성을 이해
- 프로그래밍 언어 기본 개념과 원리를 이해
- 프로그래밍 언어 패러다임의 이해
- 대표적인 프로그래밍 언어의 구조를 이해

컴퓨터는 미리 저장된 명령을 실행하여 원하는 기능을 수행하는 기계이며, 이를 위해서는 원하는 기능을 수행하는 CPU가 직접 해독하고 실행할 수 있는 비트 단위의 명령을 컴퓨터에 저장시켜 두어야 한다. 이와 같이 CPU가 직접 해독하고 실행할 수 있는 비트 단위로 쓰인 컴퓨터 언어를 기계어machine language라고 하며 프로그램을 나타내는 가장 낮은 단계의 개념이다.

그러나 기계어는 이진 비트열로 표현되므로 작성하기가 매우 어렵다. 예를 들어 주기억장치 A0 번지의 내용과 A1 번지의 내용을 더하여 A2번지에 저장하는 간단한 작업도 복잡하고 긴 기계어 명령어가 필요하며, 이진 비트열로 작성해야 하므로 작성하기도 어려우며, 작성한 프로그램을 이해하기도 매우 어렵다.

0001010110100000	0001011010100001	0101000001010110	0011000010100010	1101000000000000
메모리 A0 번지의 내용을 5번 레지스터에 저장	메모리 A1 번지의 내용을 6번 레지스터에 저장	5번 6번 레지스터의 값을 합하여 0번 레지스터에 저장	0번 레지스터의 내용을 메모리 A2 번지에 저장	종료

그림 5.1 메모리 A0 번지와 A1 번지의 값을 더하여 A2 번지에 저장하는 기계어 프로그램

또한, Intel Pentium, M68000 등 CPU들은 각각의 기계어 명령어 집합을 가지고 있으며, 각 CPU에 맞는 기계어 명령들을 조합해야 원하는 기능을 수행하는 컴퓨터 프로그램을 만들 수 있다.

프로그래밍 언어는 기계어를 이용한 컴퓨터 프로그램 개발의 어려움을 해결하기 위해 이용되는 언어이다. 사람의 언어와 유사한 단어와 문법을 가진 새로운 언어를 정의하고 그 언어를 기계어로 번역할 수 있는 프로그램을 가지고 있으면, 원하는 기능을 수행하는 컴퓨터 프로그램을 새로운 언어로 작성한 뒤 기계어로 번역하여 컴퓨터에서 실행할 수 있다. 또한 번역 프로그램에서 CPU에 맞는 기계어 명령으로 변환하기 때문에 다른 기종 간의 호환성이 높다.

이와 같이 정의된 새로운 언어가 BASIC, C, C++, C#, 파이선python, 파스칼pascal, 포트란fortran, 코볼cobol, 펄perl, Java 등의 프로그래밍 언어이다. 프로그래밍 언어를 이용하여 프로그램을 작성하는 전문가를 프로그래머라고 하며, 컴파일러compiler나 인터프리터interpreter는

프로그래밍 언어를 기계어로 번역하는 프로그램이다.

프로그래밍 언어를 사용해 프로그램을 작성하는 과정은 1) 원하는 기능을 수행하는 방법인 알고리즘을 개발하고 2) 이를 프로그래밍 언어로 표현한 뒤 3) 기계어로 번역하여 4) 컴퓨터에 설치할 수 있게 제공하면 된다. 이를 통해 컴퓨터가 다양한 기능을 수행할 수 있다.

5.2 역사적 고찰 및 발전

현재 수천 개의 프로그램 언어가 있고, 매년 새로운 언어들이 생겨나고 있다. 대부분의 언어는 많은 사람들이 사용하는 C나 Java와 같이 일반적인 언어로 발전하지 못했다. 이 절에서는 대표적인 프로그래밍 언어의 발전에 대해서 알아보자.

프로그래밍 언어의 역사는 1940년대 디지털 컴퓨터의 발전과 함께 시작하였다. 1940년대 말, 폰 노이만von neumann의 프로그램 내장 방식 이전에는 컴퓨터 프로그래밍을 한다는 것은 불가능에 가까웠다. 컴퓨터 프로그래밍은 전선들의 배선wiring을 통해 이루어졌고, 기판 상에 있는 작은 전선들을 조작해서 연결이 이루어진 곳은 1, 연결이 없는 곳은 0을 나타내게 해놓는 형태였다. 즉, 전선 연결의 조합이 당시의 프로그래밍이었고, 이런 형태의 배선은 만드는 데 시간이 오래 걸리고 어려울 뿐만 아니라 문제가 생겼을 때 원인을 찾아내는 것이 거의 불가능했다.

1940년대 말, 폰 노이만에 의해 세계 최초로 프로그램 내장 방식의 컴퓨터가 등장한 이후 프로그래밍 언어 역사는 급속도로 발전했는데, 일반적으로 말하는 프로그래밍 언어는 프로그램 내장 방식 컴퓨터에 대한 계산 과정을 기술할 수 있을 때부터 시작된 것을 의미한다.

❶ 1950년 이전

1945년 폰 노이만 개념은 폰 노이만에 의해 컴퓨터 프로그램이 언어 발전 과정에 직접적으로 영향을 주게 되는 두 개의 중요한 개념을 개발하였다. 또한, 폰 노이만은 컴퓨터 코드가 if~then과 같은 조건 구조와 for와 같은 반복 구조가 가능해야 한다고 주장하였다. 이러한 개념은 후에 반복해서 쓰일 수 있는 코드 모음인 라이브러리libraries 개념의 시초이다.

프로그램 내장 방식(shared-program technique)

메모리에 프로그램을 저장하고 프로그램 명령어들을 차례대로 실행하는 방식으로, 현재 대부분의 컴퓨터들이 이 방식을 적용하고 있다. 하드웨어는 그대로 둔 채 작업을 위한 프로그램만 교체해서 메모리에 놓이면 동작하므로 하드웨어를 변경해야 하는 기존 방식의 문제점이 해결된다.

조건 제어 전이(conditional control transfer)

정해진 순서대로만 수행하도록 만들어진 하나의 프로그램이 아니라, 어떠한 순서로도 이동하여 수행할 수 있는 코드의 소 모임인 서브루틴sub-routine 개념이다.

❷ 1950년대

어셈블리 언어(1950년)

1950년대 컴퓨터가 상업화되면서, 복잡한 기계어 대신 어셈블리 언어assembly language라고 하는 대체 언어를 사용하게 되었다. 어셈블리 언어는 어려운 기계어의 코드를 move, jump, branch 등과 같은 쉬운 명령어로 나타낸 것이다. 기계어와 어셈블리 언어는 기계 의존적이며 자연 언어와는 차이가 나는 구문을 사용했기 때문에 저급 언어low level language라 불린다.

FORTRAN(1957년)

최초의 대중 컴퓨터 언어는 FORTRAN이다. 구성요소가 단순하여 프로그래머가 간단하게 프로그래밍할 수 있게 되었다. IF, DO, GOTO 구문을 포함하고 있으며, 오늘날 언어에서 사용되고 있는 데이터 형식들도 FORTRAN에서 시작되었다. 이들 데이터 형식들 중에는 논리변수(TRUE, FALSE), 숫자변수(정수, 실수, 이중 정밀도 형식) 들이 포함되어 있다.

FORTRAN 개발자들은 최초로 성공적인 고급 언어를 만들었으며 매우 효율적인 코드를 생산해 내는 최적화 컴파일러도 만들었다. 또다른 장점은 호환성이 좋다는 점이다. FORTRAN은 어셈블리 언어를 누르고, 과학 및 방위산업 연관 단체에 채용되는 등 우주 항공 프로그램과 방위산업 프로젝트들에서 광범위하게 사용되었다.

LISP(1959년)

MIT의 존 매카시는 LISP 언어를 만들었다. 인공 지능 분야에서 사용하기 위해 고안되었는데, LISP 등장 이전에는 볼 수 없었던 체계를 가지게 되었다. LISP와 다른 언어와의 가장 명백한 차이점은 함수형 언어로 지식이나 규칙을 절차적으로 기술하였다는 점이다. LISP 프로그램들은 일련의 리스트 형태로 된 데이터를 처리하도록 설계되었다. 프로그램과 데이터가 같은 형태이기 때문에, 데이터 구조가 프로그램처럼 실행될 수 있으며 프로그램이 데이터처럼 연산될 수도 있다.

LISP는 특수하고 추상적인 성질 때문에 인공지능 분야에서 오늘날까지도 사용되고 있다.

❸ 1960년대

BASIC(1964년)

BASICbiginner's all-purpose symbolic instruction code은 프로그램 초급자들이 언어를 쉽게 다룰 수 있도록 1964년 다트머스대학의 두 명의 대학생인 커매니와 쿠르츠에 의해 고안되었다.

최초의 BASIC은 간단한 문법구조로 이루어져 있으며, 제어구조는 GOTO 문과 GOSUB 문으로 구성되었다. 반복문이 가능하며 수치, 문자열, 배열 데이터 타입을 제공하였다. 1965년 이래로 꾸준한 인기가 있으며 VISUAL BASIC과 같은 현재의 BASIC은 객체, 라이브러리, GUI, 데이터베이스, 효율적인 컴파일러, 자동적인 동적 메모리 관리 등을 지원하지만 프로그램 이식성이 부족하며 작성된 프로그램의 구조가 빈약하다는 단점이 있다.

❹ 1970년대

Pascal(1971년)

1971년에 개발된 파스칼pascal은 이후에 거의 모든 블록 구조 언어에 영향을 미칠 정도로 성공한 언어이다. 프로그래밍을 가르치는 교육용으로 만들어졌다. 이 언어는 사용자가 복합적인 데이터 구조를 정의할 수 있으며, 별명aliasing, 포인터 등의 특징을 가지고 있을 뿐만 아니라, 배열 및 가변 레코드와 정수의 부분 집합을 새로운 타입으로 정의할 수 있는 특징이 있다. 단순하고 배우기 쉬우며 명쾌한 구조로 이루어져 있어 1970년대에 성공한 언어 중의 하나이다.

C(1971년)

데니스 리치에 의해 개발된 C 언어는 처음에 시스템 프로그래밍을 위해서 설계되었지만, 점차 폭넓고 다양한 응용 분야에 모두 사용되었다.

C 언어는 다양한 응용 분야에 사용될 수 있도록 풍부한 제어문과 간단한 데이터 구조를 사용하며, 다양한 표현을 허용하기 위한 풍부한 연산자를 제공한다. 그 외에 함수, 포인터, 간단하면서도 유용하게 사용할 수 있는 입출력 장치들, 강력한 매크로 선행처리기 등을 지원한

다. C는 UNIX뿐만 아니라 PC, Macintosh, 메인 프레임, 그리고 다른 컴퓨터 환경에서 사용할 수 있다.

C는 어셈블리어보다 더 강력하며, 빠르게 코드기록을 하는 언어이다. 또한 장치 드라이버들을 기록하기에 충분한 저급 언어이면서 GUI라이브러리를 기록하기에 충분한 고급 언어이기도 하다.

1990년에 만들어진 ANSI C표준은 최소의 입출력과 다른 라이브러리 유용성을 표준화하는 것뿐만 아니라 데이터를 규칙적으로 취급하고 C를 위한 서브루틴 선언을 정의한다. 또한 표준은 입출력 메커니즘을 포함하여 광범위하지만 저수준의 표준 라이브러리를 정의한다. 현대 표준 C에서 지원하는 데이터는 몇 개의 정수, 실수, 문자열, 포인터, 배열이 있다

1970년 후반에서 1990년 초기까지 C는 특히 연구소와 산업체에서 대중화되었다. 오늘날 여전히 많은 개발자들에게 사용되고 있는 강력한 언어이다.

❺ 1980년대

Ada(1983년)

Ada는 1983년에 대규모 프로그래밍과 소프트웨어 신뢰성을 장려하려는 미국 정부에 의해 발표되었다. 고든 바이런lord byron의 딸이자 찰스 바베지와 함께 일했던 최초의 프로그래머인 에이다augusta ada byron의 이름을 따서 만든 Ada는 객체지향 프로그래밍의 특징을 지닌 블록 구조 언어이다.

특징으로는 중첩 프로시저, 중첩 패키지, 엄격한 데이터 검사, 멀티태스킹, 형식의 안정성을 지니며, 컬렉션을 사용함으로서 발생할 수 있는 성능저하 요소를 제거하는 특징을 지니는 제너릭, 프로그램 작성 언어의 능력 가운데 수행 도중 발생하는 예외상황을 처리할 수 있는 기능인 예외처리, 그리고 추상 데이터 타입 등이 있다.

Ada는 Pascal과 문법이 비슷하다. Ada의 최고 장점은 템플릿template과 동기화 작업뿐만 아니라 예외처리를 지원한다는 점이나, 복잡한 문법구조를 지닌다는 단점도 있다. Ada가 지원하는 데이터 타입에는 수치, 부울, 문자열, 참조, 배열, 레코드가 있다.

C++(1983년)

1979년에 벨 연구소에서 개발하였고 당시에는 'C with Classes'라 불렀다. 그 이후 1983년에 C++로 부르기 시작했다. C++는 C로부터 파생된 객체지향 언어이다. C++의 문법은 클래스, 상속, 그리고 객체지향 특징을 지니고 있다.

C++은 빠르게 발전되었으며 약간의 결점에도 불구하고 UNIX 시스템과 PC에서 매우 인기있는 애플리케이션 개발 언어가 되었다. C++ 언어는 다중 상속, 엄격한 타입 검사, 동적 메모리 관리, 템플릿, 다형성, 오버로딩과 예외처리 등의 객체지향 프로그래밍 특징을 지니고 있다. C++은 가장 널리 이용되는 객체지향 언어 중 하나이지만, 새로운 객체지향 프로그래밍 언어 개발에서 필요한 병행 처리, 연속성, 쓰레기수집 등의 기능은 제공하지 않는다.

또한 애플리케이션 언어에서 요구되는 문자열, 배열, 구조들을 포함한 다양한 데이터 타입, 완벽한 입출력 기능, 포인터와 타입 변환 등의 일반적인 특징을 지니고 있다. C++ 표준 템플릿 라이브러리standard template library, STL는 콜렉션과 추상 데이터 타입을 제공한다.

Python(1989년)

Python은 객체지향적 언어로서, 높은 효율, 쉬운 사용법, 확장성을 지니고 있다. Python 문법은 매우 간단하며 명령문 위주로 되어 있으며, 정수, 부동소수점, 복합문자열, 리스트 등의 데이터 타입과 독립 모듈, 서브루틴, 오브젝트 클래스 들을 지원한다.

❻ 1990년대

Visual Basic(1991년)

프로그래밍 언어로서 Visual Basic은 1991년 Microsoft에서 발표한 이후 상업적으로 큰 성공을 이루었다. Visual Basic은 효율적인 개발 과정을 위해 Basic의 구조를 발전시킨 언어이다.

통합 개발 환경은 그래픽 사용자 인터페이스(GUI)를 제공하는데, 구성 요소로는 대화상자, 윈도우 인터페이스, 메뉴 등이 있다. Visual Basic은 정수, 실수, 문자열, 부울, 병행처리, 개체 참조 등을 지원할 뿐만 아니라 확장이 가능한 장점이 있다.

Java(1995년)

Sun Microsystems사의 제임스 고슬링이 이끄는 그룹에 의해 개발된 Java는 단순하고 편리한 객체지향적 언어이다. Java는 처음에는 가전제품의 소프트웨어를 개발하기 위한 언어로 만들어졌으며, Modula3, Mesa, 그리고 objective-c의 영향을 받았다.

Java는 객체지향적이고 강력하고 편하며 보안성이 뛰어나는 등 여러가지 장점을 지닌 역동적인 언어로서 특히 객체지향적인 부분과 쓰레드 부분에서 성공적인 작품이다.

Java프로그램의 가장 기본적인 구성 요소는 클래스이다. 모든 데이터와 메소드는 클래스와 관련되어 있으며, C++ 함수와 비슷하다. Java는 상속, 엄격한 데이터 타입검사, 모듈방식, 예외처리, 다형성, 문자열처리, 쓰레기 수집 등의 특징을 지니고 있지만 포인터, 다중상속, 오버로딩, 매크로 전처리기를 지원하지 않는다.

스크립트 언어(1995년)

스크립트script는 클라이언트 측 스크립트와 서버 측 스크립트로 구분할 수 있는데, 클라이언트 측 스크립트는 웹서버에서 다운로드한 스크립트를 클라이언트 웹 브라우저에서 동작하는 것으로, JavaScript로 작성한 스크립트가 이에 해당된다. 서버 측 스크립트는 스크립트를 서버에서 실행하고 실행 결과를 클라이언트에게 전송하는 것으로, PHP, ASP 등으로 작성한 스크립트가 이에 해당된다.

JavaScript는 일반적으로 HTML 문서에 포함되는 클라이언트 측 스크립트 언어로 사용된다. 웹 프로그래밍에서 JavaScript의 사용 목적은 동적 HTML 문서를 생성하고 수정하는 것이다. 또한 폼 데이터가 처리되기 위해서 서버에 전달되기 전에 입력 폼의 유효성을 검사하는 데도 적합하다. JavaScript는 Java와 유사한 구문을 사용한다는 점에서만 연관이 있지만 전혀 다른 언어이다.

 서버 측 스크립트 언어인 PHP는 웹 서버에 주로 사용하며 PHP에 사용하면 HTML폼 데이터로의 접근이 용이하다. PHP의 다양한 데이터베이스 관리 시스템은 데이터베이스에 의한 웹 접근 프로그램 개발을 편리하게 해 준다.

❼ 2000년대

C#(2000년)

C++에 기본을 둔 언어로 Visual Basic의 편의성을 결합하여 만든 객체지향 프로그래밍 언어로 Microsoft사가 .NET플랫폼을 위해 개발하였다. C#은 모든 것을 객체로 취급하는 컴포넌트 프로그래밍 언어이다.

따라서, Visual Basic과 Java, C++의 장점을 지니며 Visual Basic이나 Java와도 비슷하다. 즉 비주얼 언어가 가진 사용자 친화성, C++의 객체지향성, Java의 분산 환경 처리에 적합한 다중성 등을 모두 지니는 컴포넌트 기반의 소프트웨어 개발 패러다임을 반영한다.

또한, 웹을 통해 정보를 교환하고, 개발자들이 이식성 높은 애플리케이션을 만들어낼 수 있게 고안되었으므로, C#을 사용하면 대대적인 수정 없이도 하나 이상의 운영체제에서 사용될 수 있는 애플리케이션 프로그램을 만들어낼 수가 있다.

5.2.1 프로그래밍 언어의 세대별 구분

컴퓨터 프로그래밍 언어는 1세대, 2세대, 3세대, 4세대로 구분하여 분류하기도 한다. 1세대 언어는 기계어로서 가장 저급언어에 해당한다. 2세대 언어는 어셈블리 언어로서 명령어를 숫자가 아닌 암기하기 쉬운 형태의 심볼로 작성할 수 있다. 3세대 언어는 BASIC, COBOL, FORTRAN, C 등의 컴파일러 및 인터프리터 언어로서 고급 언어에 해당한다. 4세대 언어는 신형 컴퓨터 언어로서 SQL 등과 같이 명령형 언어보다는 선언적 프로그래밍 언어에 해당한다.

❶ 기계어

기계어machine language는 CPU가 직접 해독하고 실행할 수 있는 비트 단위로 쓰인 컴퓨터 언어를 통틀어 일컫는다. 기계어는 프로그램을 나타내는 가장 낮은 단계의 개념이다.

기계어는 어셈블리어와 1 : 1로 쓰일 수 있다. 컴퓨터 프로그래밍에서 기계어는 대부분 어셈블리어를 거쳐 작성된다. 어셈블리어가 아직 만들어지기 전에는 기계어를 직접 입력하여 프로그램을 작성하기도 했으며, 오늘날에도 흔치는 않지만 그렇게 하는 사람이 있다. 기계어는 CPU의 종류에 따라서 서로 다른 코드를 갖게 된다.

❷ 어셈블리 언어

어셈블리 언어assembly language는 기계어와 일대일 대응이 되는 컴퓨터 프로그래밍의 저급언어이다. 기계어는 실제로 컴퓨터의 CPU가 읽어서 실행할 수 있는 0과 1로 이루어진 명령어의 조합이다. 이러한 각 명령어에 대해 사람이 알아보기 쉬운 니모닉 기호mnemonic symbol를 정해 사람이 좀 더 쉽게 컴퓨터의 행동을 제어할 수 있도록 한 것이 어셈블리 언어이다.
예를 들어,

```
10110000 01100001
```

은 x86 계열 CPU의 기계어 명령이고, 이것을 어셈블리어로 옮겨 쓰면 다음과 같다.

```
mov  al, 0x61
```

명령어 mov는 영어 move를 변형한 니모닉이며, al은 CPU안에 있는 변수를 저장하는 레지스터의 하나이다. 그리고, 0x61은 16진수 61(즉, 십진수 97, 이진수 01100001)이다. 이 한 줄의 뜻은 16진수 61을 al레지스터에 넣으라는 뜻으로 1과 0의 반복인 기계어보다 사람이 혼동없이 이해하기 한결 쉽다. 어셈블리어는 이러한 문장들로 구성된다.

어셈블리어를 기계어로 번역하는 것이 어셈블러assembler이며, 거꾸로 기계어를 어셈블리어로 바꾸는 것은 디스어셈블러disassembler이다. 고급언어와는 달리 어셈블리어는 간단한 문장에 대해 기계어와 일대일 대응 관계가 있지만, 자주 쓰이는 몇몇 명령들은 둘 이상의 기계어 명령을 묶어 하나의 어셈블리 명령어에 대응시키기도 한다.

컴퓨터 아키텍처마다 사용하는 기계어가 달라지며, 따라서 기계어에 대응되어 만들어지는 어셈블리어도 각각 다르다. 컴퓨터 CPU마다 지원하는 오퍼레이션의 타입과 개수는 제각각이며, 레지스터의 크기와 개수, 저장된 데이터 형의 표현도 각기 다르다. 모든 범용 컴퓨터는 기본적으로 동일한 기능을 수행하지만, 어떤 과정을 거쳐 기능을 수행할지는 다를 수 있는데, 이런 차이는 어셈블리어에 반영되게 된다

❸ 고급언어

고급 프로그래밍 언어란 사람이 알기 쉽도록 씌어진 프로그래밍 언어로서, 저급 프로그래밍 언어보다 가독성이 높고 다루기 간단하다는 장점이 있다. 컴파일러나 인터프리터에 의해 저급 프로그래밍 언어로 번역되어 실행된다. C 언어, Java, Basic 등 대부분의 프로그래밍 언어들은 고급언어에 속한다.

컴파일러

컴파일러compiler는 특정 프로그래밍 언어로 쓰여 있는 문서를 다른 프로그래밍 언어로 옮기는 프로그램을 말한다. 원래의 문서를 소스 코드source code 혹은 원시 코드라고 부르고, 출력된 문서를 목적 코드object code라고 부른다. 목적 코드는 주로 다른 프로그램이나 하드웨어가 처리하기에 용이한 형태로 출력되지만 사람이 읽을 수 있는 문서 파일이나 그림 파일 등으로 옮기는 경우도 있다. 원시 코드에서 목적 코드로 옮기는 과정을 컴파일이라고 한다. 컴파일러는 소스 프로그램을 읽어서 즉시 결과를 출력하는 인터프리터와는 구분된다.

소스 코드를 컴파일하는 이유는 대부분 사람에게 이해하기 쉬운 형태의 고수준 언어로부터 실행가능한 기계어 프로그램을 만들기 위해서이다. 좁은 의미의 컴파일러는 고수준 언어로 쓰인 소스 코드를 저수준 언어(어셈블리어, 기계어 등)로 번역하는 프로그램을 가리킨다.

컴파일러가 실행되는 컴퓨터나 운영체제가 컴파일러의 목적코드가 실행될 컴퓨터나 운영체제와 같은 경우 네이티브 컴파일러native compiler라고 한다. 반면에 크로스 컴파일러cross compiler는 다른 컴퓨터나 운영체제에서 실행되도록 제작된다. 임베디드 시스템 등 소프트웨어 개발에 충분한 환경을 갖추지 못한 환경에서 동작할 프로그램을 만들기 위해 사용된다.

또한 가상 머신virtual machine에서 동작할 프로그램을 만드는 컴파일러도 있다. 이 경우 일반적으로 출력물이 가상 머신을 위해 제작된 바이트코드byte code 형태의 기계어가 되므로 바이트코드 컴파일러라고 부른다.

인터프리터

인터프리터interpreter는 프로그래밍 언어의 소스 코드를 바로 실행하는 컴퓨터 프로그램 또는 환경을 말한다. 원시 코드를 기계어로 번역하는 컴파일러와 대비된다. 인터프리터는 다음의 과정 가운데 적어도 한 가지 기능을 가진 프로그램이다.

(1) 소스 코드를 직접 실행한다. (2) 소스 코드를 효율적인 다른 중간 코드로 변환하고, 변환한 것을 바로 실행한다. (3) 인터프리터 시스템의 일부인 컴파일러가 만든 미리 컴파일된 저장 코드의 실행을 호출한다.

인터프리터는 고급언어로 작성된 원시코드 명령어들을 한 번에 한 줄씩 읽어들여서 실행하는 프로그램이다. 고급언어로 작성된 프로그램들을 실행하는 데에는 두 가지 방법이 있다. 가장 일반적인 방법은 프로그램을 컴파일하는 것이고, 다른 하나는 프로그램을 인터프리터에 통과시키는 방법이다. 인터프리터는 고급 명령어들을 중간 형태로 번역한 다음, 그것을 실행한다. 이와는 대조적으로, 컴파일러는 고급 명령어들을 직접 기계어로 번역한다.

컴파일된 프로그램들은 일반적으로 인터프리터를 이용해 실행시키는 것보다 더 빠르게 실행된다. 그러나 인터프리터의 장점은 기계어 명령어들이 만들어지는 컴파일 단계를 거칠 필요가 없다는 데 있다. 컴파일 과정은 만약 원시 프로그램의 크기가 크다면, 상당한 시간이 걸릴 수 있다. 이와는 달리 인터프리터는 고급 프로그램을 즉시 실행시킬 수 있다. 이런 이유 때문에 인터프리터는 종종 프로그램의 개발단계에서 사용되는데, 그것은 프로그래머가 한 번에 적은 양의 내용을 추가하고 그것을 빠르게 테스트해 보길 원하기 때문이다. 이 외에도 인터프리터를 이용하면 프로그래밍을 대화식으로 할 수 있기 때문에, 학생들의 교육용으로 사용되는 경우도 많다.

인터프리터와 컴파일러는 둘 다 대부분의 고급언어에 적용이 가능하지만 BASIC이나 LISP와 같은 일부 언어들은 특별히 인터프리터에 의해서만 실행되도록 설계되었다. 그 외에도 포스트스크립post script과 같은 페이지 기술 언어들도 인터프리터를 사용한다. 모든 포스트스크립 프린터는 포스트스크립 명령문을 실행할 수 있도록 인터프리터가 내장되어 있다.

5.3 프로그래밍 패러다임 및 변화

프로그래밍 패러다임programming paradigm은 컴퓨터 프로그래밍을 하는 기본적인 스타일이며, 소프트웨어 공학에서의 방법론과는 다르다. 각 패러다임은 함수, 변수 등의 프로그래밍의 요소와 값 할당, 수식 계산, 데이터 흐름 등의 계산 과정 등을 표현하기 위한 개념과 추상화 등의 특징으로 구분된다.

예를 들어 객체지향 프로그래밍은 프로그래머들이 프로그램을 상호작용하는 객체들의 집합으로 볼 수 있게 하는 반면에, 함수형 프로그래밍은 상태값을 지니지 않는 함수값들의 연속으로 볼 수 있게 해준다.

서로 다른 프로그래밍 언어는 서로 다른 프로그래밍 패러다임을 지원한다. 어떤 언어들은 하나의 특정한 패러다임을 지원하기도 하는데, 스몰토크와 Java가 객체지향 프로그래밍을 지원하는 반면에, 스킴scheme은 함수형 프로그래밍을 지원한다. 여러 가지 패러다임을 지원하는 파이썬, 오즈 등의 언어도 있다.

프로그래밍의 패러다임은 구조적 프로그래밍과 비구조적 프로그래밍, 명령형 프로그래밍과 선언적 프로그래밍, 절차적 프로그래밍과 함수형 프로그래밍, 흐름처리 프로그래밍과 이벤트 처리 프로그래밍, 객체지향 프로그래밍 등 다양하게 존재한다.

초기의 대표적인 고급 프로그래밍 언어인 FORTRAN, COBOL, C와 BASIC은 명령형 프로그래밍 언어로, 최근에 많이 사용되는 Java와 C++는 객체지향 프로그래밍 언어로 분류된다. 그 외에도 인공지능 등의 분야에서 이용되는 LISP은 함수형 프로그래밍 언어, Prolog는 선언형 프로그래밍 언어로 분류된다. 다양한 프로그래밍 패러다임 또는 언어 중에서 실질적으로 많이 이용되는 것은 절차적 프로그래밍 언어와 객체지향 프로그래밍 언어이다.

구조적 프로그래밍(structured programming)
프로그램의 작업을 함수나 서브루틴과 같이 더 작은 부분으로 나누어 필요할 때마다 호출하는 방법으로 절차적 프로그래밍의 하위 개념으로 볼 수 있다. 이를 통하여 GOTO 문을 없애거나 GOTO 문에 대한 의존성을 줄여줄 수 있다.

비구조적 프로그래밍(unstructured programming)

하나의 연속된 덩어리에 모든 코드를 넣는 프로그래밍 방식이다. 코드의 특정 부분으로 이동하여 수행하기 위해서는 GOTO 문과 같은 흐름 제어문에 의존할 수밖에 없는데, 그로 인하여 코드의 분석이나 오류 검출이 어렵다.

명령형 프로그래밍(imperative programming)

프로그래밍의 상태와 상태를 변경시키는 구문의 관점에서 연산을 설명하는 프로그래밍 방법이다. 자연 언어에서의 명령법이 어떤 동작을 할 것인지를 명령으로 표현하듯이, 명령형 프로그램은 컴퓨터가 수행할 명령들을 순서대로 써 놓은 것이며 선언적 프로그래밍과는 반대되는 개념이다.

선언적 프로그래밍(declarative programming)

프로그램이 어떤 방법으로 문제를 해결해야 하는지를 나타내기보다 무엇과 같은지를 설명 또는 묘사하는 방법으로 프로그래밍을 하는 경우 선언형 프로그램이라고 한다.

절차적 프로그래밍(procedural programming)

명령형 프로그래밍과 동의어로 쓰이기도 하지만, 프로시저 호출 개념을 바탕으로 하고 있는 프로그래밍 방법을 의미한다. 프로시저는 루틴, 하위프로그램, 서브루틴, 메서드, 함수라고도 하는데, 수행되어야 할 연속적인 계산 과정을 포함하고 있다. 프로그램의 아무 위치에서나 프로시저를 호출할 수 있는데, 다른 프로시저에서도 호출 가능하고 심지어는 자기 자신에서도 호출 가능하다.

절차적 프로그래밍은 복잡도가 지나치지 않고 유지보수하기 쉽기 때문에 단순한 순차적 프로그래밍이나 비구조적 프로그래밍보다 여러 상황에서 장점이 많다.

함수형 프로그래밍(functional programming)

함수형 프로그래밍은 계산을 수학적 함수의 조합으로 생각하는 프로그래밍 방식을 말한다. 일반적인 프로그래밍 언어에서 함수가 특정 동작을 수행하는 역할을 담당하는 것과는 반대되는 개념으로, 함수를 수행해도 함수 외부의 값이 변경될 수 없다.

객체지향 프로그래밍(object-oriented programming)

컴퓨터 프로그램을 명령어의 목록 또는 함수들로 보는 시각에서 벗어나 여러 개의 독립된 단위, 즉 객체들의 모임으로 파악하고자 하는 것이다. 각각의 객체는 메시지를 주고받고, 데이터를 처리할 수 있다.

프로그램을 유연하고 변경이 용이하게 만들기 때문에 대규모 소프트웨어 개발에 많이 사용된다. 또한 프로그래밍을 더 배우기 쉽게 하고 소프트웨어 개발과 보수를 간편하게 하며, 보다 직관적인 코드 분석을 가능하게 하는 장점을 갖고 있다.

5.4 절차적 프로그래밍

절차적 프로그래밍procedural programming은 절차지향 프로그래밍이라고도 불리는 프로그래밍 패러다임의 일종으로서, 때때로 명령형 프로그래밍과 동의어로 쓰이기도 하지만 프로시저 호출의 개념을 바탕으로 하고 있는 프로그래밍 패러다임을 의미하기도 한다. 프로시저는 루틴, 하위프로그램, 서브루틴, 메서드, 함수라고도 하는데, 간단히 말하여 수행되어야 할 연속적인 계산 과정을 포함하는 것이다. 프로그램의 아무 위치에서나 프로시저를 호출할 수 있는데, 다른 프로시저에서도 호출 가능하고 심지어는 자기 자신에서도 호출 가능하다.

절차적 프로그래밍은 복잡도가 지나치지 않고 유지보수하기 쉽기 때문에 단순한 순차적 프로그래밍이나 비구조적 프로그래밍보다 여러 상황에서 다음과 같은 장점들이 있다.

- 복사해서 붙이지 않고도 같은 코드를 다른 장소에서 재사용할 수 있게 해 준다.
- GOTO 문이나 JUMP 문을 쓰는 것보다 프로그램의 흐름을 더 쉽게 따라갈 수 있게 해준다. (GOTO 문이나 JUMP 문을 많이 쓰면 크고 복잡한 프로그램으로, 일명 스파게티 코드가 될 수도 있다.)
- 모듈화를 하거나 구조화를 할 수 있다.

절차적 프로그래밍 언어들은 절차적 프로그래밍 접근 방식을 따름으로써 프로그래머의 작업을 수월하게 한다. Algol과 같은 언어가 절차적 프로그래밍 언어의 표준적인 예이다. 그 밖에 Fortron란, PL/I, Modula-2, Ada, Basic, C 등이 있다

❶ 프로시저와 모듈성

크고 복잡한 프로그램을 작성할 때 모듈성은 꼭 필요하다. 모듈성은 프로시저에 어떤 형태의 입력과 출력이 이루어지는지 명확한 규칙을 정하여 구현할 수 있다. 입력은 주로 인수 parameter(인자, 매개변수)의 형태로 문법적으로 지정하고, 출력은 결과값return(반환값)으로 지정한다.

유효범위scope(스코프)는 프로시저가 모듈성을 잘 지킬 수 있게 해 준다. 이것은 프로시저가 다른 프로시저의 변수에 접근하거나 그 반대의 경우를 막아준다. 명시적인 허가를 하지 않으면 방금전의 자기 자신의 변수에도 접근할 수 없게 된다. 유효 범위는 서로 다른 장소에서 같은 이름의 변수를 사용하여 혼동되는 것을 막아주고, 다른 프로시저의 영역을 침해하는 것을 막아준다.

모듈성이 덜한 프로시저는 빨리 만든 간단한 프로그램에서 사용되기도 하는데, 실행환경에서 많은 변수들과 소통하는 경향이 있고 다른 프로시저가 변수값을 수정할 수 있을지도 모른다. 여러 변수가 프로그램의 다양한 부분들 사이에서 관계가 있다면 이것은 모듈성을 약하게 한다.

더 간단하고, 독립적이고, 다시 사용할 수 있기 때문에 프로시저는 프로그램 라이브러리를 포함하여 서로 다른 사람들이나 단체에서 작성한 코드의 조각들을 담을 수 있는 훌륭한 그릇이다.

❷ 명령형 프로그래밍과의 비교

현재까지 남아있는 대부분의 절차적 프로그래밍 언어는 명령형 프로그래밍 언어이기도 한데, 이것은 실행 환경의 상태state로 명시적인 참조를 하기 때문이다. 객체지향 프로그래밍 같이, 일부 명령형 프로그래밍의 형태는 절차적이지 않은 것들도 있다.

❸ 객체지향 프로그래밍과의 비교

좀 더 최근에 나온 객체지향 프로그래밍을 통하면 좀 더 세련된 형태로 모듈화할 수 있다. 프로시저와 프로시저의 입력과 출력을 다루는 대신에 객체지향 프로그램들은 객체를 다룬다. 연산은 객체에게 내부 프로시저 중에 하나(혹은 상속받은 것)를 수행하라고 요청하는 것으로 이루어지며 이런 방법으로 하여 내부 상태를 다룬다.

133

객체지향 프로그래밍은 컴퓨터 프로그램을 명령어의 목록으로 보는 시각에서 벗어나 여러 개의 독립된 단위, 즉 "객체object"들의 모임으로 정의하고자 하는 것이다. 각각의 객체는 메시지message를 주고받고, 데이터를 처리할 수 있다.

객체지향 프로그래밍은 프로그램을 유연하고 변경이 용이하게 만들기 때문에 대규모 소프트웨어 개발에 많이 사용된다. 또한 프로그래밍을 더 배우기 쉽게 하고 소프트웨어 개발과 보수를 간편하게 하며, 보다 직관적인 코드 분석을 가능하게 하는 장점을 갖고 있다.

객체지향 언어의 시초는 1960년 노위지안 컴퓨팅 센터의 조한 달과 크리스틴이 발표한 시뮬라67slmula67이다. 시뮬라67이 채택하고 있는 가장 중요한 개념은 클래스의 도입으로서 이 아이디어는 스몰토크small talk, C++ 등에도 사용되었다. 하지만 시뮬라67의 발표 이후 10여 년간 객체지향 언어는 전혀 주목을 받지 못하였다. 1970년 컴퓨터 산업을 주도한 IBM, AT&T, 미 국방성 등에서 관심을 두지 않았기 때문에 시뮬라67은 실용적인 언어로 발전하지는 못하였다. 하지만 그 학문적 가치는 인정받고 있다. 객체지향 언어는 프로그래밍 언어가 많은 지원을 받기 시작하고 발전하기 시작한 1990년 대 초반에 많이 발전하였다. 이들은 기본적으로 스몰토크와 Ada의 큰 틀을 따르고 있었지만 그들이 가지고 있었던 문제들을 해결해 나가는 과정으로 발전하였다.

객체지향 프로그래밍 언어는 스몰토크, Ada, C++, Java, C# 등이 있다.

스몰토크smalltalk는 객체지향 언어로서의 실질적 원조로 제록스 기업의 팰러앨토 연구소에서 앨런 케이의 책임 하에 만들어졌다. 이 언어 역시 아이디어는 시뮬라67에서 얻어왔지만 가장 순수한 객체지향 언어로 만들어졌으며 현재에도 인정받고 있다. 미국에서 많은 사용자들을 확보하고 있다.

Ada는 1980년대 초 객체지향 언어 프로그램으로 미 국방성에서 개발한 것이다. 미 국방성은 에이다 개발 전까지 코볼과 포트란을 이용하여 시스템을 개발하였는데, 프로젝트 규모가 점점 커져 가면서 그것의 유지와 보수 비용의 문제가 따랐다. 이 문제를 해결하기 위하여 코볼과 포트란의 환경의 개발을 시도하였으나 한계를 느끼고 새로운 언어를 도입하게 된다.

C++은 AT&T의 벨 연구소에서 비야네 스트롭스트룹 등에 의해 개발된 가장 많은 사용자를 확보하고 있는 객체지향 언어이다. C++ 언어의 가장 큰 특징은 점점 진화해 가고 있다는 점이다. 초기에는 C 언어에 클래스 개념만 도입되었으나 점차로 중복, 상속, 가상 함수, 추상 클래스, 예외 처리 기능이 추가되면서 점차적으로 향상되어가고 있다. C++ 언어는 C 언어를 기반으로 두고 있기 때문에 많은 프로그래머들의 인기를 받고 있지만 그로 인하여 객체지향성을 제대로 반영하지 못하고 있다는 비난을 받기도 한다.

Java는 1990년대 중반 이후로 각광받고 있는 객체지향 언어로 가전 제품에 사용될 소프트웨어의 개발 목적으로 썬 마이크로시스템즈의 제임스 고슬링에 의하여 고안된 언어이다. Java 언어의 장점은 언어의 단순성과 플랫폼 독립성이다. 특히 언어의 단순성 입장에서 객체지향 패러다임에 충실하게 언어가 고안되었기 때문에 C++보다 오용의 소지가 다소 적다.

5.5.1 기본 구성 요소

❶ 클래스

같은 종류(또는 문제 해결을 위한)의 집단에 속하는 속성attribute과 행위behavior를 정의한 것으로 객체지향 프로그램의 기본적인 사용자 정의 데이터형user define data type이라고 할 수 있다. 클래스class는 프로그래머가 아니지만 해결해야 할 문제가 속하는 영역에 종사하는 사람이라면 사용할 수 있고, 다른 클래스 또는 외부 요소와 독립적으로 디자인하여여 한다.

❷ 객체

클래스의 인스턴스instance(실제로 메모리상에 할당된 것)이다. 객체object는 자신 고유의 속성attribute을 가지며 클래스에서 정의한 행위behavior를 수행할 수 있다. 객체의 행위는 클래스에 정의된 행위에 대한 정의를 공유함으로써 메모리를 경제적으로 사용한다.

❸ 메서드와 메시지

클래스로부터 생성된 객체를 사용하는 방법으로서 객체에 명령을 내리는 메시지message라 할 수 있다. 메서드method는 한 객체의 서브루틴subroutine 형태로 객체의 속성을 조작하는 데 사용된다. 또 객체 간의 통신은 메시지를 통해 이루어진다.

5.5.2 특징

객체지향 프로그래밍의 특징은 기본적으로 자료 추상화, 상속, 다형 개념, 동적 바인딩 등이 있으며 추가적으로 다중 상속 등이 있다. 객체지향 프로그래밍은 자료 추상화를 기초로 하여 상속, 다형 개념, 동적 바인딩이 시스템의 복잡성을 제어하기 위해 서로 맞물려 작동한다.

❶ 자료 추상화

자료 추상화abstraction는 불필요한 정보는 숨기고 중요한 정보만을 표현함으로써 프로그램을 간단히 만드는 것이다. 자료 추상화를 통해 정의된 자료형을 추상 자료형이라고 한다. 추상 자료형은 자료형의 자료 표현과 자료형의 연산을 캡슐화한 것으로 접근 제어를 통해서 자료형의 정보를 은닉할 수 있다. 객체지향 프로그래밍에서 일반적으로 추상 자료형을 클래스, 추상 자료형의 인스턴스를 객체, 추상 자료형에서 정의된 연산을 메소드, 메소드의 호출을 메시지라고 한다.

❷ 상속

상속inheritance은 새로운 클래스가 기존의 클래스의 자료와 연산을 이용할 수 있게 하는 기능이다. 상속을 받는 새로운 클래스를 부클래스, 파생 클래스, 하위 클래스, 자식 클래스라고 하며 새로운 클래스가 상속한 기존의 클래스를 기반 클래스, 상위 클래스, 부모 클래스라고 한다. 상속을 통해서 기존의 클래스를 상속받은 하위 클래스를 이용해 프로그램의 요구에 맞추어 클래스를 수정할 수 있고 클래스 간의 종속 관계를 형성함으로써 객체를 조직화시킬 수 있다.

다중 상속multiple Inheritance은 클래스가 두 개 이상의 클래스로부터 상속받을 수 있게 하는 기능이다. 클래스들의 기능이 동시에 필요할 때 용이하나 클래스의 상속 관계에 혼란을 줄 수 있고(예 : 다이아몬드 상속) 프로그래밍 언어에 따라 사용 가능 유무가 다르므로 주의해서 사용해야 한다.

❸ 다형성

다형성polymorphism이란 어떤 한 요소에 여러 개념을 넣어 놓는 것으로 일반적으로 오버라이딩(같은 이름의 메소드가 여러 클래스에서 다른 기능을 하는 것)이나 오버로딩(같은 이름의 메소드가 인자의 갯수나 자료형에 따라서 다른 기능을 하는 것)을 의미한다. 다형 개념을 통해서 프로그램 안의 객체 간의 관계를 조직적으로 나타낼 수 있다.

❹ 동적 바인딩

동적 바인딩dynamic binding은 실행 시간 중에 일어나거나 실행 과정에서 변경될 수 있는 바인딩으로 실행 시간 전에 일어나 변화하지 않는 정적 바인딩과 대비되는 개념이다. 동적 바인딩은 프로그램의 한 개체나 기호를 실행 과정에 여러 속성이나 연산에 바인딩시킴으로써 다형 개념을 실현시킨다.

5.6 프로그래밍 언어 구조

컴퓨터 프로그래밍에서 명령들은 선언문, 명령문, 주석의 세 개의 부분으로 분류할 수 있다. 선언문declarative statement은 데이터를 저장할 메모리 공간에 붙이는 이름과 같이 프로그램에서 사용할 변수 및 데이터 타입들을 정의한다. 명령문imperative statement은 컴퓨터에 지시하고자 하는 절차 또는 알고리즘을 명령문으로 표현한 문장들을 포함한다. 주석comment은 프로그램을 사람이 쉽게 이해할 수 있도록 하는 설명문을 의미한다.

많은 프로그래밍 언어의 기반이 된 C 언어로 작성된 프로그램을 기준으로 선언문 및 명령문의 예를 알아보자.

5.6.1 주석

주석comment은 컴퓨터 프로그래밍에서 소스 코드의 작성이나 분석에 도움이 되는 정보를 삽입하기 위해 쓰이는 것으로 실행 코드의 생성에 영향이 없다. 다양한 프로그래밍 언어가 존재하고 각 언어는 다양한 주석을 입력하는 방법을 가지고 있다.

C 언어의 경우 /*와 */ 기호를 사용하여 주석을 입력할 수 있고 /*에서 시작해서 */ 까지의 내용을 컴파일러는 주석으로 간주한다. 주석문은 중첩이 가능하므로 주의하지 않으면 컴파일 오류가 발생할 수 있다.

137

```
/* Hello.c */
#include <stdio.h>
int main(void)
{
  printf("Hello !\n");
  return 0;
}
```

// 기호도 주석으로 사용할 수 있으며 // 부터 그 줄의 끝까지를 주석으로 간주한다.

```
// Hello.c
#include <stdio.h>
int main(void)
{
  printf("Hello !\n");
  return 0;
}
```

5.6.2 선언문

선언문declarative statement은 데이터를 저장할 메모리 공간에 붙이는 이름과 같이 프로그램에서 사용할 변수 및 데이터 타입들을 정의한다.

❶ 변수와 데이터 타입

고급 프로그래밍 언어에서는 메모리의 주소 대신 이해하기 쉬운 이름을 사용하여 변수variable 공간을 표시한다. 대부분의 언어에서는 변수를 사용하기 전에 선언문을 통해 표시해야 하며, 그 변수가 어떤 데이터 타입data type을 가지는지 표시해야 한다. 예를 들어 점수라는 변수는 0부터 100까지의 정수값을 가지고, 평균이라는 변수는 소숫점을 가지는 실수값을 가진다. 성별을 남성은 "M", 여성은 "F"로 표현한다면 성별 변수는 글자값을 가져야 한다. 여기서 정수, 실수, 문자 등이 데이터 타입이 된다. C 언어 프로그램에서 각 변수를 선언하는 문장은 다음과 같다.

```
int score1, score2;     // 정수(integer, int로 표기)형 점수 변수 score1, score2
float average; // 실수(double 또는 float로 표기)형 평균 변수 average
char gender;  // 문자(character, char로 표기)형 성별 변수 gender
```

score, average, gender 등은 간단한 변수variable이고, 한 개의 정수만 변수에 담을 수 있다. 여러 개의 변수를 만들고 싶으면 아주 간단하게 배열array을 만들 수 있다.

```
int scoreArray[100];     // 100개의 정수(integer, int로 표기)형 점수 변수 선언
```

❷ 데이터 구조(data structure)

소프트웨어 엔지니어링의 발달로 보다 복잡한 데이터 타입들이 필요해졌다. 예를 들어, 사각형을 만드는 데 필요한 데이터 타입을 정의한다고 하자. 한 사각형을 정의하려면 너비, 높이, 색과 같은 여러 정보가 동시에 필요하다. 따라서, 위와 같은 변수나 배열의 선언만으로는 이런 정보들을 잘 정의하기가 어렵다. C 언어와 같은 고급 언어high-level language는 보다 정교한 데이터 타입의 선언을 지원하여 여러 가지 다른 형식의 데이터 선언들을 한데 엮은 새로운 데이터 타입을 만들 수 있다.

```
struct rectangle {
  int width;        // 사각형의 너비를 픽셀 단위로 저장
  int height;       // 사각형의 높이를 픽셀 단위로 저장
  color_type color; // 사각형의 색 정보를 저장
};
```

5.6.3 명령문

선언문에서 정의된 데이터들을 활용하기 위해서는 컴퓨터에게 명령을 내려야 한다. 컴퓨터는 현재 실행하고 있는 명령의 내용과 다음에 실행할 명령의 위치만 알고 있다. 컴퓨터 언어는 컴퓨터의 하드웨어를 직접 제어하는 초기의 어셈블리와 같은 언어에서부터 시작하여 현재에는 C 언어와 같은 고급 언어로 발전되어 왔다. 프로그램 언어가 상위 레벨로 발전할 수록 프로그램은 좀 더 사람의 언어에 가까운 형태가 된다. 이에 따라 프로그램 언어의 학습과 프로그램의 구현이 보다 수월해진다.

139

프로그래머가 상위 레벨의 지시문으로 프로그램을 작성하면 컴파일러가 이 지시문을 컴퓨터가 이해할 수 있는 기계어로 번역한다.

지시문들을 한데 묶어 놓은 것들을 함수function라 한다. 함수는 특정한 동작을 일반적인 형태로 정의해 놓은 지시문의 집합이다. 똑같은 동작이 필요하면 지시문을 다시 작성할 필요없이 함수의 매개변수를 이용하여 계속 사용할 수 있다.

❶ 배정문(assignment statement)

프로그램을 통해서 데이터를 처리하기 위해서는 변수의 값을 바꾸어야 한다. C 언어 프로그램에서 위에서 정의한 변수의 값을 바꾸는 문장은 아래와 같다. 두 개의 점수 score1과 score2를 합하고 이를 2.0으로 나누어서 실수 형태의 평균을 구한다. 계산을 수행하는 경우 덧셈보다 나눗셈이 우선순위precedence가 높으므로 정확한 계산을 위해서는 반드시 괄호를 이용해야 한다.

```
average = (score1 + score2)/2.0;
```

❷ 제어문

프로그램은 프로그램이 작성된 순서대로 수행되는데 이 수행 순서를 바꾸는 것이 제어문control statement이 담당하는 역할이다. 어셈블리어의 JUMP 명령어에 해당한다고 볼 수 있다. C 언어 프로그램에서의 제어문의 종류에는 조건 제어(if else, if elseif else, switch case)와 반복 제어(while, do while, for)가 있다.

조건 제어

조건제어 또는 조건문이란 프로그래머가 명시한 자료형 조건이 참인지 거짓인지에 따라 달라지는 계산이나 상황을 수행하는 프로그래밍 언어의 특징이다. 다음 코드에서 학생수(studentNumber)가 0이면 평균(average)을 0으로, 학생수가 0이 아니면 평균은 전체 점수(totalScore)를 학생수로 나눈 값을 가지는 if else 문을 확인할 수 있다.

```
if (StudentNumber == 0)
    Average = 0;
else
    Average = TotalScore/StudentNumber;
```

다음은 성별(gender)에 따라 문장을 찍어주는 switch 문을 의미한다.

```
switch(Gender)
{
    case 'M' : printf("남자입니다\n"); break;
    case 'F' : printf("여자입니다\n"); break;
    default : printf("잘못된 성별입니다\n)";
};
```

반복 제어

반복 제어 또는 반복문이란 프로그래머가 지시한 명령들을 지정한 조건을 만족할 때까지 반복해서 수행할 것을 지시하는 프로그래밍 언어의 특징이다. 경우에 따라서는 조건을 만족하지 않을 때까지 수행하도록 지시하는 명령어도 있다.

다음 코드는 변수 Count 값을 1부터 하나씩 증가시켜 10까지 만들면서 Count 값을 더하여 1부터 10까지의 합을 Sum 변수에 저장하는 while 문과 for 문이다.

```
Count = 1;
Sum = 0;
while (Count <= 10)
{
    Sum = Sum + Count;
    Count = Count + 1;
}
```

```
Sum = 0;
for (Count = 1; Count <= 10; Count = Count + 1)
    Sum = Sum + Count;
```

5.6.4 함수 또는 프로시저

짧은 명령어들로 구성되는 프로그램도 있지만, 다양하고 복잡한 기능을 가지고 있는 프로그램은 매우 많은 명령어로 구성되게 된다. 이러한 대형 프로그램을 효율적으로 만들고 관리하기 위해서는 작은 단위로 나누어서 구현하는 것이 좋다.

프로그램을 나누어 구현하는 단위를 함수function라고 한다. 함수는 특정 계산을 수행하는 독립된 프로그램을 말한다. 특정 인자를 받아 결과 값을 반환하는 개체를 말하기 때문에 서브루틴subroutine이라 해야 옳지만 대개 함수라고 한다. 메소드method, 프로시저procedure, 서브프로그램이라고도 한다. 큰 프로그램을 기능상으로 분류하여 기능을 고치거나 디버그하기 쉬우며 재귀 호출을 이용한 기능을 사용할 수도 있다.

❶ 함수 사용의 장점

- 같은 코드를 계속 쓰지 않음으로써 프로그램의 용량을 줄일 수 있다.
- 다른 부분, 더 나아가 다른 프로그램에서 같은 코드를 사용할 수 있다.
- 복잡한 문제를 푸는 알고리즘을 각 단계로 분리할 수 있다.
- 프로그램의 가독성을 높여 기능을 수정하거나 디버그하기 쉽다.
- 프로그램의 일부만 없애거나 다른 기능을 추가하기 쉽다.

❷ 함수의 요소

- 고유 이름
- 반환 자료형
- 인자 목록 : 호출할 때의 입력값과 자료형(단독 연산인 경우 없음)
- 호출되면 실행할 코드 : 보통 함수의 몸체라고 불린다.
- 반환값(출력값)

C와 C++에서는 서브루틴과 함수를 구별하는 제약 조건이 그다지 까다롭지 않다. 대신 반환형은 항상 일치해야 하며, 반환하지 않는 함수는 void로 선언된다. 추가된 함수를 메인 함수보다 나중에 놓는 경우에는 함수의 원형(프로토타입proto type)을 선언해야 한다.

아래는 인자도 받지 않고 아무런 반환값도 없는 함수의 예이다.

```
void my_func(void)
{
    // do something
}
```

다음은 함수의 원형이 어떻게 선언되는지 보여준다. 보통 함수의 반환형, 이름, 인자 목록을 그대로 쓰되 중괄호로 묶인 코드 대신 세미콜론으로 끝내는 형식이다.

```
// header
int my_func(char* your_name);

// code
int my_func(char* your_name)
{
    // ...
    return x;
}
```

이 외에 C++, Java 등의 경우, 반환형과 함수 이름은 같아도 인자 목록의 개수나 자료형이
다르면 호출할 때 사용한 인자 목록에 따라 적절한 함수가 호출되도록 컴파일되는 오버로딩
함수를 지원한다.

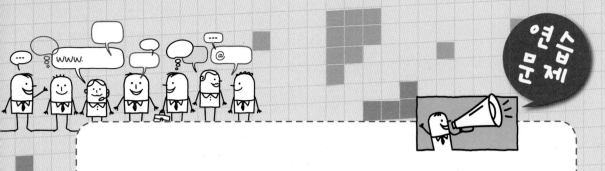

1. 프로그래밍 언어가 기계 독립적이라는 것은 무엇을 의미하는가?

2. A 대기업에서 기계 의존적인 프로그래밍 언어만 구동될 수 있는 컴퓨터를 만들면 어떤 문제가 생길까?

3. 고급 프로그래밍 언어가 없었다면 컴퓨터 사용 환경이 어떻게 되었을지 토의해 보자.

4. 프로그래밍 언어를 이용하지 않고, 한국어나 영어를 기계어로 번역하는 만들 수 있는 프로그램을 만들 수 있을까?

5. 프로그래밍 언어와 컴퓨터 발전의 관계에 대해서 설명하시오.

06

네트워킹과 인터넷

컴퓨터 네트워크 및 인터넷은 우리 생활과 일에서 없어서는 안 되는 한 부분이 되었다. 대부분의 사람들은 지난 몇 십 년간 인터넷에 친숙해졌고 일부는 삶에서 인터넷이 없다면 어떻게 될 것인가에 대해 궁금해 하기 시작했다. 컴퓨터 네트워크와 인터넷을 통해서 전혀 생각하지 못했던 많은 새로운 응용과 통신 방법이 가능하게 되었다.

이메일, 전자상거래, 비디오 스트리밍, 인터넷 전화와 같은 서비스들은 단지 시작에 불과하다. 컴퓨터 네트워크와 인터넷은 더 빠르게 동작하고 크기 또한 커지고 있지만, 그 기본적인 구조는 초창기와 큰 변화 없이 유지되고 있다. 이 장에서는 컴퓨터 네트워크 및 인터넷의 기본적인 구조와 동작원리에 대해 학습한다.

학습목표

- 컴퓨터 네트워크 및 인터넷의 개념과 동작 원리를 이해
- 네트워크를 구성하는 요소 및 구조를 이해
- 전송 계층의 TCP와 UDP에 대해 학습
- 네트워크 계층의 IP에 대해 학습
- 데이터 링크 계층에 대해 학습
- 네트워크 응용 계층의 대표적인 서비스인 HTTP와 DNS 프로토콜 이해

6.1.1 네트워크 개요

A computer network, often simply referred to as a network, is a collection of hardware components and computers interconnected by communication channels that allow sharing of resources and information〈Wikipedia〉

컴퓨터 네트워크computer network란 분산되어 있는 컴퓨터들을 자원이나 정보를 공유하기 위하여 통신망으로 연결한 것을 말하며, 간단하게 네트워크라고도 부른다. 하나의 장치에 있는 프로세스가 다른 원격 장치에 있는 프로세스에게 데이터를 주고받을 수 있다면, 두 장치는 같은 네트워크에 존재하고 있다고 할 수 있다.

컴퓨터 네트워크를 사용하면 어떤 장점이 있을까? 자원공유, 성능향상, 신뢰성 향상 등의 이점을 생각해볼 수 있다. 컴퓨터 하드웨어 및 소프트웨어 등 모든 종류의 물리적 및 논리적 자원을 공유할 수 있으므로 자원 활용의 극대화가 가능하다. 또한 네트워크 상의 자원을 활용함으로서 병렬 처리가 가능해지고 성능의 향상이 가능하다. 더불어 데이터의 중복 저장이 가능하므로 데이터 복구가 용이하고 신뢰성이 향상되지만 중복에 따른 일관성 문제 등의 문제가 발생할 수 있다.

6.1.2 네트워크 분류

네트워크는 전송하는 매체, 통신 프로토콜protocal, 규약, 네트워크의 크기 또는 네트워크 컴퓨터(개체)의 위상구조 즉, 토폴로지topology에 따라서 분류할 수 있다.

❶ 전송 매체에 따른 분류

전송 매체에 따라서 유선 네트워크wired network 및 무선 네트워크wireless network로 구분할 수 있다. 유선 네트워크의 경우 트위스트 페어 케이블twisted paier cable, 동축 케이블coaxial cable, 광섬유 케이블optical fiber cable 등으로 컴퓨터를 연결하여 통신을 수행한다. 무선 네트워크의 경우 라디오 파형radio waves이나 적외선 신호infrared signal 등을 사용하여 통신을 수행한다.

❷ 통신 프로토콜에 따른 분류

통신 프로토콜은 네트워크를 통하여 정보를 교환할 때 사용하는 데이터의 형식이나 규약을 의미한다. 통신 프로토콜에 따라서 네트워크는 이더넷ethernet, TCP/IP, 동기식 광통신망 및 동기식 디지털 계층synchronous optical network and synchronous digital hierarchy, SONET/SDH, 비동기 전송 모드asynchronous transfer mode 등으로 분류할 수 있다.

이더넷은 근거리 통신망에서 사용되는 대표적인 프로토콜로 미국 전기전자기술자협회가 표준으로 채택하였다. 오늘날 우리가 사용하는 대부분의 컴퓨터 통신은 이더넷 기술을 바탕으로 수행된다. 한 버스 네트워크에 최대 1,024개의 장치를 연결할 수 있다.

동기식 광통신망SONET은 고속 디지털 통신을 위한 광전송 방식의 국제 표준이며, 동기 디지털 계층은 디지털 신호의 동기 다중화 계층, 속도 체계 및 인터페이스를 정의한다.

비동기식 전송모드ATM는 하나의 전송 채널을 여러 대의 장치가 공유하여 통신을 하기 위한 것으로 하나의 장치가 채널을 사용할 때 다른 단말이 동시에 장치를 사용할 수 있도록 제어하는 방식이다.

❸ 크기에 따른 분류

네트워크는 물리적 또는 유기적인 크기에 의하여 분류될 수 있으며, 개인 통신망personal area network, 근거리 통신망local area network, LAN, 중거리 통신망metropolitan area network, 원거리 통신망wide area network, 가상 사설망virtual private network 등이 있다.

개인 통신망은 한 사람이 소유하고 있는 다양한 장치들 사이의 정보나 데이터를 교환하기 위한 네트워크이다.

근거리 통신망은 현재 기업이나 학교에서 가장 많이 사용하는 방식으로 하나의 건물이나 방과 같이 비교적 가까운 거리의 컴퓨터 및 장치들을 연결하는 네트워크이다. 특정한 사용자들만이 폐쇄적으로 사용하며 주로 100대 이하의 컴퓨터들을 연결한다.

중거리 통신망은 같은 도시나 지역 사회와 같이 지리적으로 같은 위치에 있는 여러 개의 근거리 통신망을 연결하는 네트워크이다.

원거리 통신망은 근거리 통신망이나 중거리 통신망을 다시 묶은 네트워크로 하나의 도시, 나라, 대륙과 같이 매우 넓은 지역에 설치된 컴퓨터들을 연결하는 네트워크이다. 주로 전화 회선 등과 같이 저속의 통신 매체를 이용하며, 불특정 사용자들이 공동으로 이용한다.

가상 사설망은 자체 정보통신망을 보유하는 것이 아닌 인터넷 같은 공중망을 이용하여 사설
망과 같이 구축하여 통신 회선의 비용을 절감할 수 있는 기업통신 서비스이다.

❹ 토폴로지에 따른 분류

토폴로지topology란 네트워크를 구성하는 장치들 사이의 연결 방법을 의미하며 버스형 네트
워크bus network, 스타형 네트워크star network, 링형 네트워크ring network, 메쉬형 네트워크mesh
network, 트리형 네트워크tree network, 전 연결형 네트워크fully connected network 등이 있다.

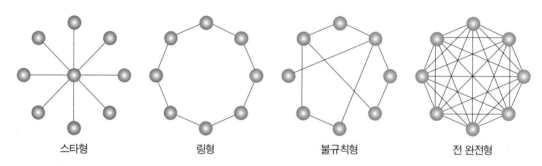

그림 6.1 **토폴로지에 따른 분류 : 점대점 방식**

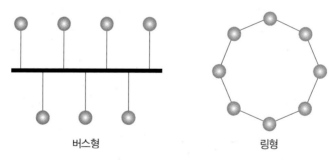

그림 6.2 **토폴로지에 따른 분류 : 브로드캐스팅 방식**

버스형 네트워크는 공유 버스에 모든 장치를 연결하는 방법으로 이더넷 등에서 사용하는 방
법이다. 둘 이상의 장치가 데이터를 전송할 경우 충돌이 발생할 수 있는데, 이와 같은 충돌은
전송 시간대를 다르게 하는 방법이나 토큰 제어 방법을 통하여 사전 예방할 수 있다. 충돌을
감지하는 기능을 사용하여 사후 해결하는 방법도 있다. 이더넷의 경우 사후 충돌을 해결하
는 방법을 사용한다.

스타형 네트워크는 중앙의 호스트에 여러 개의 장치를 1 : 1로 연결하는 방법으로 중앙 호스
트의 성능과 신뢰성이 중요하며, 이를 확장한 방법이 트리형 네트워크이다. 무선 네트워크에

서는 스타형 네트워크 방식을 사용한다.

링형 네트워크는 장치들을 순환 구조로 연결하며, 송신 장치가 전송한 데이터는 링을 한바퀴 순환 후 송신 장치로 되돌아오며, 중간의 장치 중에서 수신 장치로 지정된 장치만 데이터를 처리한다. 데이터를 전송하기 위해서는 토큰을 확보하는 것이 중요하다. 링 네트워크는 광섬유 분산 데이터 접속방식fiber distributed data interface, FDDI 등에서 활용된다.

6.1.3 네트워크 구성요소

컴퓨터 네트워크를 구성하는 요소인 서버, 클라이언트, 시스템, 인터페이스, 전송매체, 프로토콜, 인터넷, 인트라넷, 리피터, 브릿지, 스위치, 라우터 등에 대해서 알아보자.

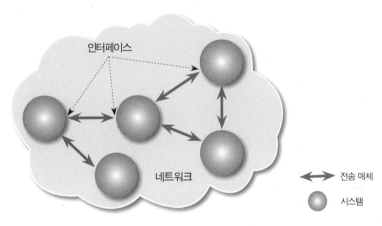

그림 6.3 **네트워크의 구성**

시스템system은 내부 규칙에 따라서 능동적으로 동작하는 대상을 의미하며, 컴퓨터, 자동차, 마이크로프로세서, 운영체제, 프로세스 등을 시스템이라고 부른다. 인터페이스interface는 시스템과 시스템을 연결하기 위한 표준화된 접근 방식으로 RS-232C, USB 등이 인터페이스에 해당한다. 전송 매체transfer media는 시스템 사이의 데이터를 전송하기 위한 물리적인 수단을 말하며, 프로토콜protocol은 전송 매체를 통하여 데이터를 교환하기 위한 특정한 규칙을 말한다.

네트워크network는 프로토콜을 사용하여 데이터를 교환하는 시스템의 집합 또는 전송 매체로 연결된 시스템의 집합을 말한다.

인터넷은 ARPA-NET^{advanced research projects agency}에서 시작된 세계 최대 규모의 컴퓨터 통신망으로서 전 세계 컴퓨터가 서로 유기적으로 연결되어 TCP/IP 규약을 이용하여 정보를 주고받는 통합 네트워크이다. 인터넷은 인터네트워킹^{inter-networking}의 약자이다.

인트라넷^{intranet}은 인터넷 기술을 응용하는 기업 내 전용 컴퓨터 네트워크로서 각종 기업의 정보를 표준화하여 서버를 통하여 공유하는 기업 내부의 인터넷이다.

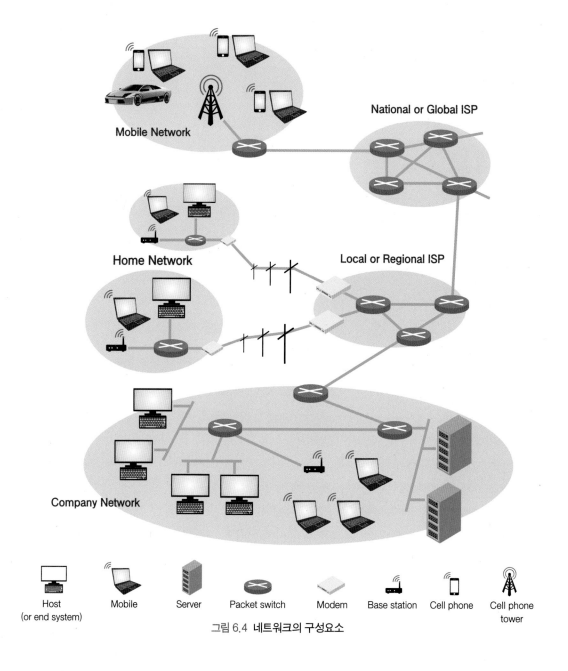

그림 6.4 네트워크의 구성요소

❶ 호스트

네트워크에서 호스트host는, 인터넷을 통해 다른 컴퓨터들과 쌍방향 통신이 가능한 컴퓨터를 말한다. 일반적으로 사용자가 웹 브라우저와 같은 응용 프로그램을 실행하여 인터넷을 사용할 수 있게 해주는 역할을 담당한다.

❷ 통신 링크

통신 링크communication link는 네트워크에서 장비들 간에 데이터를 전송하는 역할을 담당하는 물리 매체physical media로써 동축 케이블, 구리선, 광케이블, 라디오 스펙트럼 등을 포함한다. 각각의 링크들은 다양한 전송률transmission rate을 이용하여 데이터를 전송하며, 전송률은 초당 비트 수를 나타내는 bpsbit per second 단위를 사용한다.

❸ 프로토콜

프로토콜protocol은 서로 다른 기종의 컴퓨터 사이에 어떤 자료를, 어떤 방식으로, 언제 주고 받을지 등을 정해 놓은 상호 간의 규약이다. 영어밖에 사용할 수 없는 사람과 한국어밖에 사용할 수 없는 사람이 언어로 소통할 수 없듯이, 대응하고 있는 프로토콜이 다르면 통신을 할 수가 없다.

❹ 클라이언트

제공되는 서비스에 따라 호스트는 클라이언트와 서버로 구분된다. 클라이언트client는 컴퓨터 네트워크에 있어 서버 컴퓨터가 제공하는 기능과 데이터를 이용하는 컴퓨터를 의미한다. 일반적으로 가정에서 인터넷을 이용하는 컴퓨터나 PDA 등이 이에 해당한다. 서버 소프트웨어가 제공하는 기능과 데이터를 이용하는 소프트웨어를 의미하기도 한다. 즉, 컴퓨터 네트워크에서 서버가 제공하는 서비스를 요청하고, 또는 서비스 요청을 위해 필요 인자를 서버가 원하는 방식에 맞게 제공하며, 서버로부터 반환되는 응답에 사용자에게 적절한 방식으로 표현하는 기능을 가진 프로그램을 말한다. 웹 브라우저가 대표적인 클라이언트이다.

❺ 서버

네트워크를 통해 클라이언트 컴퓨터에 대해 데이터나 특별한 서비스를 제공하는 컴퓨터를 서버server라고 한다. 인터넷에 있어서 웹서버나 이메일 서버 등이 이에 해당된다. 또한, 클라이언트 소프트웨어에 대해 서비스나 데이터를 제공하는 소프트웨어를 의미하기도 한다.

❻ 네트워크 인터페이스 카드

네트워크 인터페이스 카드network interface card, NIC는 컴퓨터가 물리적으로 네트워크에 접근하기 위한 하드웨어 장치를 의미하며 네트워크 카드network card, 네트워크 어댑터network adapter라고도 부른다. 네트워크 인터페이스 카드는 MACmedia access control 주소를 사용하여 각 장치를 식별하기 위한 저수준의 주소 시스템을 가지고 있다.

❼ 리피터

리피터repeater는 네트워크의 확장에 이용하는 장치로 신호를 수신한 후에 불필요한 잡음이면 제거하고 그렇지 않은 경우 신호를 다시 생성하여 높은 세기로 재전송한다. 이를 통하여 신호의 저하 없이 원거리까지 신호의 전송이 가능하다. 다수의 포트를 가지고 있는 리피터를 허브hubs라고 부르며, OSI 모델의 물리적 계층에서 동작한다.

❽ 브릿지

브릿지bridge는 호환성이 있는 두 개의 네트워크를 연결하는 장치이다. OSI 모델의 물리적 계층과 데이터 링크 계층에서 동작한다. 허브는 신호를 모든 포트로 전송하지만, 브릿지는 MAC 주소를 사용한 학습 기능을 통하여 특정한 포트로 전송하는 기능을 가지고 있다.

❾ 네트워크 스위치

네트워크 스위치network switch는 호환성이 있는 다수의 네트워크를 연결하는 장치이다. 브릿지와 마찬가지로 OSI 모델의 물리적 계층과 데이터 링크 계층에서 동작하며, MAC 주소를 사용한 학습 기능을 통하여 특정한 포트로 신호를 전송한다. 간단히 스위치라고 부르는 경우가 많으며, 스위칭 허브switching hub, 포트 스위칭 허브port switching hub라고도 한다.

❿ 라우터

라우터router는 네트워크 사이의 패킷을 전달하기 위한 인터네트워킹 장치이다. OSI 모델의 물리적 계층과 데이터 링크 계층에서 뿐만 아니라 네트워크 계층에서 데이터를 처리하여 신호를 전송한다. 전송된 신호가 출발지로부터 여러 통신 링크와 라우터들을 거쳐 목적지에 이르는 길을 라우트route 또는 경로path라고 하는데, 라우터는 네트워크 계층 데이터의 IP 주소를 보고 어떤 경로를 통하여 전송할 지를 판단하는 경로 선택 기능을 가지며, 경로를 판단하기 위하여 라우팅 테이블routing table을 이용한다.

6.1.4 네트워크 아키텍처

분산처리 시스템이나 컴퓨터 네트워크에서 통신 회선에 따라서 서로 연결되는 장치끼리 통신을 하기 위한 프로토콜을 범용적인 논리모델 상에서 체계적으로 정리한 것이 네트워크 아키텍처network architecture이다. 범용적인 네트워크 아키텍처는 클라이언트−서버 시스템과 Peer-to-Peer 네트워크 시스템이 있다.

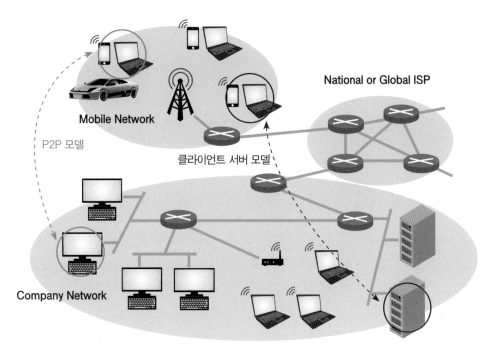

그림 6.5 **클라이언트 서버 모델 및 P2P 모델**

❶ 클라이언트 서버 시스템

서버는 사용자(클라이언트)의 요청에 의하여 서비스를 하는데 이와 같이 구성된 시스템을 클라이언트−서버 시스템이라고 한다. 이는 하나 이상의 응용 프로그램을 상호 협력적인 환경에서 운용하는 분산처리 형태를 의미한다. 즉, 서비스를 요청하는 클라이언트와 클라이언트의 요청을 처리하는 서버와의 협동 작업을 통해서 사용자가 원하는 결과를 얻는 처리방식이 클라이언트−서버 시스템이다.

대표적인 클라이언트 서버 구조를 갖는 응용은 웹서비스이다. 어떤 사용자가 웹서버를 운영하고 웹서버에 어떤 정보를 올리면 다른 사용자들이 웹브라우저를 사용하여 웹서버에 접속하고 관련 정보를 내려 받는데, 올리는 쪽과 내려받는 쪽 모두 동시에 접속하지 않아도 된다.

❷ P2P 시스템

P2Ppeer-to-peer network 또는 동등 계층 간 통신망은 비교적 소수의 서버에 집중하기보다는 네트워크 구성에 참여하는 장치들의 계산과 대역폭bandwidth 성능에 의존하여 구성되는 통신망이다. 순수 P2P 파일 전송 네트워크는 클라이언트나 서버란 개념 없이, 오로지 동등한 계층 노드들peer nodes이 서로 클라이언트와 서버 역할을 동시에 네트워크상에서 하게 된다. 이 네트워크 구성 모델은 보통 중앙 서버를 통하는 통신 형태의 클라이언트−서버 모델과는 구별된다.

냅스터 등과 같은 P2P는 클라이언트−서버 구조를 검색 등과 같은 일부 기능에 쓰고, 다른 기능은 P2P 구조를 쓴다. 누텔라와 같은 P2P는 모든 기능에 P2P 구조를 가지는데, 비록 그 네트워크가 같은 계층의 다른 사용자들peers의 네트워크 주소를 알려주는 데 디렉터리directory 서버를 많이 의존하긴 하지만, 때때로 진정한 P2P 네트워크로 인용된다.

6.1.5 프로토콜 계층

인터넷은 매우 복잡한 시스템이다. 네트워크 설계의 복잡성을 감소시키기 위해 대부분의 네트워크들은 계층layer으로 구조화되어 있다. 계층의 개수, 각 계층의 이름, 각 계층의 내용, 각 계층의 기능이 네트워크마다 다르다. 각 계층의 목적은 자신의 상위 계층에게 특정한 서비스를 제공하는 것인데, 제공되는 서비스가 실제로 어떻게 구현되는지에 대한 세부사항에 대해서는 보이지 않도록 감춘 것이다. 어떤 의미에서, 각 계층은 자신의 바로 위에 있는 계층에게 임의의 서비스를 제공하는 일종의 가상 머신이라고 할 수 있다.

계층구조는 크고 복잡한 시스템의 잘 정의된 특정 부분을 논의할 수 있게 해준다. 이러한 단순화는 매우 중요하다. 시스템이 계층구조를 가질 때, 그 계층이 제공하는 서비스의 구현을 변경하는 것도 매우 쉽다. 한 계층이 상위 계층에게 같은 서비스를 제공하고 하위 계층의 서비스를 이용하는 한, 어떤 한 계층의 구현이 변하더라도 시스템의 나머지 부분은 변하지 않는다. 계속해서 갱신되는 복잡하고 커다란 시스템에 대하여, 시스템의 다른 요소에 영향을 주지 않고 서비스 구현을 변화시키는 능력은 계층화의 또 다른 중요한 장점이다.

한 기기의 n 계층이 다른 기기의 n 계층과 통신을 한다. 서로 다른 기기 상에 서로 대응되는 계층으로 구성되어 있는 개체들을 피어peer라고 한다. 한 기기의 n 계층에서 다른 기기의 n 계층으로 직접 전달되는 데이터는 없다. 각 계층은 데이터와 제어 정보를 바로 아래에 있는 계층으로 전달하는데 이 일은 그 데이터 및 제어 정보가 가장 하위 계층에 도달할 때까지 계속

된다. 1계층 아래는 실제로 통신이 일어나는 물리매체physical media이다.

❶ OSI 모델

OSI 모형open systems interconnection reference model은 국제표준화기구ISO에서 개발한 모델로, 컴퓨터 네트워크 프로토콜 디자인과 통신을 계층으로 나누어 설명한 것이다. 일반적으로 OSI 7 계층 모형OSI 7-layer model이라 부른다.

이 모델은 프로토콜을 기능별로 나눈 것이다. 각 계층은 하위 계층의 기능만을 이용하고, 상위 계층에게 기능을 제공한다. '프로토콜 스택' 혹은 '스택'은 이러한 계층들로 구성되는 프로토콜 시스템이 구현된 시스템을 가리키는데, 프로토콜 스택은 하드웨어나 소프트웨어 혹은 둘의 혼합으로 구현될 수 있다. 일반적으로 하위 계층들은 하드웨어로, 상위 계층들은 소프트웨어로 구현된다.

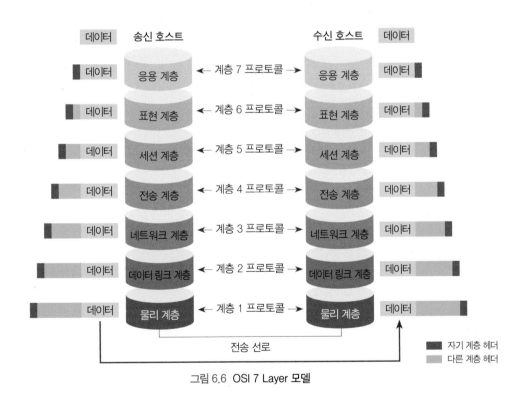

그림 6.6 OSI 7 Layer 모델

계층 1 : 물리 계층

물리 계층physical layer은 실제 장치들을 연결하기 위해 필요한 전기적, 물리적 세부 사항들을 정의한다. 예를 들어 핀들의 배치나 전압, 전선의 명세가 이 계층에 포함된다. 허브나 리피터가 물리 계층의 장치이다. 기계적 구조와 전기적 특성을 규정한다. 물리 계층에서 수행되는 중요한 일들은 다음과 같다.

물리적인 정보 전달 매개체에 대한 연결의 성립 및 종료를 수행한다. 또한 여러 사용자들 간의 통신 자원을 효율적으로 분배하는 데 관여한다. 예를 들어, 경쟁 상태의 해소나 흐름 제어 등을 담당한다. 그리고 통신 채널을 통해 전송되는 사용자 장치의 디지털 데이터를 이에 상응하는 신호들로 변환, 변조한다. 이 신호들은 구리선이나 광섬유 선을 통해 전달되는 신호들로, 예를 들어 SCSI가 여기에 속한다.

물리 계층은 네트워크상에서 데이터 비트를 전송하는 계층으로, 데이터 링크 개체 간의 비트 전송을 위한 물리적 연결을 설정, 유지, 해제하기 위한 수단을 제공한다. 물리 계층에서 데이터를 교환하는 방식은 회선 교환, 메시지 교환, 패킷 교환 방식이 있다. 전송 매체는 신호를 보내는 방법을 정의한다.

계층 2 : 데이터 링크 계층

데이터 링크 계층data link layer은 포인트 투 포인트point to point 간 신뢰성 있는 전송을 보장하기 위한 계층으로 CRC 기반의 오류 제어와 흐름 제어가 필요하다. 네트워크 위의 개체들 간 데이터를 전달하고, 물리 계층에서 발생할 수 있는 오류를 찾아 내고, 수정하는 데 필요한 기능적, 절차적 수단을 제공한다. 주소 값은 물리적으로 할당 받는데, 이는 네트워크 카드가 만들어질 때부터 맥 주소mac address가 정해져 있다는 뜻이다. 주소 체계는 계층이 없는 단일 구조이다. 데이터 링크 계층의 가장 잘 알려진 예는 이더넷이다. 이 외에도 HDLC나 ADCCP 같은 포인트 투 포인트 프로토콜이나 패킷 스위칭 네트워크나 LLC, ALOHA 같은 근거리 네트워크용 프로토콜이 있다. 네트워크 브릿지나 스위치 등이 이 계층에서 동작하며, 직접 이어진 곳에만 연결할 수 있다.

계층 3 : 네트워크 계층

네트워크 계층network layer은 여러 개의 노드를 거칠 때마다 경로를 찾아주는 역할을 하는 계층으로 다양한 길이의 데이터를 네트워크들을 통해 전달하고, 그 과정에서 전송 계층이 요구하는 서비스 품질(QoS)을 제공하기 위한 기능적, 절차적 수단을 제공한다. 네트워크 계층은 라우팅, 흐름 제어, 세그멘테이션segmentation/desegmentation, 오류 제어, 인터네트워킹 internetworking 등을 수행한다. 라우터가 이 계층에서 동작하고 이 계층에서 동작하는 스위치도 있다. 데이터를 연결하는 다른 네트워크를 통해 전달함으로써 인터넷이 가능하게 만드는 계층이다. 논리적인 주소 구조(IP), 곧 네트워크 관리자가 직접 주소를 할당하는 구조를 가지며, 계층적hierarchical이다.

네트워크 계층은 서브네트의 최상위 계층으로 경로를 설정하고, 청구 정보를 관리한다. 개방 시스템들의 사이에서 네트워크 연결을 설정, 유지, 해제하는 기능을 부여하고, 전송 계층 사이에 네트워크 서비스 데이터 유닛network service data unit, NSDU을 교환하는 기능을 제공한다.

계층 4 : 전송 계층

전송 계층transport layer은 양 끝단end to end의 사용자들이 신뢰성 있는 데이터를 주고받을 수 있도록 해 주어, 상위 계층들이 데이터 전달의 유효성이나 효율성을 생각하지 않도록 해준다. 이는 시퀀스 넘버 기반의 오류 제어 방식을 사용한다. 전송 계층은 특정 연결의 유효성을 제어하는데, 일부 프로토콜은 상태 개념이 있고stateful, 연결 기반connection oriented이다. 이는 전송 계층이 패킷들의 전송이 유효한지 확인하고 전송 실패한 패킷들을 다시 전송한다는 것을 뜻한다. 가장 잘 알려진 전송 계층의 예는 TCP이다.

종단 간end-to-end 통신을 다루는 최하위 계층으로 종단 간 신뢰성 있고 효율적인 데이터를 전송하며, 기능은 오류검출 및 복구와 흐름제어 등을 수행한다.

계층 5 : 세션 계층

세션 계층session layer은 양 끝단의 응용 프로세스가 통신을 관리하기 위한 방법을 제공한다. 동시 송수신 방식duplex, 반이중 방식half-duplex, 전이중 방식full duplex의 통신과 함께, 체크 포인팅과 유휴, 종료, 다시 시작 과정 등을 수행한다. 이 계층은 TCP/IP 세션을 만들고 없애는 역할을 한다. 통신하는 사용자들을 동기화하고 오류복구 명령들을 일괄적으로 다룬다.

계층 6 : 표현 계층

표현 계층presentation layer은 코드 간의 번역을 담당하여 사용자 시스템에서 데이터의 형식상 차이를 다루는 부담을 응용 계층으로부터 덜어 준다. MIME 인코딩이나 암호화 등의 동작이 이 계층에서 이루어진다. 예를 들면, EBCDIC로 인코딩된 문서 파일을 ASCII로 인코딩된 파일로 바꿔 주는 것이 표현 계층의 몫이다.

계층 7 : 응용 계층

응용 계층application layer은 응용 프로세스와 직접 관계하여 일반적인 응용 서비스를 수행한다. 일반적인 응용 서비스는 관련된 응용 프로세스들 사이의 전환을 제공한다. 응용 서비스의 예로, 가상 터미널(예를 들어, 텔넷), "Job transfer and Manipulation protocol" (JTM, 표준 ISO/IEC 8832) 등이 있다.

인터넷internet은 전 세계의 수백 만 개의 컴퓨팅 장치들이 서로 연결되어 TCP/IP 규약을 이용해 정보를 주고받는 국제적인 공개 컴퓨터 통신망이다. 컴퓨팅 장치들은 주로 일반 PC, 워크스테이션과 웹 서비스와 이메일과 같은 데이터를 저장하고 사용자에게 전송하는 서버들뿐만 아니라 최근에 많이 사용되고 있는 PDA, 휴대폰, 웹캠 등이 있다. 대중적인 월드와이드 웹은 하이퍼 텍스트 프로토콜hypertext protocol, HTTP과 함께 사용되고, 하이퍼 텍스트 프로토콜로 되어 있는 웹 페이지를 보기 위한 웹 브라우저로는 마이크로소프트에서 개발한 인터넷 익스플로러, 모질라 재단의 모질라 파이어폭스 등을 이용한다.

6.2.1 기본 용어

인터넷에서 사용하는 기본 용어들에 대해서 알아보자.

❶ IP 주소

IP 주소internet protocol address는 컴퓨터 네트워크에서 장치들이 서로를 인식하고 통신을 하기 위해서 사용하는 특수한 번호이다. 네트워크에 연결된 장치는 이 IP 주소를 가지고 있어야 한다. 이 주소를 이용하여 데이터가 예정된 수신 시스템으로 전달된다. IP 주소를 줄여서 IP라고 부르기도 한다.

오늘날 주로 사용되는 IP 주소는 IP 버전 4(IPv4) 주소이나 이 주소가 부족해짐에 따라 길이를 늘린 IP 버전 6(IPv6) 주소가 점점 널리 사용되는 추세이다.

IP 버전 4 주소는 32비트로 보통 0~255 사이의 십진수 넷을 쓰고 dot로 구분하여 나타낸다. 따라서 0.0.0.0부터 255.255.255.255까지가 된다. 중간의 일부 번호들은 특별한 용도를 위해 예약되어 있다. 이를테면 127.0.0.1은 로컬 호스트localhost로 자기 자신을 가리킨다.

143.248.1.177

IP 버전 4의 주소 체계는 크게 네 종류이다. 클래스 A, B, C는 유니캐스팅에서 이용되고, 클래스 D는 멀티캐스팅에서 이용된다. 클래스 A, B, C는 주소를 네트워크와 호스트 필드로 구분하여 관리함으로써 클래스별로 네트워크 크기에 따라 주소 관리를 다르게 한다.

- 네트워크 주소 : 전 세계적으로 유일한 번호가 모든 컴퓨터 네트워크에 할당된다. 현재 이 주소의 할당은 NICnetwork information center에서 담당한다.
- 호스트 주소 : 네트워크 주소가 결정되면 하위 호스트 주소를 의미하는 호스트 비트 값을 개별 네트워크 관리자가 할당한다. A 클래스는 호스트 비트의 크기가 크기 때문에 규모가 큰 네트워크에서 사용하고, C 클래스는 규모가 작은 네트워크에서 사용한다.

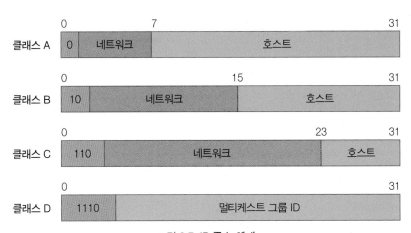

그림 6.7 IP 주소 체계

IP 버전 6 주소는 주소 길이를 128비트로 늘렸다. IPv6 주소는 보통 두 자리 16진수 여덟 개를 쓰고 각각을 : 기호로 구분한다.

```
2001:0db8:85a3:08d3:1319:8a2e:0370:7334
```

❷ 호스트 이름

호스트 이름hostname은 네트워크에 연결된 장치(컴퓨터, 파일 서버, 복사기, 케이블 모뎀 등)들에게 부여되는 고유한 이름이다. 호스트 이름은 보통 사람이 읽고 이해할 수 있는 이름으로 지어지며, 흔히 IP 주소나 MAC 주소와 같은 기계적인 이름 대신 쓸 수 있다.

인터넷에서 호스트 이름은 인터넷에 연결된 호스트(컴퓨터)의 이름으로, 보통 호스트의 지역 이름에 도메인 이름을 붙인 것이다. 예를 들어서 'ko.wikipedia.org'라는 호스트 이름에서 도메인 이름은 'wikipedia.org'이며 그 앞에 호스트의 지역 이름인 'ko'를 붙여 호스트 이름을 만든다. 이 호스트 이름은 DNS를 통해 계층적으로 IP 주소로 변환되거나, 사용자의 컴퓨터에 있는 hosts 파일에서 IP 주소를 검색하여 사용하게 된다.

호스트 이름의 각 부분은 ASCII의 아라비아 숫자나 로마자(대소문자를 구별하지 않음), 또는 하이픈으로만 이루어져야 하며, 각 부분이 하이픈으로 시작하거나 끝날 수는 없다.

❸ MAC 주소

매체 접근 제어 주소(MAC 주소), 이더넷 하드웨어 주소, 어댑터 주소는 대부분의 네트워크 어댑터(NIC)에 부착된 준고유 식별자이다. 특정한 네트워크 어댑터의 이름같이 동작하는 숫자이다.

그러므로 이를테면, 두 개의 서로 다른 컴퓨터에 있는 랜카드는 서로 다른 이름, 곧 서로 다른 MAC 주소를 가지고 있다. 오늘날 출시되는 대부분의 하드웨어에서는 MAC 스푸핑MAC spoofing을 통해 맥 주소를 바꿀 수 있다.

MAC은 총 48비트로 구성되어 있으며, 이 가운데 첫 24비트는 NIC 제조업체의 정보, 나머지 24비트는 랜 카드의 정보를 담고 있다.

❹ 포트 주소

TCP 및 UDP 포트는 인터넷 프로토콜 스위트의 전송 계층 프로토콜 중 TCP나 UDP 등의 프로토콜이 사용하는 가상의 논리적 통신 연결단이다. 각 포트는 번호로 구별되며 이를 포트 번호라고 한다. 포트 번호는 IP 주소와 함께 쓰여 해당하는 프로토콜에 의해 사용된다.

포트 번호는 크게 세 종류로 구분된다.

0번~1023번: 잘 알려진 포트(well-known port)
1024번~49151번 : 등록된 포트(registered port)
49152번~65535번 : 동적 포트(dynamic port)

잘 알려진 포트 번호의 대표적 예는 다음과 같다. 텔넷telnet 23번, FTP 21번, DNS 53번, 월드 와이드 웹HTTP 80번, TLS/SSL 방식의 HTTP 443번 등이다.

6.2.2 인터넷 계층구조

인터넷 프로토콜 스위트internet protocol suite는 인터넷에서 컴퓨터들이 서로 정보를 주고받는 데
쓰이는 통신규약(프로토콜)의 모음이다. 인터넷 프로토콜 스위트 중 TCP와 IP가 가장 많이
쓰이기 때문에 TCP/IP 프로토콜 스위트라고도 불린다.

TCP/IP는 패킷통신 방식의 인터넷 프로토콜인 IPinternet protocol와 전송조절 프로토콜인
TCPtransmission control protocol로 이루어져 있다. IP는 패킷 전달 여부를 보증하지 않고, 패킷을
보내고 받는 순서가 다를 수 있다. TCP는 IP에서 동작하는 프로토콜로, 데이터의 전달을 보
증하고 보낸 순서대로 받게 해준다. HTTP, FTP, SMTP 등 IP를 기반으로 한 많은 수의 애
플리케이션 프로토콜이 TCP에서 동작하기 때문에 TCP/IP로 부르기도 한다.

그림 6.8 **인터넷 프로토콜 스택**

다양한 계층의 프로토콜을 모두 합하여 프로토콜 스택protocol stack이라고 한다. 인터넷 프로
토콜 스택은 물리 계층, 링크 계층, 네트워크 계층, 전송 계층 및 애플리케이션 계층의 5개 계
층으로 구성된다. 각 계층에서 사용되는 대표적인 프로토콜들은 다음과 같다.

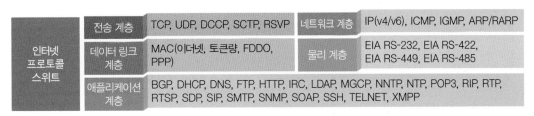

그림 6.9 **계층별 대표 프로토콜**

161

❶ 애플리케이션 계층

프로토콜 스택에서 최상위 계층이다. 모든 응용프로그램 및 유틸리티는 이 계층에 속하며 이 계층을 사용하여 네트워크에 접근할 수 있다. 이 계층에 속하는 프로토콜은 사용자의 정보를 포맷하고 교환하기 위해 사용된다. 많이 사용되고 있는 응용 프로토콜 중 하나는 웹 서비스의 기초가 되는 HTTP이다. 애플리케이션 계층 프로토콜은 여러 종단 시스템에 분산되어 있어서, 한 종단 시스템에 있는 애플리케이션이 다른 종단 시스템에 있는 애플리케이션과 정보 패킷을 교환하는 데 이 프로토콜을 사용한다. 이 계층에서의 정보 패킷을 메시지message라고 한다.

- FTP^{file transfer protocol}는 파일을 전송하기 위한 프로토콜
- HTTP^{hyper text transfer protocol}는 월드 와이드 웹상에서 정보를 주고 받을 수 있는 프로토콜
- POP3^{post office protocol}는 메일 클라이언트가 메일을 사용자 자신의 PC로 다운로드 받기위한 프로토콜
- SMTP^{simple mail transfer protocol}는 인터넷에서 전자우편e-mail을 보낼 때 이용하는 표준 프로토콜
- TELNET^{tele-network}은 원거리의 컴퓨터에 연결하는 현재의 컴퓨터를 터미널로 만들어 주는 인터넷 프로토콜
- DNS^{domain name system}은 DNS 시스템에 연결하여 정보를 주고받기 위한 프로토콜

❷ 트랜스포트 계층

트랜스포트 계층은 클라이언트와 서버 간에 애플리케이션 계층 메시지를 전송하는 서비스를 제공한다. 컴퓨터 간의 통신을 요청하고 보장하며 데이터를 상위계층(애플리케이션 계층) 또는 하위계층(네트워크 계층)으로 전달하는 역할, 그리고 목적지 컴퓨터에서 전송한 데이터를 실행할 응용프로그램을 지정하는 역할을 한다. 트랜스포트 계층의 패킷을 세그먼트segment라고 한다.

- TCP^{transmission control protocol}는 인터넷에서 정보를 전송할 때 정보를 보내는 쪽과 받는 쪽이 서로 의사소통을 할 수 있도록 설계된 프로토콜
- UDP^{user datagram protocol}는 인터넷에서 정보를 전송할 때 서로 주고받는 형식이 아닌 한쪽에서 일방적으로 전송하는 방식의 프로토콜

❸ 인터넷 계층

송신 호스트가 전송한 데이터가 수신 호스트에 정확하게 전달되기 위해서는 여러 장비를 거친다. 이 과정에서 데이터가 올바른 경로를 선택할 수 있도록 지원하는 계층이 인터넷 계층이다. 즉, 전송할 데이터의 주소를 지정하고 사용자 시스템 간의 통신을 위해 필요한 최적 경로 선택할 책임을 진다. 예로, 라우터에서의 라우팅 정보를 통한 최적 경로 제공이다. 이 계층에서는 패킷을 데이터그램datagram이라고 한다.

- IP는 송신 호스트와 수신 호스트가 패킷 교환 네트워크에서 정보를 주고받는 데 사용하는 인터넷 프로토콜

❹ 링크 계층

경로상의 한 노드에서 다른 노드로 패킷을 전달하기 위해, 네트워크 계층은 링크 계층 서비스에 의존한다. 즉, 네트워크 계층은 데이터그램을 아래 계층인 링크 계층으로 전달하고, 링크 계층은 경로상의 다음 노드에 전달한다. 다음 노드의 링크 계층은 데이터그램을 네트워크 계층에 전달한다.

물리 계층으로 데이터를 전송하는 과정에서 잡음noise과 같은 여러 외부 요인에 의해 물리적 오류가 발생할 수 있다. 링크 계층은 물리적 전송 오류를 감지하여 이에 따른 오류를 복구할 수 있는 동작을 수행함으로써 오류 없는 신뢰성 있는 데이터 전송을 담당한다. 이 계층에서 패킷은 프레임frame이라고 한다.

- 이더넷은 근거리 통신망을 위해 개발된 컴퓨터 네트워크 기술로, 데이터 링크 계층에서 MACmedia access control 패킷과 프로토콜 등을 정의
- 와이파이Wi-Fi는 미국 전기전자기술자협회IEEE가 정의한 무선랜과 관련한 기본적인 표준이며, 표준안은 IEEE802.11로 표기

❺ 물리 계층

물리 계층은 통신 채널로서 네트워크 장비 간에 전기적 신호를 통해 데이터 비트들을 전송하는 기능을 담당한다. 물리 계층 표준에 따라 전압, 전류의 이동, 전송거리 등을 다룬다.

6.2.3 캡슐화

데이터를 전송하기 위해서는 캡슐화encapsulation 과정이 일어난다. 송신 호스트에서 애플리케이션 계층 메시지는 트랜스포트 계층으로 전달된다. 트랜스포트 계층은 수신 호스트의 트랜스포트 계층에서 사용될 정보(헤더 정보라고 함)가 추가된다. 애플리케이션 계층 메시지와 트랜스포트 계층 헤더 정보는 모두 트랜스포트 계층 세그먼트를 구성한다. 세그먼트는 하위 계층으로 전달되고 하위 계층에서는 필요한 헤더 정보를 추가해 다시 하위 계층으로 보낸다. 이러한 과정은 물리 계층에 데이터가 전송될 때까지 반복된다.

물리 계층에서는 데이터를 수신 호스트에 전송하고, 수신 호스트는 송신 절차의 반대로 헤더 정보를 제거한다. 즉, 계층별로 해당 계층의 헤더 정보를 해석하여 적절히 처리한 후에 상위 계층에 전달한다.

계층적 모듈 구조의 장점은 전체 시스템을 이해하기 쉽고, 설계 및 구현이 용이하며, 모듈 간 표준 인터페이스가 단순하면 모듈 독립성을 향상한다. 또한 시스템 구조를 단순화시키는 장점이 있고, 대칭 구조에서는 동일 계층 사이의 인터페이스인 프로토콜을 단순화시킬 수 있으며, 특정 모듈의 외부 인터페이스가 변하지 않으면 내부 기능 변화가 전체 시스템 동작에 영향을 미치지 않는 특징이 있다.

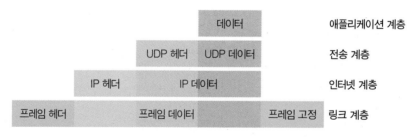

그림 6.10 데이터 캡슐화 과정

6.3 트랜스포트 계층

인터넷에서 트랜스포트 또는 전송 계층은 TCP/IP 참조 모델에서 두 번째로 높은 계층으로서 상위 애플리케이션 계층으로부터의 서비스 요청에 응답하고, 하위 인터넷 계층에 서비스를 요청한다.

이 계층은 전체 프로토콜 조직에서 가장 핵심적인 부분이다. 이 계층의 주된 역할은 현재 사용되고 있는 물리적인 네트워크에 관계없이 출발지 컴퓨터에서 목적지 컴퓨터 간에 신뢰성 있는 전송을 제공하는 데 있다.

6.3.1 주요 기능

트랜스포트 계층을 설계하는 과정에서 다음과 같은 다양한 기능을 고려해야 한다.

❶ 주소지정

통신에서 가장 기본적으로 필요한 사항은 주소이다. 전화망에서 사용하는 전화번호가 주소의 좋은 예이다. 주소지정에 관한 문제는 단순하게 트랜스포트 개체 사용자가 트랜스포트 프로토콜을 사용하여 다른 트랜스포트 개체 사용자와 연결 설정이나 데이터 전송을 하기 위한 것이라 할 수 있다. 통신 환경에서 사용하는 호스트의 IP 주소와 포트 번호의 조합은 인터넷 계층과 트랜스포트 계층에서 사용하는 주소 표현 방식이다. IP 주소에 대해서는 다음 장에서 자세히 설명한다. 포트 번호는 한 호스트에서 특정한 트랜스포트 서비스 사용자를 구분할 수 있도록 해준다. 간단한 예로, 우리는 컴퓨터상에서 여러 웹 브라우저를 동시에 화면에 실행하고 인터넷을 한다. 실행된 각 웹 브라우저는 트랜스포트 서비스의 사용자이다. 실행된 여러 웹 브라우저는 같은 프로그램이지만 트랜스포트 계층에서는 구분되어져야 한다. 이를 위해 포트 번호가 사용된다. 각각의 포트 번호는 0~65535까지 16비트 정수이다. 이 중에서 0~1023까지의 포트 번호들은 잘 알려진well-known 포트 번호라고 하여 사용을 엄격하게 제한한다. 즉, HTTP(포트 번호 80)와 FTP(포트 번호 21)처럼 잘 알려진 애플리케이션 프로토콜에서 사용되도록 예약되어 있다. 새로운 애플리케이션을 개발할 때 애플리케이션에 포트 번호를 할당해야 하는데, 현재 호스트에서 사용하지 않는 1024~65535 사이의 포트 번호를 할당한다.

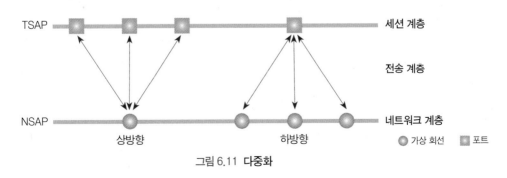

그림 6.11 **다중화**

165

❷ 다중화

개별적으로 설정된 트랜스포트 계층 연결에서 전송 데이터의 목적지가 동일한 호스트이면 이들 데이터를 하나의 가상 회선에 같이 전송하는 것이 유리할 수 있다. 다중화multiplexing는 크게 두 종류가 있다. (a) 상방향 다중화는 다수의 트랜스포트 계층의 연결에서 발생한 데이터가 동일한 송수신 호스트의 경로로 전송되면 하나의 네트워크 연결에 묶어 전송할 수 있다. 일반적인 연결 구조보다 네트워크 계층에서 만들어지는 가상 회선 연결의 수를 줄일 수 있으므로 연결 설정에 걸리는 시간이 단축된다. (b) 하방향 다중화는 반대로 동작한다. 즉, 하나의 전송 연결 설정을 의미하는 포트에 다수의 가상 회선을 할당한다. 이 방식을 이용해 데이터를 전송하면 전송 속도뿐만 아니라, 전송 계층에서 발생하는 데이터의 특성에 따라 개별 가상 회선을 할당함으로써 효과적인 통신이 가능하다.

❸ 흐름 제어

트랜스포트 계층의 서비스를 이용해 연결을 설정하면 양 끝단의 호스트에서 실행되는 프로세스가 데이터를 주고받을 수 있다. 이 과정에서 필요한 주요 기능 중 하나가 흐름 제어flow control이다. 트랜스포트 계층에서는 다음 두 가지 이유 때문에 복잡하다.

- 트랜스포트 개체 사이의 전송 지연은 실제의 전송시간에 비하여 일반적으로 길다. 이는 흐름 제어 정보의 통신에 상당한 지연이 있음을 의미한다.
- 트랜스포트 계층은 네트워크 또는 인터넷 상에서 동작하기 때문에, 전송 지연시간이 매우 가변적이다. 이 때문에 손실된 데이터의 재전송을 위한 시간만료 메커니즘을 효율적으로 사용하는 것이 어렵다.

송신자와 수신자는 버퍼 공간을 가지고 있기 때문에 들어오는 데이터를 버퍼에 저장한다. 버퍼에 저장된 각 데이터를 처리한 후에 데이터를 사용자에게 보낸다. 수신자가 송신자의 전송 속도보다 느리게 데이터를 수신 및 처리하면 버퍼 용량이 초과하게 된다. 이와 같이 버퍼가 초과되는 것을 막기 위해 송신자는 데이터 전송을 중지하거나 느리게 전송해야 한다.

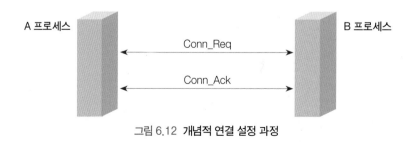

그림 6.12 **개념적 연결 설정 과정**

❹ 연결 설정

신뢰성 있는 네트워크 서비스를 사용하는 경우에도, 연결 지향 서비스를 지원하기 위하여 연결 설정 및 종료 절차가 필요하다. 연결 설정은 다음과 같은 세 가지 목적을 갖고 있다.

- 종단에게 다른 종단의 존재를 알려준다.
- 선택 가능한 매개변수들(예, 최대 세그먼트 크기, 최대 윈도우 크기, 서비스 품질)에 대한 교환과 협상을 가능하게 한다.
- 송신자와 수신자의 자원(예, 버퍼 공간, 연결 테이블의 항목)의 할당을 시작하게 한다.

트랜스포트 계층의 연결 설정은 연결을 요청하는 송신자의 연결 설정 요구인 Conn_Req와 수신자에서 연결 수락을 의미하는 Conn_Ack의 회신으로 완료된다. 그림에 표시된 2단계 설정 과정은 통신 양단의 연결 설정을 위한 최소한의 단계이다. Conn_Req 요구를 받은 수신자는 연결 요청을 거부할 수 있다는 의미를 내포하므로 연결 요청은 양자의 합의에 의해서만 가능하다.

연결 설정 과정은 개념적으로 모양이 아주 간단하지만, 실제 통신 환경에서는 조금 더 복잡하다. 다음 그림은 오류가 발생하지 않은 정상 상태에서 3단계 설정three way handshake의 동작 과정을 보여준다. 송신자는 임의의 송신 순서 번호 x를 지정하여 연결 설정을 요청한다. 수신자는 연결 설정 요구에 대한 순서 번호 x에 대한 응답을 보낸다. 이때 순서 번호 y는 자신의 초기 송신 번호를 송신자에게 알려주기 위해 사용한다.

그림 6.13 **3단계 연결 설정 과정**

연결 요구에 대한 응답 Conn_Ack를 받은 송신자는 Conn_Ack를 잘 받았다고 수신자에게 응답해야 한다. 따라서 Conn_Ack와 다른 종류로 응답 정보를 보내야 하지만, 그림처럼 이 과정을 생략하고 바로 데이터를 전송하고 있다. 이는 Data_Req가 데이터 전송과 함께 응답 기능을 함께 수행하기 때문이다. 만약 송신자가 전송할 데이터가 없으면 Conn_Ack에 대한 응답을 따로 전송해야 한다.

❺ 연결 해제

연결 해제 과정은 설정 과정보다 간단하며 크게 두 가지 방식이 있다. 일방적 연결 해제 절차 방식에서는 통신하는 한쪽 호스트가 일방적으로 Disc_Req를 전송해 연결 종료를 선언할 수 있다. Disc_Req에 대한 상대 호스트의 동의가 없어도 연결이 끊어지는 방식이다.

이 방법에서는 송신자가 수신자에 전송할 데이터가 남거나, 전송 중이지만 아직 완료되지 않은 시간 t에 상대 수신자의 연결 종료가 이루어진다. 그러면 데이터 전송을 지원하는 기능이 정지되어 데이터 전송을 완료할 수 없다는 문제가 발생한다.

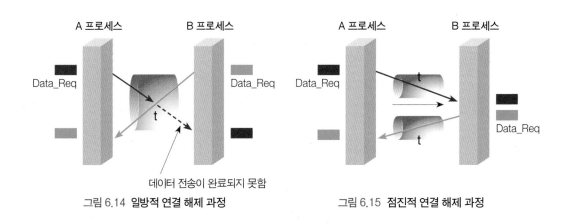

그림 6.14 **일방적 연결 해제 과정**   그림 6.15 **점진적 연결 해제 과정**

점진적 연결 해제 과정 방식은 하나의 연결에 두 개의 단방향 연결을 지원하는 것과 같다. 따라서 송신자의 데이터 전송 과정 중에 수신자가 연결 해제 요구가 발생해도 수신자에서 송신자 방향의 기능만 정지되고 송신자에서 수신자 방향의 기능은 여전히 정상적으로 동작한다. 즉, 송신자가 전송하는 데이터를 계속 전송할 수 있다. 두 호스트 사이의 연결을 완전히 종료하려면 양쪽에서 종료를 해야 한다. 즉, 점진적 연결 해제 과정 방식에서 연결을 해제하려면 송신자와 수신자 모두 Disc_Req를 전송해야 한다.

6.3.2 TCP : 연결지향형 트랜스포트

TCP는 데이터를 전송하기 전에 송신자와 수신자 사이에 핸드쉐이킹handshaking을 먼저 해야 하므로 연결지향형이다. 즉, 데이터 전송을 보장하는 파라미터들을 각자 설정하기 위한 예비 세그먼트들을 보내야 한다.

TCP 연결은 전 이중full-duplex 서비스를 제공한다. 호스트 A와 호스트 B 사이에 TCP 연결이 설정되어 있다면 애플리케이션 계층 데이터는 B에서 A로 전송되는 동시에 A에서 B로 전송될 수 있다. 또한 TCP 연결은 항상 단일 송신자와 단일 수신자 사이의 점대점point to point이다.

또한 흐름 제어, 혼잡 제어, 오류 제어 등을 통하여 신뢰성 있는 데이터의 전송을 보장한다. 흐름 제어는 수신자의 처리량을 초과하여 데이터를 전송하지 않기 위한 기능이며, 혼잡 제어는 네트워크 라우터의 처리량을 초과하여 전송하지 않기 위한 기능이다. 오류 제어는 데이터의 변형, 데이터의 분실 등의 오류를 재전송을 통하여 복구하는 기능이다.

이제 TCP 연결이 어떻게 진행되는지 설명한다. 송신자는 수신자와 연결을 설정하기를 원한다고 TCP 수신자에게 먼저 알린다. 수신자는 특별한 TCP 세그먼트로 응답한다. 마지막으로 송신자가 세 번째 특별한 세그먼트로 다시 응답한다. 처음 두 개의 세그먼트에는 애플리케이션 계층의 데이터가 없다. 세 번째 세그먼트는 데이터를 포함할 수 있다. TCP 연결이 설정되면, 두 호스트는 서로 데이터를 보낼 수 있다. 송신자의 애플리케이션 계층에서 데이터를 전송하면 TCP 연결의 송신 버퍼send buffer에 데이터가 저장된다. 세그먼트의 크기는 최대 세그먼트 크기maximum segment size, MSS로 제한된다. MSS는 일반적으로 로컬 전송 호스트에 의해 전송될 수 있는 가장 큰 링크 계층 프레임의 길이를 결정한다. TCP는 TCP 헤더와 송신자 데이터를 하나로 만들어 TCP 세그먼트를 형성한다. 세그먼트는 네트워크 계층에 전달되며, 네트워크 계층 IP 데이터그램 안에 각각 캡슐화된다. 수신자가 TCP 세그먼트를 수신했을 때, 세그먼트의 데이터는 TCP 연결의 수신 버퍼에 저장된다. 애플리케이션 계층은 이 버퍼에서 데이터의 스트림을 읽는다. TCP 연결의 양끝은 각각 자신의 송신 버퍼와 수신 버퍼를 가지고 있다. 다음은 TCP의 세그먼트 구조를 보여준다.

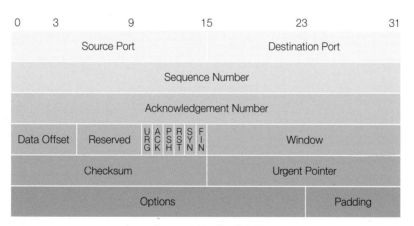

그림 6.16 TCP 세그먼트 구조

- Source Port/Destination Port : 송수신 포트 번호
- Sequence Number : 순서 번호로서 세그먼트 내의 바이트 수(범위: 0~232-1)
- Acknowledgement Number : 응답 번호로 ACK 플래그가 지정된 경우에 한해 유효하며 다음에 수신하기를 원하는 데이터를 지정
- Data Offset : TCP 헤더의 크기
- Window : 수신 윈도우의 버퍼 크기 지정하며 0이면 송신 프로세스의 전송 중지
- Checksum : 헤더와 데이터에 대한 오류 검출
- Urgent Pointer : 긴급 데이터의 처리를 나타내며 URG 플래그가 지정된 경우에 한해 유효
- URG : Urgent pointer
- ACK : Acknowledgement number
- PSH : 현재 세그먼트의 데이터를 즉시 상위 계층에 전달하도록 지시
- RST : 연결의 리셋으로 비정상적인 세그먼트에 대한 응답
- SYN : 연결 설정 요청
- FIN : 점진적 방식의 연결 종료 요청

6.3.3 UDP : 비연결형 트랜스포트

UDP는 트랜스포트 계층 프로토콜이 할 수 있는 최소 기능으로 동작한다. UDP는 다중화 기능과 간단한 오류 검사(체크섬) 기능을 제외하면 IP에 아무것도 추가하지 않는다. 애플리케이션 개발자가 TCP 대신에 UDP를 선택한다면, 애플리케이션은 거의 IP와 직접 통신하는 것이다. UDP는 애플리케이션 계층의 메시지를 가져와서 다중화 서비스에 대한 출발지 포트 번호 필드와 목적지 포트 번호 필드를 추가하고 다른 두 필드들을 추가한 후에 최종 세그먼트를 네트워크 계층에게 넘겨준다. 네트워크 계층은 트랜스포트 계층 세그먼트를 IP 데이터 그램으로 캡슐화하고 세그먼트를 수신 호스트에게 최선형 서비스로 전달한다. 세그먼트가 수신 호스트에 도착하면 UDP는 세그먼트의 데이터를 해당하는 애플리케이션에게 전달하기 위해 목적지 포트 번호를 사용한다. UDP는 세그먼트를 송신하기 전에 송신 트랜스포트 계층과 수신 트랜스포트 계층 사이에 핸드쉐이크를 사용하지 않기 때문에 비연결형이다. 다음은 UDP의 세그먼트 구조를 보여준다.

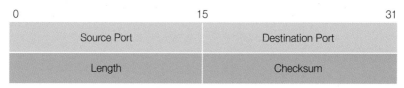

그림 6.17 UDP 세그먼트 구조

- Source Port/Destination Pot : 송수신 프로세스에 할당된 네트워크 포트 번호
- Length : 헤더를 포함한 UDP 데이터그램의 크기
- Checksum : 헤더와 데이터에 대한 체크섬

6.4 인터넷 계층

인터넷 계층은 세 개의 주요 요소가 있다. 첫 번째 요소는 IP 프로토콜이고, 두 번째 요소는 출발지에서 목적지까지 데이터그램이 따라가는 경로를 결정하는 라우팅 요소이다. 라우팅 프로토콜은 네트워크에 패킷을 포워딩하는 데 사용되는 포워딩 테이블을 계산한다. 마지막 요소는 데이터그램의 오류를 보고하고, 특정 인터넷 계층 정보에 대한 요구에 응답하는 기능이다.

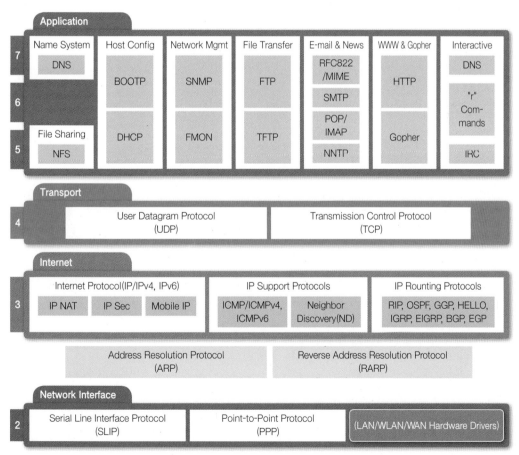

그림 6.18 네트워크 계층의 구성 요소

6.4.1 IP : 인터넷 프로토콜

인터넷 프로토콜(IP)은 송신 호스트와 수신 호스트가 패킷 교환 네트워크packet switching network, 패킷 스위칭 네트워크에서 정보를 주고받는 데 사용하는 정보 위주의 프로토콜이며, 호스트의 주소지정과 패킷 분할 및 병합 기능을 담당한다.

IP의 정보는 패킷 혹은 데이터그램이라고 하는 덩어리로 나뉘어 전송된다. IP에서 오류 체크를 하기 위해서 헤더의 체크섬checksum 기능만 제공한다.

IP는 이전에 통신한 적 없는 호스트에 패킷을 보낼 때 경로를 설정할 필요 없는 비연결성 connectionlessness의 특징과 흐름에 관여하지 않기 때문에 보낸 정보가 제대로 갔는지 보장하지 않는 비신뢰성unreliability 특징을 갖는다. 예를 들어 전송과정에서 패킷이 손상될 수도 있고, 같은 호스트에서 전송한 패킷의 순서가 뒤죽박죽이 될 수도 있고, 같은 패킷이 두 번 전송될 수도 있으며, 아예 패킷이 사라질 수도 있다. 패킷 전송과 정확한 순서를 보장하려면 TCP 프로토콜과 같은 IP의 상위 프로토콜을 이용해야 한다.

IP 버전 4 데이터그램 구조는 다음과 같다.

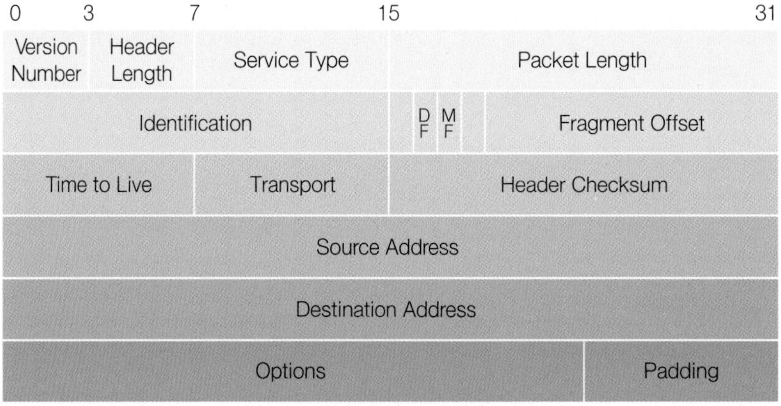

그림 6.19 IP 데이터그램 구조

- 버전 번호 : 4비트로 데이터그램의 IP 프로토콜 버전을 명시하며 라우터는 버전 번호를 확인하여 어떻게 IP 데이터그램의 나머지 부분을 해석할지를 결정
- 헤더 길이 : IPv4 데이터그램은 옵션을 포함하므로 4비트로 IP 데이터그램에서 실제 데이터가 시작하는 곳을 결정하며, 대부분 IPv4 데이터그램은 옵션을 포함하지 않으므로 대체 IPv4 데이터그램 헤더는 20바이트
- 데이터그램 길이packet length : 바이트로 계산한 IP 데이터그램(헤더와 데이터)의 전체 길이

로서 이 필드의 크기는 16비트이므로 IP 데이터그램의 이론상 최대 길이는 65,535바이트이지만 1,500바이트보다 큰 경우는 많지 않음

- Identification : 분할되지 않은 패킷은 값을 순차적으로 증가시키며 분할된 패킷은 동일한 번호 부여
- DF^{don't fragment} : 패킷 분할 금지
- MF^{more fragment} : 분할된 패킷의 처음과 중간은 1이며 분할된 패킷의 마지막은 0으로 표시
- Fragment Offset : 분할되기 전 데이터에서의 상대적인 위치 정보로 8바이트의 배수로 지정
- TTL^{time to live} : 이 데이터그램이 네트워크에서 무한히 순환하지는 않음을 보장하는 것으로 이 필드 값은 라우터가 데이터그램을 처리할 때마다 감소하고, TTL 필드 값이 0이되면 데이터그램은 폐기
- 트랜스포트 프로토콜^{transport protocol} : 데이터그램이 최종 목적지에 도착했을 때만 사용하는 것으로 데이터그램에서 데이터 부분이 전달될 목적지의 트랜스포트 계층 프로토콜을 명시(예, TCP, UDP)
- 헤더 체크섬^{header checksum} : 라우터가 데이터그램을 수신하였을 때 비트 오류를 검사하는데 활용하며, 헤더에서 각 2바이트를 수로 생각하고 이 수들의 1의 보수를 합산하여 계산

❶ 패킷의 분할

패킷이 송신지에서 목적지까지 가기 위해서는 일반적으로 여러 개의 라우터를 통과한다. 라우터와 라우터 사이에는 물리적인 채널이 존재하는데 각 채널을 통과할 수 있는 패킷의 최대 크기는 정해져 있고, 이를 MTU^{maximum transfer unit}라고 한다.

따라서, 패킷 크기보다 채널의 MTU가 더 작다면, 그 채널에 붙어 있는 라우터에서 이 패킷을 잘게 쪼개서 보낸다. 패킷 한 개를 MTU에 맞게 분할을 할 경우 라우터가 알아서 Sequence Number 즉 '순서 번호'를 각 패킷에 부여하기 때문에 수신측에서 순서 번호에 맞게 잘 병합할 수 있다.

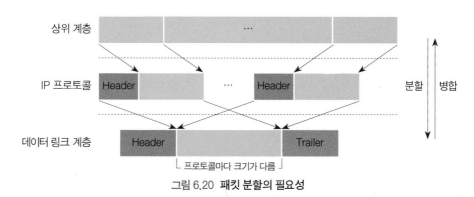

그림 6.20 **패킷 분할의 필요성**

6.4.2 라우팅

패킷의 전송 경로를 지정하는 라우팅은 네트워크 계층에서 가장 중요한 역할을 한다. 라우팅 routing은 들어온 패킷을 어느 출력 경로를 통해 다음 라우터로 전달해야 가장 효과적인지를 결정하는 것이다.

네트워크 구성의 변화에 효과적으로 대처할 수 있는 신뢰성 확보도 라우팅 경로 선택 시 중요하게 고려할 사항이다. 라우팅 경로는 정적 라우팅이나 동적 라우팅 방식으로 선택된다.

❶ 정적 라우팅

정적 라우팅static routing은 송수신 호스트 사이에서 패킷 전송이 이루어지기 전에 경로 정보를 라우터에 미리 저장하여 중계하는 방식이다. 패킷을 중계하기 위한 최적의 경로 정보는 개별 라우터별로 저장하여 관리하는데, 운용 중인 네트워크 구성에 변화가 생기면 이에 적절하게 대처할 수 없다는 문제점이 있다. 즉, 라우터에 보관된 경로 정보가 고정되어 변화된 정보를 갱신하기가 용이하지 않으며, 특히 네트워크 내부의 혼잡도를 반영할 수 없다.

❷ 동적 라우팅

동적 라우팅dynamic routing은 라우터에서 사용하는 경로 정보를 네트워크 상황에 따라 적절하게 변경하는 방식으로, 경로 정보의 변경 주기에 따라 계속 갱신할 수 있다. 따라서 현재의 네트워크 상황을 고려해 최적 경로 정보를 선택할 수 있지만, 경로 정보를 수집하고 관리하는 등의 복잡한 작업이 추가로 필요하다. 이는 네트워크에 새로운 부하를 가해 성능에 부정적인 영향을 미친다.

❸ 라우팅 테이블

패킷의 전송 과정에서 라우터들이 패킷의 적절한 경로를 쉽게 찾도록 하기 위한 가장 기본 도구로 라우팅 테이블routing table을 사용한다. 라우팅 테이블에 포함해야 하는 필수 정보는(목적지 호스트, 다음 홉)의 조합이다. 목적지 호스트에는 패킷의 최종 목적지가 되는 호스트의 IP 주소 값을, 다음 홉에는 목적지 호스트까지 패킷을 전달하기 위한 인접 경로를 지정한다. 즉, 목적지까지 도달하는 여러 경로 중 효과적인 라우팅을 지원하는 경로가 있을 수 있는데, 이 경로에서 바로 다음 홉에 위치한 라우터의 주소를 기록한다.

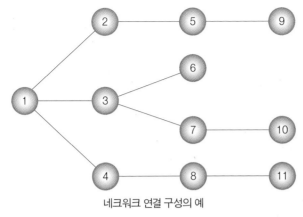

목적지	홉
1	-
2	2
3	3
4	4
5	2
6	3
7	3
8	4
9	1
10	3
11	4

네크워크 연결 구성의 예

호스트 1의 라우팅 테이블

그림 6.21 **라우팅 테이블**

6.5 링크 계층

링크 계층 프로토콜은 네트워크 계층의 데이터그램을 물리 계층을 이용하여 네트워크 상의 주변 장치들로 전송하는 데 사용한다. 링크 계층 프로토콜에서는 패킷 송수신 시 노드가 취하는 행동과 링크 양단에 있는 노드들 사이에 교환되는 패킷 형식에 대해서 정의한다. 링크 계층 프로토콜에 의해서 교환되는 데이터 단위를 프레임이라 하며, 일반적으로 하나의 네트워크 계층 데이터그램을 캡슐화한다.

네트워크 계층은 트랜스포트 계층의 세그먼트를 출발지 호스트에서 목적지 호스트로 종단 간에 전달하지만, 링크 계층 프로토콜은 네트워크 계층 데이터그램을 경로의 단일 링크상으로 노드들 간에 전달한다. 링크 계층의 주요 특징 중의 하나는 경로상의 각 링크에서 서로 다른 링크 계층 프로토콜에 의해 데이터그램이 처리될 수 있다는 것이다.

링크 계층의 기본적인 기능은 단일 통신 링크상으로 데이터그램을 한 노드에서 인접 노드로 전달하는 것이지만, 기능의 세부 사항은 링크에 적용되는 특정 링크 계층 프로토콜에 따른다. 링크 계층 프로토콜이 제공할 수 있는 기능들은 다음과 같다.

❶ 프레임화

링크 계층 프로토콜은 인터넷 계층 데이터그램을 링크상으로 전송하기 전에 링크 계층 프레임에 캡슐화한다. 프레임은 인터넷 계층 데이터그램이 들어 있는 데이터 필드와 여러 개의 헤더 필드들로 구성된다. 프레임 구조는 링크 계층 프로토콜에 의해서 명시된다.

❷ 링크 접속

매체 접속 제어medium access control, MAC 프로토콜은 링크상으로 프레임을 전송하는 규칙에 대해서 명시한다. 링크의 한쪽 끝에 단일 송신자와 다른 쪽 끝에 단일 수신자가 있는 점대점 링크의 경우 MAC 프로토콜은 단순하며, 이 경우 송신자는 링크가 사용되지 않을 때마다 프레임을 전송할 수 있다. 하나의 브로드캐스트 링크를 여러 노드가 공유하는 경우, MAC 프로토콜은 여러 노드로부터의 프레임 전송을 조정해야 한다.

❸ 신뢰적 전달

링크 계층 프로토콜이 신뢰적 전달 서비스를 제공하는 경우 인터넷 계층 데이터그램은 링크상에서 오류 없이 전달될 수 있다. TCP와 같은 일부 트랜스포트 계층 프로토콜은 신뢰적 전달 서비스를 제공한다. 링크 계층의 신뢰적 전달 서비스는 확인응답과 재전송을 통해 가능하다. 링크 계층의 신뢰적 전달 서비스는 무선 링크처럼 오류율이 높은 링크에서 주로 사용되며, 트랜스포트 계층 프로토콜이나 애플리케이션 계층 프로토콜이 데이터를 종단 간에 재전송하는 방식을 취하는 것과 달리 링크 계층 프로토콜은 오류가 발생한 링크에서 오류를 정정한다. 그러나 링크 계층의 신뢰적 전달은 광섬유, 동축 케이블과 같은 낮은 비트 오류율을 갖는 링크에서는 불필요한 오버헤드가 될 수 있다. 그래서 유선 링크 계층 프로토콜은 신뢰적 전달 서비스를 제공하지 않는다.

❹ 오류 검출

노드의 수신기는 1로 전송된 프레임 비트를 0으로 또는 그 반대로 오인할 수 있다. 이러한 비트 오류는 신호의 약화나 전자기 잡음 때문에 발생한다. 오류가 있는 데이터그램은 전달할 필요가 없으며, 따라서 대부분의 링크 계층 프로토콜은 하나 이상의 오류를 검출하는 방법을 제공한다. 오류 검출은 송신 노드에서 프레임에 오류 검출 비트를 설정하게 하고 수신 노드에서 오류 검사를 수행하게 함으로써 가능하다.

❺ 오류 정정

오류 정정은 프레임 안의 오류 검출뿐만 아니라 프레임의 어느 곳에서 오류가 발생했는지 정확하게 찾아낼 수 있다는 것을 제외하면 오류 검출과 비슷하다.

❻ 반이중과 전이중

전이중full duplex 전송에서는 링크의 양단에 있는 노드들이 동시에 패킷을 전송할 수 있다. 반이중half duplex 전송에서는 한 노드가 동시에 송수신을 처리할 수 없다.

6.6 애플리케이션 계층

애플리케이션 또는 응용 계층은 OSI 7계층 모델이나 인터넷 프로토콜 스위트의 최상위 계층으로 응용 프로세스와 직접 관계하여 일반적인 응용 서비스를 수행한다. 응용 계층에는 FTP, HTTP, TELNET, DHCP, SMTP, DNS 등의 프로토콜이 있으며 대표적인 HTTP, DNS에 대해서 알아보자.

6.6.1 웹과 HTTP

월드 와이드 웹world wide web, WWW은 인터넷에 연결된 컴퓨터들을 통해 사람들이 정보를 공유할 수 있는 전 세계적인 정보 공간을 말한다. 간단히 웹web이라 부르며 이 용어는 인터넷과 동의어로 쓰이는 경우가 많으나 엄격히 말해 서로 다른 개념이다. 웹은 인터넷에서 HTTP 프로토콜, 하이퍼텍스트, HTML 형식 등을 사용하여 그림과 문자를 교환하는 전송방식으로 전자 메일과 같이 인터넷 상에서 동작하는 하나의 서비스이다.

하이퍼텍스트hypertext는 인터넷 익스플로러, 크롬 브라우저 등 웹 브라우저라 불리는 프로그램을 통해 웹 서버에서 문서나 웹 페이지 등의 정보를 읽어들여 컴퓨터 모니터에 출력하는 형태로 보이는 문서를 말한다. 사용자는 각 페이지에 있는 하이퍼링크를 따라 다른 문서로 이동하거나, 그 페이지를 서비스하고 있는 서버로 일련의 정보를 보낼 수도 있다. HTML은 하이퍼텍스트 마크업 언어hypertext markup language로서 웹 페이지를 위한 마크업 언어다.

HTTP^{hypertext transfer protocol}는 WWW 상에서 정보를 주고 받을 수 있는 프로토콜로서 주로 HTML 문서를 주고받는 데에 쓰인다. TCP와 UDP를 사용하고 80번 포트 번호를 이용하여 제공된다.

클라이언트와 서버 사이에 이루어지는 요청/응답^{request/response} 프로토콜로서 클라이언트에 해당하는 웹 브라우저는 이 포트 번호를 이용하여 서버와 연결을 시도한다. 웹 서버와 연결이 설정되면, 클라이언트의 정보 요구에 대해 서버가 웹 문서를 회신한다. 그리고 서버가 전송한 웹 문서는 클라이언트의 웹 브라우저를 통해 사용자 화면에 출력된다.

클라이언트와 서버 사이의 연결은 사용자의 정보 요구가 발생할 때마다 새로운 연결을 설정하고 해제하는 과정을 반복한다. 즉, 서버가 제공하는 정보의 전송 과정은 TCP 연결에 의해 이루어지지만, 웹 문서의 전송이 완료되어 사용자가 웹 브라우저로 정보를 보는 순간에는 TCP 연결이 이미 해제된 상태이다.

사용자가 웹 브라우저에서 웹 서버 자원의 명칭인 URL^{uniform resource locator} 주소를 입력하면 웹 브라우저는 해당 웹 문서를 가져오기 위해 일련의 단계를 진행한다. 구체적인 웹 문서 전송 과정을 살펴보면 다음과 같다.

① 사용자가 웹 브라우저에 URL 주소를 입력한다.
② 웹 브라우저가 DNS 서버에 URL 주소의 호스트 이름을 전송하여 웹 서버의 IP 주소를 요청한다.
③ DNS 서버는 URL 주소에 해당하는 IP 주소를 알려준다.
④ 웹 브라우저는 해당 IP상의 80번 포트로 TCP 연결을 시도한다.
⑤ 해당 웹 문서를 요청하는 메시지(GET 명령)를 보낸다.
⑥ 서버는 요청한 웹 문서를 웹 브라우저에 전송한다.
⑦ 웹 브라우저와 서버 사이의 TCP 연결을 해제한다.
⑧ 웹 브라우저는 웹 문서 내용을 사용자가 볼 수 있도록 화면에 출력한다.

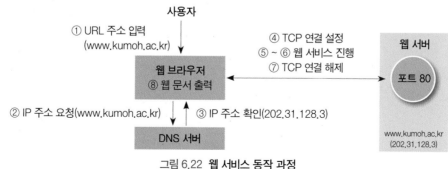

그림 6.22 **웹 서비스 동작 과정**

❶ 요청과 응답

HTTP의 동작 원리는 요청과 응답이다. HTTP 클라이언트는 서버에게 정보의 전송을 요청하고, HTTP 서버는 클라이언트 요청에 따라서 응답 코드가 포함된 정보를 회신한다.

정보를 요청할 때는 요청문(요청 메소드, URL, HTTP 버전 및 기타 부가 정보 등), 헤더, 바디 등을 포함하여 전송한다. 요청 메소드에는 GET, HEAD, POST, PUT 등이 있으며, GET은 클라이언트가 서버에 웹 문서를 요청하는 방법이고, HEAD는 문서 내용보다 문서 정보를 요청하는 방법이며, POST는 클라이언트가 서버에 정보를 전송하는 방법이고, PUT은 클라이언트가 서버에 문서를 전송하는 방법이다.

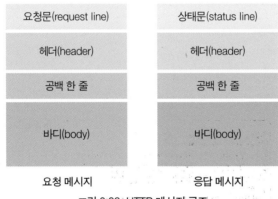

그림 6.23 HTTP 메시지 구조

클라이언트의 요청에 따라서 서버는 응답 코드를 포함한 정보를 회신하는데 대표적인 응답 코드는 다음과 같다.

- 200 OK : 요청이 성공적으로 수행
- 202 Accepted : 요청이 수신되었으나, 즉각 실행되지 않고 있음
- 400 Bad Request : 요청 메시지의 문법 오류
- 401 Unauthorized : 요청의 실행에 필요한 권한이 없음
- 403 Forbidden : 요청이 거부됨
- 404 Not Found : 원하는 문서를 찾을 수 없음
- 500 Internal Server Error : 서버에 오류 발생

6.6.2 DNS

호스트를 식별하는 방법은 호스트 이름hostname과 IP 주소이다. 사람은 기억하기 쉬운 호스트 이름을 선호하지만 라우터는 고정 길이의 계층구조를 갖는 IP 주소를 선호한다. 따라서 호스트 이름을 IP 주소로 변화해 줄 수 있는 서비스가 필요하다.

인터넷의 초기에는 이와 같은 서비스를 위하여 수작업으로 관리하였고, 시스템에서 기본적으로 자체 서비스를 위한 파일들이 존재한다. 가령 유닉스나 리눅스의 경우 /etc/hosts 파일이나 윈도우의 c:/windows/system32/drivers/etc/hosts 파일을 접근해보면 파일에는 도메인 이름과 IP 주소의 쌍으로 표시가 되어 있다.

이 파일에서 IP 주소와 도메인 이름을 잘못 입력하게 되면 컴퓨터 시스템은 새로운 페이지로 연결을 수행하게 된다. 예컨대 222.122.195.5는 www.naver.com의 IP 주소로서 www.google.co.kr과 매핑해보자. 웹 브라우저에서 www.google.co.kr을 통하여 구글로 연결을 시도해도 www.naver.com으로 연결되게 된다.

그림 6.24 윈도우의 hosts 파일 예

그러나 모든 컴퓨터가 이와 같은 도메인 이름과 IP 주소의 매핑을 수작업으로 수행할 수 없고, 네트워크에 존재하는 모든 컴퓨터에 대하여 관리를 수행할 수도 없다. 따라서 네트워크에서 이와 같이 도메인이나 호스트 이름을 숫자로 된 IP 주소로 해석해주는 TCP/IP 네트워크 서비스를 제공하고 있는데, 이를 DNS라고 부른다.

DNS의 간단한 설계로 모든 매핑을 포함하는 하나의 인터넷 네임 서버를 생각할 수 있다. 이러한 중앙 집중 방식에서 클라이언트는 모든 질의를 단일 네임 서버로 보내고, DNS 서버는 질의 클라이언트에게 직접 응답한다. 이 방식은 간단하지만 수많은 호스트를 가진 인터넷에는 적합하지 않다. 이 방식의 문제점으로는 다음과 같은 것을 생각해 볼 수 있다.

- 서버 고장 : 네임 서버가 고장 나면, 전체 인터넷이 작동하지 않는다.
- 트래픽 양 : 단일 DNS 서버가 모든 DNS 질의를 처리해야 한다.
- 원거리 중앙 집중 데이터베이스 : 단일 DNS 서버가 모든 질의 클라이언트로부터 가까울 수만은 없다. 단일 서버로부터 멀리 있는 클라이언트가 질의할 때는 느리고 혼잡한 링크들을 거치게 되어 매우 심각한 지연을 야기할 수 있다.
- 유지 관리 : 단일 DNS 서버는 모든 인터넷 호스트에 대한 레코드를 유지해야 한다. 중앙 집중 데이터베이스는 거대해지고 모든 새로운 호스트를 반영하기 위해 자주 갱신해야만 한다. 또한 중앙집중 데이터베이스에 호스트를 등록할 수 있도록 사용자에게 허용하는 것과 관련된 인증 문제가 있다.

따라서, 단일 DNS 서버에 있는 중앙 집중형 데이터베이스는 확장성이 전혀 없다. 결과적으로 DNS는 분산되도록 설계되었다.

❶ 분산 계층 데이터베이스

확장성 문제를 다루기 위해, DNS는 많은 서버를 이용하고 이들을 계층 형태로 구성하며 전 세계에 분산시킨다. 어떠한 단일 DNS 서버도 인터넷에 있는 모든 호스트에 대한 매핑을 갖지 않으며 대신에 DNS 서버들 사이에 분산된다. 각 네임 서버는 자신의 하부에 위치한 호스트 정보만을 관리하며, 이웃하는 네임 서버끼리 정보가 필요할 때는 상위 네임 서버의 중계가 필요하다. 다음에 나타낸 그림처럼 계층으로 구성된 세 유형의 DNS 서비가 있다.

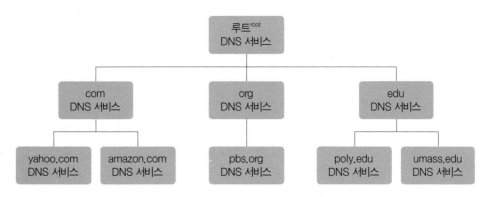

그림 6.25 DNS 분산 데이터베이스

루트 DNS 서버

인터넷에는 13개의 루트 DNS 서버가 있는데 대부분 북미지역에 위치한다. 비록 13개 루트 DNS 서버들 각각을 마치 하나의 단일 서버인 것처럼 인용했지만, 실제로 각 서버는 보안과 신뢰를 목적으로 복사된 서버들의 클러스터이다.

최상위 레벨 도메인 서버

최상위 레벨 도메인top level domain, TLD 각각은 서브 도메인들로 분할된다. 이 서브 도메인들은 더 작게 분할되며 이러한 분할은 계속 진행된다. 최상위 레벨 도메인은 일반과 국가 두 부류로 나뉜다. 일반 도메인들은 com(회사), edu(교육기관), gov(미연방정부), org(비영리단체)이다. 국가 도메인들은 국가별로 하나의 도메인(예, kr, uk, fr, ca, jp)을 갖는다.

책임 DNS 서버

인터넷에서 접근하기 쉬운 호스트를 가진 모든 기관은 호스트 이름을 IP 주소로 매핑하도록 한다. 이를 위해 접근이 쉬운 DNS 레코드를 제공해야 하며 기관의 책임 DNS 서버는 이 DNS 레코드를 갖는다. 대부분의 대학과 큰 기업들은 자신의 기본 책임 DNS 서버와 보조 책임 DNS 서버를 유지하고 관리한다.

❷ DNS 요청 처리

해석기resolver는 한 도메인 네임에 대한 질의를 받으면 지역local 네임 서버들 중의 한 서버로 그 질의를 전달한다. 만일 찾고자 하는 도메인이 se.kumoh.ac.kr이 kumoh.ac.kr 하에 있는 것처럼, 해당 네임 서버 하에 있다면, 그 네임 서버는 즉시 공인된 자원 레코드authoritative resource record를 전달한다. 공인된 자원 레코드란 그 레코드의 관리 기관에서 가져왔기 때문에 항상 틀림없이 올바른 레코드라는 것을 의미한다.

예를들어 호스트 cis.poly.edu가 gaia.cs.umass.edu의 IP 주소를 원한다고 가정하자. 또한 폴리텍 대학의 로컬 DNS 서버가 dns.poly.edu이고 gaia.cs.umass.edu에 대한 책임 DNS 서버는 dns.umass.edu라고 가정하자. 다음 그림처럼 호스트 cis.poly.edu가 먼저 자신의 로컬 DNS 서버 dns.poly.edu에게 DNS 질의 메시지를 보낸다. 로컬 DNS 서버는 그 질의 메시지를 루트 DNS 서버에게 전달한다. 루트 DNS 서버는 edu를 인식하고, edu에 대한 책임을 갖는 TLD 서버의 IP 주소 리스트를 로컬 DNS 서버에게 보낸다. 로컬 DNS 서버는 질의 메시지를 TLD 서버로 보낸다. 그 다음 TLD 서버는 umass.edu를 인식하고 dns.umass.edu로 이름 지어진 매사추세츠 대학교의 책임 DNS 서비의 IP 주소를 응답한다. 마지막으로 로컬 DNS 서버는 직접 dns.umass.edu로 질의 메시지를 다시 보내 gaia.cs.umass.edu의 IP 주소를 응답한다. 이 예에서 하나의 호스트 이름 매핑을 얻기 위해 질의 메시지 네 번과 응답 메시지 네 번, 총 8번 DNS 메시지가 전송된 것을 확인할 수 있다.

전송되는 DNS 메시지 수를 줄이고 지연 성능의 향상을 위하여 DNS 캐싱 방법을 사용한다. DNS 캐싱을 위해서는 DNS 서버가 DNS 응답을 받았을 때 로컬 메모리에 응답에 대한 정보를 저장한다. 만약 호스트 이름과 IP 주소 쌍이 DNS 서버에 저장되고 다른 호스트 이름으로부터 같은 질의가 DNS 서버로 전송된다면 DNS 서버는 호스트 이름에 대한 IP 주소를 제공할 수 있다. DNS 서버에 IP 주소와 호스트 이름의 매핑에 대한 정보 저장은 영구적이지 않고 일정 기간 이후에 저장된 정보는 제거된다.

또한, 재귀적 요청을 받은 네임 서버는 결과적으로 해석기와 같은 역할을 수행한다. 즉, 최초의 해석기가 자신에게 요청한 것과 동일한 질의 요청을 다른 네임 서버에 전송해 원하는 결과를 찾는 과정을 반복 수행한다.

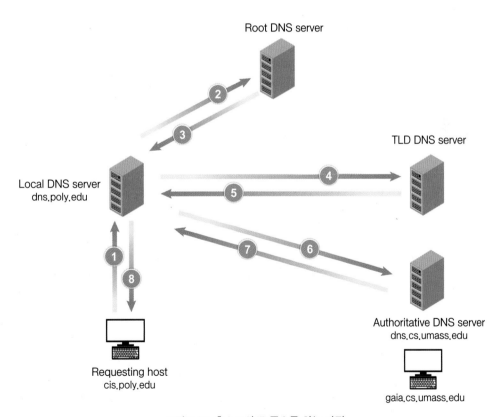

그림 6.26 **호스트의 IP 주소를 찾는 과정**

183

6.7 네트워크 실습

6.7.1 HTTP 접속 테스트

Telnet을 사용하여 HTTP 접속 테스트를 해보자.

윈도우의 경우 command 창 또는 유닉스의 경우 shell에 다음과 같이 입력해 보자. www.naver.com 서버의 80번 포트에 연결을 실행할 것이다.

```
telnet www.naver.com 80 [ENTER]
```

여기에 서버에서 파일을 전송 받기 위하여 다음과 같이 입력해 보자. 서버는 요청을 받은 후 해당 요청에 대한 파일을 제공한 후에 연결 종료한다.

```
GET              (naver에서 테스트)
또는
GET/HTTP/1.1    (se.kumoh.ac.kr에서 테스트)
```

또는 "telnet kumoh.ac.kr 80"에 연결을 수행한 후에 다음과 같이 명령을 입력해 보자.

```
GET /index.html HTTP/1.1
Host: kumoh.ac.kr
```

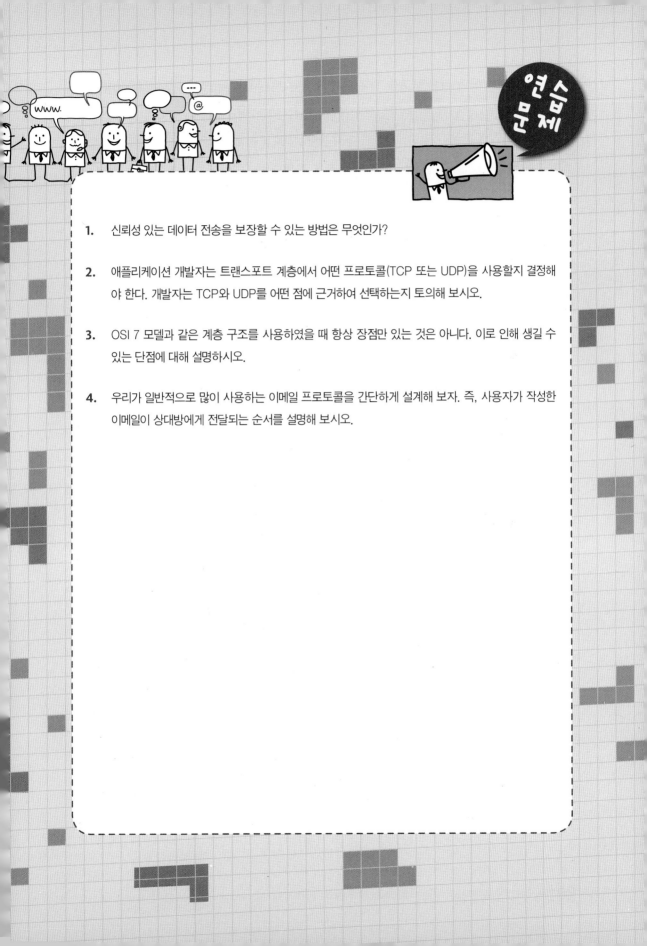

1. 신뢰성 있는 데이터 전송을 보장할 수 있는 방법은 무엇인가?

2. 애플리케이션 개발자는 트랜스포트 계층에서 어떤 프로토콜(TCP 또는 UDP)을 사용할지 결정해야 한다. 개발자는 TCP와 UDP를 어떤 점에 근거하여 선택하는지 토의해 보시오.

3. OSI 7 모델과 같은 계층 구조를 사용하였을 때 항상 장점만 있는 것은 아니다. 이로 인해 생길 수 있는 단점에 대해 설명하시오.

4. 우리가 일반적으로 많이 사용하는 이메일 프로토콜을 간단하게 설계해 보자. 즉, 사용자가 작성한 이메일이 상대방에게 전달되는 순서를 설명해 보시오.

자료구조와 알고리즘

컴퓨터를 사용할 때에는 내부적으로 다양한 종류의 데이터를 다루고 처리하게 된다. 우리가 도서관에서 책을 손쉽게 찾을 수 있는 것은 수 많은 책을 효과적으로 정리하기 위한 방법이 체계적으로 정립되어 있기 때문이다. 이와 유사하게, 자료구조란 컴퓨터에서 사용하는 숫자, 문자 등과 같은 다양한 자료 사이의 관계를 상황에 따라 적절하게 구성하여 자료를 효율적으로 저장하는 방법을 총칭한다. 이렇듯 다양한 자료가 저장되어 있으면, 이들을 사용하여 컴퓨터의 사용자가 원하는 작업을 효과적으로 수행하여야 한다. 알고리즘이란 어떤 문제를 해결하기 위한 연산의 집합을 의미한다. 이 장에서는 다양한 자료구조 및 이들을 이용하는 알고리즘에 관하여 학습한다.

학습목표

- 다양한 자료구조에 대한 이해
- 다양한 알고리즘에 대한 이해

7.1.1 배열

배열array이란 동일한 종류의 데이터를 모아놓은 자료구조를 말한다. 예를 들어, 한 학급에 50명의 학생이 있고, 이들의 수학성적을 나타내어 보자. 이는 다음과 같이 표현할 수 있다.

학생 1	학생 2	...	학생 49	학생 50
90	80	...	50	100

이를 프로그래밍 언어로 나타내면 다음과 같다.

```
int math_score[50];
math_score[0] = 90;
math_score[1] = 80;
...
```

문자열 또한 각 문자의 배열로 나타낼 수 있다. 가령 컴퓨터로 "Hello, World!"라는 문장을 표현할때는 다음과 같은 메모리 구조를 가지게 된다.

0	1	2	3	4	5	6	7	8	9	10	11	12	13
H	e	l	l	o	,		w	o	r	l	d	!	\0

이를 프로그래밍 언어로 나타내면 다음과 같다.

```
char str[13] = "Hello, world!";
```

이상과 같이 동일한 종류의 값을 특정 index와 value의 쌍으로 구성한 자료구조를 배열이라 한다. 배열은 다음과 같은 성질을 지니고 있다.

- 각 index는 그 index와 관련된 value를 가진다.
- 배열은 순차적인 메모리 구조를 가지며, index에 의한 랜덤 접근이 가능하다.

❶ 다차원 배열

두 개 이상의 index를 가진 배열을 말한다. 예를 들어, 컴퓨터를 이용하여 그림을 표현할 때, 다음과 같은 2차원의 데이터로 나타낼 필요가 있다.

```
char image[256][256];
```

7.1.2 연결 리스트

연결 리스트란 동일한 종류의 데이터의 집합을 서로 연결시켜서 만든 자료구조를 말한다. 연결 리스트의 각 데이터는 노드라고 한다. 노드와 노드는 링크로 연결되어 있다. 이상을 그림으로 나타내면 다음과 같다.

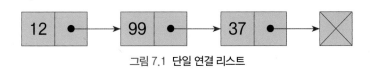

그림 7.1 단일 연결 리스트

연결 리스트는 그 연결 형태에 따라, 이중 연결 리스트, 원형 리스트 등으로 나타낼 수도 있다.

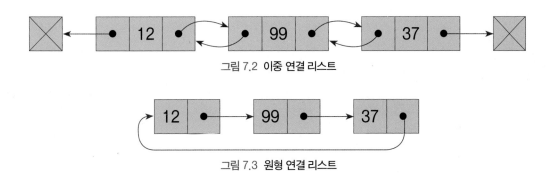

그림 7.2 이중 연결 리스트

그림 7.3 원형 연결 리스트

연결 리스트에 자료를 삽입할 때는 다음과 같은 과정을 거친다.

189

1. 연결 리스트상에서 삽입할 위치로 이동한다.
2. 다음 노드를 가리키는 링크를 삽입할 노드의 링크로 복사한다.
3. 다음 노드를 가리키는 링크를 삽입할 노드를 가르치게 한다.

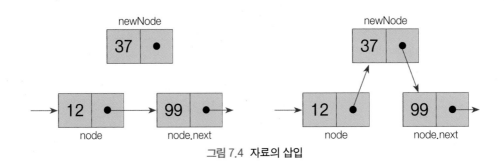

그림 7.4 **자료의 삽입**

자료의 삭제는 다음과 같이 이루어질 수 있다.

1. 연결 리스트상에서 삭제할 위치의 노드로 이동한다.
2. 다음 노드를 가리키는 링크를 삭제할 위치 직전의 노드의 링크로 복사한다.
3. 현재 위치의 데이터를 메모리상에서 해제한다.

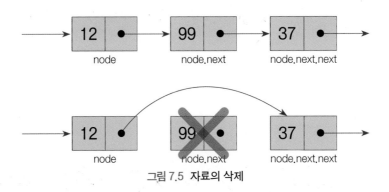

그림 7.5 **자료의 삭제**

❶ 배열과 연결 리스트의 비교

배열과 연결 리스트는 가장 기본적인 자료구조로써, 상황에 맞게 적절히 사용해야 한다. 다음은 두 자료구조의 장단점을 비교한다.

	배열	연결 리스트
n 번째 요소 접근	즉시 접근	n 번의 탐색 필요
자료구조 크기조정	크기 조정 불가	크기 조절 가능
자료 삽입, 삭제	새로운 자료 삽입, 삭제 어려움	자유로운 추가, 삭제 가능
프로그래밍 언어 지원	보통 프로그래밍 언어 수준에서 제공	관련 라이브러리를 사용하거나 직접 작성해야 함

만약 아무 데이터 요소에 접근할 수 있어야 하는 프로그램이라면 배열을 사용하는게 적절하고, 자료의 삽입 및 삭제가 빈번히 일어나는 프로그램이라면 연결 리스트를 사용하는 게 나은 선택이라고 볼 수 있다. 이렇듯, 상황에 맞는 자료구조를 선택하는 것은 프로그램의 작성에서 굉장히 중요한 일이라 볼 수 있다.

7.1.3 스택과 큐

❶ 스택

스택stack은 가장 나중에 삽입된 데이터가 가장 빨리 출력되는 LIFO last in, first out 구조의 자료구조를 말한다. 일상생활에서도 스택구조를 손쉽게 찾아볼 수 있다. 가령, 아래의 그림처럼 쌓여 있는 책은 스택 구조로 이루어졌다고 볼 수 있다. 스택은 시스템 내부에서도 함수의 호출 및 복귀 시에 유용하게 사용된다.

그림 7.6 **스택의 예**

스택은 배열이나 연결 리스트를 이용하여 구현할 수 있다. 배열로 스택을 나타낸다면 구현은 간단하나 크기가 고정된다는 단점이 있다. 이와 반대로, 연결 리스트로 구현한다면 스택의 크기에는 제한이 없으나 구현이 복잡해진다.

191

스택 용어

- top : 스택의 최상위를 가르치는 포인터
- push : 스택의 top에 데이터를 입력하는 명령어
- pop : 스택의 top에서 데이터를 가져오는 명령어

데이터를 삽입 삭제할 때 스택의 모습은 다음과 같다.

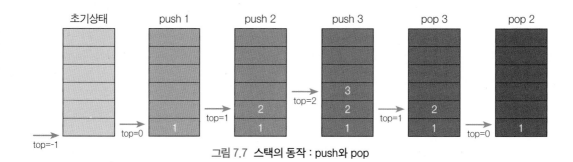

그림 7.7 **스택의 동작 : push와 pop**

❷ 큐

큐queue는 스택과 반대로 먼저 삽입된 데이터가 가장 먼저 출력되는 FIFO first in, first out 구조를 말한다. 줄 서 있는 사람, 수도관을 따라 흐르는 물 등은 모두 큐 구조라고 볼 수 있다. 큐는 네트워크 패킷 전송 등에 유용하게 사용된다.

큐 용어

- put : 큐에 자료를 넣는 명령어
- get : 큐에서 자료를 꺼내는 명령어
- front : put 명령어로 데이터를 삽입할 위치
- rear : 데이터를 get 할 위치

큐는 선형 큐와 환형 큐가 있다. 선형 큐는 막대 모양으로 크기가 제한되어 있는 큐이다. 배열로 구현할 경우 선형 큐는 시간이 지날수록 점점 큐의 front와 rear가 앞으로 이동하게 되어, 전체적으로 뒤로 이동시키는 명령이 필요하다. 이에 반해 환형 큐는 front와 rear가 환을 따라 이동하기에 보다 효율적으로 표현할 수 있다.

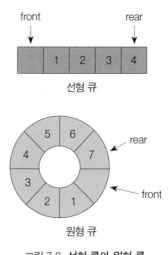

그림 7.8 **선형 큐와 원형 큐**

7.1.3 트리

트리tree란 이름 그대로 나무와 유사한 형태를 가지는 자료구조로서 하나 이상의 노드node로 구성된다. 하나의 트리는 루트root라는 특수한 노드를 가지고 있다. 루트는 트리 구조의 최상위 노드를 말한다. 루트에 연결된 하위 노드는 또 다른 서브 트리 구조를 유지한다. 트리의 최하단에 위치한 노드를 리프leaf 또는 터미널terminal이라고 한다. 아래는 트리의 예를 나타낸다.

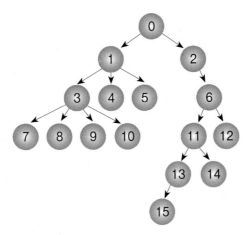

그림 7.9 **트리의 구조**

그림에서 트리는 16개의 노드를 가지고 있고, 4차수를 가지고 있으며, 깊이는 5이다. 노드 0은 최상위root 노드이고, 노드 1은 내부internal 노드이며, 노드 4는 잎leaf 노드이다. 노드 4는 1의 자식이며, 노드 4의 부모는 노드 1이다. 노드 0은 노드 4의 조부모 노드이고, 노드 3, 노드 4 및 노드 5는 형제 노드이다.

트리는 계층 구조를 나타내는 데 효율적인 자료구조이다. 가령 회사의 조직구조, 가계도 등의 자료구조를 나타내는 데 적합하다고 할 수 있다. 일반적으로 트리는 링크의 개수가 N 개이고 노드가 하나인 연결 리스트의 형태로 나타낸다.

❶ 이진 트리

이신 트리란 트리 구조 중 가장 범용적으로 쓰이는, 왼쪽 자식과 오른쪽 자식 노드로 구성된 노드의 숫자가 두 개 이하인 트리를 말한다. 자식 노드의 숫자가 고정적이지 않는 트리는 그 형태를 정형화하기 어렵기 때문에 대부분의 응용에서 이진 트리를 사용한다. 아래는 이진 트리의 예이다.

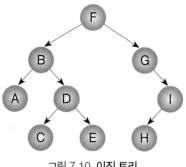

그림 7.10 이진 트리

❷ 이진 트리 순회

이진 트리는 배열이나 연결 리스트와 달리 노드, 왼쪽 자식, 그리고 오른쪽 자식이 존재한다. 이에 따라, 트리 안에 존재하는 각각의 데이터를 순회하는 여러 방법이 존재한다. 일반적으로 트리의 순회는 일반적으로 재귀 알고리즘으로 구현되는데, 노드 방문 방식에 따라 다음과 같다.

전위 순회(preorder)

1. 노드를 방문한다.
2. 왼쪽 서브 트리를 전위 순회한다.
3. 오른쪽 서브 트리를 전위 순회한다.

위의 트리를 전위 순회할 경우 F, B, A, D, C, E, G, I, H 순으로 방문하게 된다.

중위 순회(inorder)

1. 왼쪽 서브 트리를 중위 순회한다.
2. 노드를 방문한다.
3. 오른쪽 서브 트리를 중위 순회한다.

위의 트리를 중위 순회할 경우 A, B, C, D, E, F, G, H, I 순으로 방문하게 된다.

후위 순회(postorder)

1. 왼쪽 서브 트리를 후위 순회한다.
2. 오른쪽 서브 트리를 후위 순회한다.
3. 노드를 방문한다.

위의 트리를 후위 순회할 경우 A, C, E, D, B, H, I, G, F 순으로 방문하게 된다.

너비우선 탐색

레벨 순서 순회라고도 불리우며 모든 노드를 낮은 레벨부터 차례로 순회하는 방식을 말한다. 위의 트리를 너비우선 탐색할 경우 F, B, G, A, D, I, C, E, H 순으로 방문하게 된다.

7.1.4 그래프

그래프란 정점vertex과 간선edge으로 이루어진 자료구조를 말하며 G = (V, E)로 표시한다. 그래프는 최단거리 탐색, 경로 추정, 작업 스케줄링 등에 주로 쓰인다. 우리가 자주 접하는 네비게이션 역시 내부적으로는 그래프 구조를 이용해서 길을 안내한다고 볼 수 있다. 아래의 그림은 그래프의 예를 보여주고 있다.

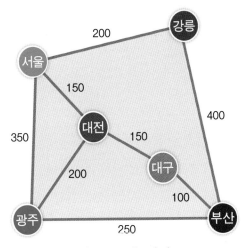

그림 7.11 **그래프의 예**

위의 예는 서울에서 부산까지 갈 때 거쳐 갈 수 있는 도시와 이때의 거리를 나타낸 것이다. 서울, 대전, 대구, 부산, 강릉과 같은 각 도시는 정점으로 볼 수 있고 이때 도시 사이의 거리는 간선으로 나타낼 수 있다.

❶ 그래프의 종류

유향 그래프

방향성이 있는 그래프를 말한다. 위의 예시에서 부산에서 강릉으로 가는 길만 있고 강릉에서 부산으로 가는 길이 없다면 이는 유향 그래프로 나타낼 수 있다. 즉 (Vi, Vj) != (Vj, Vi)이다.

무향 그래프

유향 그래프와 반대로 방향성이 없는 그래프를 말한다. 무향 그래프에서는 간선으로 연결된 모든 정점 사이에서는 왕복이 가능하다. 즉, (Vi, Vj) = (Vj, Vi)이다.

완전 그래프

완전 그래프는 모든 정점에서 모든 정점을 방문할 수 있는 그래프를 말한다. 즉, N개의 정점이 있을 때, 각 정점은 N−1개의 간선을 가지는 그래프를 말한다.

❷ 그래프의 제한사항

- 자기 자신을 향하는 간선은 없다.
- 중복된 간선을 허용하지 않는다.

❸ 그래프의 표현

그래프는 보통 2차원 배열로 표현한다. 정점의 개수가 N개일 때 배열의 크기는 N×N 이다. 그리고 배열의 각 요소 값은 정점 사이의 간선 값으로 나타낸다.

❹ 그래프 순회

그래프에 존재하는 정점의 방문 순서에 따라 깊이 우선 탐색과 너비 우선 탐색으로 나눠 볼 수 있다.

깊이 우선 탐색(Depth First Search, DFS)

한 정점을 시작으로 한 방향으로 이동 가능한 정점까지 순회한다. 이동 가능한 정점이 없을 경우, 다른 정점으로 이동하여 가능한 모든 정점을 순회한다. 깊이 우선 탐색은 스택을 이용하여 손쉽게 구현될 수 있다.

넓이 우선 탐색(Breadth First Search, BFS)

넓이 우선 탐색은 한 정점을 시작으로 인접 정점을 차례로 방문한다. 이후, 방문한 정점을 시작으로 다시 그에 인접한 정점을 방문하여 모든 정점을 순회하는 방식이다. 넓이 우선 탐색은 큐를 이용하여 구현될 수 있다.

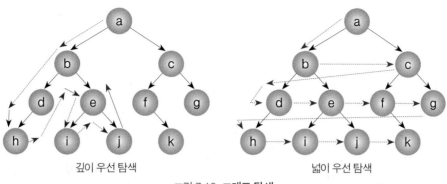

깊이 우선 탐색   넓이 우선 탐색

그림 7.12 **그래프 탐색**

  알고리즘

컴퓨터가 작업을 수행하기 위해서는 컴퓨터에게 해야 할 일을 정확하게 지시해야 한다. 알고리즘이란 모호하지 않게 실행 가능한 단계들의 집합이며, 단계들 간의 순서가 정해져 있으며, 반드시 종료하는 프로세스를 의미한다.

7.2.1 알고리즘 분석

대부분의 알고리즘은 경우에 따라 다양한 성능을 보인다. 데이터의 종류에 따라 빨라질 수도 있고 느려질 수도 있다. 이러한 경우, 알고리즘의 성능을 측정하기 위해 최악의 상황에서도 어느 정도의 성능을 보장하는지를 분석한다.

❶ O-표기법

O-표기법은 알고리즘의 최악 성능을 정형적으로 표현하는 가장 일반적인 방법이다. 예를 들어, 입력 데이터의 개수가 n일 때, 어떤 알고리즘의 성능이 $f(n) = 10 \times n^2 + 1000 \times n$을 따른다고 할 때, O-표기법으로는 $O(N^2)$이라고 나타낼 수 있다. O-표기법은 다음과 같다.

• 상수항은 $O(1)$로 표기한다. 즉, 자료의 양과 관계없이 일정한 시간이 걸리는 작업은 $O(1)$로 표현한다.

197

- 계수는 생략한다. O(3N)은 O(N)과 같다.
- 여러 항이 더해질 때는 가장 큰 항만 사용한다.
- 곱은 그대로 사용한다. O(N)O(N) = O(N^2)이다. 중첩된 루프와 같은 경우 곱으로 표현할 수 있다.

아래의 그래프는 O-표기법으로 나타낸 데이터의 수와 이에 따른 알고리즘 수행시간의 관계를 보여준다. 이상에서 보는 바와 같이 데이터의 양이 커짐에 따라 알고리즘의 수행속도가 각 표기법에 따라 크게 변함을 확인할 수 있다.

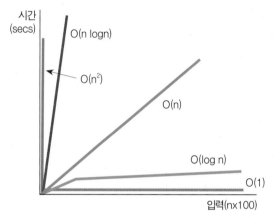

그림 7.13 O-표기법에 따른 수행 성능

7.2.2 기본적인 알고리즘

정렬과 검색은 모든 알고리즘 중 가장 기본적인 알고리즘이다. 여기에서는 다양한 종류의 검색 및 정렬 알고리즘을 살펴본다.

❶ 정렬

단순 정렬 알고리즘

리스트가 주어졌을 때, 작은 값부터 큰 값으로 주어진 리스트를 새로 만들어야 하는 문제를 생각해 보자. 가장 쉽게 생게 생각할 수 있는 방법은 리스트에서 가장 작은 값을 찾아서 제일 앞에 놓고, 그 다음 작은 값을 찾아서 그 다음에 놓는 방법이다. 이를 그림으로 그리면 다음과 같다.

이와 같이 정렬을 하기 위해서는 주어진 리스트와 같은 크기의 리스트가 하나 더 있어야 하므로 메모리 공간의 낭비가 발생한다.

선택 정렬 알고리즘

선택 정렬 알고리즘selection sort algorithm은 위의 단순 정렬 알고리즘의 메모리 낭비 문제를 해결한다. 선택 정렬에서는 주어진 리스트에서 가장 작은 값을 찾은 뒤, 그 값이 들어가야 할 위치에 있는 값과 가장 작은 값의 위치만 변경한다. 이를 그림으로 그리면 다음과 같다. 그림에서 주황색으로 표시된 칸은 이미 정렬된 부분을, 보라색으로 표시된 칸은 위치가 변경된 값을 보인다.

| 주어진 리스트 : | 48 | 24 | 45 | 67 | 89 | 34 | 65 | 12 | 46 | 55 |

1단계 : 주어진 리스트 :	12	24	45	67	89	34	65	48	46	55
2단계 : 주어진 리스트 :	12	24	45	67	89	34	65	48	46	55
2단계 : 주어진 리스트 :	12	24	45	67	89	45	65	48	46	55

선택 정렬 알고리즘의 경우 별도의 리스트 없이 주어진 리스트 안에서 정렬이 가능하므로 위의 단순 정렬 알고리즘보다 공간 효율성이 높다고 평가된다. 이때 시간복잡도는 $O(N^2)$ 이다.

퀵소트

퀵소트quick sort는 대표적인 분할 정복 알고리즘으로 정렬에 걸리는 시간을 획기적으로 줄여준다. 퀵소트의 가장 기본적인 컨셉은 특정 값을 기준으로 이보다 큰 값과 작은 값 두 그룹으로 나누는 것이다. 이후, 각 그룹에서 퀵소트를 재귀적으로 수행하여 정렬된 부분해를 구하고 이를 합침으로 정렬된 리스트를 얻을 수 있다. 퀵소트의 시간복잡도는 O(N log N)이다.

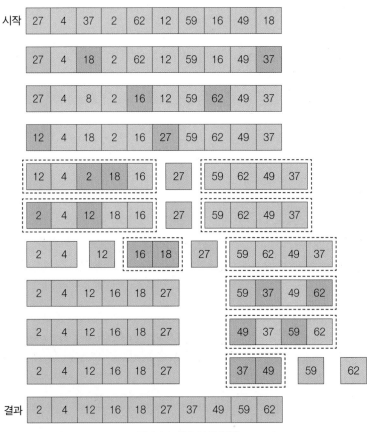

그림 7.14 **퀵소트의 동작**

❷ 검색

순차 검색 알고리즘

검색search이란 원하는 값이 주어진 리스트의 어디에 위치하느냐를 찾는 문제이다. 예를 들어 아래의 리스트에서 67이 존재하는지 찾기 위해서는 처음의 값 48에서부터 시작하여 리스트에 저장된 값이 67인지 아닌지 확인하고, 아니면 다음 값을 확인하고 맞다면 그 위치에서 결과를 도출하면 된다.

| 48 | 24 | 45 | 67 | 89 | 34 | 65 | 12 | 46 | 55 |

위의 리스트에 값 A가 어디에 있는지 찾기 위한 알고리즘을 기술하면 아래와 같다.

지금 살펴보는 위치 = 1
지금 살펴보는 위치가 리스트의 끝이 아니고 지금 위치의 값이 A와 같지 않다면
　지금 살펴보는 위치 = 지금 살펴보는 위치 + 1
지금 위치의 값이 A와 같다면 그 위치를 결과로 내고,
　살펴보는 위치가 끝까지 갔다면 검색 실패를 결과로 내고 검색을 종료

이 알고리즘을 C 프로그래밍 언어의 문장으로 표현하면 아래와 같다.

```
index = 1 ;
while index <= max_index && list[index] != A
    index = index + 1 ;
if (list[index] == A) return index ;
else return FAIL ;
```

순차 검색 알고리즘sequential search algorithm의 효율성에 대해서 생각해 보자. 내가 가지고 있는 리스트의 길이가 N이라고 생각하자. 속도의 측면에서는 순차 검색 알고리즘은 최악의 경우 N번의 비교를 통해서 찾고자 하는 값을 찾을 수 있다. 이것을 알고리즘에서는 O(N)의 시간 복잡도를 가지고 있는 알고리즘이라고 이야기한다. 메모리 공간의 측면에서는 내가 가지고 있는 리스트 이외에는 지금 살펴보는 값을 기억하기 위한 공간만이 필요하므로 O(1)의 공간 복잡도를 가지고 있는 알고리즘이라고 볼 수 있다.

이진 검색 알고리즘

내가 어떤 시험에 응시했고, 응시한 시험의 합격자가 1,000명일 때 내 수험번호로 합격여부를 찾아보는 경우를 생각해보자. 이러한 경우 일반적으로 합격자는 수험번호가 작은 숫자부터 큰 숫자까지 정렬sort되어 있다. 이 경우 내 수험번호가 있는지 찾기 위해 처음부터 하나씩 살펴보는 순차 검색을 이용하지 않는다. 아마도 중간 어느 지점에서 내 수험 번호가 있는지 찾아본 다음에 내 수험번호가 그보다 앞에 있으면 그 앞부분을 대충 찾아보는 방식을 이용할 것이다.

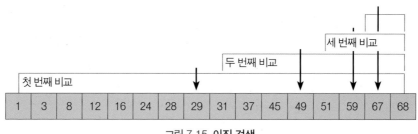

그림 7.15 **이진 검색**

검색을 해야 할 대상 리스트가 그림과 같이 작은 값에서 큰 값으로 정렬sort되어 있는 경우에는 이진 검색 알고리즘을 적용할 수 있다. 그림의 리스트를 생각해 보자. 찾고자 하는 값이 67이라면 이진 검색 알고리즘binary search algorithm은 리스트의 중간에 있는 29와 67을 비교하고 중간 값보다 찾는 값이 크므로 큰 쪽 부분의 중간 값을 다시 비교하는 방식을 취한다.

이 방식을 알고리즘으로 기술하면 다음과 같다.

```
지금 살펴보는 위치 = 전체 리스트의 중간
전체 리스트에 값이 존재할 때까지 계속 반복하면서
   지금 살펴보는 위치의 값이 찾는 값보다 작다면 남아있는 큰 부분을 전체 리스트로 대체
   지금 살펴보는 위치의 값이 찾는 값보다 크다면 남아있는 작은 부분을 전체 리스트로 대체
   지금 살펴보는 위치의 값이 찾고자 하는 값과 같다면 위치를 결과로 내고 종료
리스트에 찾는 값이 없으므로 검색 실패를 결과로 내고 종료
```

이 알고리즘을 C프로그래밍 언어의 문장으로 표현하면 아래와 같다.

```c
start = 1; end = N; // N은 리스트의 길이.
         // start는 리스트의 시작 위치. end는 끝 위치
while (start <= end)
{
    index = start + (end−start)/2;  // index는 리스트의 중간 위치
    if ( list[index] == A) return index;
    else if (list[index] > A) end = index − 1;
    else start = index − 1;
}
return FAIL;
```

이진 알고리즘의 효율성에 대해 생각해 보자. 가지고 있는 리스트의 길이가 N이라고 생각하자. 이진 검색 알고리즘은 어떤 경우에는 리스트의 모든 값과 찾고자 하는 값을 비교하지 않는다. 앞의 그림에서 보듯이 이진 검색은 리스트의 크기를 절반씩 줄이면서 중간 값과 현재 값을 비교하므로 순차 검색에 비해 비교 횟수가 크게 줄어든다. 이런 점에서 이진 검색 알고리즘은 순차 검색 알고리즘에 비해 효율적이다. 실제로 이진 검색 알고리즘의 시간 복잡도는 O(logN)이다. 반면 리스트가 정렬된 경우에만 적용할 수 있다는 단점이 있다.

7.2.2 알고리즘의 분류

❶ 분할 정복 기법

분할 정복 알고리즘divide and conquer은 주어진 문제를 여러 개의 작은 하위 문제로 나눈 이후, 작은 문제를 해결하고 이들을 통합함으로서 문제를 해결하는 기법이다. 앞서 살펴본 퀵소트는 가장 대표적인 분할 정복 기법을 따르는 알고리즘이라고 볼 수 있다.

❷ 백 트래킹

백 트래킹backtracking은 가능한 모든 경우를 다 수행하는 알고리즘이다. 가능한 모든 경우를 수행하면서 만약 원하는 결과가 나왔다면 이를 저장한다. 트리의 순회나 그래프의 순회도 넓은 의미로 살펴보면 백 트래킹의 일부라 볼 수 있다.

❸ 탐욕 알고리즘

탐욕greedy 알고리즘은 최적해를 구하는 데 주로 사용되는 방법으로, 여러 경우 중 하나를 선택할 때 현 단계에서 가장 많은 이익을 주는 것을 선택하는 방법이다. 현 단계에서 최적의 선택이 전체적으로 최적이라는 보장은 없다. 그러나 그래프에서 최소비용 신장 트리를 구하는 문제나 최단 경로를 구하는 문제의 경우는 탐욕 알고리즘을 써도 최적해를 보장한다.

❹ 동적 계획법

동적 계획법dynamic programming 역시 최적해를 구하는 데 주로 사용된다. 탐욕 알고리즘과의 차이라면 동적 계획법은 항상 최적해를 보장한다. 부분의 해가 전체의 해의 일부에 포함될 때 미리 부분의 해를 구하여 저장해 놓고, 더 큰 문제의 해를 구할 때 앞서 구한 작은 문제의 해를 사용하는 방법을 말한다. 동적 계획법은 주로 최단 거리 등을 구할 때 사용된다.

1. 배열과 연결 리스트의 장단점을 논하시오.

2. 트리는 그래프의 부분집합이다. 주어진 그래프에서 간선의 합이 최소가 되는 트리를 생성하는 알고리즘을 작성하시오.

3. $f(x) = x^3 + x + 10$을 O-표현법으로 나타내시오.

4. 다음 알고리즘을 수행했을 때 어떤 결과가 나올지 예측하시오.

```
sum = 0
index = 1
index가 10보다 작거나 같은 때까지 아래 문장을 반복
   sum = sum + index
   index = index + 1
sum의 값을 출력
```

```
last = 0
current = 1
current가 100보다 작을 때 아래 문장을 반복
   current의 값을 출력
   temp = last
   last = current
   current = last + temp
```

08 데이터베이스

우리는 다양한 정보와 데이터로 둘러싸인 환경에서 생활한다. 각 개인은 주민등록번호, 핸드폰, 이메일과 같은 정보를 가지고 있고, 학교나 회사에서는 학번, 사번 등으로 각 개인을 나타낸다. 개인이 속한 가정은 주소와 전화번호와 같은 정보가 있다. 이처럼 데이터의 종류가 많아짐에 따라, 이를 체계적으로 다룰 수 있는 방법이 데이터베이스 기술이다.

포털사이트에 회원가입을 하고 로그인을 하기 위해서는 개인의 아이디와 패스워드가 옳은지 확인하는 작업이 필요하다. 만약 나의 포털사이트 아이디와 패스워드를 포털사이트 직원이 하나하나 비교한 후 로그인을 승인해 주려면 얼마나 많은 시간이 걸릴까? 데이터베이스는 컴퓨터에서 데이터를 조직화시킨 형태로 저장하여 빠르게 사용할 수 있게 지원하는 것을 의미한다. 즉, 조직화되어 접근, 검색, 활용할 수 있도록 논리적으로 연관된 데이터들이다. 데이터베이스 설계란 이러한 데이터베이스를 다루기 위해 데이터를 효율적으로 조직화하는 과정이며 조직화된 데이터베이스를 컴퓨터를 이용하여 활용할 수 있게 하는 것이 데이터베이스 관리시스템이다

학습목표

- 데이터베이스의 기본 이론 이해
- 데이터베이스 설계 기법 학습
- SQL에 대한 기본적인 학습

8.1 데이터베이스 기초

8.1.1 데이터베이스의 특징

데이터베이스란 어떤 조직 내에서 여러 응용 시스템과 다수의 사용자들이 공동으로 사용하기 위하여 중복을 배제하고 통합된 환경으로 저장한 데이터의 집합이다. 이상의 정의를 만족시키기 위해 데이터베이스는 다음과 같은 특징을 지니고 있다.

❶ 실시간 접근성(real time accessibility)

데이터베이스는 사용자의 질의에 대하여 즉시 처리하여 응답해야 한다.

❷ 계속적인 진화(continuous evolution)

데이터베이스는 삽입, 삭제, 갱신 등의 연산을 통하여 항상 최근의 정확한 데이터를 정확하게 유지하여야 한다.

❸ 동시 공유(concurrent sharing)

데이터베이스는 여러 명의 사용자가 하나의 데이터를 동시에 사용할 수 있게 해야 한다. 예를 들어 한 학생의 전화번호 정보가 수정되고 있는 중간에 그 학생의 전화번호를 검색하는 사람이 있다면 잘못된 검색 결과를 얻을 수 있다. 데이터베이스의 수정이나 삭제 등의 데이터베이스에 접근하는 작업을 트랜잭션transaction이라고 한다. 전화번호 수정의 경우 수정되고 있는 값에 대해서 검색을 하려는 트랜잭션이 발생하면, 수정이 완료되고 난 다음에 트랙잭션을 수행하게 해야 정확한 결과를 보장할 수 있다.

트랜잭션의 필요조건
- 원자성atomicity : 한 트랜잭션의 모든 작업이 수행되든지, 아니면 하나도 수행되지 않아야 한다. 트랜잭션이 제대로 실행되지 않으면 롤백한다.
- 일관성consistency : 모든 트랜잭션은 데이터베이스에서 정한 무결성 조건을 만족해야 한다.
- 격리성isolation : 두 개의 트랜잭션이 서로에게 영향을 미칠 수 없다. 트랜잭션이 실행되는 동안의 값은 다른 트랜잭션이 접근할 수 없어야 한다.

- 내구성durability : 트랜잭션이 성공적으로 끝난 뒤에는 그 결과가 데이터베이스에 계속 유지되어야 한다.

❹ 내용에 의한 참조(content reference)

데이터베이스에 있는 데이터를 참조할 때는 데이터의 주소나 위치에 의해서가 아니라 사용자가 요구하는 데이터 내용에 따라 참조하는 특징을 지니고 있다.

❺ 자기 기술성

데이터베이스에는 메타데이터meta-data라는 데이터베이스 자신에 대한 정보가 저장된다. 이처럼 데이터베이스는 저장되는 데이터의 특징을 표시하여 데이터베이스를 사용하는 프로그램이 활용할 수 있게 한다. 데이터베이스의 자기 기술성은 데이터 모델과 스키마를 통해서 표현된다. 데이터 모델data model이란 데이터의 유형이나 데이터 간의 관계, 데이터에 대한 제약사항 등에 대한 개념적 관점을 의미한다. 데이터 모델에 기반하여 데이터베이스 구조를 기술한 것을 데이터베이스 스키마database schema라고 한다. 데이터베이스 모델과 스키마는 다음 장에서 다루도록 한다.

❻ 프로그램과 데이터의 분리

데이터베이스를 효과적으로 활용하기 위해서는 데이터베이스에 접근하고 저장된 값을 사용하는 프로그램이 필요하다. 데이터베이스는 메타데이터를 통해 자신의 특성을 저장하며 데이터베이스 처리 프로그램에서는 메타데이터를 참고하여 데이터를 처리하여, 데이터베이스에 저장되는 값이나 데이터베이스의 구조가 변경되어도 프로그램을 수정하지 않아도 되는 중요한 장점을 가지게 된다. 이를 통해, 일반 사용자는 어떤 구조로 데이터가 컴퓨터에 저장되는지를 몰라도 데이터를 편하게 사용할 수 있다. 데이터베이스의 생성과 관리를 담당하는 소프트웨어 패키지를 데이터베이스 관리시스템database management system, DBMS라고 부른다. 데이터베이스 구조를 유지하고 정보를 변경하고 추출하는 데 사용되는 언어를 구조적 질의어structured query laguage, SQL라고 한다.

❼ 데이터에 대한 다양한 뷰의 제공

데이터베이스는 데이터 간의 관계를 컴퓨터에 저장하여 다양한 관점view에서 데이터를 해석할 수 있게 한다. 이를 통해, 원하는 조건에 맞는 정보를 필요할 때마다 얻을 수 있는 편리함이 있다.

8.1.3 데이터베이스의 사용자

❶ 데이터베이스 관리자(database administrator, DBA)

데이터베이스를 정의하고 제어하는 사람 또는 그룹을 말한다. 관리자는 데이터베이스 관리 시스템과 컴퓨터 시스템, 조직 내의 전산 업무에 전문적인 지식을 보유해야 한다.

❷ 응용 프로그래머(application programmer)

호스트 프로그래밍 언어를 통해 데이터베이스에 접근하는 사람을 말한다. 호스트 프로그래밍 언어를 사용할 수 있고, 데이터베이스 관리 시스템에 대해서도 어느 정도 알고 있는 전산 전문가를 말한다.

❸ 일반 사용자(end user)

질의어를 통해 데이터베이스 관리 시스템에 접근하는 사람을 말한다. 컴퓨터나 데이터베이스 관리 시스템에 대한 지식이 없어도 된다. 데이터 삽입, 삭제, 갱신, 검색 등의 목적으로 데이터베이스 관리 시스템을 이용한다.

8.1.4 데이터베이스 관리 시스템

❶ 데이터베이스 관리 시스템의 개념

데이터베이스 관리 시스템은 사용자와 데이터베이스 사이에서 사용자의 요구에 따라 데이터를 효과적으로 이용할 수 있도록 정리 · 보관하기 위한 소프트웨어를 총칭한다. 즉, DBMS는 데이터베이스를 관리하기 위해 필요한 수행과정인 데이터의 추가, 변경, 삭제, 검색 등의 기능을 집대성해 모든 응용 프로그램들이 데이터베이스를 공유할 수 있도록 관리해주는 소프트웨어 패키지라고 볼 수 있다.

❷ 데이터베이스 관리 시스템의 필수 기능

- 정의 기능definition facility : 데이터의 타입과 구조, 데이터가 데이터베이스에 저장될 때의 제약 조건 등을 명시하는 기능을 제공한다.
- 조작 기능manipulation facility : 체계적 데이터 처리를 위해 데이터 접근기능(검색, 삽입, 삭제, 갱신 등)을 명시하는 기능을 제공한다.

- 제어 기능control facility : 데이터의 정확성과 안전성을 유지하기 위해 무결성, 보완 및 권한 검사, 병행 제어 등을 명시하는 기능을 제공한다.

❸ DBMS의 장단점

DBMS는 다음과 같은 장단점을 가진다.

장점	단점
데이터의 논리적, 물리적 독립성이 보장된다.	데이터베이스의 전문가가 부족하다.
데이터를 공동으로 이용할 수 있다.	대용량 디스크로의 집중적인 접근(access)으로 과부하가 발생한다.
데이터를 표준화할 수 있다.	전산화 비용이 증가한다.
데이터의 무결성을 유지할 수 있다.	데이터의 백업(backup)과 복구(recovery)가 어렵다.
데이터의 실시간 처리가 가능하다.	시스템이 복잡해진다.
데이터의 중복을 피할 수 있다.	
데이터를 통합하여 관리할 수 있다.	
데이터의 일관성을 유지할 수 있다.	
데이터의 보안을 유지할 수 있다.	
항상 최신 데이터를 유지할 수 있다.	

❹ DBMS 모델

DBMS는 계층형, 네트워크형, 관계형, 그리고 객체지향형으로 나눠 볼 수 있다. 최근에는 관계형이 DBMS의 주류를 이루고 있다.

- 계층형 DBMS : 계층형에서는 이름과 같이 트리 형태의 계층구조로 데이터를 보존 및 유지하게 되는데, 데이터를 대분류, 중분류, 소분류 등으로 분류·정리할 수 있을 경우에 계층형 DBMS가 적용된다. 오늘날에는 거의 사용되고 있지 않다.
- 네트워크 데이터베이스 : 네트워크형에서는 데이터끼리의 상호관계를 그래프로 나타낸다. 계층형과 유사하나 부모노드를 여러 개 가질 수 있다는 특징이 있다.
- 관계형 DBMS : 관계형은 사실상 업계표준으로 사용되고 있다. 관계형 데이터베이스는 서로 관련있는 테이블들의 집합으로 데이터를 저장한다. 다음 장에서는 관계형 DBMS 설계에 관해 자세히 살펴본다.
- 객체지향 DBMS : 객체지향 DBMS는 데이터를 객체로 저장하는데, 이들 객체는 객체 클래스로 그룹지어질 수 있으며, 어트리뷰트attribute와 메소드method에 의해 정의된다. 그러나 이 모델은 다소 개념적인 형태로 아직까지는 실제로 사용하기에 쉽지 않다.

8.2 데이터베이스 설계

8.2.1 데이터베이스 스키마

데이터베이스를 사용하는 가장 큰 이유 중 하나는 데이터와 프로그램 간의 독립성을 획득하는 데 있다. 이러한 독립성은, 데이터베이스의 구조를 크게 3단계로 나누어서 접근 권한 등을 제한함으로써 해결할 수 있다. 스키마schema란 데이터베이스의 구조와 제약 조건에 관한 전반적인 명세specification를 의미한다. 이러한 스키마를 사용자의 관점에 따라 외부 스키마, 개념 스키마, 내부 스키마로 나눔으로써 데이터의 독립성을 보장하고 DBMS를 효율적으로 사용할 수 있다.

❶ 내부 스키마

내부 스키마internal schema는 데이터베이스의 물리적 구조를 정의한다. 내부 스키마는 하나만 존재하며 데이터 저장 구조 및 접근 경로 등을 기술한다. 이러한 내부 스키마는 시스템 프로그래머나 시스템 설계자가 보는 관점의 스키마이다.

❷ 개념 스키마

일반적으로 스키마라고 하면 개념 스키마conceptual schema를 의미한다. 이 레벨에서는 사용자 그룹 전체를 위한 전반적인 데이터베이스 구조를 기술한다. 즉, 물리적 저장구조는 감추고, 데이터베이스의 논리적 구조를 나타낸다고 볼 수 있다. 구체적으로, 개체 간의 관계와 제약 조건을 나타내고 데이터베이스의 접근권한, 보안 정책 및 무결성 규정에 관한 명세를 정의한다. 개념 스키마는 데이터베이스 관리자에 의해서 작성된다.

❸ 외부 스키마

뷰view 라고도 불리우는 외부 스키마external schema는 사용자나 응용 프로그래머가 각 개인의 입장에서 필요로 하는 뷰를 기술한다. 외부 스키마는 전체 데이터베이스의 한 논리적인 부분으로 볼 수 있으므로 서브 스키마sub schema라고도 한다. 하나의 데이터베이스 관리 시스템에는 여러 개의 외부 스키마가 존재할 수 있다. 이러한 외부 스키마는 각 사용자 그룹이 관심을 갖고 있는 데이터베이스의 부분만을 기술하고 나머지 데이터베이스 부분은 감추어 준다.

8.2.2 데이터베이스 설계 단계

데이터베이스 설계란 데이터베이스의 구조, 즉 데이터베이스 스키마database schema를 개발하는 과정이다. 설계과정은 요구 조건 분석, 개념적 설계, 논리적 설계, 물리적 설계, 데이터베이스 구현의 단계를 반복하여 수행한다.

❶ 요구 조건 분석

요구 조건 분석requirement analysis은 데이터베이스를 사용할 사람이 필요로 하는 용도를 파악하는 작업이다. 사용자의 요구 조건을 수집하고 분석하여 공식적인 요구 조건 명세서를 작성한다. 작성된 요구 조건 명세서는 주요 사용자 그룹과 함께 다시 검토하고 확인한 후 최종 시스템 명세로 확정한다.

❷ 개념적 설계

개념적 설계conceptual design는 데이터베이스에 필요한 정보를 추상화하는 과정을 말한다. 이 단계에서는 데이터의 조직과 표현에 치중해서 개념적 스키마를 만들어 내는 데 중점을 둔다. 즉, 개념 스키마 모델링은 요구 조건 분석의 결과로 나온 요구 조건 명세서를 기반으로 데이터베이스에 필요한 데이터를 추상화하는 과정이라 할 수 있다. 다음에서 다룰 ER 모델은 개념적 설계의 한 예라 볼 수 있다.

❸ 논리적 설계

논리적 설계logical design는 현실 세계에서 발생하는 데이터 형태를 컴퓨터가 이해하고 처리할 수 있는 특정 데이터베이스 관리 시스템이 지원하는 논리적 데이터 구조로 변환시키는 과정이다. 논리적 데이터 모델에서의 데이터 구조, 즉 논리 스키마를 설계한다.

논리 스키마는 앞서 작성한 개념적 설계를 기반으로 작성된다. 일반적으로, 논리적 설계단계에서는 앞서 작성한 ER 모델을 이용하여 관계형 데이터베이스 모델을 생성한다. 이후, 정규화normalization과정을 수행하여 데이터베이스에 적합한 릴레이션 스키마를 생성한다.

❹ 물리적 설계

물리적 설계physical design는 데이터베이스에 대한 특정한 저장 구조와 접근access 경로를 결정하는 과정이다. 즉, 논리적 설계로 만들어낸 데이터베이스가 물리적 데이터베이스 구조에 접근하는 물리 스키마physical schema를 설계하는 것이라 할 수 있다. 물리적 설계에는 저장 구조를 위한 레코드의 양식, 순서, 저장 공간 등과 접근 경로를 위한 인덱싱, 클러스터링, 해싱 등의 설계가 포함된다. 물리적 설계를 위하여 특정 데이터베이스 관리 시스템뿐만 아니라 특정 하드웨어 및 운영체제의 특성도 고려해야 한다.

❺ 데이터베이스 구현

마지막으로 데이터베이스를 실제로 구축한다. 데이터베이스 구현database implementation 단계에서는 앞선 단계의 설계에 따라 해당 DBMS의 명령을 수행하여 실제 데이터베이스 스키마와 데이터베이스 파일을 생성한다. 또한 필요할 경우 데이터베이스에 데이터를 입력한다. 이후, 응용 프로그래머에 의해 SQL 등으로 이루어진 트랜잭션이 구현된다.

8.2.3 ER 모델

ER 모델링은 데이터베이스 설계 단계 중 개념적 설계에 해당하는 단계로서, 현실세계의 내용 중 데이터베이스에 필요한 내용을 나타내는 데 사용된다. ER 모델entity-relationship model 은 개체, 관계, 속성로 구성된 ER 다이어그램으로 현실세계를 표현한다.

❶ 개체 또는 엔티티

개체entity는 현실 세계의 객체로서 유형 또는 무형의 정보 대상으로 존재하며 서로 구별될 수 있는 것을 뜻한다. 각 개체는 개체의 특징을 나타내는 속성을 지니고 있다. 개체는 직사각형으로 표현한다.

❷ 관계

관계relation는 두 개 이상의 개체 사이에 존재하는 연관성을 뜻한다. 개체 사이의 관계에 따라 다양한 관계 타입이 있을 수 있다. 관계는 마름모로 표현한다.

❸ 속성 또는 애트리뷰트

속성attribute은 개체의 특성이나 상태를 기술한 것이다. 관계 역시 개체와 마찬가지로 속성을 가질 수 있다. 모든 개체 타입은 그 개체를 유일하게 식별해 주는 기본키에 속하는 속성을 포함한다. 속성은 타원으로 표현한다.

이상에 따라, 학교 생활 정보를 예를 들어 ER 모델을 이해해 보자. 학교 생활에는 다음과 같은 요소들이 존재한다.

- 학교에는 여러 학년에 여러 반이 있다. 한 반에는 한 명의 반장 학생이 있다.
- 학교에는 학생들이 있고, 학생들은 고유번호와 이름, 번호를 가진다. 학생은 집주소와 전화번호, 급식 특성에 대한 정보를 가지며, 하나의 반에 반드시 소속되어야 하며 여러 특기반에 소속될 수 있다.
- 각 학생은 가족에 대한 정보를 가진다. 엄마, 아빠, 형 등의 관계와 가족의 이름과 전화번호 정보를 가진다.
- 학교에는 선생님들이 있고, 그중에 반을 담당하는 담임선생님도 있다. 선생님은 고유번호, 이름과 전화번호, 학교에 온 날짜 정보를 가진다.
- 학교에는 여러 특기반이 있으며 특기반에는 한 명의 담당선생님이 있고, 한 명 이상의 소속 학생을 가질 수 있다. 특기반에 소속되는 경우 각 학생이 특기반 내에서 특히 전문으로 잘하는 분야를 기술한다.

위에서 설명한 학교 생활의 요소를 기준으로 다음과 같은 ER 다이어그램을 그릴 수 있다. 그림에서 직사각형은 엔티티entity를, 타원은 애트리뷰트attribute를, 마름모는 관계relation를 표시한다. 아래에서는 각각을 설명한다.

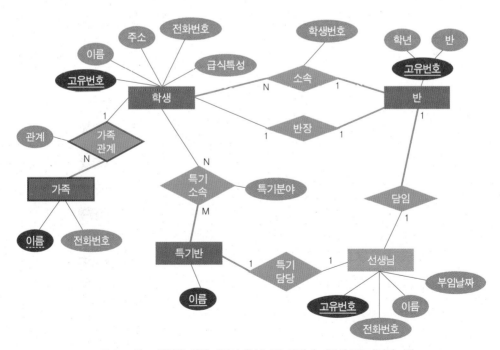

그림 8.1 학교 생활을 위한 데이터베이스 ER 모델에 기반한 ER 다이어그램

❹ 엔티티와 애트리뷰트, 키 애트리뷰트, 약한 엔티티 타입

- 엔티티는 학생, 반과 같이 실제로 존재하는 실체를 표현한다. ER 다이어그램에서 엔티티는 직사각형으로 표시한다.
- 각 엔티티는 그 엔티티를 표현하는 속성인 애트리뷰트attribute를 가진다. 학생은 이름과 주소 등의 애트리뷰트를 가진다. ER 다이어그램에서 애트리뷰트는 타원으로 표시한다.
- 엔티티의 애트리뷰트 중에서 그 엔티티를 고유하게 또는 유일하게unique 표시하는 것을 키 애트리뷰트key attribute 또는 키key라고 한다. 도입에서 학교에서 학생 정보를 표시할 때 고유한 값을 표시하면 편리하므로 고유번호라는 특성을 부여할 필요가 있음을 설명하였다. 그림과 같이 학생은 고유번호를 키로 가지며, 선생님도 같은 이름을 가진 선생님이 있을 수 있으므로 고유번호를 키로 가진다. 특기반은 동일한 이름을 가질 수 없으므로 이름을 키로 가지며, 각 반은 학년과 반을 조합하면 유일한 값을 가지므로 두 개를 합친 값을 고유번호로 하여 키로 사용한다. ER 다이어그램에서 키는 밑줄을 표시하여 나타낸다.
- 반의 고유번호처럼 두 개 이상의 애트리뷰트가 합쳐져서 하나의 애트리뷰트가 되는 것을 복합 애트리뷰트라고 한다.
- 학생에 대한 가족은 학생이 존재하지 않으면 학교 데이터베이스에 존재할 필요가 없다. 가족 엔티티와 같이 다른 엔티티에 의존적인 엔티티를 약한 엔티티 타입이라고 하며 이 경우 학생 엔티티를 소유 엔티티 타입이라고 한다. 약한 엔티티 타입을 위한 키 애트리뷰트는 소유 엔티티 타입의 키와 약한 엔티티 타입의 부분키(한 가족 안에서 같은 이름을 가지는 사람은 없으므로 이름을 부분키로 지정할 수 있다)를 합쳐 고유한 엔티티를 지정할 수 있다. 약한 엔티티 타입은 이중선으로 표현된 직사각형으로 표현하며 부분키는 점선 밑줄로 표현한다.

❺ 관계와 제약 조건, 관계 애트리뷰트

- 학생은 반에 소속되고 반은 선생님을 가지는 등의 엔티티 간에 이루어지는 관계들을 ER 다이어그램에서는 마름모꼴로 표시하고 관련되는 엔티티와 선으로 연결한다. 그림에서 학생이 한 반에 소속되는 관계를 '소속'으로 표시하였고, 선생님이 한 반을 담당하는 관계를 '담당'으로 표시하였다. 약한 엔티티 타입과 연결되는 관계는 이중선을 가진 마름모꼴로 표현된다.
- 학생은 반에는 반드시 소속되어야 하지만 특기반에는 소속되지 않아도 된다. 반에는 반드시 한 명의 반장이 있어야 한다. ER 다이어그램에서 반드시 관계에 소속되어야 하는 엔티티는 이중선으로 연결하여 제약 조건을 표시한다.

- 한 반에는 여러 학생이 있으며, 한 학생은 한 반에만 속할 수 있다. 엔티티와 엔티티 간의 관계에서 어떤 비율로 관계가 형성되는가를 ER 다이어그램에서는 선에 1이나 N, M 등을 표시하여 나타낸다. 한 반은 한 명의 담임선생님을 가지고 한 선생님은 한 반의 담임을 맡을 수 있으므로 '담당' 관계는 양쪽에 모두 1을 가진다. 한 학생은 한 반에 포함되지만 한 반에는 여러 학생이 소속되므로 '소속' 관계는 반쪽에는 1을 학생 쪽에는 N을 가진다. 한 학생은 여러 특기반에 소속될 수 있고 특기반에는 여러 학생이 소속될 수 있으므로 특기소속 관계는 양쪽에 여러 개의 들어간다는 의미로 N과 M을 가진다.
- 학생은 반에 소속될 때 그 반에서의 번호를 가진다. 이처럼 관계에 의해 만들어지는 애트리뷰트를 관계 애트리뷰트라고 하며 관계에 연결되는 타원으로 표현한다.

8.2.4 관계형 데이터베이스 모델

관계형 데이터 모델은 데이터를 관계들의 모임으로 표현한다. 관계는 값들의 테이블, 또는 레코드들의 집합으로 표현된다. 학교 생활 예제에서와 같이 표현해야 할 데이터들을 행과 열로 이루어진 테이블의 집합으로 표현하는 것이다.

앞서 살펴본 학교의 학생 정보에서 각 행은 데이터 값들의 모임이 된다. 관계형 모델과 비교했을 때 테이블의 각 행은 엔티티 또는 관계에 해당하는 사실을 표현하고 각 열은 애트리뷰트를 표시한다. 관계형 모델에서 각 행은 튜플tuple, 각 열은 애트리뷰트attribute, 테이블은 릴레이션relation이라는 용어로 표현한다. 위 학교 정보에서 데이터를 제외하고 데이터의 구조만을 표현하면 아래 그림과 같이 표현할 수 있다. 관계형 모델에서는 아래와 같이 키 애트리뷰트에 밑줄로 표시한다. 그리고 릴레이션 간에 관계가 존재하는 경우 선을 그어 표시하게 되는데, 관계를 형성하는 애트리뷰트를 화살표가 있는 선으로 연결하여 표시한다. 아래 그림에서 담임선생님의 학생 정보와 올림피아드 준비반 학생 정보의 고유번호는 모두 학생정보의 학생 고유번호를 참조하므로 아래 그림의 화살표와 같이 표현한다.

그림 8.2 대략적으로 표현한 학교 생활 데이터베이스의 관계형 모델 설계

215

❶ 도메인 제약 조건

애트리뷰트의 값은 반드시 애트리뷰트가 가질 수 있는 값의 범위(도메인domain)에 맞아야 한다. 예를 들어 학생 정보의 "학년" 애트리뷰트는 1에서 3사이의 값이어야 하며, 학생 고유번호와 선생님 고유번호는 다섯 개의 숫자로 구성된 코드여야 한다.

❷ 키 제약조건

관계형 모델에서 릴레이션의 키 애트리뷰트는 여러 개의 애트리뷰트의 집합으로 표현될 수 있다. 이 집합은 릴레이션의 유일한 튜플을 표현한다.

❸ 엔티티 무결성 제약조건

키 애트리뷰트는 항상 값을 가져야 한다.

❹ 참조 무결성 제약 조건

릴레이션 간의 관계를 표시할 때, 참조되는 애트리뷰트는 반드시 키 애트리뷰트여야 한다. 참조하는 애트리뷰트를 외래 키foreign key라고 한다. 예를 들어 올림피아드 준비반 학생 정보에서 학교 학생 정보를 참조할 때, "학생 이름"으로 참조한다면 같은 이름의 학생이 존재할 수 있으므로 "참조 무결성 제약 조건"을 위반한 것이 된다. 올림피아드 준비반 학생 정보에서 "고유번호"는 키 애트리뷰트이기도 하지만, 학생 정보 참조에서는 외래 키가 된다.

위와 같은 제약 조건 때문에 관계형 모델에 의해 구축된 데이터베이스에서 새로운 튜플이 삽입되는 등의 새로운 데이터가 생성되거나, 기존의 튜플이 변경되거나 삭제될 때는 아래의 여러 가지를 고려해야 한다.

❺ 삽입 연산

- 삽입되는 튜플에 모든 애트리뷰트가 도메인 제약 조건을 만족하는가?
- 삽입되는 튜플의 키 애트리뷰트가 중복되는 기존 튜플이 없는가?
- 삽입되는 튜플의 외래 키의 값이 참조되는 릴레이션에 존재하는가?
- 위의 사실을 위반하면 삽입을 거부하거나 위반 사실을 사용자에게 알려야 함

❻ 삭제 연산

- 삭제되는 튜플이 다른 릴레이션에서 참조하는 외래 키 값을 가지고 있지 않은가?
- 위 사실을 위반하면 삭제를 거부하거나, 참조 관계를 가지는 다른 릴레이션의 튜플까지

모두 삭제하거나, 해당 튜플의 외래 키 값을 바꾸는 것 중에서 응용분야의 특징에 가장 적합한 하나를 선택해야 함.

❼ 갱신 연산

- 기본 키나 외래 키가 아닌 애트리뷰트 값의 변경은 다른 사항을 고려할 필요 없이 바로 실행하면 되지만, 기본 키나 외래 키의 변경이 필요한 경우에는 위의 삭제 연산과 삽입 연산에서 고려하는 사항들을 모두 고려해야 함.

8.2.5 ER 모델에서 관계형 데이터베이스로 변환

실제 데이터베이스를 설계할 때에는 ER 모델에 기반한 ER 다이어그램으로 데이터베이스의 고수준의 개념적 스키마를 표현하고, 이를 관계형 모델로 표현하는 방법을 많이 이용한다. 앞에서 설명한 학교 생활 ER 다이어그램을 관계형 모델로 변환하는 과정을 통해, ER 다이어그램으로 표현된 스키마를 관계형 모델로 변환하는 방법을 살펴보자.

❶ 단계 1. 엔티티 타입을 릴레이션으로 매핑하고 키 애트리뷰트를 표현

그림 8.1의 예제 ER 다이어그램에서 단계 1을 거쳐 얻을 수 있는 릴레이션은 아래와 같다. 반 엔티티는 학년과 반을 결합하여 키 애트리뷰트를 표현하고 관계형 모델에서는 여러 애트리뷰트의 집합으로 키를 표현할 수 있으므로 아래와 같이 표현한다.

학생정보	고유번호	이름	주소	전화번호	급식 정보

반	학년	반

선생님	고유번호	이름	전화번호	부임날짜

특기반	이름

❷ 단계 2. 약한 엔티티 타입은 별도의 릴레이션으로 변환하되 소유 릴레이션의 키 속성을 포함

예제 다이어그램에서 약한 엔티티 타입인 가족에 대해서 릴레이션을 포함하여 다음의 릴레이션을 얻을 수 있다.

217

학생정보 | 고유번호 | 이름 | 주소 | 전화번호 | 급식 정보

반 | 학년 | 반

선생님 | 고유번호 | 이름 | 전화번호 | 부임날짜

특기반 | 이름

가족 | 학생고유번호 | 이름 | 전화번호

❸ 단계 3. 1 : 1 관계는 참여하는 두 엔티티에 대응된 릴레이션 중 어느 하나의
외래 키 속성으로 표현

그림 8.1의 예제 다이어그램에서 1 : 1 관계에는 "반장"과 "담임", "특기담당"이 있다. 한 반
은 반드시 반장을 가지지만 대부분의 학생은 반장이 아니다. 반장에 관련된 정보를 학생 릴
레이션의 애트리뷰트로 표현하면 반장 애트리뷰트에는 값을 가지지 않은 튜플이 많이 발생되
므로 저장 공간의 측면에서 비효율적이므로 반 릴레이션에 포함시키는 것이 좋다. 이처럼 1 :
1 관계 중에서 한 쪽이 이중선으로 표시되어 있으면 그 쪽 릴레이션에 외래 키를 추가하는 것
이 효율적이다. 양쪽이 모두 이중선이 아니라면 적절하게 선택하여 애트리뷰트를 추가한다.
추가되는 애트리뷰트는 참조되는 릴레이션의 키 애트리뷰트여야 유일한 튜플을 참조할 수 있
다. 예를 들어 반 릴레이션에서 반장 관계를 표현하기 위해서는 학생 릴레이션의 키 애트리뷰
트인 고유번호를 외래 키로 포함하여야 한다. 단계 3을 거친 릴레이션은 아래와 같다.

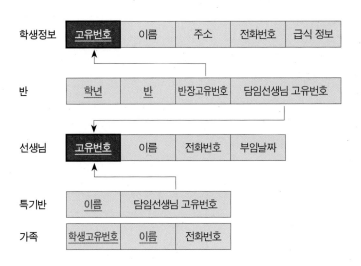

학생정보 | **고유번호** | 이름 | 주소 | 전화번호 | 급식 정보

반 | 학년 | 반 | 반장고유번호 | 담임선생님 고유번호

선생님 | **고유번호** | 이름 | 전화번호 | 부임날짜

특기반 | 이름 | 담임선생님 고유번호

가족 | 학생고유번호 | 이름 | 전화번호

❹ 단계 4. 1 : N 관계는 N쪽의 릴레이션의 외래 키 속성으로 표현

예를 들어 학생과 반 엔티티를 연결하는 "소속" 관계에서 여러 학생이 한 반에 소속되므로 반 릴레이션에 학생 정보를 포함할 수 없으므로, 학생 릴레이션에 소속 반 정보를 표현하는 것이 맞다. 학생 릴레이션에는 반 릴레이션의 키 애트리뷰트인 학년과 반을 모두 포함시키고 두 애트리뷰트를 합쳐서 외래 키로 사용한다. 그리고 "소속" 관계가 가지고 있는 학생번호 애트리뷰트도 N쪽 즉, 학생 쪽의 애트리뷰트로 추가한다. 단계 4를 거친 릴레이션은 아래와 같다.

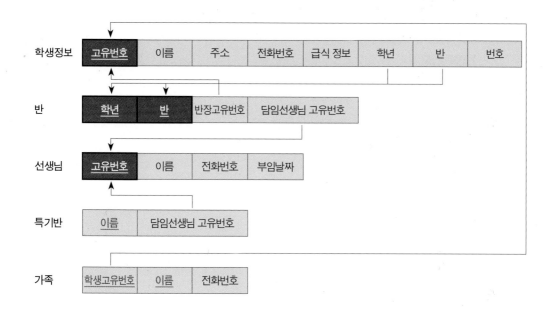

❺ 단계 5. M : N 관계는 별도의 릴레이션으로 생성

예제 ER 다이어그램에서 "특기소속"관계가 N : M 관계에 해당한다. 한 학생이 여러 특기반에 소속될 수 있고, 한 특기반에는 여러 학생이 소속되어 있으므로, 이 정보를 학생 릴레이션이나 특기반 릴레이션 어느 한쪽에 애트리뷰트를 추가하여 표현할 수 없으므로 별도의 릴레이션을 만든다. 새로 만들어지는 릴레이션은 M : N관계의 관계 애트리뷰트와 연결되는 두 릴레이션의 키 애트리뷰트들을 애트리뷰트로 가지며, 연결되는 릴레이션의 키 애트리뷰트들이 키 애트리뷰트가 되면서 외래 키도 된다. 단계 5를 거친 최종적인 릴레이션은 다음 그림과 같다.

이와 같은 릴레이션을 관계형 모델을 설명하기 위해 앞에서 대략적으로 표현했던 학교 생활 데이터베이스 릴레이션과 비교해 보자. 다음의 릴레이션에서는 각 담임선생님과 각 특기반마다 별도의 릴레이션을 가지는 것으로 표현하였으나 개념적 설계인 ER 모델에서부터 시작하여 얻어진 관계형 모델의 위 릴레이션에서는 모든 선생님과 모든 특기반을 각각에 맞는 릴레이션으로 표현하여 좀더 구조적이며 통일된 형태로 데이터를 표현한다.

그림 8.3 학교 생활을 위한 데이터베이스의 관계형 모델에 기반한 설계

8.3 SQL

SQLstructured query language, 구조적 질의어은 관계형 모델로 표현된 데이터베이스를 실제로 사용할 때, 데이터베이스의 형태와 값을 저장하고, 저장된 값을 변경하기 위한 명령어 또는 질의문을 정의한다.

SQL은 크게 릴레이션 즉 테이블을 생성하는 CREATE 질의문과 테이블에 튜플을 추가하는 INSERT 질의문, 값을 삭제하는 DELETE 질의문, 값을 변경하는 UPDATE 질의문, 저장된 테이블에서 값을 가져오는 SELECT 문이 있다. SQL에서는 가능한 영어를 이용하므로 앞에서 얻은 릴레이션의 한글 표현을 영어로 변환한 다음 그림을 이용하여 SQL문에 대해서 살펴보자.

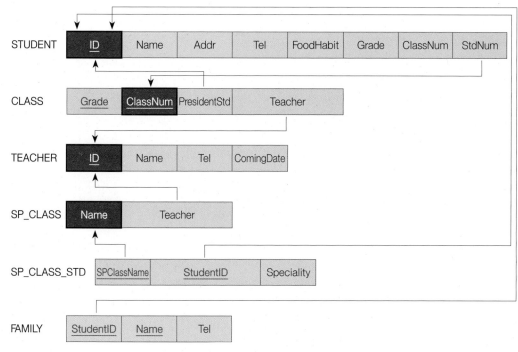

그림 8.4 **영어 표현으로 수정한 학교 생활 데이터베이스의 관계형 모델 설계**

8.3.1 테이블 생성을 위한 CREATE

테이블 생성에서는 CREATE 질의문을 이용한다. CREATE에서는 새로운 테이블과 그 테이블의 애트리뷰트, 애트리뷰트의 특성을 표현한다. 애트리뷰트의 특성에서는 키 애트리뷰트가 무엇인지를 표현하고, 외래 키 정보를 기술하여 다른 릴레이션과의 관계를 정의한다.

위의 예제 릴레이션 중에서 특기반 소속학생을 표현하는 SP_CLASS_STD와 반을 표현하는 CLASS를 정의하는 SQL은 다음과 같다. "CREATE"로 새로운 릴레이션 또는 테이블의 생성을 표현하고 그 이름을 표시한 뒤, 괄호로 애트리뷰트에 대해서 기술한다. 각 애트리뷰트를 정의할 때는 애트리뷰트 이름 뒤에 애트리뷰트의 자료형을 기술한다. VARCHAR(20)은 글자character 20개를 의미하며 INT는 정수integer 값을 가짐을 의미한다. NOT NULL은 그 값은 반드시 값을 가져야 함을 의미한다. PRIMARY KEY는 키 애트리뷰트를 표현하며 FOREIGN KEY는 해당 테이블의 어떤 애트리뷰트가 다른 테이블의 어떤 애트리뷰트를 참조하는지의 정보를 기술한다.

```
CREATE TABLE SP_CLASS_STD
  ( SPClassName  VARCHAR(20)   NOT NULL,
    StudentID     VARCHAR(5)    NOT NULL,
    Speciality       VARCHAR(20),
  PRIMARY KEY (Name, StudentID),
  FOREIGN KEY(Name) REFERENCES SP_CLASS(Name),
  FOREIGN KEY(StudentID) REFERENCES STUDENT(ID) );
CLASS TABLE CLASS
  ( Grade       INT        NOT NULL,
    ClassNum    INT        NOT NULL,
    PresidentSTD VARCHAR(5),
    Teacher     VARCHAR(5) NOT NULL,
  PRIMARY KEY (Grade, ClassNum),
  FOREIGN KEY(PresidentSTD) REFERENCE STUDENT(ID),
  FOREIGN KEY(Teacher) REFERENCE TEACHER(ID) );
```

8.3.2 데이터 삽입과 삭제, 변경을 위한 INSERT, DELETE, UPDATE

올림피아드 준비반에 새로운 학생이 들어온 경우 SP_CLASS_STD 테이블에 새로운 데이터를 삽입하여 그 사실을 표현해야 한다. 'Olympiad'를 Name 애트리뷰트의 값으로 가지는 올림피아드 준비반에 ID '05123'을 가지면서 'Math' 즉, 수학 특기분야를 가진 학생을 추가하기 위한 INSERT 문은 아래와 같다. "INSERT INTO" 다음에 삽입되어야 할 테이블 이름을 지정하고, "VALUE" 다음에 테이블을 생성할 때 지정했던 애트리뷰트의 순서에 맞게 각 값을 기술한다.

```
INSERT INTO SP_CLASS_STD
VALUES ('Olympiad', '05123', 'Math')
```

'04001' ID를 가지는 선생님이 담임을 맡게 된 1학년 7반을 새로 만드는 경우를 위한 SQL 문은 다음과 같다. 반을 처음 만들 때는 반장 학생이 없어서 반장 정보를 기술할 수 없으므로 해당 값을 제외하고 삽입해야 한다. 이를 위하여 "INSERT INTO" 다음에 테이블 이름과 함께 값을 지정할 애트리뷰트의 이름을 적어준다. VARCHAR로 정의된 애트리뷰트는 작은 따옴표를 이용하여 표현하지만, INT로 정의된 애트리뷰트는 숫자값을 그대로 기술한다.

```
INSERT INTO CLASS(Grade, ClassNum, Teacher)
VALUES (6, 7, '04001')
```

저장된 튜플을 수정하는 질의문에서는 "UPDATE"를 이용한다. 예를 들어 1학년 2반의 담임 선생님을 '07024' 선생님으로 바꾸는 질의문은 아래와 같다. "UPDATE" 뒤에 수정이 발생할 테이블 이름을 적고, 수정될 값을 "SET" 뒤에 표시하고 바뀔 대상의 조건을 "WHERE" 뒤에 표시한다. 1학년 2반의 정보를 변경하기 위해서는 Grade 애트리뷰트와 ClassNum 애트리뷰트를 모두 참조해야 하므로 AND를 이용하여 두 개의 조건을 연결시킨다.

```
UPDATE CLASS
SET     Teacher = '07024'
WHERE  Grade = 1 AND ClassNum = 2
```

튜플을 삭제하기 위해서는 "DELETE"를 사용한다. 특기반 소속학생 중에서 수학 분야 또는 정보(information) 분야 특기 학생을 모두 없애기 위한 질의문은 아래와 같다. 삭제될 튜플이 포함된 테이블을 명시하고 삭제 조건을 "WHERE"에 명시한다. 두 조건 중 하나만 만족해도 되는 경우에는 OR을 이용하여 두 개의 조건을 연결시킨다.

```
DELETE SP_CLASS_STD
WHERE(Speciality = 'Math' OR Speciality = 'Information')
```

8.3.3 데이터 추출을 위한 SELECT

저장된 테이블에서 원하는 조건을 만족하는 튜플을 추출하기 위해서는 "SELECT" 질의문을 이용한다. 아래는 학교 모든 학생의 학년과 반, 번호, 이름을 추출하는 SQL이다. "SELECT" 뒤에 추출할 애트리뷰트의 이름을 적고 "FROM" 뒤에는 대상이 되는 테이블 이름을 적는다.

```
SELECT Grade, ClassNum, StdNum, Name
FROM  STUDENT
```

특정 조건을 만족하는 튜플을 추출하기 위해서는 "WHERE" 구문을 이용한다. 1학년 2반과 3반의 모든 학생의 이름과 반, 번호, 급식정보를 얻기 위한 문장은 아래와 같다. UPDATE나 DELETE 문장에서와 마찬가지로 SELECT 문의 WHERE에서도 AND나 OR를 사용할 수 있다.

```
SELECT Name, ClassNum, StdNum, FoodHabit
FROM  STUDENT
WHERE Grade = 1 AND (ClassNum = 2 OR ClassNum = 3)
```

SELECT를 이용하여 두 개 이상의 테이블에서 원하는 조건을 만족하는 데이터들을 추출할 수 있다. 두 개 이상의 테이블을 연결하는 것을 데이터베이스에서는 조인join이라고 표현한다. 수학 특기반에 소속된 학생의 이름과 학년, 반, 번호를 얻고 싶다면 SP_CLASS_STD와 STUDENT 테이블을 모두 살펴보아야 한다. 아래에서는 두 테이블 STUDENT와 SP_CLASS_STD에 각각 D와 C라는 별명을 부여하고, SP_CALSS_STD에서 수학 영역이 표시된 학생의 고유번호와 동일한 고유번호를 가지는 STUDENT의 튜플에서 학생 정보를 추출한다.

```
SELECT D.Name, D.Grade, D.ClassNum, D.StdNum
FROM  STUDENT D, SP_CLASS_STD C
WHERE C.Speciality = 'Math' AND D.ID = C.StudentID
```

특기반에 소속된 모든 학생의 이름과 학년, 반, 번호, 전화번호를 추출하는 문장은 아래와 같다. 특기반에 소속된 모든 학생의 고유번호를 추출하면 하나의 집합이 구성되고, 그 집합에 포함된 ID를 가진 학생의 정보를 추출하는 방식이다

```
SELECT Name, Grade, ClassNum, StdNum, Tel
FROM  STUDENT
WHERE ID IN (SELECT StudentID FROM  SP_CLASS_STD)
```

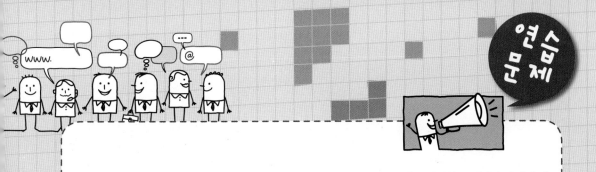

1. ER 모델 설계와 관계형 모델 설계의 차이점은 무엇인가? (그림 8.3)의 관계형 모델에서 아래의 결과를 얻기 위한 SQL 질의문을 작성해 보자.

   • 3학년 담임선생님의 반과 선생님 이름, 전화번호를 추출하는 SQL 문을 작성하시오.
   • 학교의 모든 반의 반장 학생의 정보를 추출하는 SQL 문을 작성하시오. 학생의 학년과 반, 번호, 이름, 전화번호를 추출하면 된다.
   • 선생님 고유번호 '09002'가 지도하는 특기반에 소속된 학생들의 이름과 학년, 반, 전화번호를 추출하는 SQL 질의문을 작성해 보자

2. 포털사이트 ABC는 회원과 카페, 카페의 게시판과 게시글이 존재한다. 일반적인 포털사이트를 기준으로 하여 포털사이트 데이터베이스 설계를 위한 데이터베이스를 ER 모델과 관계형 모델로 설계해 보자. 데이터베이스에서 필요로 하는 기본적인 SQL 문(예를 들어 카페 모든 회원 이름 검색) 등을 몇 가지 생각하여 작성해 보자.

소프트웨어 공학

현대 사회에 들어서며 소프트웨어는 우리의 일상생활에서 손쉽게 사용되고 있다. 기업, 학교, 군대, 개인 등 사회 대부분의 단체 및 구성원은 소프트웨어를 사용한다. 기업의 모든 업무는 ERP(Enterprise Resource Planning) 시스템에 의해 관리된다. F-22 전투기의 경우 전체 기능의 80%가 소프트웨어에 의해 제어되고, 이 분량은 1000만 라인에 이른다. 일반 PC 사용자는 웹서핑, 워드작업, 게임 등의 소프트웨어를 흔히 사용한다. 이러한 소프트웨어의 사용은 비단 PC 및 메인프레임 사용자에게만 국한되지 않는다. IT 기술의 발전에 따라 자동차, TV, 전화기 등에는 임베디드 소프트웨어가 필수적 요소로 자리잡고 있다. 특히, 스마트폰의 보급은 일상에서의 소프트웨어 사용을 더욱 가속화시키고 있다. 이렇듯 삶의 다양한 부분에 있어서 소프트웨어 의존성이 지속적으로 확대됨에 따라, 값싸고 좋은 소프트웨어에 대한 요구는 더욱 더 증가하고 있다. 소프트웨어 공학이란 이러한 사용자의 요구에 맞춰 적은 비용으로 질 좋은 소프트웨어를 제한된 시간에 개발, 유지보수, 발전시키고 이에 대한 품질을 보증하기 위한 체계적인 방법론을 총칭한다.

학습목표

• 소프트웨어 공학의 필요성 이해
• 소프트웨어 개발 프로세스 이해
• UML의 이해

9.1 소프트웨어 공학

9.1.1 소프트웨어란?

소프트웨어란 프로그램 개발과정에서 산출되는 일체의 결과물을 의미한다. 여기에는 단지 프로그램뿐만 아니라 프로그램의 개발, 운용, 보수에 필요한 관련 정보 일체를 말한다. 즉, 소프트웨어는 프로그램뿐만 아니라 이와 관련된 명세서, 사용자 매뉴얼 등의 문서적 결과물을 포함한다. 이러한 소프트웨어는 타 엔지니어링 결과물과 비교해 많은 특징을 지니고 있다.

- 소프트웨어는 유형의 매체에 저장되지만 개념적이고 무형적이다. 이로 인해, 개발 작업의 품질을 평가하기가 어렵다.
- 소프트웨어는 적은 비용으로 복제 할 수 있다.
- 소프트웨어 개발은 자동화가 힘든 노동집약적 산업이다. 즉, 생산비의 대부분은 설계 및 개발비라 볼 수 있다.
- 소프트웨어 개발은 복잡하여, 잘 훈련된 개발자의 역량이 필요하다.
- 소프트웨어는 쉽게 변경이 가능하나, 옳게 변경하는 것은 쉽지 않다. 이러한 특성으로 인해, 소프트웨어의 변경으로 그 설계 구조가 악화될 수 있다.

이러한 소프트웨어만의 특성으로 인해 타 엔지니어링 분야에서는 찾아보기 힘든 소프트웨어 고유의 문제가 발생하게 된다.

9.1.2 소프트웨어 위기

과거 소프트웨어 개발은 개인의 역량에 의해 좌우되었다. 그러나 60년대 말 이후 소프트웨어의 개발 규모가 기하급수적으로 커지고 복잡해짐에 따라, 소프트웨어 개발의 성공 여부는 특출한 프로그래머 몇몇에 의해 좌우되기보다는 개발 집단 전체의 엔지니어링 숙달 정도가 더욱 중요하게 되었다. 소프트웨어의 수요는 늘어나고 복잡해지는 데 반해, 개발 집단의 효율성은 이를 따라가지 못하게 되어 프로젝트 예산이 초과하고 일정이 지연되는 일이 잦아졌다. 뿐만 아니라, 소프트웨어의 품질은 낮아지고 사용자의 요구 사항을 만족시키지 못하는 일 또한 빈번히 일어났다.

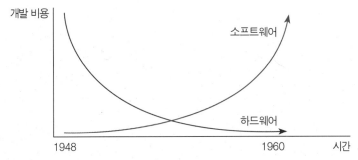

그림 9.1 하드웨어 및 소프트웨어 개발비 변화

이렇듯 소프트웨어 개발에 있어 프로젝트 관리가 불가능해지는 현상을 소프트웨어 위기라고 한다. 그림 9.1은 60년대 이후 소프트웨어와 하드웨어 개발비의 변화를 보여준다. 소프트웨어 공학은 이러한 소프트웨어 위기를 방지하기 위한 학문 또는 소프트웨어 개발에 대한 체계적 접근이라 할 수 있다.

9.1.3 소프트웨어 품질 측정 요소

그렇다면 좋은 소프트웨어란 어떤 소프트웨어일까? 일반적으로 소프트웨어의 품질을 측정하기 위해 다음과 같은 요소를 고려해 볼 수 있다.

❶ 사용성(usability)

소프트웨어는 그 사용자가 사용하기 쉬워야 한다. 초보자는 쉽게 배울 수 있어야 하고, 전문가는 소프트웨어를 이용하여 손쉽게 업무 효율성을 증대시킬 수 있어야 한다.

❷ 효율성(efficiency)

소프트웨어는 컴퓨터 자원을 최적으로 사용하여야 한다. CPU, 메모리, 네트워크 대역을 필요 이상으로 사용하는 소프트웨어는 좋은 소프트웨어라고 할 수 없다.

❸ 신뢰성(reliability)

소프트웨어는 믿을 수 있어야 한다. 즉, 결함이 적어야 하고, 설사 결함이 발견된다고 할지라도 손쉽게 고칠 수 있는 형태로 설계되어야 한다.

❹ 유지성(maintainability)

좋은 소프트웨어는 계속 사용이 가능하여야 한다. 소프트웨어는 쉽게 변경이 가능하도록 설계해서 사용자 및 환경의 변화에 능동적으로 대처할 수 있어야 한다.

❺ 재사용성(reusability)

좋은 소프트웨어는 다른 여러 시스템에서 사용될 수 있어야 한다. 소프트웨어를 조금만 변경하여 다른 시스템에서 사용 가능하다면 개발비를 절약할 수 있다.

9.1.4 소프트웨어 개발 관계자

하나의 소프트웨어를 개발하는 데는 다음과 같은 다양한 이해 당사자steakholder가 개입한다.

❶ 사용자

개발한 소프트웨어를 실제로 사용하는 사람을 말한다. 소프트웨어는 사용자user의 작업을 더 쉽고 간편하게 만들어 그들의 업무 효율을 높이는 것을 목표로 한다. 그러므로 사용자의 요구사항을 잘 파악하여 반영하는 것이 중요하다고 할 수 있다.

❷ 고객

고객customer은 소프트웨어를 구매하는 사람을 말한다. 고객은 소프트웨어의 구입으로 사용자의 업무 효율을 높여, 결과적으로 추가적인 이윤 창출 및 생산성 향상을 목표로 한다. 경우에 따라 사용자가 고객이기도 하다.

❸ 개발자

개발자developer는 소프트웨어를 직접 개발하거나 유지 보수하는 사람들을 말한다. 이들의 업무 역량에 따라 소프트웨어의 품질이 결정된다.

❹ 프로젝트 관리자

프로젝트를 총체적으로 관리하는 사람을 말한다. 프로젝트 관리자manager는 개발 스케줄 및 인력을 관리할 뿐만 아니라 관련 예산, 품질, 고객 관리 등도 맡아 소프트웨어 개발이 성공적으로 이루어지도록 이끄는 사람을 말한다.

9.1.5 소프트웨어 개발 프로세스

앞서 살펴본 바와 같이, 소프트웨어 공학은 고객의 문제를 해결해 주기 위하여 고품질의 소프트웨어 시스템을 정해진 시간과 비용으로 개발하거나 발전시키는 체계적인 프로세스를 말한다. 이러한 소프트웨어를 개발하기 위한 프로세스는 크게 명세, 디자인 및 개발, 검증, 유지 보수의 4단계로 진행된다.

❶ 소프트웨어 요구 명세

소프트웨어 요구 명세는 정확히 어떤 서비스가 요구되고 그에 따른 제한 사항들이 어떤 것인지 명확하게 파악하는 것을 말한다. 어떠한 소프트웨어를 개발할지, 즉 'what'에 초점을 맞춘 단계라 볼 수 있다. 요구 명세를 정확히 파악하기 위해서는 고객 및 사용자가 어떠한 프로그램을 원하는지에 관한 깊이있는 의사소통을 통해 요구사항을 추출할 필요가 있다. 뿐만 아니라 문제를 해결하기 위한 배경 지식, 즉, 도메인을 파악할 필요가 있다. 이러한 과정을 통해 모여진 요구 사항에 대해 실현 가능성을 판별하고, 실현 가능할 경우 요구를 정확하고 세부적으로 명세한다. 모든 이해당사자가 이해할 수 있도록 문서화(명세화)된 요구사항은 이해당사자에 의한 검증 과정을 거쳐 확정된다. 그러나 요구사항에 관한 고객의 요구는 계속해서 변화하므로 이에 대해 유연히 대처할 필요가 있다.

❷ 소프트웨어 디자인 및 개발

분석한 요구사항을 실제 사용 가능한 소프트웨어로 개발하는 단계로 요구사항에 부합하는 소프트웨어를 디자인하고, 이에 맞춰 소프트웨어를 개발하는 과정이다. 소프트웨어 요구 분석을 통해 추출된 세부명세를 어떤 식으로 개발할지, 즉 'how'에 초점을 맞춘 단계라 볼 수 있다. 소프트웨어 설계는 크게 하향식top-down 방식과 상향식bottom-up 방식으로 나누어 진다. 하향식 설계는 시스템의 상위수준에서 제품의 구현을 먼저 생각하고, 단계적으로 분해하여 모듈화한 이후 개발에 임하는 방법이다. 이에 반해 상향식 설계는 주어진 문제를 분석하여 모듈의 구조와 데이터를 설계한 이후, 이를 기반으로 하위 레벨에서 점차 큰 기능을 설계하는 기법을 말한다. 상향식 개발은 객체지향 설계 기법에 적합하다.

❸ 소프트웨어 검증

소프트웨어 검증은 테스트 단계를 일컫는다. 테스트 역시 모듈 테스트를 통해 각 구성요소가 정확히 동작하는지 살핀 이후, 전체 모듈을 연결하여 시스템 테스트를 거친다. 마지막으

231

로 실제 고객의 요구에 효율적으로 동작하는지를 살피기 위해 이전 데이터를 이용한 수용 테스트를 거친다. 테스트는 화이트박스 테스트와 블랙박스 테스트로 나눠 볼 수 있다. 화이트박스 테스트는 소프트웨어 모듈 안의 작동을 직접 관찰하여 논리적 오류 등을 검사하는 것을 말한다. 이에 반해 블랙박스 테스트는, 하나의 모듈을 블랙박스로 봐서 주어진 입력에 주어진 출력이 나오는지 즉, 각 기능이 완전히 작동되는지를 검사한다.

❹ 소프트웨어 유지 및 보수

유지보수 단계에서는 소프트웨어에 발생할 수 있는 'change'에 초점을 맞춘다. 이 단계는 소프트웨어를 고객의 요구에 따라 변경시키는 것 뿐만 아니라, 각종 오류수정, 소프트웨어 사용환경 변화에 따른 수정 등을 총칭한다. 유지 보수 과정 역시 요구 명세, 디자인 및 개발, 검증의 단계로 이루어진다.

이러한 소프트웨어 프로세스 일부 또는 전체를 자동화하여 소프트웨어 품질을 향상하고, 개발기간을 단축하며, 유지 보수에 필요한 노력과 비용을 절감하기 위한 소프트웨어를 Computer Aided Software Engineering(CASE)이라 한다.

9.1.6 소프트웨어 프로세스 모델

소프트웨어 프로세스를 어떤 식으로 구성하느냐에 따라 소프트웨어 프로세스 모델은 다양한 형태를 띄게 된다. 소프트웨어 프로세스 모델은 작업의 시점과 순서를 결정하는 데 도움을 줄 수 있으므로 개발하고자 하는 소프트웨어의 특성을 고려해서 적절한 모델을 선택할 필요가 있다. 프로세스 모델은 작업을 진행하기 위한 전체적인 틀을 제공할 뿐 작업 단계를 엄격하게 규정하는 것은 아니나, 아무런 계획 없이 프로세스를 진행하게 되면 다음과 같은 문제에 직면하게 된다.

- 고객의 요구사항을 제대로 반영하지 못한다.
- 소프트웨어를 신중하게 설계하지 않아 구조가 나빠진다. 고객의 요구를 그때그때 반영하게 되어 소프트웨어의 구조는 더욱 나빠지게 된다.
- 작업 계획이 명확하지 않아 일정 및 비용 조절이 어렵다.
- 체계적인 테스트 및 품질보증 활동을 할 수 없다.

이상을 방지하기 위해 다양한 소프트웨어 프로세스 모델이 제안되었다. 다음은 소프트웨어 개발에 사용되는 모델의 대표적인 예이다.

❶ 폭포수 모델

1970년대에 주로 사용되었던 고전적 개발 모델이다. 이 모델에서는 각 단계별 결과물을 명확히 정의하여 한 단계가 마무리 되면 다음 단계로 진행한다. 즉, 요구명세 단계에서 시스템의 기능, 제약조건, 목표 등을 설정하고 이를 설계 및 구현 단계에서 개발한다. 이후 테스트 과정과 유지보수 과정을 거쳐 프로젝트를 종료한다. 폭포수 모델은 체계적인 문서화가 가능하고 프로젝트 진행이 명확하다는 장점이 있다. 그러나 한 번의 계획으로 프로젝트를 완성시키기에 사용자의 요구사항 변경 및 돌발상황에 대처하기 어렵다. 또한 각 단계별로 지나치게 불필요한 문서화 작업이 많다는 단점이 있다. 그러므로 폭포수 모델은 응용 분야가 단순하거나 잘 알고 있는 경우에 적합하다고 할 수 있다.

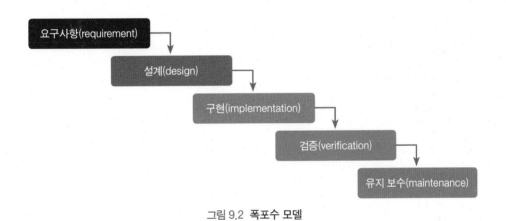

그림 9.2 **폭포수 모델**

❷ 프로토타입 모델

프로토타입 모델은 고객과 사용자에게 개발될 소프트웨어에 대한 개략적인 모습을 보여주고(프로토타입prototype), 이를 통해 고객으로부터 피드백을 받아 고객의 요구사항을 점진적으로 반영한다. 프로토타입은 사용자 인터페이스user interface, UI에 초점을 두어 가능한 빨리 구현한다. 프로토타입을 사용함으로써 프로젝트를 위한 고품질의 명세를 작성할 수 있고 프로그램을 잘못 개발할 확률이 줄어든다. 그러나, 고객이 프로토타입과 완제품을 혼동하여 곧 개발이 완성될 것이라고 오해할 수 있는 단점이 있다. 또한, 전통적인 개발 모형과 같이 중간 과정을 점검할 수 있는 산출물이 없다. 그러므로 프로토타입은 사용자의 요구가 불분명할 때 사용하기 적합하다고 볼 수 있다.

그림 9.3 **프로토타입 모델**

❸ 나선형 모델

나선형 모델은 개발 단계를 반복적으로 수행함으로써 점차 완벽한 소프트웨어를 개발하는 것을 목표로 한다. 이 모델은 폭포수 모델과 프로토타입 모델의 장점을 수용하고 위험 분석 risk analysis을 통해 위험을 최소화하여 프로젝트를 관리하는 것이 주 목적이다. 나선형 모델 spiral model에서는 소프트웨어의 사용이 끝날 때까지 고객과의 의사소통, 계획, 위험 분석, 개발, 고객 평가의 과정을 반복해서 수행한다. 고객과의 의사소통을 통해 요구사항을 파악하고 계획 단계에서 시스템의 목표 및 제약 조건을 설정한다. 다음으로 위험 분석 단계에서 요구사항을 토대로 위험 요소를 분석하고 기능의 우선순위를 결정한다. 이상의 분석 이후 개발에 들어가며, 개발된 소프트웨어는 고객에 의해 평가되고 피드백을 받는다. 나선형 모델이란 이러한 사이클을 비선형적, 반복적으로 진행하는 모델을 말한다. 나선형 모델은 유지보수가 용이하며 큰 시스템 구축에 적합하다.

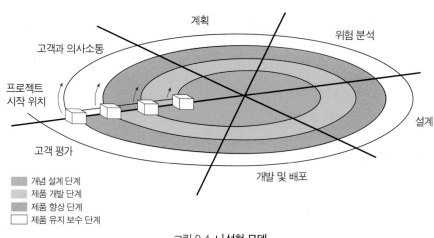

그림 9.4 **나선형 모델**

❹ 부품기반 모델(CBD 방법론)

부품기반 소프트웨어 프로세스component based development, CBD는 이미 개발된 기성 부품들을 조립해 프로세스를 진행하는 방법을 말한다. 즉, 개발 도메인을 완벽하게 반영하는 컴포넌트를 개발하고 이를 통합하여 재사용성을 극대화한 모델이라고 할 수 있다. 컴포넌트는 일종의 블랙박스로 내부 구조를 몰라도 사용할 수 있고 표준화된 인터페이스를 통해 상호작용한다.

9.2 UML

9.2.1 객체지향과 소프트웨어 공학

최근 많은 프로그램은 객체지향 개념을 바탕으로 개발된다. 객체지향 프로그래밍은 소프트웨어 공학적 관점에서도 소프트웨어 개발에서 부딪힐 수 있는 많은 문제를 해결해 줄 수 있다. 객체란 연관된 자료구조(데이터data)와 알고리즘(메소드method)의 집합을 말한다. 객체지향 시스템에서는 이러한 객체와 객체 사이의 통신 형태로 프로그램이 구성된다. 다음 그림은 자동차를 객체로 추상화한 예이다. 하나의 자동차를 표현하기 위해서는 색상, 속도, 주행거리와 같은 상태 정보, 즉, 데이터가 필요하고 이를 동작시키기 위해서는 출발하기, 정지하기 등의 다양한 메소드가 필요하다. 만약 사람 객체가 있다고 했을 때, 자동차의 가속하기 메소드를 호출함으로써 자동차와 통신할 수 있다. 이러한 객체지향 시스템은 소프트웨어 공학적인 관점에서 다음과 같은 장점을 지니고 있다.

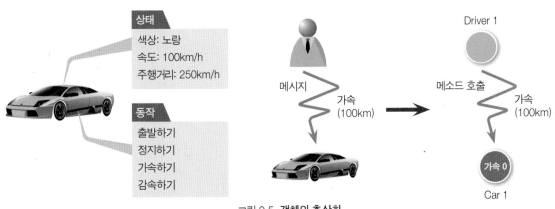

그림 9.5 **객체의 추상화**

235

- 특정 대상과 관련된 연산들을 하나의 객체로 묶음으로써 고객의 의견을 반영하기가 쉽다.
- 객체지향 시스템의 상속, 캡슐화, 정보은닉, 다형성 등의 개념은 시스템의 유지보수 및 재사용을 높일 수 있다.
- 객체의 집합을 부품화해서 재사용성을 높일 수 있다.
- 특정 상황에서 객체 간의 통신 및 역할에 관한 다양한 디자인 패턴이 제안되고 사용된다. 이를 통해 효율적인 소프트웨어 구성이 가능하고 소프트웨어의 유지 보수 및 재사용 역시 용이하다.

위와 같은 장점으로 인해 다양한 프로젝트에서 객체지향 언어를 이용한 개발이 이루어지고 있다.

9.2.2 UML

실제 소프트웨어를 개발함에 있어 많은 관계자와의 의사소통이 필요하다. 이들은 때론 고객이기도 하고 때로는 전문 개발자이기도 하다. 소프트웨어를 개발함에 있어 서로 다른 배경을 가지고 있는 이들 사이의 체계적이고 간결한 의사소통은 필수 불가결의 요소이다. 이러한 목적을 달성하기 모델링 언어로 UML^{unified modeling language}이 제안되었다. UML이란 시스템을 시각화하고 시스템의 사양이나 설계를 구조적, 행위적인 관점에서 문서화하고 표현하기 위한 언어이다. 현재는 객체지향 모델을 표현하기 위한 사실상 표준으로 사용되고 있다. 이 장에서는 주로 사용되는 UML 다이어그램에 대해서 살펴보도록 한다.

❶ 유스케이스 다이어그램

유스케이스 다이어그램^{use-case diagram}은 액터와 사용 사례로 구성되어 시스템이 제공하는 기능 및 그와 관련된 외부요소를 표시한다. 유스케이스는 시스템의 전체 행위를 표현하기에 적합하고, 시스템보다는 사용자에 초점을 맞춘 분석이기에 고객과의 의사소통에 용이하게 쓰일 수 있다.

- 액터^{actor} : 유스케이스를 이용하는 사용자나 외부 시스템을 말한다.
- 유스케이스^{use-case} : 시스템과 액터와의 의사소통을 표현한다. 각각의 유스케이스는 시스템이 제공해야 하는 기능을 묘사하고, 이러한 유스케이스들이 모여 시스템 전체의 기능을 나타낸다.

아래의 그림은 유스케이스의 사용 사례를 보여주고 있는데, ATM의 사용을 유스케이스로 풀어놓은 것이다. 직원은 ATM을 끄거나 켤 기능이 필요하고, 고객은 ATM을 통해서 기본적으로 입금, 출금 등의 행위를 할 수 있다.

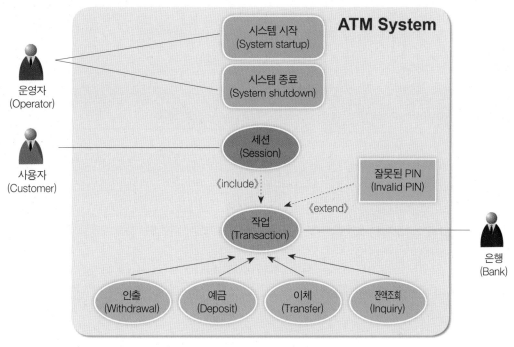

그림 9.6 유스케이스 다이어그램

❷ 클래스 다이어그램

클래스 다이어그램class diagram은 시스템의 입장에서 시스템의 최소 단위인 클래스와 그들 사이의 정적인 구조를 표현한 것이다.

- 클래스class : 속성(자료구조)과 오퍼레이션(알고리즘)의 집합체를 나타낸다.
- 관계relation : 클래스 사이의 관계를 표현한다. 일 대 일, 일 대 다수, 메시지 송수신 등 객체 사이의 다양한 관계를 표현한다.
- 가시성 : 클래스 안의 정보를 외부에서 보는 법을 표현한다. 퍼블릭public(+)은 어떤 클래스에서든 접근이 가능하며, 프라이빗private(−)은 외부에서 접근할 수 없다. 프로텍티드protected(＃)는 그 클래스의 내부와 서브클래스에서만 접근이 가능하다.

다음은 클래스 다이어그램으로 나타낸 ATM에 필요한 클래스들과 그들 객체 사이의 관계이다.

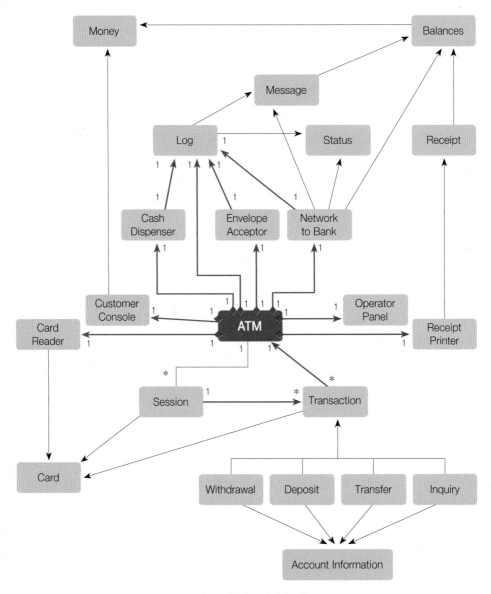

그림 9.7 **클래스 다이어그램**

❸ 시퀀스 다이어그램

시퀀스 다이어그램sequence diagram이란 여러 객체 사이의 상호 작용 순서를 표현한 다이어그램으로써, 액터와 객체들이 유스케이스를 수행하기 위하여 어떻게 서로 커뮤니케이션하는지를 나타낸다. 즉, 시스템의 측면에서 객체 사이의 동적인 행위를 가시화하여 프로그램이 동작할 때 어떤 오퍼레이션이 어떠한 순서로 실행되는지를 명시화한다. 시퀀스다이어그램의 주요 요소는 다음과 같다.

- 액터actor : 유스케이스와 동일하다. 액터의 행위로 인해 시스템의 동작이 시작할 때 존재한다.
- 클래스의 인스턴스instance : 시퀀스 다이어그램에서 행위의 주체이다.
- 메시지 : 객체 사이의 통신은 메시지를 통해서 이루어지며, 화살표로 이루어진다.
- 시간흐름 : 시간 흐름은 아래쪽을 향한 수직방향으로 표현된다.
- 활성상자 : 객체가 실제로 오퍼레이션을 실행하고 있음을 보여준다.

다음은 ATM을 켤때의 시퀀스 다이어그램을 보여주고 있다.

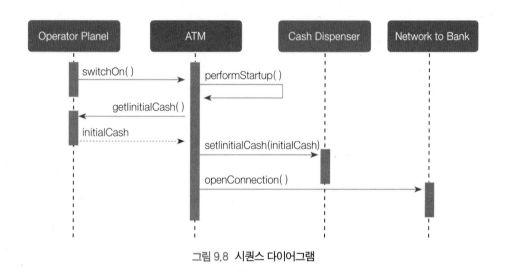

그림 9.8 시퀀스 다이어그램

❹ 액티비티 다이어그램

액티비티 다이어그램activity diagram은 작업의 흐름을 모델링하고 서술하여 시스템의 동적 특징을 나타내는 데 쓰인다. 유스케이스 사이의 상호작용이나 객체나 컴포넌트가 수행하는 작업의 흐름을 이해하는 데 사용할 수 있다. 이를 통해 복잡한 플로우를 계층적으로 간략화하고, 고객과의 의사소통에 도움이 될 수 있다. 액티비티 다이어그램은 다음과 같이 나타난다.

- fork : 단일 입력 트랜지션과 다수의 출력 트랜지션을 가진다.
- join : 다수의 입력 트랜지션과 단일 출력 트랜지션으로 구성된다.
- rendezvous : 다수의 입력 트랜지션과 다수의 출력 트랜지션으로 구성된다.
- swimlane : 액티비티 다이어그램을 참여하는 개체를 기준으로 나눌 때 사용된다.

액티비티 다이어그램으로 ATM의 지불을 다음과 같이 나타낼 수 있다.

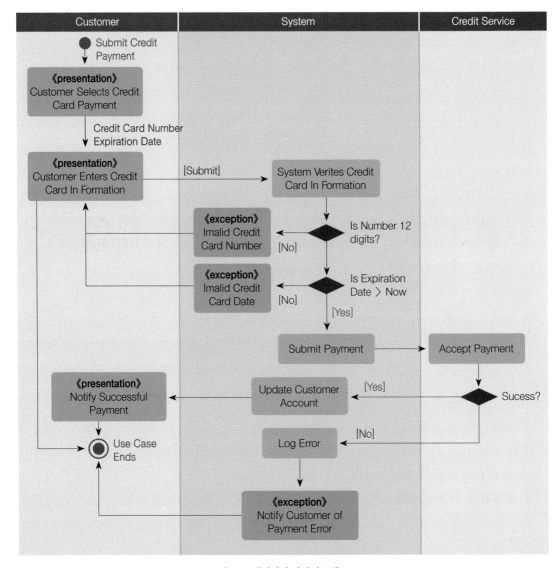

| Customer | System | Credit Service |

그림 9.9 **액티비티 다이어그램**

❺ 패키지 다이어그램

패키지 다이어그램package diagram은 소프트웨어 요소들의 모임으로, 일반적으로 클래스의 모임을 말한다. ATM의 패키지 다이어그램은 다음과 같이 나타낼 수 있다.

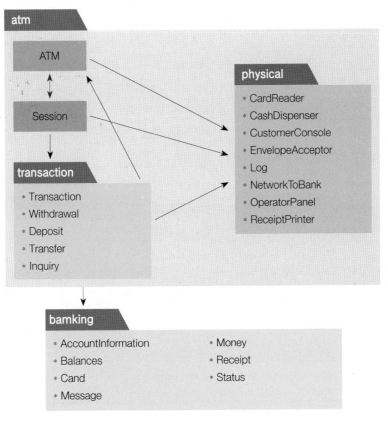

그림 9.10 **패키지 다이어그램**

❻ 배포 다이어그램

배포 다이어그램deployment diagram은 시스템을 구성하는 하드웨어 자원과 소프트웨어 컴포넌트 상태의 배치를 표현한 다이어그램으로, 주로 시스템 설계의 마무리에 작성된다. ATM을 구성하는데 필요한 컴포넌트는 다음과 같다.

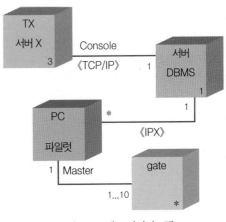

그림 9.11 **배포 다이어그램**

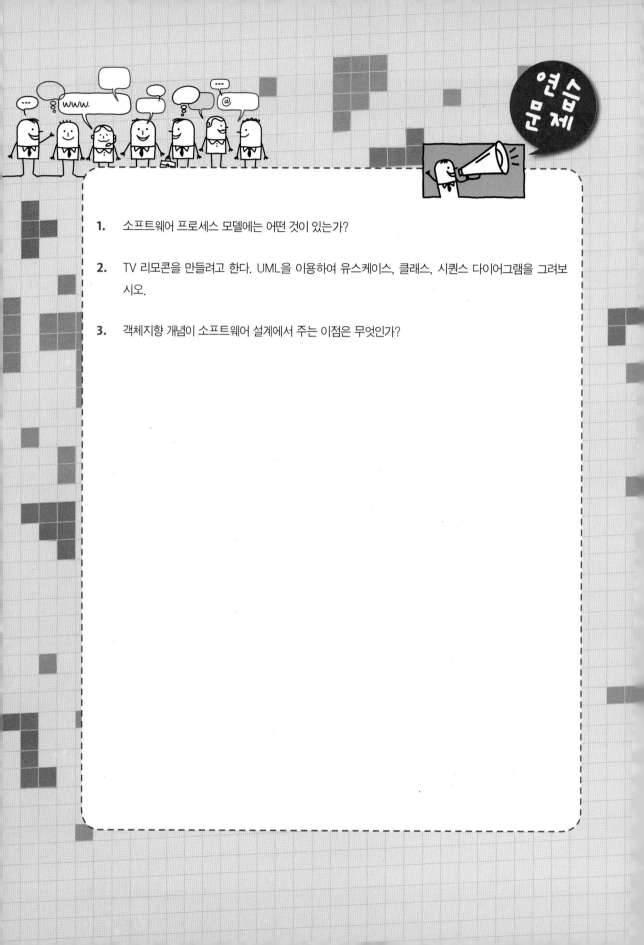

1. 소프트웨어 프로세스 모델에는 어떤 것이 있는가?

2. TV 리모콘을 만들려고 한다. UML을 이용하여 유스케이스, 클래스, 시퀀스 다이어그램을 그려보시오.

3. 객체지향 개념이 소프트웨어 설계에서 주는 이점은 무엇인가?

멀티미디어

컴퓨터 및 인터넷 기술의 발달로 인하여 우리는 음악(sound), 사진(image or photo), 동영상(movie) 등의 멀티미디어를 손쉽게 접할 수 있고, 다양하게 활용하고 있다. 특히, 휴대폰, 디지털카메라, PMP 등을 통하여 음악, 사진 및 동영상을 누구나 손쉽게 만들 수 있고, 컴퓨터를 이용하여 자신의 취향에 맞게 편집하고, 인터넷의 UCC에 등록하여 친구들과 공유할 수 있다.

그러나 대부분의 사용자는 음악, 사진 및 동영상과 같은 멀티미디어가 어떻게 컴퓨터에 저장되고, 처리되는지 이해하지 못하고 있다. 이 장에서는 멀티미디어의 개념 및 특징에 대해서 알아보고, 골드웨이브와 포토샵을 사용하여 간단하게 멀티미디어 데이터를 편집해 본다.

학습목표

- 멀티미디어의 개념, 종류 및 특징 이해
- 사운드 개념, 처리, 압축
- 이미지 개념, 처리, 압축
- 동영상 개념, 처리, 압축
- 골드웨이브를 통한 사운드 편집
- 포토샵을 통한 이미지 편집

10.1.1 멀티미디어

미디어media란 사전적인 정의에 따르면 "어떤 것을 표현하는 수단 또는 매체"를 의미한다. 따라서, 멀티미디어multimedia란 "어떤 것을 표현하는 여러 개의 수단 또는 다중 매체"를 의미하는 것으로 텍스트, 이미지, 사운드 등의 미디어를 두 가지 이상 사용하여 다양한 방식으로 정보를 표현하는 것을 말한다.

10.1.2 종류

멀티미디어의 종류는 시간적 특성에 따른 분류, 매체에 따른 분류 등 다양하게 제시되어 있지만 일반적으로 시간적인 특성에 따른 분류가 가장 합리적인 방법으로 생각된다.

❶ 시간적 특성에 따른 분류

멀티미디어를 시간적 특성을 고려하여 분류하면 연속 매체와 비연속 매체로 구분할 수 있다. 연속 매체의 경우 매체의 유효성이 처리시간과 밀접한 관계를 가지고 있는 것을 의미하며 비디오나 음성이 여기에 해당한다. 비연속 매체의 경우 시간 개념이 없는 독립적인 개체로 텍스트나 영상이 여기에 해당한다.

10.1.3 특징

멀티미디어는 텍스트, 이미지, 그래픽, 비디오, 애니메이션, 사운드 등과 같은 미디어를 동시에 수용할 수 있어야 하며, 상호작용성, 비선형성, 통합성의 특징으로 모든 정보를 디지털화하여 저장과 편집이 쉽도록 하여야 한다.

❶ 디지털

멀티미디어는 예전에 비디오 및 오디오 테이프 등과 같이 아날로그 매체에 저장되기도 했었으나, 최근에는 컴퓨터를 활용하여 저장하고 처리함에 따라서 디지털로 관리된다.

디지털digital이란 데이터를 0과 1의 두 가지 상태로만 생성하고, 저장 처리하는 기술로서 이미지, 그래픽, 비디오, 애니메이션, 사운드 등의 다양한 데이터를 아날로그가 아닌 디지털로 변환하여 처리한다.

데이터를 디지털로 처리할 경우 데이터를 송수신할 때 손실을 없앨 수 있으며, 송수신할 때 발생하는 오류를 정정할 수 있는 장점이 있다. 또한 대용량의 데이터를 보관하기 편리하므로 저장과 백업이 쉽고 데이터를 손상 없이 수정할 수 있다.

❷ 상호작용성

멀티미디어는 여러 사용자의 요구에 맞게 사용자가 원하는 형태로 데이터를 만들 수 있어야 한다. 기존 일방적인 미디어와는 다르게 멀티미디어를 활용한 주문형 비디오video on demand, 주문형 음악music on demand 서비스 등은 상호 작용성을 반영하는 예이다.

❸ 비선형성

사용자가 원하는 정보를 습득하기 위해 처음부터 순차적으로 따라갈 필요 없이 비선형적으로 원하는 정보가 있는 곳으로 연결해 가며 정보를 습득하는 것이 가능하다. 사운드나 동영상의 경우에 사용자가 전체 데이터 중 선택한 부분으로 손쉽게 이동하여 재생하는 것이 비선형적인 특성의 예이다.

❹ 정보 통합성

멀티미디어는 여러 형태의 매체들이 통합되어 여동적인 정보를 전달할 수 있는 특징을 가지고 있어서 다양한 매체들을 통합하여 정보를 전달한다. 예를 들어 사운드와 이미지를 통합하여 이미지를 보여주며, 사운드를 재생함으로서 효과적인 교육을 할 수 있다.

10.1.4 응용

멀티미디어 응용분야의 특성은 텍스트, 이미지, 사운드 및 비디오 등 다양한 자료를 복합적으로 취급하며 입출력 지향적이다.

이와 같은 특성을 갖는 멀티미디어 응용분야는 시청각 교육, 원격 영상회의, 홈쇼핑, 주문형 비디오, 대화형 영화, 전자 게임, 원격진료, 지리정보시스템(GIS), 전자서적, 전자 도서관이 있으며 컴퓨터 기술이 발달함에 따라서 새로운 분야들이 창출되고 있다.

10.1.5 기술적 문제점

멀티미디어의 효율성에도 불구하고 컴퓨터를 사용하여 처리함에 있어 다양한 문제가 발생한다. 자료 분량의 방대성, 실시간 처리, 서비스 품질, 매체간 동기화, 표준화 등 다양한 문제점들이 발생하고 있으며 이를 해결하기 위하여 다양한 연구 개발이 이루어지고 있다.

❶ 자료 분량의 방대성

멀티미디어의 파일 크기는 기술적으로 해결해야 하는 가장 큰 문제점이다. 텍스트도 멀티미디어에 속하지만 그 용량이 크지 않은 반면, 사운드, 영상 및 동영상의 경우는 그 크기가 매우 방대하다.

텍스트, 사운드, 영상, 동영상에 대하여 필요한 용량을 계산해 보자.

- 텍스트가 50개 행으로 표현되며 각 행마다 80글자를 표시하는 경우, $50 \times 80 \times 1$바이트/글자이므로 4000바이트(4KBytes)의 용량이 필요하다.
- 디지털 음성 4분짜리 CD 품질 스테레오 오디오의 경우 아날로그를 디지털로 샘플링할 때 각 샘플을 32비트로 표현하므로, 4바이트 $\times$ 4분(240초) $\times$ 44,100개이므로 42,336,000(42MBytes) 바이트의 용량이 필요하다.
- 고해상도 정지영상 HD 품질의 영상의 경우 1920×1080 해상도를 가지고 있고, 각 픽셀은 3바이트로 표현되어 $1920 \times 1080 \times 3$바이트이므로 6,220,800바이트(6MBytes)의 용량이 필요하다. 최근 카메라의 경우 HD 품질의 두 배 이상의 해상도를 갖는 영상도 촬영하므로 1장의 영상도 매우 방대하다.
- 고해상도 동영상 HD[high definition] 품질을 가지고 있으며 초당 30 프레임으로 구성된 1시간짜리 동영상의 경우, 1920x1080(픽셀) $\times$ 3bytes(RGB) $\times 60 \times 60$(초) $\times 30$(프레임)이 되어 671,846,400,000바이트(671GBytes)의 용량이 필요하다.

❷ 실시간 처리 및 서비스 품질

멀티미디어 서비스 사용자는 고품질의 콘텐츠를 실시간으로 이용하고자 한다. 예를 들어 1초당 30프레임을 갖는 1920×1080 HD콘텐츠를 컴퓨터 성능이 좋지 못하거나 네트워크 전송 속도가 불충분하여 1초에 10프레임밖에 볼 수 없다면, 끊어지는 콘텐츠에 대한 사용자의 불만이 많을 것이다. 또한, 실시간으로 전송되지만 콘텐츠의 품질이 좋지 않다면 그에 대한 불만도 매우 높다.

따라서, 멀티미디어의 서비스는 실시간성을 보장하며 동시에 서비스의 품질quality of service, QoS 도 유지해야 하지만, 이는 서로 간에 배타적trade off 관계에 있어서 적절한 타협이 이루어져야 한다.

❸ 다양한 매체 간의 상호 동기화

동영상의 경우 이미지와 사운드가 통합된 매체로 볼 수 있다. 그러나 이미지와 사운드 데이터는 독자적으로 저장되어 있고 재생 시점에서 이미지와 사운드의 시간 축에 대한 동기화가 이루어져야 한다. 예를 들어 입술의 움직임과 목소리의 동기화가 이루어지지 못하면 멀티미디어의 사용자는 품질에 대한 만족도가 높지 못하다.

❹ 표준화 필요성

초기 멀티미디어 데이터는 표준화가 되어 있지 않아서, 하드웨어 제작사에서 자체적으로 형식을 정의하여 활용하였다. 그로 인하여 멀티미디어 데이터가 기기 간에 호환성이 없어 활용성 및 효용성이 떨어졌다.

최근에는 표준화의 중요성을 인식하고, MPEG, JPEG 등의 표준화 그룹을 통하여 표준화를 수행함으로서 멀티미디어에 대한 기기 간의 호환성을 높이고 있다.

 사운드

10.2.1 정의

Sound is the vibration of matter, as perceived by the sense of hearing. Physically, sound is vibrational mechanical energy that propagates through matter as a wave.〈Wikipidia〉

사운드란 물체의 진동으로 인해 일어나는 물리적 현상으로서, 예를 들어 바이올린 현을 켜거나 심벌즈를 부딪칠 때 나는 진동을 의미한다. 사운드의 물리적인 원리는 물체의 진동이 주변 공기로 퍼지면서 형성된 압력이 가해지면서 생성되는 것이다.

여기서 파형, 주기, 주파수 등 몇가지 기본적인 용어에 대해서 알아보자. 파형wave이란 일정

간격으로 같은 패턴을 반복하는 압력의 파동 모양을 말한다. 주기period란 같은 파형이 한 번 나타나는 데 소요되는 시간을 의미하며 단위는 초를 사용한다. 주파수frequency란 1초당 주기 수를 의미하며 주기 값의 역수에 해당한다. 단위는 헤르츠Hz를 사용한다.

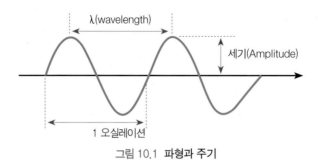

그림 10.1 **파형과 주기**

❶ 사운드 신호의 가청 주파수

가청 주파수란 들을 수 있는 소리의 대역을 의미하는 것으로서, 사람이 들을 수 있는 대역폭은 20Hz~20kHz의 범위이다. 가청 주파수의 대역폭은 동물마다 다르다. 예를 들어 박쥐는 초음파 대역을 활용한다.

따라서 음악 사운드 및 음성의 주파수와 가청 주파수가 다른 경우 멀티미디어 시스템에서는 시스템의 목적에 맞게 가청 주파수 범위의 신호만 활용하여 사용된다. 즉 사운드 신호의 변조, 하드웨어 설계 등 사운드 데이터 처리에 이용한다.

구분	해당범위
초저주파(infra-sonic)	0Hz~20Hz
사람 가청영역(audio-sonic)	20Hz~20Khz
초음파(ultra-sonic)	20KHz~1GHz
극초음파(hypersonic)	1GHz~10THz

❷ 샘플링

아날로그 신호를 디지털 데이터로 변환하는 과정으로, 일정한 시간 간격으로 알아낸 아날로그 신호의 크기를 디지털 데이터의 형태로 저장함으로서 이루어진다.

나이퀴스트Nyquist 정리에 따르면 원래의 아날로그 신호가 갖는 주기보다 두 배 이상 빠른 주기로 샘플링하면 원래 신호와 거의 차이가 없는 사운드 정보를 얻게 된다.

• 예) CD : 1 초에 44100번(44.1kHz) 샘플링

❸ 사운드 강도

사운드 강도란 심리적인 요인을 배제한 물리적인 사운드의 크기를 말한다. 심리적으로 느끼는 사운드의 크기를 세기loudness라고 한다. 따라서 강도는 정량적인 수치를 의미하며 세기는 정성적인 수치를 의미한다.

사운드의 강도를 표현하는 기준단위는 데시벨decibel, dB이며 다음과 같이 표현된다. A는 측정 강도이며, B는 2.83×10^{-4}로서 1평방 cm에 작용하는 힘을 의미한다.

$$dB = 20\log_{10}A/B$$

만약에 사운드의 강도가 100dB~120dB의 범위를 갖는다면 고통 임계값threshold of pain에 해당한다.

❹ 스펙트럼

(아날로그) 파형을 갖는 사운드는 푸리에fourier 분석을 이용해 여러 개의 다양한 주파수와 진폭을 갖는 스펙트럼 인자로 분해하여 표현 가능하다.

다음의 그림과 같이 $\sin(x) + \sin(3x) + \sin(5x)$의 신호는 $\sin(x)$, $\sin(3x)$, $\sin(5x)$ 각각의 신호의 결합으로 표현할 수 있다. 즉 임의의 아날로그 파형이 들어오면, 기본 주파수들의 결합을 통하여 해당 신호를 표현할 수 있다는 것이 푸리에 분석에 해당한다.

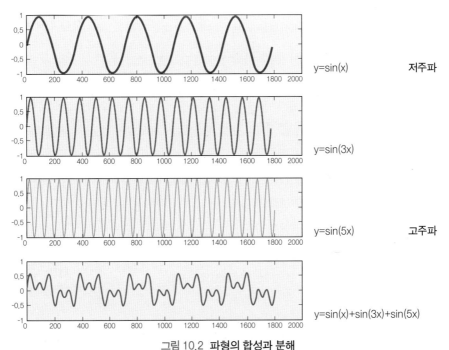

그림 10.2 **파형의 합성과 분해**

10.2.2 사운드 코딩

아날로그 파형을 갖는 사운드를 컴퓨터에 저장하기 위해서는 디지털 신호로 변환해야 하며, 저장된 디지털 신호를 재생하기 위해서는 아날로그 파형으로 복원해야 한다. 인코딩encoding 과정은 아날로그 신호를 디지털 신호로 변환하는 과정을 의미하며, 디코딩decoding 과정은 디지털 신호를 원래의 아날로그 신호로 복원하는 과정을 의미한다.

사운드의 코딩은 파형코딩, 음원코딩, 혼성코딩 등이 있다. 파형코딩은 사운드를 1차원 시 계열time-series 데이터로 규정하여 사운드의 파형 자체를 복원 가능하도록 코딩하는 방법이다. 음원코딩은 사람의 음성 생성 과정을 기본 모델로 하는 음성코딩 기법이지만 음성 생성 모델이 사람의 음성 생성 과정에 비해 단순하여 고품질 합성음 코딩에 부적합하다. 혼성코딩은 파형코딩과 음원코딩의 장점만을 취해 코딩하는 방법이다.

❶ PCM

파형코딩의 대표적인 예로서 PCMpulse code modulation에 대하여 간략히 설명하도록 하겠다. PCM은 연속적으로 변화하는 아날로그 신호의 강도를 주기적으로 샘플링하여 코딩하는 방법이다.

아래 그림과 같이 시간이 흘러가며 신호의 강도가 변할 때 샘플링 주기(s1, s2, s3, s4, … s6 …)에 맞게 각 시간에 따라 신호의 강도를 측정하고 그 값을 디지털로 저장하면 파형을 인코딩할 수 있다. 아날로그 신호를 복원하기 위해서는 샘플링 주기에 맞게 인코딩된 신호를 활용하면 된다.

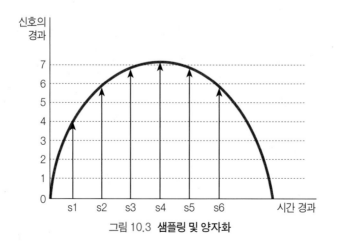

그림 10.3 **샘플링 및 양자화**

측정된 신호는 실수형을 갖으나 컴퓨터에 저장하기 위해서는 디지털화해야 한다. 앞의 예에서 샘플링된 실수형 값을 3비트로 표현되는 디지털 값으로 저장하기 위해서 실수인 측정치를 정수 값으로 변형해야 한다. 따라서, s1, s2, s3, …, s6, …에서 샘플링된 값을 정수화 시키면, s1＝4(100), s2＝6(110), s3＝7(111), s4＝7(111), s5＝7(111), s6＝6(110)으로 표현되며 100 110 111 111 111 110을 저장하면 해당 사운드에 대한 저장이 가능하다.

이때 실수형 값을 정수형 값으로 변환하여 처리함으로써 표현된 신호 값과 원래 신호 값과의 차이가 발생하는데, 이를 양자화 잡음quantization noise이라고 부른다. 양자화 잡음은 원래 아날로그 신호가 갖고 있는 강도의 변화 폭이 작거나 디지털 데이터의 단위당 비트 수가 클수록 그 크기가 감소한다.

다른 파형코딩 방법으로 DPCMDifferential PCM, ADPCMAdaptive DPCM 등이 있으며, 이는 인접한 파형 간의 유사성, 데이터의 중복성redundancy 등의 특성을 활용하여 사용하는 코드의 길이를 줄이기 위한 방법이나, 이에 대한 설명은 생략한다.

❷ 사람의 음성

사람 음성의 대역폭은 약 4kHz이므로 나이퀴스트 정리에 의하여 샘플링을 8kHz로 하면 사람 음성의 파형을 복원할 수 있다. 샘플당 사용되는 데이터 최소 비트 수는 2bits이므로 코딩에 필요한 최소 전송률은 8kHz×2bits＝16Kbps이다. 즉, 16Kbps 이상의 전송률을 사용하면 원음과 가깝게 재현할 수 있다.

10.2.3 사운드 저장

사운드를 컴퓨터에 저장하기 위해서는 압축 등의 기법을 도입해야 한다. 이때 다양한 파일 형식이 존재한다. 대표적인 형식은 다음과 같다.

❶ Wave(.wav)

MS와 IBM에 의해서 지원 받고 있는 포맷으로 압축 없이 사운드 데이터를 저장한다.

❷ CD-Audio(.cda)

필립스 사와 소니 사의 공동 연구 결과로 등장한 포맷으로, CD의 사운드 정보를 담기 위해 사용하고 있는 포맷이다.

❸ MP3(MPEG-1 Audio Layer-3)

효과적인 오디오 신호의 사용을 위해 고안된 음악 압축 방식으로 지각 코딩perceptual coding 기법을 사용한다. 즉, 사람의 감각적인 특성(청각심리 모델)을 사용하여 감도가 낮은 세부의 정보를 생략하여 코딩량을 절감하는 방법이다.

압축 과정에서는 사람의 가청 주파수를 32개의 밴드로 분해하고, 분해된 각각의 신호를 18개의 서브밴드 코딩, 변형 이산 코사인 변환, 허프만 코딩을 통해 다시 코딩(18개의 밴드로 또 다시 분해되므로, 총 576밴드)한다. 각 밴드에서 가장 강한 음의 성분에 대한 정보만을 선택하고, 나머지 음에 대한 정보를 삭제한다.

❹ Real Audio(.ra, .ram, .rm)

네트워크로 데이터를 전송하는 실시간 스트리밍 기술에 의해 만들어진 포맷이다.

❺ WMA, WMV(.wma, .wmv)

MS사가 만든 포맷으로, 스트리밍을 지원하고 데이터 용량이 MP3의 절반 수준인 포맷이다.

❻ OGG(.ogg)

MP3에 대항하기 위해 만들어진 무료 음악 화일 포맷으로, 압축률이 높으며 다양한 음질을 설정할 수 있다.

10.2.4 음성 인식

컴퓨터 기술이 발달함에 따라서 컴퓨터가 지능을 가질 수 있도록 하기 위한 다양한 연구들이 진행되고 있다. 사운드 분야에서는 컴퓨터가 음성으로부터 언어적 의미 내용을 식별할 수 있도록 하기 위하여 노력하고 있는데, 이와 같은 것을 음성 인식이라고 한다.

음성 인식도 특별한 화자에 적합한 것인지 일반적인 화자에 적합한 것인지에 따라 화자 독립 및 화자 종속 등의 다양한 분류를 하고 있다. 음성 인식을 위한 기술들에 대한 설명은 이 책의 범위를 벗어나므로 구체적인 설명은 생략하도록 한다.

10.3　이미지

디지털 카메라, 휴대폰, 캠코더 등의 발달로 누구나 사진(이미지)을 촬영하여 활용하고 있다. 사전적인 정의에 따르면, 이미지란 사람의 감각 기관 중에서 눈을 통해서 인지되는 매체를 말하며, 소리와 더불어 멀티미디어를 구성하는 가장 중요한 요소이다. 특히, 다른 매체보다 전달 효과가 우수해 다양한 응용들이 개발되고 있다.

10.3.1　색

색color이란 빛의 스펙트럼의 조성 차에 의해서 성질의 차가 인식되는 시감각의 특성으로 스펙트럼에서 위치한 파장에 의하여 색이 결정된다.

파장(nm)		200	400	760	10000000
감마선	X-선	자외선	가시광선	적외선	마이크로파

그림 10.4 **빛의 스펙트럼**

RGB는 Red, Green, Blue의 약자로서 빛의 삼원색인 빨강, 녹색, 파란색이 기본이 되는 컬러 모델이다. 이 세 가지 색의 혼합으로 색을 표현할 수 있고, 여러 가지의 색이 더해질수록 흰색에 가까워지며, 빛이 전혀 없을 때에는 검은색을 나타낸다. RGB 삼원색을 더하여 색을 표현하므로 가산 원색 모델additive primary model이라고 부른다.

CMYK는 청록색cyan, 심홍색magenta, 노란색yellow, 검은색black의 네 가지 색상을 기본으로 하는 컬러 모델로서, 종이에 프린트된 잉크에 기초한 색상 구현원리를 사용한다. 네 가지 물감이 혼합되면 모든 색상을 흡수하여 검은색을 나타내기 때문에 감산 원색 모델subtractive primary model이라고 부른다.

색의 모델로 HSI, HSL, HSV 등의 색상모델이 존재하며, 응용에 따라서 각각 활용된다. 색조hue는 물체로부터 반사되거나 물체를 통해 전달되는 빛의 파장으로 순수한 색을 나타내기 위한 컬러 특성이며, 채도saturation는 색도라고도 하는데 색상의 강도 또는 농도를 표현한다. 마지막으로 명도brightness는 색상의 상대적 밝기 또는 어둡기를 나타낸다.

253

10.3.2 이미지

이미지 데이터를 표현하는 방법은 크게 비트맵과 벡터 방식으로 구분할 수 있다. 대부분의 사용자들이 활용하는 방식이 비트맵 방식이며, 벡터는 오실로스코프 등 전문적인 장치나 지도의 등고선 등에서 활용한다.

❶ 비트맵

비트맵bitmap에서는 이미지를 점들의 집합으로 표현하는데, 각 점은 픽셀pixel: picture element이라고 한다. 또한 각 픽셀은 비트열로 인코딩된다.

픽셀을 많이 사용하여 표현할수록 이미지를 더욱 더 자세하게 나타낼 수 있지만 저장하기 위한 용량이 커진다. 그러나 픽셀을 적게 사용하여 표현하면 저장하기 위한 용량은 줄일 수 있지만 이미지의 선명도는 떨어진다.

- 해상도resolution : 스캔 해상도, 화면 해상도, 프린터 해상도가 있다. 데이터의 양이나 컬러 정보를 나타내는 것으로 단위는 dpidot per inch로서 단위 길이당 표시할 수 있는 점의 수, 즉 픽셀의 수를 나타낸다.

  - 스캔 해상도 : 이미지를 스캔할 때 해상도를 지정하여 스캔할 수 있음
  - 화면 해상도 : 표준적으로 평균 72dpi~75dpi 정도의 해상도를 가짐
  - 프린터 해상도 : 보통 300dpi, 600dpi 등을 활용함

- 비트맵 종류 : 이진 영상, 회색조 영상, 컬러 영상
- 이진 영상binary image : 픽셀은 1비트로 구성되고 0과 1의 값을 갖는다.
- 회색조 영상gray image : 픽셀은 8비트로 구성되고 0~255의 값을 갖는다. 즉 1픽셀은 256 가지의 색상을 표현할 수 있다. 최근에 기술의 발달로 의료 영상, 항공 영상 등에서는 12 또는 16비트를 사용하여 영상의 해상도를 향상하고 있다.
- 컬러 영상color image : 픽셀은 빛의 3원색인 R, G, B의 채널로 구성되며, 각 채널은 8비트로 표현되어 0~255의 값을 갖는다. 따라서 1 픽셀은 24비트(0~1,677,215)를 사용할 수 있다. R, G, B로 표현되는 대표적인 색들은 다음 그림과 같다(24비트를 8비트로 나누어서 16진법으로 표현). 색을 표현할 때 RGB 외에 투명도를 위한 Alpha 채널을 사용하는데, 이 경우 1픽셀은 32비트로 구성된다. RGB 외에 HSI, HSV, YUV 등의 인코딩 방법도 존재한다.

이진 영상
100x100x2bits: 20k bits

회색조 영상
100x100x8bits: 80k bits

컬러 영상
100x100x24bits: 240k bits

그림 10.5 **비트맵 영상의 종류**

RGB Colour Codes

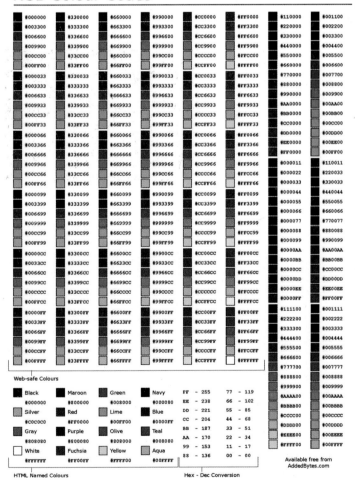

그림 10.6 **비트맵 색상 코드표**

255

비트맵 장점과 단점

비트맵을 사용하여 이미지를 표현할 때 장점은 사진과 같은 다양한 색상을 가진 이미지를 정밀하게 표현할 수 있다는 것이고, 단점은 임의의 크기로 확대하거나 축소하는 것이 쉽지 않다는 점이다.

❷ 벡터

벡터vector 기법은 이미지를 직선들과 곡선들의 집합으로 표현한다. 이미지와 곡선들의 집합을 어떻게 화면에 그릴 것인지는 디스플레이 장치에 따라 다르다. 임의의 확대나 축소에서 해상도를 유지할 수 있는 방법이다.

우리가 많이 사용하는 일반적인 모니터는 비트맵 방식으로 이미지 데이터를 처리하지만 오실로스코프와 같이 파형을 분석하는 장비들의 경우 벡터 방식으로 이미지 데이터를 출력한다.

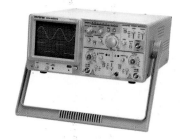

그림 10.7 **오실로스코프**

벡터 장점과 단점

벡터 기법을 사용하여 이미지를 표현할 때 장점은 임의의 확대나 축소에서 해상도를 유지할 수 있다는 것이고, 단점은 디스플레이 장치의 기능이 복잡해지고 가격이 비싸다는 점이다. 참고로 컴퓨터에서 텍스트를 출력할 때 일반적으로 비트맵 폰트보다는 벡터 폰트를 사용한다.

❸ 이미지의 품질

화면에 이미지가 얼마나 선명한가를 나타내는 것으로, 픽셀 깊이와 영상의 해상도에 따라 결정된다.

* 픽셀 깊이depth : 픽셀의 색상을 표현하기 위하여 사용되는 비트들의 수를 의미하며, 단위는 bppbits per pixel을 사용한다.

- 해상도resolution : 화면 해상도는 이미지를 상영하는 모니터의 픽셀 수를 의미하며, 이미지 해상도는 이미지를 표현하기 위해 사용된 픽셀 수를 의미한다.

10.3.3 이미지 코딩

이미지 코딩coding은 화면상에 출력할 때 편의성을 위하여 RGB를 많이 사용하지만, 이미지 전송의 효율성, 사람의 시각 모델과 유사한 특성을 갖도록 하기 위하여 YUV, YIQ, YCbCr, HSI 모델들이 다양하게 존재한다.

❶ RGB

Red, Green, Blue의 3가지 색상 신호를 사용하여 이루어진다.

❷ YUV

밝기 신호인 Y(luminance) 정보와 색채 U, V(chrominance) 정보를 사용한다. TV 방송에 사용되는 방식으로 사람의 눈이 색보다 밝기에 민감하다는 사실에 기반을 두어 만들어진 것으로, 색을 밝기luminance인 Y와 색상chrominance인 U, V로 구분한다. Y값은 오류에 민감하므로 색상 원소(U, V)보다 상위 대역폭으로 코딩하며 전형적인 Y : U : V의 비율은 4 : 2 : 2 이다.

$$Y = 0.30R + 0.59G + 0.1B,$$
$$U = (B - Y) \times 0.493$$
$$V = (R - Y) \times 0.877$$

❸ YIQ

NTSC 방식을 근간으로 한다. YUV 모델과 마찬가지로 TV 방송에 사용되며 YUV 모델과 유사하지만 NTSC 신호로 인코딩하여 YUV 모델과 약간 다른 공식을 사용한다.

$$Y = 0.30R + 0.59G + 0.11B$$
$$I = 0.60R - 0.28G - 0.32B$$
$$Q = 0.21R - 0.52G + 0.31B$$

10.3.4 이미지 입출력

이미지 데이터를 생성하고 출력하기 위한 장치에 대하여 간략히 알아보자. IT 기술이 발전함에 따라서 새로운 장치들이 나타나고 있다.

❶ 입력장치

필름 방식(아날로그 방식)

자연 상태의 빛을 받아(촬영) 이를 필름^{film}에 고정(현상)시켜서 촬영한다. 실제 이용 기기는 필름 카메라, 영화 촬영용 카메라 등이 있다.

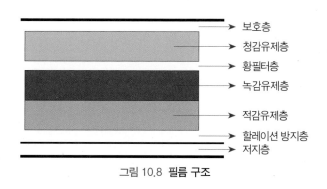

보호층
청감유제층
황필터층
녹감유제층
적감유제층
할레이션 방지층
저지층

그림 10.8 **필름 구조**

CCD/CMOS 방식(디지털 방식)

감광 장치가 빛을 감지해서 디지털 신호로 저장하는 방식으로, 감광 장치의 종류에는 CCD와 CMOS가 있으며 휴대폰이나 디지털 카메라의 촬영 방식에 해당한다.

CCD^{charge-coupled device}는 화질이 선명하지만 고전력을 필요로 하며, CMOS^{complementary metal-oxide semiconductor}는 저전력이지만 화질이 CCD에 비해 떨어진다.

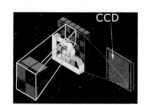

그림 10.9 **CCD 구성**

스캐너

CCD나 CMOS 방식과 같이 디지털 방식이며 처리 방법에 따라 흑백 스캐너(문자 입력용), 그레이 스캐너(고해상도 흑백 사진 입력용), 컬러 스캐너(컬러 사진 입력용)가 있다.

❷ 출력장치

브라운관 방식(아날로그 방식)

전자총에서 발사된 전자 광선을 편향 코일을 통해 전면 유리의 발광체에 뿌려 줌으로써 전기 신호를 영상으로 변환하며, 브라운관CRT TV, CRT 모니터 등에서 이용된다.

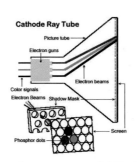

그림 10.10 CRT 모니터 구조

액정 방식(디지털 방식)

LCDliquid crystal display는 전압이 가해지면 전계의 방향에 따라 액정LCD의 분자 배열이 바뀌는 특성을 이용해서 전기 신호를 영상으로 변환한다.

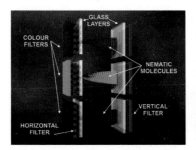

그림 10.11 LCD 모니터 구조

프로젝트 방식(아날로그 방식, 디지털 방식)

전기 신호를 영상으로 변환한 후 렌즈를 통해 확대하는 방식으로, 프로젝터와 같은 전방 투사front projection 방식과 프로젝션 TV와 같이 후방 투사rear projection 방식이 있다.

플라즈마 방식(디지털 방식)

진공 상태에서 전압을 가하면 발광하는 플라즈마PDP의 특성을 이용해서 영상을 나타낸다. 시야각이 넓고 수명이 길지만, 단가가 높고 구동 전압이 높은 문제가 있다.

충격식 인쇄장치

활자식 프린터와 도트매트릭스 프린터가 있으며, 활자식 프린터는 타자기와 같이 이미 만들어진 활자를 찍어 출력하며, 도트매트릭스 프린터는 점을 연속적으로 찍어 내용을 출력한다.

비충격식 인쇄장치

잉크젯 프린터와 레이저 프린터가 있으며 잉크젯 프린터는 노즐로부터 분사된 잉크가 종이에 부착되어 인쇄되는 방식이다. 레이저 프린터는 레이저로 종이의 원하는 부분에 전하를 띄게 한 후 그 부분만 토너가 묻도록 하는 방식이다.

10.3.5 이미지 압축

고해상도 HD 영상은 압축을 하지 않을 경우 1920×1080 해상도에 RGB 3바이트로 구성되므로 1장의 영상은 6메가바이트의 크기를 갖는다. 저장 장치의 용량이 늘어나도 영상 1장이 6메가바이트의 크기를 갖는 것은 상당한 부담일 수 밖에 없다. 따라서, 효율적인 영상의 관리를 위하여 압축을 해야 할 필요성이 있다.

이미지 압축을 위해서는 JPEG, GIF 등 다양한 압축 방법이 존재하는데 최근에는 JPEG 압축 방법이 범용적으로 사용하고 있다.

❶ JPEG

JPEG은 실제 압축파일이 아니라 Joint Photographic Experts Group을 의미하며 사진에 대한 전문가 그룹을 지칭한다. 이 그룹에서는 ISO에 따르는 Color & Grayscale 정지 영상의 압축 코딩의 표준을 1992년에 제정하였는데, 이 표준을 따르는 파일을 JPEG 파일이라고 한다.

주요 특징으로는 압축률과 영상의 품질을 사용자가 지정할 수 있고, 영상형태(내용, 크기, 해상도, 화면비, 색상모형)에 관계없이 적용 가능하다. 또한 순차적 모드, 점진적 모드 등이 존재하고 소프트웨어적으로 구현 가능하며 하드웨어를 이용할 경우 영상의 품질이 크게 향상된다.

아래 그림은 JPEG 압축의 과정을 나타낸다. 공간 도메인을 주파수 도메인으로 변환하기 위한 DCT$^{discrete\ cosine\ transform}$나, 양자화^{quantization}, 허프만 코딩 등 복합적인 과정을 통하여 압축을 수행하게 된다. 최근에는 압축 방법의 품질을 향상하기 위하여 DCT가 아닌 DWT$^{discrete\ wavelet\ transform}$를 사용한 JPEG2000 등이 사용된다.

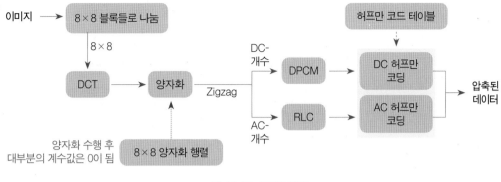

그림 10.12 JPEG 구조

10.3.6 이미지 프로세싱 및 컴퓨터 비전

컴퓨터 기술이 발달함에 따라서 컴퓨터가 지능을 가질 수 있도록 하기 위한 다양한 연구들이 진행되고 있다. 이미지 분야에서는 컴퓨터가 사람의 시각적인 특성을 갖도록 하거나 이미지의 품질을 향상하고 새로운 이미지 데이터를 생성하기 위한 연구개발이 이루어지고 있다. 이와 같은 학문 연구 분야를 이미지 프로세싱, 컴퓨터 비전, 컴퓨터 그래픽스 등으로 부르고 있다.

이미지 프로세싱, 컴퓨터 비전 및 컴퓨터 그래픽스 등의 기술에 대한 설명은 이 책의 범위를 벗어나므로 구체적인 설명은 생략하도록 하겠다.

❶ 이미지 프로세싱

이미지 프로세싱image processing은 컴퓨터를 사용하여 이미지 데이터를 처리하는 일련의 과정을 일컫는 용어이다. 영상처리에는 영상생성, 영상합성, 영상분석, 패턴인식, 영상검색 등 다양한 종류가 있다.

영상생성 방법에는 스캐너 등을 통하여 이미지를 스캔하거나, 디지털 카메라 등을 통해 영상을 캡처하는 방법, 그래픽 도구를 사용하여 인공적인 이미지를 생성하는 방법이 있다.

영상합성은 실제 이미지를 다른 실제 이미지나 인공 이미지와 결합시키거나 변형시키는 작업 등을 의미하며 컴퓨터 예술, 광고 및 오락 등의 분야에 널리 이용된다.

영상분석에서는 이미지에 나타나는 객체를 식별하는 일련의 작업을 수행한다. 이를 위하여 특징을 추출하거나 매칭하는 과정 등이 포함된다.

패턴인식이란 영상의 분석 방법 중에 하나로 이미지에 주어진 문자나 지문, 얼굴과 같은 패턴을 인식하는 것을 의미한다. 지문인식시스템, 보안시스템 등에 활용되고 있다.

검색이란 해당 조건에 맞는 영상을 검색해 내는 방법으로 메타데이터meta-data를 사용하여 검색하는 방법과 내용기반content-based 검색 방법이 존재한다. 특히 내용기반 검색에서는 영상에서 내용에 해당하는 장면을 분석해야 하므로 기술적으로 매우 어렵다.

❷ 컴퓨터 비전

컴퓨터 비전Computer Vision은 기계의 시각에 해당하는 부분을 연구하는 컴퓨터 과학의 최신 연구 분야 중 하나이다. 이를 위하여 영상처리, 물체인식, 인공지능, 기계학습, 패턴인식 등의 다양한 기술이 적용된다.

❸ 컴퓨터 그래픽스

컴퓨터 그래픽스computer graphics는 컴퓨터를 이용하여 도형이나 화상 등의 그림 데이터를 생성, 조작, 출력할 수 있도록 하는 데 관련된 방법을 말한다. 컴퓨터의 응용 분야에서 매우 큰 비중을 차지하고 있으며, 문자와 숫자로 표현된 정보를 알기 쉽게 나타내거나 컴퓨터에 의한 설계, 사람과 컴퓨터 사이의 인터페이스, 컴퓨터 미술 등 많은 분야에 이용되고 있다.

❹ 가상현실

가상현실virtual reality는 컴퓨터로 만들어 놓은 가상의 세계에서 사람이 실제와 같은 체험을 할 수 있도록 하는 최첨단 기술을 말한다. 게임 프로그램에서 가장 먼저 가상현실 기법이 적용되고 있는데, 게임의 경우 입체적으로 구성된 화면 속에 자신이 게임의 주인공으로 등장해 문제를 풀어 나간다. 이러한 가상현실은 의학분야에서 수술 및 해부연습에 사용되고, 항공·군사 분야에서는 비행조종을 실제상황처럼 만들어 놓고 훈련에 이용되고 있다.

❺ 증강현실

증강현실augmented reality이란 실 세계에 3차원 가상물체를 겹쳐서 보여주는 기술을 말한다. 증강현실은 현실환경과 가상환경을 융합하는 복합형 가상현실 시스템hybrid VR system이며, 1990년대 후반부터 미국·일본을 중심으로 연구개발이 진행되고 있다. 기존에는 증강현실이 원격의료 진단·방송·건축설계·제조공정 관리 등에 활용되어 왔으나, 최근에는 위치기반 서비스, 모바일 게임 등으로 활용범위가 확장되고 있다.

10.4 비디오

비디오는 동영상motion pictures이라고 부르며 프레임frame들과 오디오 데이터로 구성된다. 각 프레임은 한 장의 이미지를 의미하고, 오디오는 품질에 따라서 2채널에서 5.1채널 등으로 구성된다.

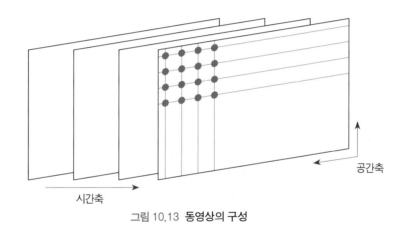

그림 10.13 **동영상의 구성**

동영상 등 멀티미디어 데이터에 있어서 기술적으로 중요한 사항은 자료의 방대성, 실시간 처리 및 서비스 품질, 다양한 매체 간의 상호 동기화(프레임＋오디오), 표준화 요구 등이 있다.

동영상에 있어서 자료 분량의 방대성은 기술적으로 해결해야 하는 가장 큰 문제점이다. 예를 들어 1시간짜리 초당 30프레임 HD 품질 비디오의 경우 1920×1080픽셀 해상도를 가지므로, 1920×1080(픽셀)×3bytes(RGB)×60×60(초)×30(프레임)이 되어 671,846,400,000(671GBytes) 바이트의 용량이 필요하다. 이와 같은 동영상의 경우 최근에 출시되는 2테라바이트의 하드디스크 용량조차 모자라게 만들 수 있는 용량으로 효율적인 압축 기술들의 개발이 중요하다.

10.4.1 동영상 압축

동영상은 자료의 방대성으로 인하여 저장장치의 제약, 통신선로의 한계 등의 문제가 발생하므로 필연적으로 압축코딩을 해야 한다. 그러나 압축으로 인해 영상의 품질이 저하되므로 사용하는 응용에 맞추어 배타적 관계trade off가 존재한다.

❶ 동영상 압축이 가능한 이유

데이터가 확률적으로 예측이 불가능한 랜덤random 특성을 가지고 있다면 압축은 불가능하다. 그러나 실제 데이터에는 다음과 같은 특징이 존재하므로 압축이 가능하다.

- 공간적 중복성spatial redundancy
- 시간적 중복성temporal redundancy
- 사람 눈의 낮은 민감도insensitivity of human eyes

❷ 공간적 중복성

공간상의 여러 위치에 같은 데이터가 중복되어 나타나는 현상으로, 정지영상 데이터나 문서 데이터, 동영상 데이터에 발생한다.

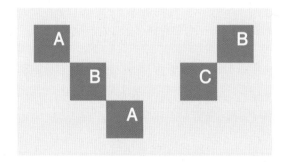

그림 10.14 **공간적 중복성**

❸ 시간적 중복성

시간의 흐름에 따라 동일한 데이터가 반복적으로 나타나는 현상으로 사운드 데이터, 동영상 데이터에 발생한다. 아래의 영상을 보면 1번 프레임과 2번 프레임 사이의 차이가 거의 없음을 알 수 있다.

그림 10.15 **시간적 중복성**

| 프레임 #1 | 프레임 #2 |

그림 10.16 **인접한 동영상 프레임**

10.4.2 동영상 코딩

동영상은 오디오와 이미지가 통합된 매체이며 오디오와 이미지가 독립적으로 압축되어 저장되어 있다. 동영상에서 사용하는 오디오 및 이미지 압축 기술에 대해서 간략히 알아 보자.

❶ MPEG 오디오 압축

사람의 사운드에 대한 감각적인 특성 즉, 청각심리 모델psychoacoustic model를 이용하여 압축을 수행한다. 먼저 입력된 오디오에 대하여 밴드 패스 필터를 적용시켜 여러 개의 주파수 요소로 분해하고(보통 32개의 서브 밴드로 분할), 각 분해된 데이터에 청각심리 모델을 적용시켜 에너지가 편중된 주파수 대역에 많은 비트를 부여하도록 블록에 비트할당을 한 후, 양자화를 통하여 압축을 한다. 이를 통하여 주요하지 않은 부분의 데이터의 양을 줄일 수 있고, 압축을 수행할 수 있다.

오디오 압축은 다음과 같이 크게 3계층으로 분할할 수 있다.

- 1 계층 : 디지털 오디오 테이프
- 2 계층 : 1 계층보다 높은 복잡도 지님, 디지털 오디오 방송
- 3 계층 : 가장 복잡, ISDN^{integrated service digital network} 128kbps상에서 오디오 전송을 목표로 시작, MP3가 이에 해당

❷ MPEG 동영상 압축

영상을 압축하기 위해서 RGB 도메인의 데이터를 YCbCr 도메인으로 변환한다. 그 다음에 서브샘플링(2 : 1 : 1) 기법에 의해 하나의 밝기 정보 Y와 두 개의 색채 정보 Cb, Cr로 나누어 인코딩을 수행한다.

먼저 데이터를 블록block과 매크로macro 블록으로 분할한다. 블록은 8×8 픽셀로, 매크로 macro 블록은 네 개의 Y 블록과 이에 대응하는 한 개씩의 Cb, Cr 블록을 의미한다.

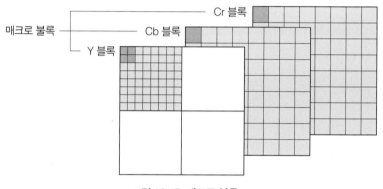

그림 10.17 **매크로 블록**

인트라코딩(intra-frame coding) : I 프레임

I 프레임Intra Frame은 프레임 자체를 인코딩하는 방법으로, JPEG의 순차적 부호화기법과 유사하다. DCT, 양자화, 허프만 코딩을 이용하며, 공간적 중복성spatial redundancy을 제거한다.

인터코딩(inter-frame coding) : P와 B프레임(Predictive & Bi-directionally Predictive)

매크로 블록들과 그 이전의 기준 프레임의 매크로 블록들 간에 존재하는 차이 정보를 이용하며, 움직임 보상기법motion compensation을 이용한다. 이를 통하여 시간적 중복성temporal redundancy을 제거할 수 있다.

P 프레임predictive frame은 프레임 간 순방향 예측 인코딩 영상을 의미하며, 해당 프레임 앞에 있는 I, P 프레임으로부터 예측 수행에 의해 생성 가능하다.

B 프레임bi-directionally predictive frame은 양방향 예측 인코딩 영상을 의미하며, 해당 프레임 앞과 뒤에 있는 I, P 프레임을 처리한 후 동영상의 프레임 순서로 그 사이의 B 프레임을 인코딩하여 생성한다. B 프레임은 전송 및 저장에 있어서 시간적인 순서를 왜곡하여 처리가 되므로, 방송용 압축에서는 B 프레임은 사용하지 않는다(즉, 실제 프레임 순서가 I B B P 일지라도 저장 및 전송은 I P B B로 이루어진다).

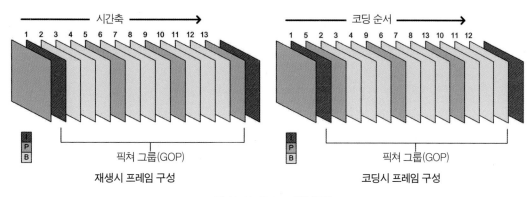

그림 10.18 IPB 프레임 구성

동영상에 대한 MPEG 인코더의 구성은 다음 그림과 같다(표준에 따라 약간 차이는 있다).

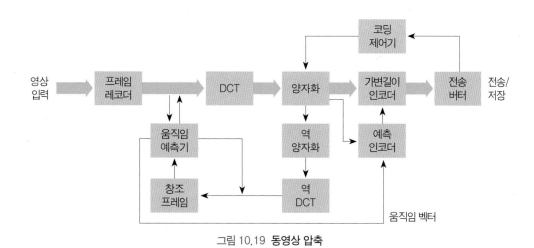

그림 10.19 동영상 압축

10.4.3 동영상 압축 표준

비디오(동영상) 데이터는 이미지나 사운드 데이터에 비하여 용량이 커서 압축 기술이 필수적으로 요구된다. 대표적인 데이터 저장을 목표로 개발된 표준은 MPEG$^{motion\ picture\ experts\ group}$에서 개발한 MPEG 표준이다. 방송 등의 표준을 목표로 개발된 H.263, H.264 등의 압축 방법도 있다.

❶ MPEG

MPEG은 동영상이 아니라, Motion Picture Expert Groups의 약자로서 전문가 그룹을 의미하며 동영상 표준을 제정한다.

MPEG에서 제정한 동영상 압축은 시간적 및 공간적인 중복성을 활용하며 최대한 높은 압축률을 달성하기 위하여 I^{intra}, P^{predictive}, B$^{bi\text{-}directionally\ predictive}$ 프레임으로 구성된다.

MPEG에서 제정한 표준도 계속적으로 발전하여 MPEG-1, MPEG-2, MPEG-4, MPEG-7, MPEG-21의 표준 존재하며 각 표준에서 달성하고자 하는 대표적인 목표는 다음과 같다.

- MPEG-1은 CD-ROM 동영상 저장을 목표(1.5Mbps)
- MPEG-2는 HD TV/DVD 품질 동영상 저장을 목표(5~10Mbps)
- MPEG-4는 객체개념을 도입, 휴대용기기의 지원을 목표(낮은 전송률)
- MPEG-7은 멀티미디어 검색 및 관리를 목표
- MPEG-21은 멀티미디어 데이터의 배포 및 사용에 대한 표준(지적재산권 등)

❷ H.26X

H.261, H.263, H.264 등은 ITU-T에서 정한 화상 회의와 화상 전화에 적합한 영상 압축을 위한 표준이다. 실시간 인코딩 및 디코딩을 지원해야 하므로 I와 P 프레임으로 구성되며, 시간적인 흐름에 역행하는 B 프레임은 사용하지 않는다.

- H.261은 ISDN 64Kbps 회선에 최대 30개까지 화상 회의 지원을 목표
- H.263은 초당 20K~24K 비트처럼 낮은 대역폭에서 스트리밍 서비스를 목표
- H.264는 높은 압축률을 갖는 비디오 코덱 표준(MPEG-4/AVC로도 부름)

10.5 사운드 실습: 골드웨이브

디지털 사운드 편집 프로그램이라면 주로 *. WAV 편집 프로그램을 뜻한다. 윈도용 유틸리티에서 가장 유명한 사운드 편집 프로그램으로는 '골드웨이브goldwave'와 '쿨에디트cooledit'가 있다. 골드웨이브와 쿨에디트는 쉐어웨어이면서도 상용프로그램들에 비하여 전혀 뒤지지 않을 만큼 막강한 기능을 갖고 있다.

골드웨이브는 가장 대중적이고 다양한 기능을 제공하는 사운드 편집 프로그램으로서 거의 모든 사운드 포맷을 지원한다. 또한, 사용자의 편의를 위한 다양한 툴바, 그리고 사운드 디바이스를 별도로 운용할 수 있는 리모콘과 같은 디바이스 콘트롤 기능을 내장하고 있어서 비교적 초보자들도 손쉽게 사운드를 편집할 수 있다.

❶ 전체화면 구성

프로그램을 실행시키면 다음과 같은 메뉴와 툴바를 갖는 윈도우가 나타난다.

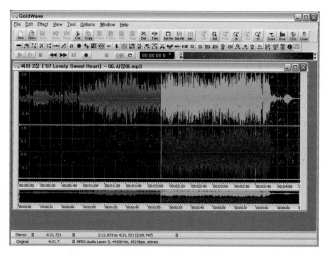

그림 10.20 **골드웨이브**

툴바는 메인 툴바, 효과effects 툴바, 컨트롤control 툴바 등으로 구성된다.

메인 툴바

그림 10.21 메인 툴바

효과 툴바

그림 10.22 효과 툴바

컨트롤 툴바

그림 10.23 컨트롤 툴바

❷ 파일입력

메인메뉴나 툴바에서 음악 파일을 열면 그림과 같이 초록색과 빨간색의 두 개 채널로 구성된 파형이 나타난다. 일반적으로 음악은 스테레오(2채널)로 구성되므로 두 개의 파형으로 나타 난다.

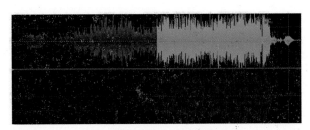

그림 10.24 스테레오 파형 디스플레이

❸ 디바이스 컨트롤 윈도우

디바이스 컨트롤 윈도우에는 음악의 재생, 음량조절 등의 기능을 수행한다. 재생관련 조절은 윈도우 좌측 상단의 버튼을 통하여 처리할 수 있고, 옵션 버튼을 통해서 재생과 관련된 다양 한 설정을 수행할 수 있다. 컨트롤 윈도우의 우측에는 볼륨조절, 좌우 사운드 설정, 재생속 도 조절 등이 가능하다.

재생 위치는 채널윈도우상에서 원하는 위치를 우측 마우스 클릭하여 팝업 메뉴를 생성하고, "Set Playback Cursor"나 "Play From Here"를 선택하여 조절 가능하다.

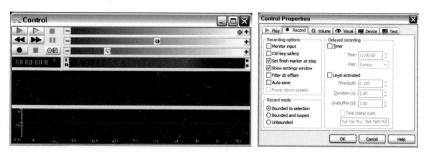

그림 10.25 **제어판**

❹ 상태바

상태바에는 활성화된 사운드의 샘플링 비율, 크기, 선택영역, 채널, 파일포맷 정보를 나타
낸다. 44,100Hz는 현재 파일의 sampling rate로 수치가 높을수록 좋은 품질의 음악이며,
stereo라는 표시와 경우에 따라 오른쪽 하단에 8비트란 표시가 나타나는데, 역시 현재파일
의 상태를 나타내는 것으로 비트 단위이다.

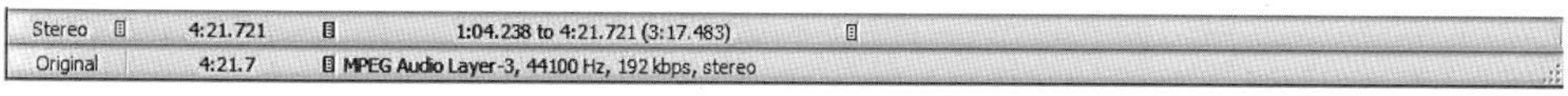

Stereo		4:21.721		1:04.238 to 4:21.721 (3:17.483)	
Original		4:21.7		MPEG Audio Layer-3, 44100 Hz, 192 kbps, stereo	

그림 10.26 **상태바**

10.5.1 사운드 편집

사운드 편집에 대한 간략한 기능만을 설명한다. 자세한 사항은 도움말을 활용하면 된다.

❶ 사운드 영역 선택

마우스의 왼쪽 마우스를 클릭한 후에 드래깅을 수행하면, 마우스가 언클릭하는 지점까지 아
래 그림과 같이 영역 선택이 가능하다.

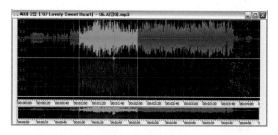

그림 10.27 **영역 지정**

❷ Copy, Cut, Paste, Delete, Trim

사운드 영역이 선정되면, 한글이나 워드와 같은 문서 편집 프로그램과 같이 해당 영역에 대한 편집을 수행할 수 있다.

그림 10.28 **편집 툴바**

- Copy : 해당 영역을 복사
- Cut : 해당 영역을 복사 후 제거
- Paste : 해당 영역을 선택된 위치에 삽입
- Delete : 해당 영역을 제거
- Trim : 선택된 영역을 제외하고 삭제

Undo, Redo 등의 기타 기능에 대한 설명은 제외한다.

10.5.2 사운드 효과

골드웨이브에는 아래 그림과 같이 에코, 피치조절, 필터링 등 다양한 사운드 효과 편집이 가능하다. 각 기능에 대해서는 스스로 한 번씩 적용하여 효과를 경험하여 파악해 보도록 한다. 여기서는 몇가지 효과에 대한 설명만을 수행한다.

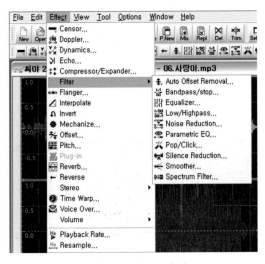

그림 10.29 **사운드 효과**

❶ Pitch 조절

웨이브 파일의 Pitch 변환은 주로 사람이나 동물의 목소리를 변환할 때 주로 사용된다. TV 프로그램에서 범죄자들이나 제보자들의 음성을 변조하여 내보낼 때 주로 사용하는 기법으로, 1을 기준으로 하여 수치가 이보다 높으면 고음의 voice tone이, 1보다 낮으면 저음의 voice tone으로 출력된다.

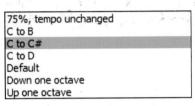

그림 10.30 Pitch 조절

- Reverse 효과 : 재생 순서를 역으로 조정
- Reverse 효과: 재생 순서를 역으로 조정
- Time Warp 효과: 재생 시간을 늘이거나 줄임
- Echo 효과: 선택한 영역에 Echo 효과

❷ Specturm Filtering : 선택한 영역을 통과하는 필터

재생하고 있는 음악에 대한 스펙트럼은 Control 윈도우의 View를 통해서 확인할 수 있다 (View 윈도우를 선택한 후에 Display 방법 중에 Spectrum or spectrogram 선택).

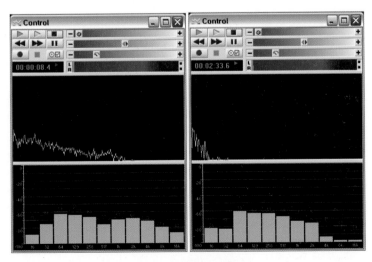

그림 10.31 사운드 스펙트럼

273

스펙트럼을 편집하기 위해서는 Effect 메뉴의 Filter 하위 메뉴의 Sepctrum Filter를 선택하여
제어 윈도우를 생성하고 적절하게 Spectrum에 대한 조정을 통하여 효과를 확인할 수 있다.

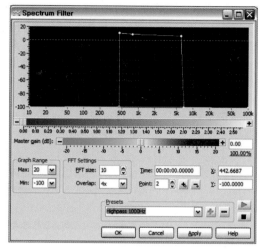

그림 10.32 **스펙트럼 필터**

10.5.3 사운드 응용

❶ 인터넷이나 마이크로 입력되는 소리 녹음하기

① 녹음되는 소리를 저장하기 위한 파일을 생성(저장할 자료의 음질 및 시간을 지정)

그림 10.33 **녹음 파일 생성**

② Control 박스의 옵션 ⊙☑을 선택한 후에 녹음을 원하는 요소를 지정함
   (일반적으로 Stereo Mix를 선택, 스테레오 믹스의 선택 및 값을 확인할 것)

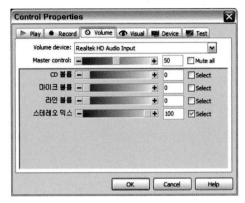

그림 10.34 **볼륨 요소 설정**

③ Control 박스의 녹음 버튼 █●█을 통하여 녹음을 시작, 중지, 종료함

❷ 두 개의 사운드 믹스하기

① 믹스하고자 하는 두 개의 음악 파일을 읽어 들임
② 하나의 파일에 믹스하고자 하는 부분을 영역 선택한 후에 복사함(Ctrl-C)
③ 다른 파일의 믹스하고자 하는 부분으로 이동한 후에 Mix 버튼을 클릭하여 합성함
   (Edit 메뉴의 Mix 기능 또는 도구 바에서 Mix 버튼 선택)

그림 10.35 **Mix 기능 툴바**

이와 같은 기능을 통하여 배경 음악과 자신의 목소리 합성이 가능함

❸ 음악 CD에서 사운드 파일 추출하기 1

① 음악 CD를 디스크 드라이브에 삽입
② 저장할 파일을 생성하고 음질 및 시간을 지정함
  (파일 메뉴-New 또는 도구바의 New 버튼)

그림 10.36 **새로운 파일 생성**

③ Control 윈도우에서 Volume 탭을 확인한 후에 "CD 볼륨" 선택

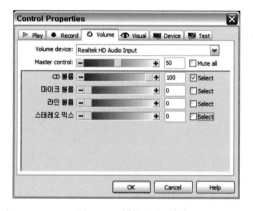

그림 10.37 **볼륨 요소 설정**

④ Tools 메뉴에서 "CD Reader"를 선택하여 CD Reader 창을 생성한 후에, 원하는 트랙을
  선정하여 Save 버튼을 클릭

그림 10.38 **CD Reader에서 트랙 선정**

⑤ Save 버튼 선택 시 생성되는 윈도우에서 저장할 형식(MP3, WAV)과 저장할 폴더를 지정한 후에 OK 버튼을 클릭하여 변환 수행

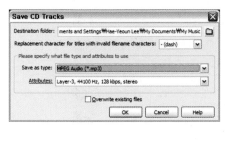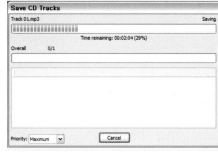

그림 10.39 **저장 형식과 폴더 설정**

❹ **음악 CD에서 사운드 파일 추출하기 2 (직접 추출, 간단함)**

① 음악 CD를 디스크 드라이브에 삽입
② Tools 메뉴에서 "CD Reader"를 선택하여 CD Reader 창을 생성한 후에, 원하는 트랙을 선정한 후에 Save 버튼을 클릭

그림 10.40 **CD Reader에서 트랙 선정**

277

③ Save 버튼 선택 시 생성되는 윈도우에서 저장할 형식(MP3, WAV)과 저장할 폴더를 지정한 후에 OK 버튼을 클릭하여 변환 수행

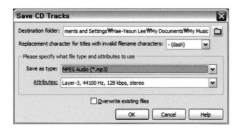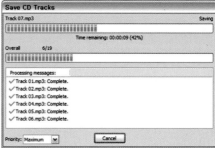

그림 10.41 저장 형식과 폴더 설정

❺ 동영상에서 사운드만 추출하기

① 추출하고자 하는 동영상을 읽어 들임. (음악 파일과 같이 화면에 표시됨)

② 파일 메뉴에서 다른 이름으로 저장을 통하여 변환하여 저장을 수행. (mp3, wav 등으로 저장이 가능함)

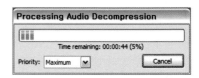

그림 10.42 파일 불러오기

10.5.4 MR 제거

❶ 간단한 MR 방법 (MR 제거 효과는 미미함)

① 편집할 음악 파일을 읽어 들임

② 메뉴에서 Effect - Stereo - Reduce Vocals을 선택

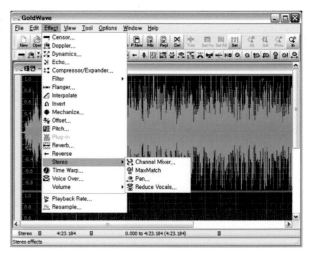

그림 10.43 음악 파일 재생

③ Reduce Vocals 창에서 적절한 조절을 통하여 효과 적용

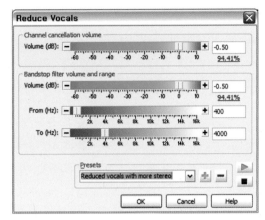

그림 10.44 **음향효과 조절**(Reduce Vocals)

④ 추가적인 잡음 제거를 위하여 Effect - Filter - Noise Reduction을 수행

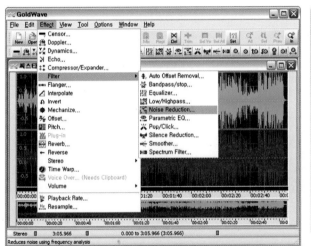
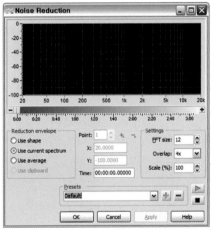

그림 10.45 **잡음 제거**(Noise Reduction)

10.6 이미지 편집 : 포토샵

최근에 DSLR 등 고성능 디지털카메라의 가격이 내려감에 따라 누구나 사용할 수 있게 되었고, 촬영한 사진을 다양한 요구에 맞게 편집을 하고자 한다. 가령, 얼굴에 점을 제거하거나, 턱을 깎거나, 다리 길이를 늘리는 등의 사진 편집을 하는 경우가 많다.

포토샵은 미국 어도비adobe 시스템이 개발한 그래픽 편집 소프트웨어로서, 입력된 화상에 대하여 다양한 편집과 수정을 할 수 있는 프로그램이다. 특히 최근에 사진 편집을 위하여 전문가에서 초보자까지 널리 사용하는 프로그램이다. 포토샵을 통하여 사진의 단순한 편집뿐만 아니라 사진 이미지의 색상 보정, 오래된 사진 복원, 이미지 합성, 문자 디자인, 인쇄물 디자인, 웹디자인 등의 작업을 할 수 있다

❶ 전체화면 구성

프로그램을 실행시키면 다음과 같은 메뉴와 툴바를 갖는 윈도우가 나타난다.

그림 10.46 **포토샵**

툴바에는 선택한 도구 및 기능에 따르는 옵션들이 나타난다.

Brush 선택 시 툴바(칠하는 기능)

그림 10.47 **Brush 선택 시 툴바**

Magic Wand 선택 시 툴바(영역 지정 기능)

그림 10.48 Magic Wand 선택 시 툴바

Rectangular Marquee 도구 선택 시 툴바(영역 지정 기능)

그림 10.49 Rectangular Marquee 선택 시 툴바

❷ 파일입력

메인메뉴를 통하여 그림 파일을 열면 해당 그림 파일을 읽어들여 화면에 보여준다. 포토샵의
버전에 따라서 다르지만, 7.0 버전에서는 다음과 같은 파일 형식을 지원한다.

그림 10.50 파일 종류

❸ 도구 모음

포토샵에서는 영역지정, 브러시, 글자입력, 지우개 등 다양한 도구 및 기능을 가지고 있는데,
이는 화면의 좌측이나 독립적인 툴바에 표시되어 있다(화면에 회전시켜서 출력함).

그림 10.51 도구 모음

10.6.1 이미지 편집

이미지 편집에 대한 간략한 기능만을 설명한다. 자세한 사항은 도움말을 활용하면 된다.

❶ 이미지 영역 선택

특정한 영역을 선택하는 도구로서 포토샵은 사각형으로 영역을 지정하거나 사용자 임의로 지정하거나, 자동으로 동일한 특성값을 갖는 영역을 선택할 수 있도록 할 수 있다.

- Rectangular Marquee Tool : 사용자의 좌측 마우스 클릭한 후 드래깅을 통하여 선택한 사각형으로 영역을 선택한다.
- Lasso Tool : 사용자가 클릭한 후 드래깅하는 동안 선택된 점들을 폐곡선으로 하는 영역을 선택한다.
- Magic Wand : 사용자가 선택한 점과 유사한 특성을 갖는 영역을 자동으로 선택한다.

Rectangular Marquee   Lasso   Magic Wand

그림 10.52 **영역 선택의 예**

❷ Copy, Cut, Paste 등

사운드 영역이 선택되면, 한글이나 워드와 같은 문서 편집 프로그램과 같이 해당 영역에 대한 편집을 수행할 수 있다.

- Copy : 해당 영역을 복사
- Cut : 해당 영역을 복사 후 제거
- Paste : 해당 영역을 선택된 위치에 삽입

Brush, Healing Brush Tool 등 다양한 기능에 대한 설명은 제외한다.

10.6.2 이미지 효과

❶ 필터링

포토샵에는 다양한 필터를 통하여 영상에 효과를 줄 수 있다. 가령 blurring을 통하여 영상을 뭉게거나, Noise 기능을 통하여 잡음을 추가 또는 제거하고, Sharping을 통하여 경계선을 두드러지도록 편집할 수 있다.

또한 기존에 정해져 있는 다양한 필터링, 렌더링 기능 등을 적용하여 영상에 예술적이거나 코믹한 효과를 줄 수 있다. 이에 대해서는 각 기능을 수행하여 동작을 스스로 확인해 보기 바란다.

- 예) Stylize의 Embossing 효과,
  Solarize 효과 등을 적용, Texture
  의 Mosaic 효과, Sketch의 Graphic
  Pen 효과, Distort의 Pinch 효과 등을
  실행해 보기 바란다.

그림 10.53 **다양한 효과**

❷ 색상 조절

포토샵에는 영상의 색상을 다양하게 조절할 수 있는 기능이 있다. 대비contrast를 조절하거나 자동으로 색상color을 조정하는 등의 편집이 가능하다. 또한 사용자가 밝기 값 함수의 형태curves를 직접 조정하여 색상 조정도 가능하다.

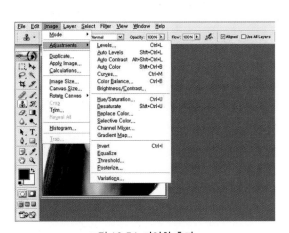

그림 10.54 **다양한 효과**

❸ 기타 기능

히스토그램

히스토그램은 그림을 구성하는 RGB 각각의 성분이 얼마만큼 포함되어 있는지 보여주는 도표로서, 포토샵에서는 다음 그림과 같이 히스토그램을 보여준다.

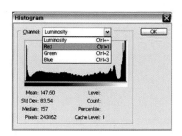

그림 10.55 **히스토그램**

Layer, Channel, Path, History, Color 등

포토샵 프로그램을 실행하면 아래 그림과 같이 우측에 4개의 윈도우가 있으며, 여기에 Layer, Channel, History, Color 등을 보여준다. Layer나 Channel은 영상의 편집을 도와주기 위한 고급기능이므로 설명은 하지 않겠다. History나 Color 등은 실행한 명령의 기록을 보여주거나, 선택한 도구의 색상을 보여주는 기능을 한다.

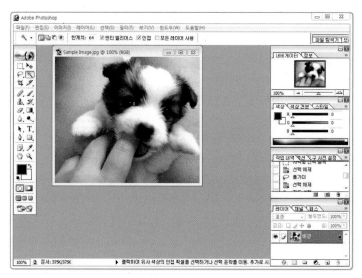

그림 10.56 **레이어, 히스토리 등 조정**

1. 멀티미디어의 장점과 단점에 대하여 생각해 보시오.

2. 멀티미디어의 활용 또는 응용 방법에 대하여 생각해 보시오.

3. 골드웨이브 프로그램을 사용하여 여러 음악을 편집하여 새로운 노래를 창의적으로 만들어 보시오.

4. 포토샵 프로그램을 사용하여 기존에 가지고 있던 사진들을 활용하여 새로운 사진을 만들어 보시오.

11 인공지능

인공지능 분야는 광범위하고, 바탕이 되는 이론이 어려워 짧은 시간 내에 이해하기가 어렵다. 이 장에서는 인공지능 연구 분야의 간략한 소개를 통하여 전반적인 이해를 돕고자 한다. 또한 여러 인공지능 기법 중에서 여러분이 이해할 수 있는 두 가지를 선택하여 좀 더 구체적으로 살펴보고, 그러한 기법이 어떻게 현실 문제에 적용될 수 있는지를 살펴본다. 두 가지 중 하나는 게임 프로그램 시 활용할 수 있는 탐색 방법이며, 나머지 하나는 프로그램이 사람처럼 판단할 수 있게 하는 추론 방법에 관한 것이다.

학습목표

- 인공지능 관련 분야에 대한 기본 이해
- 인공지능을 위한 기본 필요 요소들을 파악
- 탐색 기법을 이해
- 추론 기법을 이해

11.1.1 인공지능의 다양한 정의

인공지능에 대한 정의에 대해 일부 학자는 "계산 모델을 이용하여 정신적 기능을 연구하는 학문"이라고 하고, 어떤 학자는 "컴퓨터가 지능을 가질 수 있도록 하는 아이디어를 연구하는 학문"이라고 한다. 내가 좋아하는 정의는 "사람이 지능적으로 수행하는 일을 컴퓨터도 할 수 있도록 하는 과학"이다. 참고로 1950년대 튜링turing이라는 사람이 제안한 지능 시험법인 '튜링의 시험turing test'이 있는데, 간단히 설명하면 질문하는 사람의 맞은 편 보이지 않는 곳에 컴퓨터와 사람이 있고 질문자가 텔레타이프를 이용하여 질문을 해서 질문에 답하는 주체가 사람인지 컴퓨터인지 구분할 수 없으면 지능을 가졌다고 판단하는 방법이다. 아직까지 이 시험을 완벽한 의미에서 통과한 컴퓨터는 없는 것으로 알려져 있다.

11.1.2 미래의 생활 방식과 로봇

인공지능에 대한 본격적인 설명을 하기 전에, 저자가 인공지능 수업을 하면서 들었던 학생들의 인공지능에 대한 일반적인 인식에 대해서 언급해 보겠다. 첫 시간 과제로 내주는 것이 미래 생활에 대한 에세이를 작성하는 것이다. 아래의 내용은 그중의 하나로 한 학생이 2009년에 작성한 내용이다.

> "2039년 내 나이 56살. 현재 난 100년 전에는 상상도 할 수 없었던 그런 시대에서 살고 있다. 마치 내가 어릴 적 영화에서나 보고 '역시 영화는 영화다'라고 생각하게 했던 모든 것들이 현실이 되어 나타났다. 오늘 아침 내 방으로 오기 전 빌딩 로비에서 일하는 경비에게 수고한다는 말을 건네고 오는 길이다. 경비가 무척 좋아하며 경례를 하였다. 경비는 지능과 감정 그리고 의사소통을 할 수 있는 로봇이다.
>
> 먼저 내 소개를 하도록 하겠다. 난 현재 일류기업의 개발 임원으로서 회사의 사활이 걸린 큰 규모의 프로젝트를 진행하고 있으며, 그로 인해 바쁜 나날들을 보내고 있다. 나의 모든 스케줄은 우리 회사에서 개발한 최신형 비서인 애니 비서 로봇이 전담하고 있다. 이 로봇은 하루 일과를 나와 함께 보내며 스케줄을 관리해 준다. 또한 빡빡하게 돌아가는 스케줄에 혹여나 내 몸이 견

디지 못할까봐 수시로 혈압과 혈당 수치 등을 체크하여 위급상황 시 신속하게 조치를 취하여 내 건강을 책임지기까지 하고 있다.

나의 자동차는 아니 이제 자동차가 아니라 수송 로봇이라는 말이 어울릴 것 같다. 이 수송 로봇은 내가 어디로 가자고 하면 신속하게 주변의 교통정보와 여러 도로를 탐색하여 최단 경로를 찾는다. 이렇게 찾은 최단 경로를 이용하여 나는 안전하게 가고 싶은 곳을 갈 수 있다. 예전에는 술을 먹고 대리운전이나 택시를 잡아타고 갔었다. 하지만 이제는 필요 없게 되었다. 여담이지만 지금은 택시기사라는 직업은 없어졌다. 택시는 대중개별 운송 로봇이 그 자리를 대신하고 있다. 또 하나 예전과 비교한다면 교통사고로 목숨을 잃는 사람이 없어졌다는 것이다. 사람과는 달리 로봇들은 규정 속도를 준수하며 사람보다 빠르고 정확한 판단력을 바탕으로 교통사고를 일으키지 않는다.

오늘 처리할 일을 다 하고 집으로 퇴근을 하였다. 집에 도착하니 정원담당 로봇이 잔디를 깎으며 물을 주고 있었고, 내 아이의 친구인 프렌드 로봇이 아이와 함께 배드민턴을 치고 있는 모습이 눈에 들어왔다. 또한 거실에는 청소 로봇이 절도 있게 청소를 하고 있었다. 아내는 독서를 하고 있는 모양이다. 난 곧장 샤워를 하러 욕실에 갔다. 욕실에는 안마를 담당하는 로봇과 때밀이 로봇이 있었다. 안마담당 로봇에게 강도를 세게 하여 안마를 해달라고 하였다. 정말 강도를 세게 하여 몸이 아팠다. 내가 인상을 찌푸리자 이내 나의 마음을 읽었는지 안마의 강도가 적정 수준으로 낮아졌다. 그렇게 안마를 받고 때밀이 로봇을 통하여 때를 밀고 샤워를 마친 후 거실로 왔다. 거실에서는 아이가 학습도우미인 지능형 로봇의 도움을 받아 오늘 학교에서 배웠던 내용을 복습하고 있는 모양이다. 나는 예전에 TV라 불리었던 멀티미디어 재생기를 켰다. 오늘은 바둑계의 최고 실력을 보유한 로봇인 바둑 메이트 로봇과 사람 중에 바둑계의 1인자인 고길동씨와의 박진감 넘치는 경기가 있는 날이다. 곧 경기가 시작되었고 몇 판의 바둑 경기가 끝난 후 최종결과는 안타깝게도 고길동씨의 완패라는 결과가 나왔다. 아쉽게도 지난 10년간 바둑 로봇을 이긴 사람이 없었다. 내년에는 꼭 바둑 로봇을 이길 쟁쟁할 실력자가 나왔으면 하는 바람이다. 이제는 자야 할 시간이다. 또 내일을 위해서 이만 난 자러가야겠다."

이처럼 대부분의 학생들은 인공지능이라고 하면 로봇에 대한 내용들을 떠올린다. 이는 아마도 공상과학 만화나 영화 등의 영향, 컴퓨터 역사의 초창기부터 사람과 같이 사고하고 판단하는 방법에 대한 연구들을 지속해 왔고 이 중 일부는 상용화되어 사용되고 있는 점, 그리고 최근 들어 사람처럼 움직일 수 있는 로봇(휴머노이드)에 대한 가시적인 성과 및 국가적인 홍보들과 맞물려서 더욱 로봇에 대한 관심들이 높아졌다는 것을 반영하고 있다.

사람과 같은 로봇을 제작하는 것은 사람의 오래된 꿈이고 사회가 발전하면 할수록 프로그램이 지능화되어 가는 것은 당연한 결과이다. 사람과 같은 로봇을 만들기 위해서는 사람의 몸처럼 움직일 수 있는 하드웨어 뿐만 아니라 사람의 지능과 견줄 만한 소프트웨어가 필요하다. 바로 이러한 소프트웨어를 개발하기 위해서는 다양한 분야의 연구들이 이루어져야 하는데, 이러한 연구 분야들을 통틀어 인공지능 분야라 한다.

11.2.3 인공지능의 연구 분야

인공지능과 관련된 연구 분야들은 어떤 것들이 있는지 살펴보도록 하자. 사람과 같은 로봇을 만든다고 생각해 보면 쉽게 그 답을 찾을 수 있다.

❶ 음성인식 및 자연어 처리

사람처럼 대화하려면 음성인식을 해야 하고 또한 사람의 글을 이해하려면 자연어 처리가 필요하다. 성공적인 언어 처리를 위해서는 사람사고의 핵심에 가까운 처리과정을 모방해야 하기 때문에 일상생활에서 사용하는 자연언어를 로봇이 이해할 수 있게 한다는 것은 인공지능이 당면하고 있는 연구 분야 중 가장 어려운 문제이다. 컴퓨터 프로그램에 의한 언어의 인식은 기계화된 번역을 목적으로 1950년대부터 처음으로 시작되었으며 그동안 많은 발전을 이루어 왔다. 현재 일부 사이트에서 자동 번역 서비스를 제공하고 있지만 만족할 만한 수준은 아니다. 앞으로 해결해야 할 과제가 많이 남아 있다. 음성인식 분야도 많은 발전을 거듭해 왔지만 아직 사람처럼 완벽하게 인식할 수 있는 있는 수준은 아니다. 제한된 조건 하에서 일부 상용화될 정도의 발전을 이루었지만 일상생활처럼 잡음이 심한 환경이나 그 밖의 예기치 않은 상황에서는 아직도 많은 성능 개선이 필요하다.

❷ 컴퓨터 시각

"백 번 듣는 것보다 한 번 보는 게 낫다."는 말이 있듯이 시각은 방대한 정보를 정확하고 빠르게 획득할 수 있다. 사람과 같은 로봇을 만들려면 당연히 이러한 시각 능력을 구현하여야 하는데, 제한적이기는 하지만 지능기계에 시각 기능을 부여하기 위한 노력이 인공지능 초기부터 이어져 왔다. 인공 시각은 사람에 눈에 해당하는 카메라, 그리고 촬영된 영상을 처리하여 사물을 인식할 수 있는 하드웨어 및 소프트웨어로 제한적으로 실현이 될 수 있다. 그러나 사람이 사물을 인식하는 과정이 제대로 규명되지 못하고 있고, 또한 하나의 영상에는 방대한 양의 정보가 포함되어 있어 이를 해석하는 알고리즘이 복잡하기 때문에 대부분 인공 시각의 활용은 간단한 분야에 머물러 있다. 하지만 이처럼 단순한 기능만으로도 여러 산업 영역 (생산자동화, 군사 및 의료 분야 등)에 활용되고 있다. 앞으로 반도체 및 컴퓨터 기술의 발전에 힘입어 시각장치들도 고도화되고 있으므로 컴퓨터 시각 기술의 활용도는 더욱 커질 것이다.

❸ 지식 표현 및 추론

단순한 로봇을 사람처럼 행동하게 할 수 있는 핵심은 지식이다. 사람은 지식을 효율적으로 학습하고 이를 활용할 수 있는 능력이 뛰어나다. 그래서 인공지능 초기부터 지식을 표현하고 이를 이용하여 추론이나 학습 등을 통하여 문제를 해결하는 방법에 대한 연구가 많이 되어 왔다. 인공지능에서 다루는 문제 대부분이 실생활과 관련된 문제여서 내재된 불확실성으로 인해 단순한 모델로 정형화하기가 어렵다. 그래서 이러한 불확실성을 다룰 수 있는 방법론에 대한 연구들이 많이 진행되어 왔다. 확률 기반 방법이나 퍼지 이론에 기초한 방법들이 그러한 연구의 결과이다. 지식 표현 및 추론(학습)의 연구 결과가 성공적으로 현실 문제 해결에 활용되었는데, 전문가 시스템이 그 대표적인 예이다. 전문가 시스템은 전문가의 지식을 컴퓨터로 표현하여 전문가를 대신하거나 도와주는 프로그램으로 광물 탐사 분야, 법률 분야, 의료 진단 분야 등 여러 분야에서 현재 활용되고 있다.

❹ 계획

인공지능 분야에서 다루고 있는 또 다른 연구 분야는 계획 분야이다. 계획은 행동을 취하기 전에 행동들의 순서를 결정하는 것으로 보통은 막연한 단계들로부터 점차 상세한 단계로 구체화하는 방식을 사용한다. 로봇이 물건을 집어 다른 곳에 옮기는 업무를 맡았을 경우 행동들의 순서를 수립하거나, 지진이 일어난 곳에서 인명을 구조할 경우 이동 경로를 파악한다든지 할 때 계획이 유용하게 사용될 수 있다. 복잡한 문제에 대한 계획을 수립하기 위해서는 주어진 문제를 여러 부문제들로 분할하고 각 부문제들을 해결하기 위한 계획들을 수립한 후 전체적으로 조율하는 방법을 보통 사용한다.

❺ 학습

학습은 새로운 선언적 지식의 습득이나 지도 및 실습 또는 관찰이나 실험을 통하여 새로운 사실이나 이론 등을 발견하는 과정이다. 컴퓨터가 발달하기 시작할 때부터 인공지능 학자들은 컴퓨터에 이러한 학습 기능을 부여하기 위해 노력해 오고 있다. 인공지능의 기계학습 분야에서 이러한 목표를 달성하기 위한 노력을 계속해 오고 있으며, 아직도 도전적이고 매력적인 분야로 여겨지고 있다.

현재, 문자를 인식하거나 사람의 지문 또는 얼굴을 인식하는 프로그램 대부분이 패턴 인식 기술에 의존하고 있는데, 바로 이 패턴 인식 기술도 일종의 학습의 한 응용이라 할 수 있다. 패턴을 학습하는 방법으로 여러 가지가 제안되어 있지만 그 중에 대표적인 것이 인공신경망을 위한 학습이다. 인공 신경망은 단순한 기능을 수행하는 1011~1015개의 뉴런들로 구성된 사람의 뇌를 프로그램 또는 간단한 하드웨어들의 망으로 모방한 것으로 학습 능력이 뛰어나 패턴 분류 및 인식, 최적화 문제, 예측 등을 포함한 다양한 인공지능 문제 해결에 있어 기존 방식들의 대안으로 인정받고 있다.

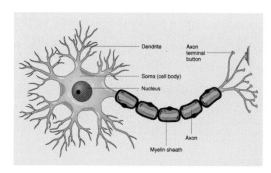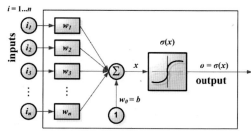

그림 11.1 **뉴런의 모습과 인공 뉴런의 구조**

❺ 탐색

이 밖에 인공지능 연구 분야로 주로 초창기에 많이 이루어졌던 분야로 탐색 분야가 있다. 인공지능 문제 해결의 많은 부분이 탐색에 기초하고 있다. 예를 들어 사람과 상대할 수 있는 바둑 프로그램을 작성한다고 했을 경우, 결국 프로그램을 작성한다는 얘기는 현 바둑판 상태에서 가능한 다음 상태들을 파악해서 그 중에 본인에게 유리한 상태로 탐색해 나가는 것이다. 기본적인 탐색 방법은 인공지능 분야뿐만 아니라 다른 분야에서도 많이 활용되기 때문에 인공지능에서 다루기 훨씬 이전부터 연구되어 왔다. 그러나 인공지능 분야에서 다루는 탐색 방법은 이러한 전통적인 탐색 방법이 아니라 사람의 경험적 지식을 활용한 탐색 방법들이다.

인공지능에서 다루는 문제는 대부분 탐색공간이 너무 커서 완전히 탐색하기에는 부적합하여 전통적인 탐색 방법으로는 실용적이지 못하다. 그러므로 대부분의 인공지능 프로그램은 경험적인 지식을 이용하여 탐색 공간을 줄이는 방법, 즉 탐색에 있어서 모든 경우의 수 중에서 가능성이 높은 경우만 탐색하는 방법을 사용한다. 이러한 탐색 방법은 로봇이 어떤 물건을 다루는 계획이나 로봇 자신이 공간에서 이동하는 계획 프로그램 그리고 체스, 바둑, 장기 등과 같은 게임 프로그램 등에 주로 활용이 된다.

11.2 인공지능 기법

인공지능 관련 연구 분야에서 나온 결과는 여러 분야에 응용되고 있다. 인공지능 초창기에 나온 여러 탐색 기법은 오늘날에도 여러 문제해결, 특히 게임 등에 응용이 되고 있으며 지식표현 및 추론 방법은 전문가 시스템 구축에 활용되고 있다. 그리고 대량의 데이터로부터 유용한 정보 또는 규칙성을 찾아내는 데이터 마이닝 분야에서도 인공지능 기법들이 사용되고 있다. DNA 분석을 포함한 바이오 분야, 주가 전망, 날씨 예측 등 실제 생활에 필요한 정보들도 인공지능 기법들을 통하여 얻고 있다. 여기서는 대표적인 인공지능 기법을 간단히 살펴봄으로써 인공지능의 특징을 알아보도록 한다.

11.2.1 탐색 기법

인공지능 초기에는 일반 문제해결기general problem solver, GPS를 이용하여 모든 문제를 해결하고자 하였다. 이러한 접근 방법의 산물로 여러 탐색 기법들이 제안되었다. 탐색 기법에서는 문제를 초기상태와 목적상태로 표현하고 문제의 풀이는 초기상태에서 목적상태로 가는 경로를 탐색하는 것으로 해석하였다. 여러 탐색 기법을 살펴보기 전에 컴퓨터 분야에서 널리 알려진 하노이탑 문제를 어떻게 상태 표현 방법으로 나타내고, 이를 기반으로 어떻게 해답을 찾을 수 있는지를 먼저 살펴보기로 한다.

❶ 문제의 상태 표현

하노이탑 문제는 다음 그림에 보는 바와 같이 첫 번째 기둥에 큰 순서대로 쌓여 있는 원반을 두 번째 기둥을 이용하여 세 번째 기둥으로 그대로 옮기는 문제이다. 단, 중간에 작은 원반이 큰 원반 밑에 위치해서는 안 된다. 이 문제는 원래 아래와 같은 하노이 지방의 전설에서 유래했다는 설이 있고 프랑스 수학자가 처음 언급한 수학적 문제일 뿐이라는 설이 있다. 어찌되었든 64개의 원반을 옮기는 문제는 그리 간단한 문제는 아니다. 계산에 의하면 1초에 하나씩 승려가 밤낮으로 원반을 옮길 때 580×10^9년이라는 시간이 걸린다고 한다.

> "… 하노이 인근 어디엔가 사원이 하나 있고, 사원에는 처음에 64개의 다른 지름을 가진 원반이 기둥에 있었는데… 미래의 어느 날 그 모든 원반이 다른 기둥으로 모두 옮겨질 때, 그 사원과 세계는 사라지게 될 것이다"

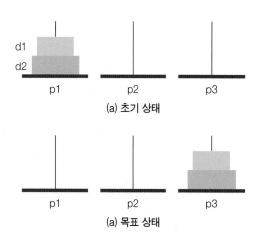

동작	작용
m(d1, p1)	d1을 p1로 옮긴다.
m(d1, p2)	d1을 p2로 옮긴다.
m(d1, p3)	d1을 p3으로 옮긴다.
m(d2, p1)	d2를 p1로 옮긴다.
m(d2, p2)	d2를 p2로 옮긴다.
m(d2, p3)	d2를 p3으로 옮긴다.

문제해결을 위한 동작의 정의

호스트 1의 라우팅 테이블

그림 11.2 **하노이탑 문제**

탐색 기법으로 이 문제를 푼다면 초기상태는 ((d1,d2)()())로, 목표상태는 (()()(d1,d2))로 표현할 수 있다. 그리고 상태를 변경할 수 있는 연산자(원반을 움직이는 행위)를 위의 그림처럼 정의할 수 있다. 그러면 문제해결 과정은 초기상태에 가능한 연산자들을 적용하여 다음 상태들을 생성하고 다시 새로운 상태에 연산자들을 적용하여 또 다른 상태들을 생성한다. 이러한 과정을 목표 상태가 나올 때까지 반복하면 된다.

다음의 그래프는 그 탐색 과정의 일부분을 나타낸 것이다. 한번 완성해 보기 바란다. 그런데 원반 두 개인 경우도 여러 개의 상태가 생성되는데 만약 64개의 원반에 적용시키면 어떻게 될까? 엄청나게 많은 상태들이 생성되고 그에 따라 해를 찾는 시간도 오래 걸릴 것이다. 하노이탑 문제를 이런 방식으로 해결하지 않고 부문제로 축소하는 기법을 쓰면 보다 효과적으로 해결할 수 있다. 즉, 큰 문제를 작은 문제로 쪼개서 해결하는 방법을 쓰면 쉽게 해결할 수 있다.

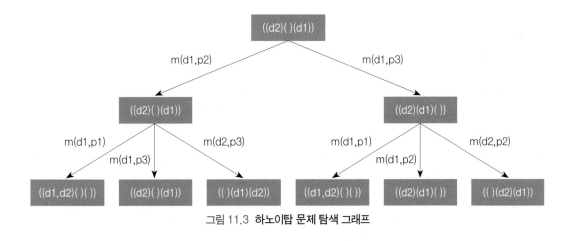

그림 11.3 하노이탑 문제 탐색 그래프

❷ 무작위 탐색 기법

가장 간단한 탐색 기법은 무작위 탐색random search or blind search이다. 이름에서 풍기듯이 상태 공간을 아무런 기준 없이 무작정 탐색해 나가는 것이다. 이 방법을 사용하면 언젠가는 해를 찾을 수 있겠지만 비효율적이다. 운이 좋으면 빠른 시간에 해를 찾을 수 있겠지만 평균적으로 시간이 오래 걸리게 된다. 일반적으로 최악의 방법이라고 생각되지만, 탐색 영역이 작은 (축소될 수 있는) 문제에는 유용할 수도 있다. 예를 들어, 8-queen 문제를 무작위 기법으로 어떻게 해결할 수 있는지를 살펴보자.

8-queen 문제는 8×8 행렬의 각 줄에 Queen을 배치하는 문제로 Queen끼리 서로 상충이 되지 않도록 배치하여야 한다. 각 Queen을 기준으로 수직, 수평, 대각선 방향에 다른 Queen이 위치해서는 안 된다. 이러한 문제를 해결하는 간단한 방법은 아래 표의 왼쪽처럼 무작위로 각줄에 하나씩 Queen을 배치한 후 Queen끼리 서로 상충되는지를 검사하는 방법을 사용하는 것이다. 만약 상충되면 오른쪽처럼 다시 무작위로 Queen들을 배치하고 다시 상충 여부를 검사하는 방법을 사용하는 것이다. 이러한 과정을 해가 발견될 때까지 반복하면 된다.

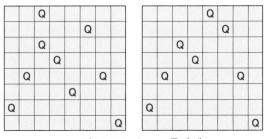

그림 11.4 8-Queen 문제 예

❸ 깊이 우선 탐색 기법

무작위 탐색 방법보다 더 체계적인 탐색기법 중의 하나가 깊이 우선 탐색depth-first search, DFS 방법이다. 이 탐색기법은 수직방향으로 점차 깊은 곳까지 탐색해 나가는 기법으로 계속해서 깊이 방향으로 탐색하다가 더 이상 탐색할 곳이 없으면 거꾸로 올라와서 탐색한 적이 없는 경로를 탐색하게 된다. 아래 그림을 예로 설명하도록 하겠다. 먼저 'a' 상태에서 가능한 다음 상태는 두 가지인데 먼저 나온 상태 즉 'b' 상태를 탐색한다. 그리고 'b' 상태에서는 'd' 상태를 탐색하고 'd' 상태가 목표 상태가 아닐 경우는 다시 'b' 상태로 올라 간 후 나머지 탐색되지 않은 상태 중 하나를 탐색하게 된다. 이 경우는 'e' 상태를 탐색하게 된다. 만약 'e' 상태가 목표 상태가 아닐 경우는 'b' 상태로 올라가서 나머지 상태를 탐색하게 되는데 더 이상 탐색되지 않는 상태가 없기 때문에 'a' 상태로 올라간다. 그리고 그 상태에서 탐색되지 않는 상태, 즉 'c' 상태를 탐색하게 된다. 이러한 과정을 목표 상태가 발견되거나 더 이상 탐색할 상태가 없을 때까지 반복하게 된다.

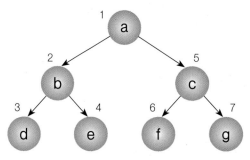

그림 11.5 **깊이 우선 탐색 예**

깊이 우선 탐색 기법의 장점은 현 상태까지의 경로 정보만 유지하면 되기 때문에 저장 공간이 비교적 적게 들게 되며 목표노드가 앞쪽에 위치할 경우 빨리 해를 찾을 수 있는 장점이 있다. 반면에 해가 없는 경로에 깊이 빠질 우려가 있으며 해에 이르는 경로가 다수인 경우 얻어진 해가 최단 경로가 된다는 보장이 없다. 여러분의 머리 회전을 위해 만약 모든 상태가 b개씩의 자식 상태를 가지고 있으며 목표 상태가 d 단계에 있다고 가정했을 경우의 평균 탐색 횟수를 계산해 보도록 하자.

가장 빨리 찾는 경우의 탐색 횟수와 가장 늦게 찾는 경우의 탐색 횟수를 구한 후 이의 평균을 구하면 될 것이다. 먼저 가장 빨리 찾는 경우는 $(d+1)$번의 탐색이 필요하고 최악의 경우는 $(1+b+b^2+\ldots+b^d)$번의 탐색이 필요하다. 따라서 이 두 가지의 평균을 구하면 평균 탐색 횟수를 알 수 있다. 위의 그림에 이 방법을 적용시키면 b와 d가 모두 2인 형태이므로 최선의 경우 3번의 탐색이, 최악의 경우 $(1+2^1+2^2)$번의 탐색이 필요하다. 결과적으로 평균 5번의 탐색이 필요하다.

❹ 너비 우선 탐색 기법

깊이 우선 탐색과 달리 위 단계의 모든 상태들을 탐색한 후 다음 단계의 상태를 탐색하는 방법이 있는데, 이를 너비 우선 탐색breadth-first search, BFS 방법이라 한다. 아래 그림에서 먼저 'a' 상태에서 첫 단계에 있는 'b' 상태와 'c' 상태를 탐색하고 그 다음 단계에 있는 'd', 'e', 'f', 'g' 상태를 검사하는 방법이다. 즉, 탐색 트리의 루트노드부터 목표노드를 횡방향으로 탐색해 나가는 방법이다.

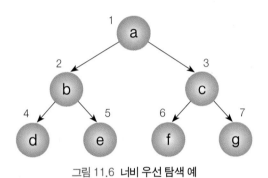

그림 11.6 **너비 우선 탐색 예**

이 방법의 장점은 최단의 경로를 찾을 수 있다는 장점이 있는 반면 기억공간에 대한 요구가 과중한 단점이 있다. 앞에서와 마찬가지로 모든 상태가 b개씩의 자식 상태를 가지고 있으며 목표 상태가 d 단계에 있다고 가정했을 경우의 평균 탐색 횟수는 아래와 같이 구할 수 있다. 위의 그림에 아래의 공식을 적용하면 d−1 깊이까지 총 상태 수는 3이며 d 깊이에서의 평균 상태 수는 2.5이다. 따라서 평균 탐색 횟수는 5.5회이며 이는 깊이 우선 탐색 기법에 비해 많은 횟수이다.

- d 깊이 목표를 위한 평균 상태 탐색 수＝(d−1 깊이까지 총 상태 수)＋
  (d 깊이에서의 평균 상태 수)
- d−1까지의 총수 : $1+b+b^2+\cdots+b^{d-1}$
- d 깊이에서의 평균 상태 수 : $(1+b^d)/2$

❺ 휴리스틱 탐색 기법

앞의 연구 분야에서도 언급하였듯이 인공지능에서 다루는 문제는 복잡도가 커서 상태 표현으로 표현해야 할 경우 그 탐색 공간이 너무 커 모든 상태를 조사한다는 것은 시간상 불가능하다. 그래서 앞에서 언급한 깊이 우선 탐색이나 너비 우선 탐색 방법을 사용할 경우 실용적이지 못할 수 있다. 이러한 이유로 인공지능 초기에 많은 연구자들이 모든 상태 공간을 탐색하지 않고도 해를 찾을 수 있는 방법들에 대한 연구를 수행하였는데, 그 결과로 나온 것이 휴리스틱heuristic 탐색 기법이다. 이 방법은 논리적으로 혹은 수학적으로 증명할 수 없으나 경험이나 직관에 의해 효율적으로 해를 얻을 수 있으리라는 기대를 갖게 하는 어떤 근거에 의한 탐색 방법이다. 즉, 좀 더 쉽게 설명하면 경험 지식을 사용하여 보다 빠르게 목표 상태로 탐색해 가는 기법이다.

휴리스틱 탐색 기법은 주로 앞에서 설명한 탐색 기법으로 풀기에는 비현실적인 문제, 대부분 이러한 문제는 직업선택이나 예산 지출, 내일의 날씨, 바둑 등 최적의 해를 정의하기가 어려운 문제에 적용된다. 즉, 최적의 해를 찾을 수 있으면 좋으나 현실적으로 최적의 해를 찾기가 어려워 그나마 합리적인 해를 찾고자 할 경우 이 휴리스틱 탐색 기법을 사용하게 된다. 우리 사람의 사고형태는 대부분 휴리스틱하다. 어떤 특정 분야의 전문가들도 그 분야의 문제를 해결할 경우 휴리스틱한 경우가 많다. 그 동안 본인의 경험에 의해 나름대로의 방법 내지 기준을 갖고 작업을 처리한다. 그런데 그 방법이나 기준이 최적이라는 보장은 없고 단지 현실적으로 합리적이라고 여겨지기 때문에 그 해를 사용하는 경우가 많다. 이처럼 휴리스틱 탐색 기법은 해법이 유일하지 않으며, 최적의 해라는 보장이 없다.

순회판매원 문제traveling salesman problem, TSP를 예로 휴리스틱 탐색 기법의 감을 잡아 보도록 하자. 순회판매원 문제는 n개의 도시를 한 번씩만 방문할 수 있는 방법 중에서 가장 비용(총 여행 거리 등)이 적게 드는 방법을 찾는 문제이다. 최적의 해를 구하기 위해서는 먼저 가능한 모든 방법을 조사하고 그 중에 가장 비용이 적게 드는 방법을 선택해야 한다. 일반적으로 n개의 도시를 한 번씩만 방문하는 방법은 $(n-1)!/2$이다. 3개의 도시 (a, b, c)일 경우, a를 출발해 돌아오는 길은 a → b → c → a거나 a → c → b → a 중 하나이다. 그러나 이 두 경로 모두 결과적으로 지나온 길은 동일하다. 결국 한 가지이다. 도시가 1개 추가되어 4개의 도시를 방문할 경우는 아래처럼 세 가지 경우가 발생한다.

- 첫 번째 : a → b → c → d → a
- 두 번째 : a → b → d → c → a
- 세 번째 : a → c → b → d → a

그런데 만약 20개의 도시를 방문한다면 과연 몇 가지 경우가 발생할까? 놀랍게도 60,822,550,204,416,000가지이다. 당연히 이보다 도시의 수가 더 많아지면 아무리 빠른 컴퓨터를 사용한다 해도 현실적인 시간에 최적의 해를 구하기란 불가능하다. 그렇지만 사람인 경우는 더 많은 도시에 대해서도 일정 시간 후에는 답을 구할 수 있다. 이는 사람들이 자기 나름대로의 경험적 지식을 사용하여 문제를 해결하기 때문에 가능한 것이다. 순회판매원 문제에 적용할 수 있는 간단한 휴리스틱은 현 도시에서 가장 가까운 곳부터 먼저 방문하는 전략을 사용하는 것이다. 다음의 예를 사용하여 그 과정을 간단히 살펴보도록 하자. 표 안의 값은 두 도시 사이의 거리를 나타낸다.

	a	b	c	d
a	0	200	150	50
b	200	0	140	70
c	150	140	0	60
d	50	70	60	0

표 11.1 **도시 사이의 거리**

'a' 도시에서 출발하여 나머지 세 도시를 거쳐 돌아온다고 하였을 경우, 먼저 'a' 도시와 나머지 도시 사이의 거리를 계산하면 이 중 'd' 도시와의 거리가 가장 짧다. 그래서 다음 방문 도시는 'd' 도시가 되며, 다시 'd' 도시와 나머지 두 도시 사이의 거리를 구하면 'c' 도시가 거리가 짧아 다음 방문 도시가 된다. 결국 마지막 방문 도시는 'b' 도시가 된다. 이를 그림 형태로 표시하면 아래와 같다.

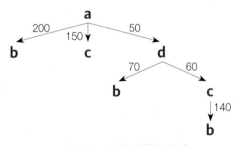

그림 11.7 **순회판매원 문제 예**

만약, 'b' 도시에서 출발해서 'b' 도시로 돌아 올 경우, 같은 휴리스틱을 사용하여 해를 구하면 어떻게 될까? 각자 해를 구하고 옆 사람과 비교하여 보라. 그리고 다른 휴리스틱이 있으면 이를 적용시켜 보고 이에 대해서 서로 논의해 보기 바란다.

299

❻ 언덕 오르기 기법

휴리스틱에 대한 감을 잡았으면 지금부터 구체적인 휴리스틱 탐색 기법에 대해 살펴보자. 가장 간단한 휴리스틱 기법은 언덕 오르기hill-climbing 방법이다. 이 방법은 현 상태에서 탐색 가능한 각 상태에 대해 휴리스틱 함수(상태가 얼마나 목표 상태에 가까운지를 평가하는 함수 또는 목표 상태에 이르는 데 걸리는 비용)를 적용시킨 후 그 중 가장 좋은 상태로 탐색해 나가는 방법이다. 단, 평가 함수의 값이 현 상태보다 좋아야 계속 탐색을 진행해 나간다. 평가 함수가 비용을 나타낼 경우는 함수의 값이 적을수록 좋은 상태이며 평가 함수가 목표 상태와의 일치도 또는 유사도를 나타낼 경우는 함수의 값이 클수록 좋은 상태이다.

8-퍼즐 문제에 이 기법을 적용시켜 보도록 하자. 문제의 초기 상태와 목표 상태는 그림과 같이 표현할 수 있을 것이다. 언덕 오르기 기법을 적용시키려면 먼저 상태 평가 함수를 정의하여야 하는데, 여기서는 간단히 목표상태와 같은 위치에 있는 타일 수로 정의하도록 한다.

초기상태 ➡ 목표상태

그림 11.8 8-퍼즐 문제 예

위에서 보는 바와 같이 초기 상태에 평가 함수를 적용시키면 5의 값을 얻을 수 있다. 그리고 초기 상태의 다음 상태 세 가지에 대해 평가 함수를 적용시키면 각각 6, 5, 4의 값을 얻을 수 있다. 사용하고 있는 평가 함수가 목표 상태와의 유사도이기 때문에 값이 높을수록 좋다. 그래서 다음 탐색 노드는 평가치가 6인 상태가 된다. 그 상태에서 탐색 가능한 노드를 조사해 보면 평가치가 각각 7과 5인 상태를 얻을 수 있다. 그래서 다음 탐색 상태는 평가치가 7인 상태가 된다. 다시 이 상태에서 가능한 다음 상태의 평가치를 내려보면 각각 6, 6, 8이 되어 이 중 가장 높은 세 번째 상태가 다음 탐색 대상이 된다. 그런데 바로 이 상태가 목표 상태라 더 이상 탐색할 필요가 없게 된다.

위의 그림에서 보듯이 언덕 오르기 방법은 계속 현재보다 좋은 방향으로만 탐색을 진행하기 때문에 해를 발견한다면 빠른 시간 내에 찾을 수 있는 장점이 있다. 언덕 오르기 방법의 이러한 장점이 반대로 단점이 될 수 있다. 해가 있는데도 평가 함수, 즉 휴리스틱이 좋지 않아 이상한 방향으로 가다가 더 이상 진행하지 못 할 수도 있다. 다음의 그림에서 초기 상태의 평가치는 5이고 그 다음 상태들의 평가치는 각각 5, 5, 4, 4로 현 상태보다 더 좋은 상태가 존재하지 않는다. 이러한 경우는 더 이상 탐색을 진행하지 못하고 종료하게 된다. 이러한 상황을 국부 최대 상황이라 한다. 즉, 본 산 꼭대기가 저 멀리 있는데 현 상태가 뒷 산 꼭대기에 있는 상황이다. 평원 지대 상황에 도달해도 더 이상 탐색을 진행하지 못하게 된다. 평원 지대 상황은 현 상태의 평가치나 다음 상태의 평가치가 동일한 경우를 이르는 말이다.

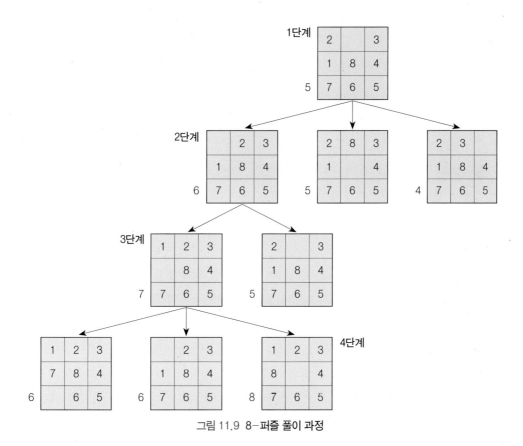

그림 11.9 8-퍼즐 풀이 과정

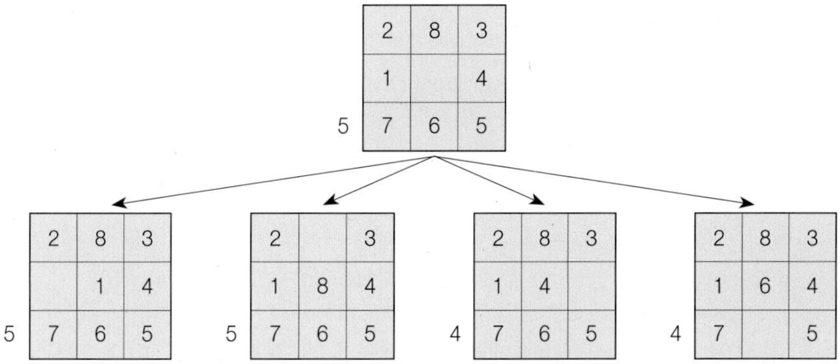

그림 11.10 해를 찾지 못하는 경우의 예

❼ 최고 우선 탐색 기법

과연 그러면 언덕 오르기의 문제점을 극복할 수 있는 방법은 무엇일까? 휴리스틱을 좋은 것을 사용하면 되지 않을까? 아니다. 휴리스틱은 경험적 지식이기 때문에 많은 경우에 좋은 해를 찾아 주지만 항상 찾아 준다는 보장은 없다. 그러면 최악의 경우에도 해가 있으면 해를 찾도록 할 수 있는 방법은 무엇일까? 모든 단말 노드의 평가함수 값을 비교하여 그 중에 제일 평가함수 값이 큰 쪽으로 탐색해 나가는 방법을 사용하면 된다. 이렇게 하면 국부 최대 상황이나 평원 지대 상황을 만나도 계속 탐색을 진행할 수 있게 된다.

언덕 오르기 방법에서 실패한 앞의 예제에 최고 우선 탐색best-first 방법을 적용시키면 과연 어떻게 될까? 각자 문제를 풀어 보기 바란다. 많은 노드들을 탐색하여야 하지만 너비 우선 방식에 비해서는 덜 탐색해도 된다. 대신 해를 찾을 수는 있지만 최적의 경로를 보장해 주지는 못한다. 최적의 경로를 찾아주는 탐색 방법으로 A 알고리즘과 A* 알고리즘이 있으나 이들에 대한 자세한 설명은 생략하기로 한다.

❽ 게임을 위한 탐색 기법

앞에 설명한 탐색 방법을 게임에 적용시키기엔 약간의 문제가 있다. 혼자 하는 게임이라면 앞의 탐색 방법을 적용시킬 수 있겠지만 상대방과 같이 하는 게임(체스, 바둑, 오목 등)인 경우는 상대방의 행동을 예측하여 게임을 진행해야 한다. 이러한 경우도 바로 앞 단계 뿐만 아니라 몇 단계 앞까지 고려해서 진행해야 한다. 상대방의 행동을 예측할 때 기본이 되는 원리는 상대방은 나에게 불리한 방향으로 게임을 진행한다는 것이다. 이러한 원리에 입각해 게임 탐색을 하는 방법이 최대최소min-max 탐색 기법이다. 게임에서도 현 상태에 대한 평가 함수가 필요한데, 대부분 완벽한 평가함수의 정의가 불가능하기 때문에 휴리스틱한 기준에 의한 추정치를 사용한다.

최대최소 탐색 기법은 최소화자minimizer와 최대화자maximizer로 번갈아 가면서 게임을 진행한다고 가정하고 탐색해 나가는 전략이다. 최대화자는 평가치가 좋은 상태로 진행하고자 하는 자로 현 게임 주도권자를 의미하며, 최소화자는 평가치가 나쁜 방향으로 진행하고자 하는 자로 게임 주도권자의 상대편을 의미한다. 보통 최대최소 탐색법은 컴퓨터 프로그램과 사용자가 게임을 진행할 경우 컴퓨터 프로그램이 다음 수를 결정하기 위해서 사용하기 때문에 최대화자는 프로그램이 되며 최소화자는 컴퓨터와 게임을 하는 사람이 된다.

간단한 예를 통하여 최대최소 방법에 대해서 살펴보도록 하자. 먼저, 다음 그림과 같이 현재 A 상태에 있고 내가 다음 수를 결정해야 할 상황이다. 가능한 다음 상태를 조사해 보았더니

C_1, C_2, C_3의 세 가지 상태가 가능하고 그 각각에 대해서 평가 함수를 적용해 보았더니 각각 0.8, 0.3, −0.2라고 하자. 단, 평가치가 클수록 나에게 유리하고 음수이면 상대방에게 유리한 것이다. 이 경우, 여러분이 나라면 어떤 상태로 현재 상태를 바꾸겠는가? 당연히 나에게 유리한 C_1의 상태로 바꿀 것이다. 이는 나(게임 주도권자)는 평가함수 값을 최대화하려는 방향으로 움직인다는 원칙에 따라 다음 수를 결정하는 것이다.

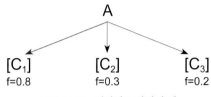

그림 11.11 **최대최소 방법의 예**

앞의 예제는 상대방을 고려하지 않은 경우이고 상대방의 수를 고려한 경우는 상태 평가를 달리 해야 한다. 만약 위의 예제에서 상대방의 수를 고려하여 다음 수를 평가한다면, 내가 다음 수를 놓았을 때 상대편이 놓을 수 있는 상태들을 평가한 후 그 중에서 가장 좋지 않은 상태의 평가치를 그 상태의 평가치로 판단하여야 한다. 예를 들어 아래 그림처럼 내가 C_1 상태로 변경할 경우 그에 대응하여 상대편이 놓을 수 있는 상태는 C_{11}, C_{12}, C_{13}이고, 이 각각을 평가하면 0.9, 0.1, −0.6일 경우 C_1의 평가치는 0.9가 아니라 가장 나쁜 −0.6으로 평가를 해야 한다. 왜냐하면, 웬만한 사용자는 내가 C_1 상태로 변경하였을 경우 나에게 불리한 C_{13} 상태로 변경할 테니까. 이처럼 C_1, C_2, C_3 레벨에서는 자식 노드들의 min 값으로 자신의 상태를 평가하고 A 노드의 상태는 자식 노드인 C_1, C_2, C_3의 평가치 중 max 값으로 판단한다. 즉 C_1, C_2, C_3의 평가치는 −0.6, −0.7, −0.3이 되고 A 상태는 이 중 max 값을 선택하여 −0.3이 된다. 그래서 최종적으로 A 상태에서 C_3 상태로 변경된다. 상대방을 고려하지 않는 앞의 예제 결과와 비교해 보라. 앞의 예제에서는 단순히 C_1, C_2, C_3에 평가 함수를 적용시켜 그 중에 가장 좋은 C_1을 선택했다. 과연 어떤 방법이 보다 합리적인가?

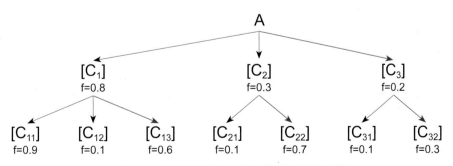

그림 11.12 **상대방의 수를 고려할 경우의 최대최소 방법**

앞의 예는 2수 앞을 보고 탐색하는 경우이다. 실제로는 시간 제약이나 공간 제약에 걸리지 않는 범위에서 더 많은 수를 고려하여 판단할 수도 있다. 이러한 경우에도 이처럼 한 단계 씩 max와 min을 번갈아 적용시키면서 상태들을 평가하면 된다.

실제 문제에서는 가능한 다음 수가 많고 그에 대응되는 상대편의 수가 엄청나게 많기 때문에 몇 수 앞을 고려하여 판단할 경우 탐색해야 할 노드(또는 상태)의 수가 매우 많아지게 된다. 그런데 어떤 노드에 대해 평가함수 값을 구하거나 확장하지 않아도 판단을 내리는 데 지장이 없는 경우가 있다. 이러한 노드들을 탐색 대상에서 제외시킴으로써 탐색 시간 및 공간을 줄일 수 있다. 이러한 방법을 알파-베타 가지치기라 한다. 자세한 방법은 생략하고 예를 통해 간단히 그 원리를 알아보자.

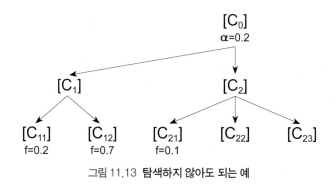

그림 11.13 탐색하지 않아도 되는 예

위의 예에서 C_{21}을 탐색한 후에는 더 이상 C_{22}나 C_{23}은 탐색해 볼 필요가 없다. 왜 그런지 감을 잡을 수 있으면 알파-베타 가지치기의 원리를 파악한 것이다. 시간을 갖고 곰곰이 생각해 보기 바란다.

11.2.2 추론 기법

다양한 추론 방법들이 있지만 여기서는 확률에 기초한 추론에 대해서 살펴보도록 한다. 먼저 간단히 확률 기초에 대해 살펴보자.

❶ 확률 기초

보통 어떤 사건 E가 발생할 확률을 P(E)로 표시하며 0과 1 사이의 값을 갖는다. 1은 사건이 100% 발생함을 의미하며 0은 사건이 전혀 발생하지 않음을 의미한다. 그리고 제한된 수의 상호 배타적인 사건들의 확률의 합은 1이다. 동전 던지기를 확률로 표현할 경우 보통 P(앞면)=0.5이고 P(뒷면)=0.5로 표현하며 이는 앞면이 나올 확률과 뒷면의 나올 확률이 동일함을 나타낸다.

일반적인 다수 사건들로 구성되는 공간에서의 사건들 사이의 관계는 확률합과 곱으로 나타낸다. 두 사건 A와 B에 대해 A 또는 B가 발생할 확률은 아래처럼 표시할 수 있다.

$$P(A \cup B) = P(A) + P(B) - P(A \cap B)$$

위 식에서 A와 B가 상호배타적이면, 즉 두 사건이 동시에 발생할 수 없으면 $P(A \cap B) = 0$이 되며 A와 B가 독립적이면, 즉 한 사건이 다른 사건의 발생 확률에 영향을 주지 않으면 $P(A \cap B) = P(A)P(B)$가 된다.

앞에서 배운 내용을 간단히 적용시켜 보도록 하자. 불투명한 박스 안에 1에서 10까지 번호가 매겨져 있는 공이 들어 있는데 이 박스에서 공을 한 개 꺼낼 경우, 그 공의 번호가 짝수일 확률은 얼마인가? 그리고 그 공의 번호가 짝수이면서 5보다 같거나 작을 확률은 얼마인가? 그 공의 번호가 짝수이거나 5보다 같거나 작을 확률은 얼마인가?

❷ 조건부 확률 및 Bayes 정리

불확실한 지식에 근거하여 결정을 내릴 때 조건부 확률에 관한 이론들이 유용하게 사용된다. 조건부 확률은 두 사건 A와 B에 대해서 B사건이 발생한 상황에서 A가 일어날 확률을 의미하며 P(A|B)로 표시하며 아래와 같이 정의할 수 있다.

$$P(A|B) = P(A \cap B)/P(B)$$

당연히 A와 B가 상호 배타적이면 $P(A \cap B) = 0$이므로 $P(A|B) = P(B|A) = 0$이 된다. 그리고 A와 B가 독립적이면 $P(A|B) = P(A)$이며 $P(B|A) = P(B)$이다.

조건부 확률로부터 그 유명한 Bayes 정리가 유도되는데 그 유도 과정을 살펴보기로 하자. 조건부 확률 정의로부터 $P(A|B) = P(A \cap B)/P(B)$이고 $P(B|A) = P(B \cap A)/P(A)$이며 이들을 각각 다음과 같이 전개할 수 있다.

$$P(A|B)\ P(B) = P(A \cap B)$$
$$P(B|A)\ P(A) = P(B \cap A)$$

그리고 $P(A \cap B) = P(B \cap A)$이므로 $P(A|B)\ P(B) = P(B|A)\ P(A)$가 성립한다. 다시 이 식은 아래와 같이 전개할 수 있는데 이 식이 바로 Bayes 정리이다.

$$p(B|A) = P(A|B)P(B)/P(A)$$

위의 식은 A라는 사건과 B라는 단일 사건만을 고려하여 정의된 식인데 이를 A라는 사건과 N개의 상호 배타적인 사건들과의 관계식으로 확장할 수 있다. 즉 앞의 Bayes 정리는 전체공간 S를 B로 해석한 식이고 지금 확장할 식은 S를 집합 $\{B_1, B_2, ..., B_N\}$으로 해석한 식이다. $P(B_i|A)$는 Bayes 정리에 의해 아래와 같이 표현할 수 있고

$$P(B_i|A) = P(A|B_i)P(B_i)/P(A)$$

그리고 $P(A)$는 아래처럼 표현이 가능하다.

$$A = A \cap S = A \cap (B_1 + B_2 + ... + B_N)$$
$$= (A \cap B_1) + (A \cap B_2) + ... + (A \cap B_N)$$

이 두 식으로부터 아래와 같은 확장된 Bayes 정리를 얻을 수 있다.

$$P(B_i|A) = \frac{P(A|B_i)P(B_i)}{P(A|B_1)P(B_1) + P(A|B_2)P(B_2) + ... + P(A|B_N)P(B_M)}$$

그러면 이 확장된 Bayes 정리를 실제 문제에 어떻게 활용할 수 있을까? 어떤 증거가 주어졌을 때 이로부터 가능성이 제일 높은 가설을 얻어 내는 데 활용할 수 있다. 위의 식에서 A를 관찰된 증거로 해석하고 B_i를 i번째 가설로 해석하면 된다.

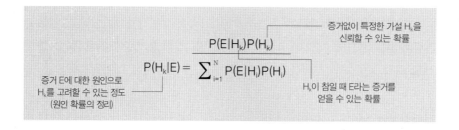

❸ Bayes 정리를 이용한 추론

자 그러면 아래의 조건하에서 콧물을 흘리는 환자를 보았을 경우 가장 가능성이 높은 병을 진단하는 문제에 Bayes 정리를 적용해 보자.

- 총환자수 : 120명(감기 환자 : 60명, 장티푸스 : 30명, 폐렴 : 30명)
- 콧물 증상 : 50명, 기침 증상 : 60명, 고열 증상 : 40명
- 감기 환자 중 콧물 증상, 기침 증상, 고열 증상 : 각각 40명, 0명, 20명
- 장티푸스 환자 중 콧물 증상, 기침 증상, 고열 증상 : 각각 5명, 5명, 20명
- 폐렴 환자 중 콧물 증상, 기침 증상, 고열 증상 : 각각 0명, 20명, 10명

세 가지 조건부 확률 P(감기|콧물), P(장티푸스|콧물), P(폐렴|콧물)을 구한 후 이 중에서 제일 높은 값을 갖는 질병으로 진단하면 된다. 지면상 P(감기|콧물)을 구하는 방법만 기술하고 나머지는 여러분이 직접 해보기 바란다. P(감기|콧물)을 구하기 위해서는 P(콧물)과 P(감기) 그리고 P(콧물 | 감기)를 구하여야 하는데 주어진 조건을 이용하여 아래와 같이 구할 수 있다.

$$P(감기) = 60/120 = 1/2$$
$$P(콧물) = 50/120 = 5/12$$
$$P(콧물 \mid 감기) = 40/60 = 2/3$$

위의 결과를 Bayes 정리에 대입하면 P(감기|콧물) = $(2/3 \times 1/2)/(5/12) = 1/3 \times 12/5 = 4/5$ = 0.8을 얻을 수 있다. 즉, 콧물 증상을 보았을 경우 80% 확률로 감기라고 진단할 수 있다.

1. 다음과 같은 8-퍼즐이 주어졌을 경우를 생각해 보자.

3	5	6
2	4	7
1		8

초기상태

1	2	3
4	5	6
7	8	

목표상태

- 단순 언덕 오르기 방법을 적용하여 해를 구하시오.
- 최고 우선 방법을 적용하여 해를 구하시오.

2. 다음과 같은 게임 트리가 주어진 경우를 생각해 보자. 숫자가 클수록 A 게임자에게 유리하다. A 게임자는 어떻게 두어야 하는지 min-max 방법을 사용하여 결정하시오.

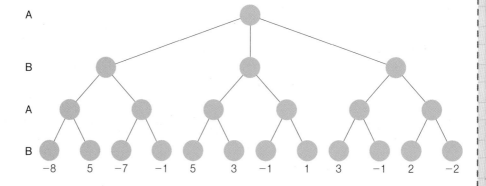

A

B

A

B   -8   5   -7   -1   5   3   -1   1   3   -1   2   -2

컴퓨터 보안

컴퓨터와 인터넷의 발전이 우리 삶에 편안함을 가져다 주었지만, 이를 악용함으로 인하여 사회적인 문제들이 나타나고 있다. "2011년 4월 12일 농협 전산망에 있는 자료가 대규모로 손상되어 수일에 걸쳐 전체 또는 일부 서비스 이용이 마비되었다.", "2009년 7월 7일 청와대 및 공공기관 웹 사이트와 국내 주요 포털, 쇼핑몰이 동시다발적으로 디도스 공격을 받는 상황이 일어났다.", "2011년 7월 인터넷 포털 네이트와 SNS 싸이월드 가입자 3,500만 명의 개인정보가 해킹으로 인해 유출됐다". 컴퓨터 해킹이나 네트워크 공격으로 인한 사회적 피해의 뉴스가 매일 신문과 TV에 나오고 있다. 이 장에서는 컴퓨터 보안 및 네트워크 보안과 암호화 기술에 대해서 알아보자.

학습목표

- 컴퓨터 보안의 필요성을 이해
- 네트워크 보안의 이해
- 대칭키 및 공개키 암호의 이해
- 멀티미디어 보안의 이해

정보 보안 또는 보호information security는 정보를 여러 가지 위협으로부터 보호하는 것을 뜻한다. 즉, 정보의 수집, 가공, 저장, 검색, 송신, 수신 도중에 정보의 훼손, 변조, 유출 등을 방지하기 위한 관리적, 기술적 방법을 의미한다.

12.1.1 정보 보안의 목표

정보에 대한 위협이란 허락되지 않은 접근, 수정, 노출, 훼손, 파괴 등이다. 정보에 대한 위협은 나날이 늘어가고 있기 때문에 모든 위협을 나열할 수는 없으나, 전통적으로 다음의 세 가지가 정보 보안의 주요한 목표이다.

❶ 기밀성(confidentiality)

허락되지 않은 사용자 또는 객체가 정보의 내용을 알 수 없도록 하는 것이다. 비밀 보장이라고 할 수도 있다. 원치 않는 정보의 공개를 막는다는 의미에서 프라이버시 보호와 밀접한 관계가 있다.

❷ 무결성(integrity)

허락되지 않은 사용자 또는 객체가 정보를 함부로 수정할 수 없도록 하는 것이다. 다시 말하면, 수신자가 정보를 수신했을 때, 또는 보관되어 있던 정보를 꺼내 보았을 때 그 정보가 중간에 수정 또는 첨삭되지 않았음을 확인할 수 있도록 하는 것이다.

❸ 가용성(availability)

허락된 사용자 또는 객체가 정보에 접근하려 하고자 할 때 이것이 방해받지 않도록 하는 것이다. 최근에 네트워크의 고도화로 대중에 많이 알려진 서비스 거부 공격denial of service attack, DoS이 이러한 가용성을 해치는 공격이다.

추가적인 정보 보안의 목표에는 부인 방지, 보안 등급 분류, 위험 관리, 접근 제안, 신분 증명, 인증이 있다.

❹ 부인 방지(non-repudiation)

부인 봉쇄라고도 하며, 정보를 보낸 사람이 나중에 정보를 보냈다는 것을 부정하지 못하도록 하는 것이다.

❺ 보안등급 분류

보호할 대상을 중요도에 따라 분류해, 보호방법에 차등을 두는 것을 말한다. 일반적으로 기업의 경우 공개자료, 대외비, 기밀 등으로 구분되며 최근에 개인정보를 취급하는 기업의 경우 개인정보를 포함한다.

❻ 위험 관리(risk management)

위험 요소의 발견에서부터 위험 요소의 최소화 및 제거를 위한 모든 관리체제를 말한다.

❼ 접근 제한(access control)

보호할 대상에 대해 인가된 접근을 허용하고 비인가된 접근시도를 차단하는 것을 말한다.

❽ 신분 증명(identification)

개개인을 식별할 수 있는 정보로서 아이디, 주민등록증, 주민등록번호, 여권, 출입카드 등에서 활용한다.

❾ 인증(authentication)

어떤 실체가 정말 주장하는 실체가 맞는지 확인하는 것을 실체 인증이라고 하며, 메시지 또는 자료의 출처가 주장하는 출처와 맞는지 확인하는 것을 출처 인증이라고 한다. 실체 인증에서는 특정방법으로 약속된 정보를 인가된 자와 교환한 후 해당 정보를 제시하는 경우에 한해 접근을 허용하며, 출처 인증에서는 인가된 자에게만 있는 중복되지 않은 정보에 대한 인가 목록을 만든 후 인가 목록에서 확인된 자에 한해 접근을 허용한다.

12.1.2 정보 보안의 방법

정보 보안을 위해서는 물리적인 방법과 비물리적인(소프트웨어적인) 방법이 사용될 수 있다. 물리적인 방법 중 대표적인 것은 자물쇠의 사용이나 보초의 활용 등을 들 수 있다. 비물리적인 방법 중 대표적인 것은 암호학 기술을 사용하는 것이다. 암호화^{cryptography}란 암호화한 정보를 전달과정에서 인가되지 않은 사람이 취득한 경우 암호화하기 이전 정보를 취득하지 못하게 하는 방법이다.

12.2 컴퓨터 보안

Computer security is a branch of computer technology known as information security as applied to computers and networks. The objective of computer security includes protection of information and property from theft, corruption, or natural disaster, while allowing the information and property to remain accessible and productive to its intended users. 〈wikipidia〉

컴퓨터 보안^{computer security}은 컴퓨터 시스템에 적용되는 정보 보안의 하위 분류인 동시에 컴퓨터의 운영에서 보안의 강화를 말하는 컴퓨터 과학의 하나이다. 보안의 뜻은 응용 프로그램마다 다르며, 보통 컴퓨터 시스템에 저장되거나 처리되는 정보의 신뢰성, 이용 가능성을 말하는 보안 정책으로 정의된다.

컴퓨터 보안은 컴퓨터 시스템에서 실행되는 테크놀로지 기반의 대부분의 산업에서 매우 중요하게 여겨지고 있다. 컴퓨터 보안은 컴퓨터의 안전과 직결되며 컴퓨터를 기반으로 하는 시스템들의 취약점들을 파악하는 것은 가동 산업을 유지시키는 데 중요한 역할을 한다.

컴퓨터 보안의 경우 컴퓨터 바이러스와 같은 악성 소프트웨어에 의한 보안부터 인터넷을 통하여 권한이 없는 컴퓨터 시스템의 접근이나 위험을 차단하는 보안 기술을 포함한다. 최근에는 인터넷을 통한 컴퓨터의 공격을 네트워크 보안이라 말한다. 이 절에서는 악성 소프트웨어에 대해 설명하고, 네트워크 보안에 대해서는 다음 절에서 알아보자.

12.2.1 해커와 크래커

해커hacker는 해킹을 하는 사람이라는 뜻으로, 컴퓨터 전반 특히 정보 보안에 능통한 전문가를 가리킨다. 1950년대 말 매사추세츠 공과대학교의 동아리 테크모델 철도클럽에서 해커라는 용어가 처음으로 등장했다.

해커라는 낱말 자체는 선악의 개념을 담지 않은 가치중립적 의미를 가지고 있으나, 컴퓨터 지식을 이용하여 남의 정보 체계에 침입하거나 범죄를 저지르는 사람이라는 부정적인 뜻으로 많이 쓰이고 있다. 일부 컴퓨터 전문가 공동체에서는 해커가 부정적인 의미로 쓰이는 것은 잘못이며, 컴퓨터 지식을 이용해 악의적인 목적의 정보 체계 침입, 컴퓨터 소프트웨어 변조, 컴퓨터 바이러스 유포 등의 행위로 해를 끼치는 사람을 크래커cracker라고 불러야 한다고 주장한다. 또한 리누스 토발즈, 리처드 스톨만, 에릭 레이먼드 등의 저명한 프로그래머를 해커라고 부르기도 한다.

현재 해킹 또는 해커라는 말은 선악에 관계없이 모든 상황에서 광범위하게 쓰이며 특별히 해킹을 하는 자의 의도를 구분하고자 하는 경우 합법적이며 윤리적인 해커나 보안 연구자를 화이트 햇white hat 해커로, 불법적이며 비윤리적인 해커를 블랙 햇black hat 해커 또는 크래커로 부른다. 또한 화이트 햇 해커와 블랙 햇 해커의 중간적 성격을 띠거나 구분이 불분명한 해커를 그레이 햇grey hat 해커로 부르기도 한다.

12.2.2 악성 소프트웨어

악성 소프트웨어(또는 악성코드, 맬웨어)는 컴퓨터에 악영향을 끼칠 수 있는 모든 소프트웨어의 총칭이다. 예전에는 단순히 컴퓨터 바이러스만이 활동하였으나, 1990년대 말 들어서 감염 방법과 증상들이 다양해지면서 자세히 분류되기 시작했다. 과거에는 디스크 복제 등 저장 매체를 따라 전파되었으나 네트워크가 발달하면서 이메일이나 웹으로 감염되는 경우가 훨씬 많아졌다. 주로 불법 소프트웨어를 다운로드 받거나 시스템 관리상의 부주의로 악성 소프트웨어가 컴퓨터에 설치되게 된다.

❶ 컴퓨터 바이러스

스스로를 복제하여 컴퓨터를 감염시키는 컴퓨터 프로그램이다. 복제 기능이 없는 다른 종류의 악성 코드, 애드웨어, 스파이웨어와 혼동하여 잘못 쓰이는 경우도 있다. 바이러스는 한 컴퓨터에서 다른 컴퓨터로 확산할 수 있다. 이를테면 사용자는 인터넷이나 네트워크를 통하여, 또는 플로피 디스크, CD, DVD, USB 드라이브와 같은 이동식 매체를 통하여 바이러스를 전파할 수 있다. 바이러스는 네트워크 파일시스템이나, 다른 컴퓨터를 통해 접근하는 파일시스템 상의 파일을 감염시킴으로써 다른 컴퓨터로의 확산 가능성을 높일 수 있다.

1970년대에 인터넷의 선구자인 아파넷에서 크리퍼 바이러스가 처음 발견됐으며 이것이 최초의 바이러스로 기록되어 있다. 개인용 컴퓨터에서 발견된 최초의 바이러스는 (c)브레인이라고 하는 부트 섹터 바이러스였으며, 1986년에 파루크 앨비 형제가 만들었다.

바이러스가 스스로를 복제하려면 코드 실행과 메모리로의 기록을 허가받아야 한다. 이러한 까닭에 수많은 바이러스들은 그들 스스로를 정상적인 프로그램들의 일부일 수 있는 실행 파일에 첨부해 들어간다. 사용자가 감염된 프로그램을 실행하려고 하면 바이러스 코드가 동시에 실행될 수 있다. 바이러스들은 실행될 때 두 가지 종류로 나뉠 수 있다. 비상주 바이러스들은 즉시 감염될 수 있는 다른 호스트들을 찾아 대상을 감염시키며 끝내 감염된 응용 프로그램에 제어권을 넘긴다. 상주 바이러스들은 이들이 위치한 호스트를 검색하지 않으나 실행을 할 때 스스로를 메모리에 상주시켜 호스트 프로그램에 제어권을 넘긴다. 바이러스는 백그라운드 환경에서 동작하며 이 파일들이 다른 프로그램이나 운영체제 자체에서 접근하면 새로운 호스트들을 감염시켜 버린다.

비상주 바이러스
검색자 모듈finder module과 복제 모듈replication module로 이루어져 있다고 생각하면 된다. 검색자 모듈은 감염을 시킬 새로운 파일들을 찾는 데 치중한다. 검색자 모듈이 각 새로운 실행 파일과 마주치면 복제 모듈을 호출하여 해당 파일을 감염시킨다.

상주 바이러스
비상주 바이러스가 이용하는 것과 비슷한 복제 모듈을 포함하고 있다. 그러나 이 모듈은 검색자 모듈을 통해 호출되지 않는다. 이 바이러스는 일단 실행하게 되면 복제 모듈을 메모리에 상주시키며 운영체제가 특정한 운영을 수행하기 위해 호출될 때마다 이 모듈이 실행되게 끔 한다. 이 복제 모듈은 운영체제가 파일을 실행할 때마다 호출된다. 이 경우 바이러스는 컴퓨터상에서 실행되는 정상적인 모든 프로그램들을 감염시킨다.

상주 바이러스는 빠른 감염자fast infector와 느린 감염자slow infector로 나뉘기도 한다. 빠른 감염자는 가능한 많은 파일에 감염되도록 고안되어 있다. 이를테면 빠른 감염자는 접근하는 모든 잠재적인 호스트 파일을 감염시킬 수 있다. 바이러스 검사 소프트웨어를 사용하고 있을 때에는 특별한 문제를 드러내게 되는데, 이는 시스템 전체 검색 시 바이러스 검사 프로그램이 컴퓨터상의 잠재적인 모든 호스트 파일에 접근하기 때문이다. 바이러스 검사 프로그램이 이러한 바이러스가 메모리에 존재한다는 사실을 눈치채지 못하면 바이러스는 바이러스 검사 프로그램에 타고 올라가 바이러스 검사를 받는 모든 파일들을 감염시켜 버린다. 빠른 검색자는 바이러스가 빨리 퍼지는 데 중점을 두었다. 이 방식에서 보이는 단점은 수많은 파일을 감염시킬 때 이를 빨리 감지해낼 수 있다는 점인데, 그 이유는 바이러스가 컴퓨터를 느리게 만들거나 바이러스 검사 소프트웨어가 알아챌 수 있을 만큼 수많은 의심스런 동작을 수행하기 때문이다. 한편 느린 감염자는 비정기적으로 호스트를 감염시키는 것이 목적이다. 이를테면 일부 느린 감염자는 파일들이 복사될 때 파일을 감염시키기만 한다. 느린 감염자는 이러한 동작을 최대한 줄임으로써 감지를 피하도록 설계되어 있다. 이들은 컴퓨터를 눈에 띄게 느리게 할 가능성이 거의 없으며 프로그램에 의한 의심스러운 동작을 바이러스 검사 프로그램이 감지할 때 비정기적으로 바이러스 검사 프로그램이 뜨게 만든다. 그러나 이 느린 감염자 접근은 매우 성공적으로 보이지는 않는다.

❷ 웜과 웜 바이러스

컴퓨터 웜computer worm은 스스로를 복제하며 컴퓨터의 취약점을 찾아 네트워크를 통해 스스로 감염되는 악성코드이다. 웜 바이러스worm virus는 웜과 바이러스의 감염방법을 동시에 갖춘 악성코드로서 컴퓨터 바이러스와 비슷하다. 바이러스가 다른 실행 프로그램에 기생하여 실행되는 데 반해 웜은 독자적으로 실행되며 다른 실행 프로그램이 필요하지 않다. 웜은 종종 컴퓨터의 파일 전송 기능을 착취하도록 설계된다. 컴퓨터 바이러스와 웜의 중요한 차이점은 바이러스는 스스로 전달할 수 없지만 웜은 가능하다는 점이다. 웜은 네트워크를 사용하여 자신의 복사본을 전송할 수 있으며, 어떠한 중재 작업 없이 그렇게 할 수 있다. 일반적으로 웜은 네트워크를 손상시키고 대역폭을 잠식하지만, 바이러스는 컴퓨터의 파일을 감염시키거나 손상시킨다. 바이러스는 보통 네트워크에 영향을 주지 않으며 대상 컴퓨터에 대해서만 활동한다.

웜은 1978년 제록스 파크xerox PARC의 두 명의 연구자에 의해 최초로 구현되었다. 개발자인 존 쇼크john shoch와 존 허프jon hupp는 원래 네트워크에서 놀고 있는 프로세서들을 찾아 그들에게 업무를 할당하고 연산처리를 공유하여 전체적인 네트워크의 효율을 높이도록 웜을 설계했다.

웜은 자기 복제 이외에 많은 다른 일을 하도록 설계된다. 예를 들어 호스트 시스템에서 파일을 지우거나, 파일을 악의적 공격 목적으로 암호화하거나, 이메일을 통해 문서를 보내는 등의 일을 한다. 최근의 웜은 다양한 곳으로 전달되며 실행파일을 첨부하기도 한다. 그러나 웜은 그런 것들 없이 단지 자기 복제 과정에서 생성되는 네트워크 트래픽만으로도 피해를 줄 수 있다.

일반적으로 웜에 수반되는 것은 감염된 컴퓨터에 백도어를 설치하는 것이다. 이런 좀비 컴퓨터들은 대량의 스팸 메일을 보내거나 그들의 웹사이트 주소를 은폐하는 데 사용된다. 웜 개발자들은 회사를 서비스 거부(DoS) 공격을 한다는 공갈 협박을 시도하기도 하였다.

❸ 트로이 목마

트로이 목마trojan horse는 악성 루틴이 숨어 있는 프로그램으로 겉보기에는 정상적인 프로그램으로 보이지만 실행하면 악성 코드를 실행하며 자가 복제능력은 없다. 이 이름은 트로이 목마 이야기에서 따온 것으로, 겉보기에 평범한 목마 안에 사람이 숨어 있었다는 것에 비유한 것이다.

예를 들어, 인터넷에서 게임 프로그램이라고 소개한 프로그램을 실행했더니 시스템 파일을 지워버리는 경우가 있을 수 있다. 또한 백도어를 열어 다른 곳에서 컴퓨터를 원격으로 조종할 수도 있다.

❹ 스파이웨어

스파이웨어spyware는 사용자의 동의 없이 설치되어 컴퓨터의 정보를 수집하고 전송하는 악성 코드로, 신용 카드와 같은 금융정보 및 주민등록번호와 같은 신상정보, 암호를 비롯한 각종 정보를 수집한다. 처음에는 미국의 인터넷 전문 광고 회사인 라디에이트가 시작하였으나 그 뒤로 아이디, 암호 등을 알아낼 수 있도록 나쁜 용도로 변형되었다.

❺ 애드웨어

애드웨어adware, advertising-supported software는 특정 소프트웨어를 실행할 때 또는 설치 후 자동적으로 광고가 표시되는 프로그램을 말한다. 이것은 프로그래머가 소프트웨어를 개발하면서 개발 비용을 애드웨어를 통해서 충당할 목적으로 주로 사용되며, 어떤 경우는 사용자가 무료 또는 할인된 가격으로 프로그램을 사용하도록 하는 조건으로 광고를 삽입하기도 한다. 광고를 통해 얻은 수입은 프로그래머가 소프트웨어 제품을 작성, 유지 또는 업그레이드를 할 수 있는 동기를 부여한다.

애드웨어가 문제되는 이유는 스파이웨어의 특징을 일부 애드웨어들이 가지고 있기 때문인데, 이러한 애드웨어들은 사용자에게 동의를 구하거나 통보없이 사용자의 활동을 기록하고 보고한 다음에 때로는 재판매되기도 한다. 가장 더 큰 문제가 되고 있는 것은 맬웨어이다. 다른 소프트웨어의 기능의 작동을 방해하거나, 컴퓨터 사용자에게 특정 웹사이트를 방문하라고 강요한다.

애드웨어는 스파이웨어와 달리 몰래 사적인 정보나 활동 기록을 컴퓨터가 동의하지 않으면 수집하거나 업로드하지 않는다. 어떤 개발사들의 애드웨어들은 프로그램의 활동 내용을 제품의 사용 약관의 특정 조항에 포함시키는 방식으로 미리 알려주기도 한다.

❻ 논리 폭탄

논리 폭탄logic bomb이란 해커나 크래커가 프로그램 코드의 일부를 조작해 소프트웨어의 어떤 부위에 숨어 있다가 특정 조건에 달했을 경우 실행되도록 하는 것으로 컴퓨터 범죄의 하나이다. 즉 논리폭탄이라는 용어 그대로 프로그램에 어떤 조건이 주어져 숨어 있던 논리가 만족되는 순간 폭탄처럼 자료나 소프트웨어를 파괴하여, 자동으로 잘못된 결과가 나타나게 한다. 최근에는 컴퓨터 바이러스와 관련하여 자주 거론되고 있다. 트로이 목마라는 컴퓨터 바이러스와 유사한 면을 가지고 있다.

❼ 하이재커

하이재커hijacker란 의도치 않은 사이트로 이동을 시키고 팝업창을 띄우는 악성코드이다. 익스플로러 정보를 변경하거나 시작페이지 고정(변경불가), 프로그램 실행속도가 늦어짐 등의 동작을 통하여 사용자를 괴롭힌다.

❽ 백도어

컴퓨터 시스템의 백도어backdoor는 일반적인 인증을 통과, 원격 접속을 보장하고 메시지의 접근을 취득하는 등의 행동을 들키지 않고 행하는 방법을 일컫는다. 백도어는 설치된 프로그램의 형태를 취하기도 하고, 기존 프로그램 또는 하드웨어의 변형일 수도 있다.

백도어에는 논리 폭탄logic bomb, 웜worm, 트로이 목마trojan horse 등이 있다. 그러나 이들처럼 악의적으로 만들어진 것 말고도, 새로 개발한 시스템을 테스트하기 위해 개발자가 삽입하는 백도어도 존재할 수 있다.

12.3 네트워크 보안

네트워크 보안이란 컴퓨터 네트워크에 대해서 부당한 액세스, 우발적 또는 고장에 의한 조작의 개입이나 파괴로부터 네트워크를 보호하기 위한 수단을 총칭한다. 네트워크 보안 공격은 크게 두가지 종류로 나누어 볼 수 있다. 첫째는 소극적 공격passive attack이고 둘째는 적극적 공격active attack이다. 이 두 가지를 분류하는 기준은 공격이 메모리, 네트워크, 서비스 등 시스템 자원에 영향을 미치는지 여부이다. 영향을 미치면 적극적 공격이고 그렇지 않으면 소극적 공격이다.

다음 그림은 소극적 공격인 메시지 내용 갈취와 트래픽 분석 공격을 보여주고 있다. 메시지 내용 갈취는 두 사람 간의 전달되는 메시지를 제3자가 불법적으로 취득하는 공격이며 트래픽 분석 공격은 비록 암호화 되어 메시지의 내용을 보지 못하더라도 통신자의 접속위치와 신원을 파악하거나 교환되는 메시지의 빈도와 시간대 등의 정보를 파악하여 다른 추가의 공격에 활용하는 공격이다.

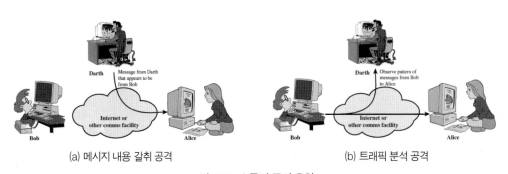

(a) 메시지 내용 갈취 공격   (b) 트래픽 분석 공격

그림 12.1 **소극적 공격 유형**

적극적 공격에는 다음 그림처럼 신분위장, 재전송, 메시지 수정, 서비스 거부 공격이 있다. 신분위장은 공격자가 마치 다른 사람인 것처럼 행세하는 것이다. 패스워드 등을 갈취한 다음 마치 합법적인 사용자처럼 위장하여 정보를 열람하거나 기타 여러 서비스를 받는 형태이고 재전송 공격은 다른 사용자의 거래 내역 등을 보관하였다가 나중에 다시 사용하는 형태의 공격이다. 메시지 수정은 전달되는 메시지를 가로챈 후 내용을 변경하여 보내는 공격 유형이며 서비스 거부denial of service 공격은 시스템 자원을 고갈시켜 서비스를 제대로 제공하지 못하도록 하는 공격 유형이다.

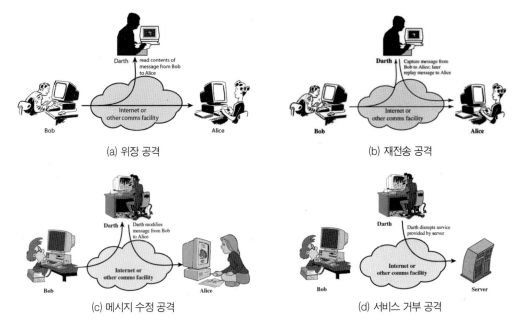

(a) 위장 공격 (b) 재전송 공격

(c) 메시지 수정 공격 (d) 서비스 거부 공격

그림 12.2 **적극적 공격 유형**

2011년 3월 3일을 기점으로 대한민국의 주요 정부, 금융, 포털 사이트에 대한 대대적인 분산 서비스 거부 공격distributed denial of service, DDoS으로 해당 사이트의 접속 지연 또는 장애가 두 차례 발생하였다. 이는 2010년에 일어난 7월 7일 분산 서비스 거부 공격보다 진화된 형태로 대부분 국내 일반 사용자들의 PC가 악성코드에 의해 감염되어 DDoS 공격에 악용되고 마지막에는 하드디스크 손상을 일으켜 정부, 기업, 개인 모두에게 피해를 끼쳤다.

공격 근원지는 공격을 주도하는 해커 컴퓨터를 의미하며 전파서버는 공격자의 명령을 수신하여 여러 대의 좀비 PC를 관리하는 시스템이며 좀비 PC는 공격 대상에 직접적인 공격을 가하는 시스템으로 에이전트 시스템이라고도 한다. 에이전트 시스템에서 공격을 수행하는 프로그램을 좀비라 한다. 에이전트 시스템은 취약점을 찾기 위해 엄청나게 많은 호스트들을 검사한다. 이후 접근권한을 얻기 위해 취약점을 가진 호스트들을 공략한다. 다음으로 각 호스트에 공격 프로그램을 설치한다. 공략된 호스트를 이용해서 더 많은 스캐닝과 공략을 수행한다.

❶ 서비스 거부 공격

서비스 거부 공격denial of service attack, DoS은 시스템을 악의적으로 공격해 해당 시스템의 자원을 부족하게 하여 원래 의도된 용도로 사용하지 못하게 하는 공격이다. 특정 서버에게 수많은 접속 시도를 만들어 다른 이용자가 정상적으로 서비스 이용을 하지 못하게 하거나, 서버의 TCP 연결을 바닥내는 등의 공격이 이 범위에 포함된다. 수단, 동기, 표적은 다양할 수 있지만, 보통 인터넷 사이트 또는 서비스의 기능을 일시적 또는 무기한으로 방해하거나 중단을 초래한다. 통상적으로 DoS는 유명한 사이트, 즉 은행, 신용카드 지불 게이트웨이, 또는 심지어 루트 네임 서버를 상대로 이루어진다. 2002년 10월 22일과 2007년 2월 6일의 DNS 루트 서버에 대한 DNS 백본 DDoS 공격은 인터넷 URL 주소 체계를 무력화시킨 인터넷 전체에 대한 공격이었다.

분산 서비스 거부 공격는 디도스DDoS라고 부르며 여러 대의 공격자를 분산적으로 배치해 동시에 서비스 거부 공격을 하는 방법이다. 이는 IAB의 정당한 인터넷 사용 정책에 반하는 것으로 여겨지며 거의 모든 인터넷 서비스 공급자의 허용할 수 있는 사용 정책도 위반한다. 또한 개별 국가의 법률에도 저촉된다.

비정상적인 네트워크의 성능이 저하되거나 특정 웹사이트나 모든 웹사이트의 접근이 불가하거나 특정 전자 우편이 급속하게 증가하는 경우 DoS 공격으로 의심할 수 있다.

DoS 공격은 공격을 받고 있는 컴퓨터 주위의 다른 컴퓨터에도 문제를 일으킬 수 있다. 예를 들어 인터넷과 지역망을 연결하는 라우터의 대역폭이 공격으로 소진되면 전체 네트워크에 문제를 일으킬 수 있다. 공격이 큰 규모로 이루어지면 전체 지역의 인터넷 접속이 영향을 받을 수도 있다.

서비스 거부 기술
서비스 거부 공격은 라우터, 웹, 전자 우편, DNS 서버 등 모든 네트워크 장비를 대상으로 이루어질 수 있다.

DoS 공격은 몇가지 방법으로 침투할 수 있다. 다섯 가지 기본 공격 유형은 다음과 같다. 전산 자원을 소진시키거나, 구성 정보, 상태 정보, 물리적 전산망 요소를 교란시킨다. 원래 사용자와 희생물 사이의 통신 매체를 차단한다.

DoS 공격에는 다음과 같은 악성 코드 사용이 포함될 수 있다. 이를 통하여 프로세서를 바쁘게 하여 아무 일도 못하게 하거나 마이크로코드에 오류를 발생시킨다. 또는 순차적 명령어 실행에 오류를 발생시켜서 컴퓨터가 불안정한 상태에 빠지게 하거나, 멈추게 하거나, 운영체제의 오류를 이용하여 전산 자원을 소진시키거나, 투입된 더 많은 자원의 효과를 감소시키고 운영체제 자체를 깨뜨릴 수 있다.

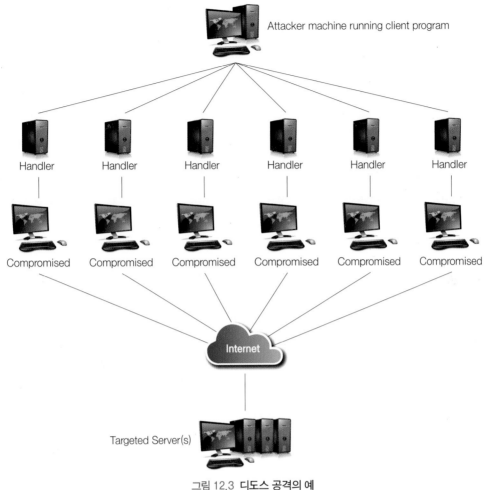

Attacker machine running client program

Handler Handler Handler Handler Handler Handler

Compromised Compromised Compromised Compromised Compromised Compromised

Internet

Targeted Server(s)

그림 12.3 **디도스 공격의 예**

12.4 암호학

컴퓨터 보안 서비스를 위해서 암호화 기술들이 사용된다. 암호학은 정보를 보호하기 위한 언어학적 및 수학적 방법론을 다루는 학문으로 수학을 중심으로 컴퓨터, 통신 등 여러 학문 분야에서 공동으로 연구, 개발되고 있다. 초기의 암호는 메시지 보안에 초점이 맞추어져 군사 또는 외교적 목적으로 사용되었지만, 현재는 메시지 보안 이외에도 인증, 서명 등을 암호의 범주에 포함시켜 우리의 일상에서 떼 놓을 수 없는 중요한 분야가 되었다. 현금지급기의 사용, 컴퓨터의 패스워드, 전자상거래 등은 모두 현대적 의미의 암호에 의해 안정성을 보장받고 있다.

321

역사상 기록으로 남은 가장 오래된 암호는 율리우스 카이사르가 사용한 치환암호이다. 고대 그리스에서 사용되던 스키테일 암호체계도 있다. 현대 암호학은 암호 시스템, 암호 분석, 인증 및 전자서명 등을 주요 분야로 포함한다.

❶ 평문과 암호문

암호학을 이용하여 보호해야 할 메시지를 평문plaintext이라고 하며, 평문을 암호학적 방법으로 변환한 것을 암호문ciphertext이라고 한다. 이때 평문을 암호문으로 변환하는 과정을 암호화encryption라고 하며, 암호문을 다시 평문으로 변환하는 과정을 복호화decryption라고 한다.

❷ 암호학적 서비스의 요구사항

정보 보안의 목표에서 설명한 것과 같이 암호학적 서비스는 기밀성, 무결성, 가용성 및 부인봉쇄의 요구사항을 만족해야 한다.

기밀성(Confidentiality)
부적절한 노출을 방지하는 것으로서 허가받은 사용자가 아니면 내용에 접근할 수 없어야 한다.

무결성(Integrity)
부적절한 변경을 방지하는 것으로서 허가받은 사용자가 아니면 내용을 변경할 수 없어야 한다.

가용성(Availability)
부적절한 서비스 거부를 방지한다.

부인봉쇄(Non-repudiation)
메시지를 전달하거나 전달받은 사람이 메시지를 전달하거나 전달받았다는 사실을 부인할 수 없어야 한다.

암호화는 정당한 사용자 외의 사용자가 데이터의 내용을 보지 못하도록 데이터를 변환하는 기술로 보통 변환시 키key 값을 이용하여 데이터를 변환하고 변환키에 대응되는 키를 사용하여 변환된 데이터에서 원래의 데이터로 변환한다. 현실 세계의 키는 열쇠나 마그네틱 카드 등을 의미하지만 암호학에 있어서 키는 매우 긴 숫자(예 : 20355472856847765035467308060
89430768)를 의미한다.

아래 그림처럼 변환키를 암호화 키encryption key라 하고 그에 대응되는 키를 복호화 키
decryption key라 한다. 암호화 키와 복호화 키를 동일한 것을 사용하느냐 그렇지 않느냐에 따
라 암호화 방식은 대칭키 암호화(또는 관용 암호화) 방식과 공개키 암호화(또는 비대칭키 암
호화) 방식으로 나뉜다.

그림 12.4 **암호화 및 복호화와 키의 관계**

12.5 대칭키 암호 시스템

대칭키 암호 시스템은 암호문을 생성할 때 사용하는 키와 암호문으로부터 평문을 복원할 때
사용하는 키가 동일한 암호 시스템이다. 동일한 암호화 키와 복호화 키를 합쳐서 비밀 키
secret key라고 한다. 암호 시스템의 안전성은 키의 길이, 키의 안전한 관리에 상대적으로 의존
성이 높다. 암호문의 작성자와 이의 수신자가 동일한 키를 비밀리에 관리해야 하므로 폐쇄적
인 특성을 갖는 사용자 그룹에 적합한 암호 시스템이다. 냉전시절 워싱턴과 모스크바 사이의
핫라인hot line에 적용되었던 OTPone time pad는 대칭키 암호 시스템의 예이다.

❶ 암호화 및 복호화

앨리스가 밥에게 암호문을 보내고 복호화하는 가장 기본적인 과정을 기술한다. 앨리스와 밥
은 같은 키를 공유하고 있어야 한다. 앨리스는 공유한 키로 암호화를 하며, 밥은 같은 키로
이를 복호화한다. 보통 복호화 과정은 암호화 과정의 역과정이다. 암호화와 복호화에 사용

된 키가 같지 않지 않더라도 한 키로부터 다른 키를 쉽게 얻을 수 있는 경우에는 대칭키 암호 시스템의 범주에 넣는다.

❷ 대칭키 암호 시스템의 문제점

대칭키 암호 시스템은 알고리즘이 상대적으로 단순한 장점이 있다. 따라서 공개키 암호화 방식에 비해 속도가 빠르기 때문에 현재에도 이러한 대칭키 암호화 방식이 많이 사용되고 있다. 특히, 대용량의 문서를 암호화할 경우 대칭키 암호화 방식이 이용된다.

그러나 키 관리에 어려움이 많다. 시스템에 가입한 사용자들 사이에 매 두 사용자마다 하나의 서로 다른 키를 공유해야 하기 때문에 여러 명이 가입한 시스템에는 여러 개의 키가 필요하다. 또 각 사용자는 개의 키를 관리해야 하는 부담이 있다. 이는 매우 큰 단점으로 키 관리가 상대적으로 용이한 공개키 암호 시스템의 출현의 계기가 되었다.

❸ 대칭키 암호 시스템의 종류

대칭키 암호 시스템의 안전성은 키의 길이와 관련이 크다. 일반적으로 키의 길이가 길수록 안전성은 높다. 그러나 키의 길이를 무한정 길게 하면 그에 따른 관리의 어려움이 커진다.

- DESdata encryption standard
- AESadvanced encryption standard
- ARIA
- Twofish
- SEED

12.5.1 시저 암호 및 단순 치환 암호

대칭키 암호화 방식은 고대부터 사용되어온 방식이며 제1차 세계대전 시 독일군이 사용했던 암호 방식이나 줄리어스 시저가 개발한 시저 암호, 단순 치환 암호 등이 여기에 해당한다.

시저는 기원전 100년경에 로마에서 활약했던 장군으로 시저 암호에서는 평문에서 사용되고 있는 알파벳을 일정한 문자 수 만큼 평행이동시킴으로써 암호화를 행한다. 다음의 표에서 보듯이 알파벳을 1만큼 이동시키면 a는 b에 대응되고 2만큼 이동시키면 c에 대응된다. 그래서 시저 암호를 사용하여 통신할 경우는 몇 번 이동시켰는지만 알면 복호화를 할 수 있다. 그러나 시저 암호는 너무 단순해서 비록 암호문이 알파벳을 몇 번 이동해서 만들어졌는지를 모르더라도 쉽게 파악할 수 있다. 즉, 가능한 모든 경우에 대해 조사해 보면 알 수 있다. 가능한 경우는 최대 26번이다.

원문	a	b	c	d	e	f	g	h	i	j	k	l	m	n	o	p	q	r	s	t	u	v	w	x	y	z
1번	b	c	d	e	f	g	h	i	j	k	l	m	n	o	p	q	r	s	t	u	v	w	x	y	z	a
2번	c	d	e	f	g	h	i	j	k	l	m	n	o	p	q	r	s	t	u	v	w	x	y	z	a	b
3번	d	e	f	g	h	i	j	k	l	m	n	o	p	q	r	s	t	u	v	w	x	y	z	a	b	c

표 12.1 **알파벳 이동 후 대응 문자표**

암호문 "h knud xnt"를 이용하여 어떻게 키 값, 즉 몇 번 알파벳을 이동했는지를 모르고도 복호화할 수 있는지를 살펴보자. 먼저 1번 이동시켰다고 가정하고 암호문을 복호화해 본다. 그러면 (표 12.1)에서 보는 바와 같이 이해하기 어려운 또는 말이 안 되는 문장을 얻을 수 있다. 이로부터 우리는 1번 이동해서 생성된 것이 아니라고 판단할 수 있다.

이런 식으로 계속 반복하다 보면 25번 이동했을 경우 문장다운 문장을 얻을 수 있다.

No									No								
1	g	j	m	t	c	w	m	s	14	t	w	z	g	p	j	z	f
2	f	i	l	s	b	v	l	r	15	s	v	y	f	o	i	y	e
3	e	h	k	r	a	u	k	q	16	r	u	x	e	n	h	x	d
4	d	g	j	q	z	t	j	p	17	q	t	w	d	m	g	w	c
5	c	f	i	p	y	s	i	o	18	p	s	v	c	l	f	v	b
6	b	e	h	o	x	r	h	n	19	o	r	u	b	k	e	u	a
7	a	d	g	n	w	q	g	m	20	n	q	t	a	j	d	t	z
8	z	c	f	m	v	p	f	l	21	m	p	s	z	i	c	s	y
9	y	b	e	l	u	o	e	k	22	l	o	r	y	h	b	r	x
10	x	a	d	k	t	n	d	j	23	k	n	q	x	g	a	q	w
11	w	z	c	j	s	m	c	i	24	j	m	p	w	f	z	p	v
12	v	y	b	i	r	l	b	h	25	i	l	o	v	e	y	o	u
13	u	x	a	h	q	k	a	g	26	h	k	n	u	d	x	n	t

표 12.2 **시저 암호문에 대한 복호화의 예**

앞에서처럼 가능한 모든 경우에 대해서 조사해 보는 공격 방법을 전사공격이라 하며 시저 암호 같은 경우는 이처럼 전사공격에 취약하다.

단순 치환 암호는 시저 암호처럼 모든 문자를 동일한 규칙에 따라 다른 문자로 치환하지 않고 치환표에 정의된 대로 치환하는 방법이다. 아주 다양한 치환표가 존재하는데 그중에 하나를 이용하여 암복호화를 하면 된다. 아래의 표는 치환표 중의 하나이다.

a	b	c	d	e	f	g	h	i	j	k	l	m	n	o	p	q	r	s	t	u	v	w	x	y	z
f	s	e	m	i	p	d	t	l	z	c	h	n	x	b	q	v	j	o	y	a	u	k	r	w	g

표 12.3 **치환표의 예**

위의 표를 사용하여 "i love you"가 어떻게 암호화 되는지를 보기로 하자. 위 치환표를 보면 금방 "l hbui wba" 로 변환됨을 알 수 있다. 그리고 이를 다시 같은 치환표를 사용하여 복호화하면 "i love you"가 된다. 그러면 이렇게 단순한 방법이 과연 전사공격에 강할까라는 의문이 들 것이다. 공격자는 암호화가 어떤 치환표(키에 해당)에 의해 암호화가 되었을지 모르기 때문에 가능한 모든 치환표에 대해서 조사해 보아야 할 것이다. 그런데 가능한 치환표의 수(또는 키의 개수)를 계산해 보면 아래와 같다.

$$26 \times 25 \times 24 \times 23 \times \cdots \times 1 = 26! = 403291461126605635584000000$$

이 정도로 키가 많으면 전사공격으로 조사하는 것은 매우 어렵다. 왜냐 하면, 아무리 빨리 키를 적용해 본다고 해도 그 적용시간이 있기 때문에 모든 키를 적용해보는 데에는 상당한 시간이 필요하다. 예를 들면 1초에 10억 개의 키를 적용하는 속도로 조사한다고 해도, 모든 키를 조사하는 데 120억년 이상의 시간이 걸리기 때문이다. 바른 키를 찾기까지의 평균 시간은 약 60억년이 들게 된다. 너무 비현실적이지 않은가? 어떤 공격자가 평균 60억 년 걸리는 복호화 작업에 인생을 투자하겠는가?

그러면 단순 치환 암호는 안전한가? 불행히도 그렇지 않다. 다음의 표와 같은 문자 빈도 표들을 이용하면 단순 치환 암호 역시 쉽게 풀려 버리는 문제가 있다. (표 12.4)에서 보듯이 영문자 중 E가 가장 발생 빈도수가 높다. 그러면 암호문에서도 발생 빈도수가 높은 문자가 바로 E에 대응되는 문자일 가능성이 아주 높다. 이처럼 1문자 발생 빈도를 이용하면 조사 대상을 많이 줄일 수 있으며 추가적으로 (표 12.5)와 (표 12.6)과 같은 2문자 발생 빈도수 또는 3문자 발생 빈도수를 이용하면 추가적으로 더 줄일 수 있다.

영문자	빈도	영문자	빈도	영문자	빈도
A	8.2	J	0.2	S	6.3
B	1.5	K	0.8	T	9.1
C	2.8	L	4.0	U	2.8
D	4.3	M	2.4	V	1.0
E	12.7	N	6.7	W	2.3
F	2.2	O	7.5	X	0.1
G	2.0	P	1.9	Y	0.2
H	6.1	Q	0.1	Z	0.1
I	7.0	R	6.0		

표 12.4 1문자 빈도수

영문자	빈도	영문자	빈도	영문자	빈도
TH	10.0	ED	4.12	OF	3.38
HE	9.50	TE	4.04	IT	3.26
IN	7.17	TH	4.00	AL	3.15
ER	6.65	OK	3.98	AS	3.00
RE	5.92	ST	3.81	HA	3.00
ON	5.70	AR	3.54	NG	2.92
AN	5.63	ND	3.52	CO	2.8
EN	4.76	TO	3.50	SE	2.75
AT	4.72	NT	3.44	ME	2.65
ES	4.24	IS	3.40	DE	2.65

표 12.5 2문자 빈도수

영문자	빈도	영문자	빈도	영문자	빈도
THE	10.0	FOR	1.65	ERE	1.24
AND	2.81	THE	1.49	CON	1.20
TIO	2.24	TER	1.35	TED	1.09
ATI	1.67	RES	1.26	COM	1.08

표 12.6 3문자 빈도수

머리 회전도 시킬 겸해서 실제로 단순 치환 방법에 의해 다음의 암호화된 문장 ("알기쉬운 정보보호 개론"에서 발췌)을 함께 복호화해 보자.

327

```
MEYLGVIWAMEYOPINYZGWYEGMZRUUYPZAIXILGVSIZZMPGKKDWOMEPGROEIWGPCEIPA
MDKKEYCIUYMGIFRWCEGLOPINYZHRZMPDNYWDWOGWITDWYSEDCEEIAFYYWMPIDWYAG
TYPIKGLMXFPIWCEHRZMMEYMEDWOMGQRYWCEUXMEDPZMQRGMEEYAPISDWOFICJILYS
NICYZEYMGGJIPRWIWAIHRUNIWAHRZMUDZZYAMEYFRWCEMRPWDWOPGRWAIOIDWSDMEI
GWYMSGMEPYYEYHRUNYARNFRMSDMEWGOPYIMYPZRCCYZZIOIDWIWAIOIDWEYMPDYAIL
MYPMEYMWUNMDWOUGPZYKFRMIMKIZMEIAMGODTYDMRNIWASIKJYAISIXSDMEEDZWGZY
DWMEYIDPZIXDWODIUZRPYMEYXIPYZGRPDMDZYIZXMGAYZNDZYSEIMXGRCIWWGMOYM
```

먼저 암호문에서 가장 빈도가 높은 문자를 파악한다. 위 암호문에서는 I와 Y의 빈도수가 가
장 높다. 이 중 Y를 e라고 가정하고 치환하면 아래와 같다.

```
MEeLGVIWAMEeOPINeZGWeEGMZRUUePZAIXILGVSIZZMPGKKDWOMEPGROEIWGPCEIPAM
DKKEeCIUeMGIFRWCEGLOPINeZHRZMPDNeWDWOGWITDWeSEDCEEIAFeeWMPIDWeAGTeP
IKGLMXFPIWCEHRZMMEeMEDWOMGQReWCEUXMEDPZMQRGMEeAPISDWOFICJILeSNICe
ZEeMGGJIPRWIWAIHRUNIWAHRZMUDZZeAMEeFRWCEMRPWDWOPGRWAIOIDWSDMEIGWe
MSGMEPeeEeHRUNeARNFRMSDMEWGOPeIMePZRCCeZZIOIDWIWAIOIDWEeMPDeAILMePM
EeMWUNMDWOUGPZeKFRMIMKIZMEIAMGODTeDMRNIWASIKJeAISIXSDMEEDZWGZeDWME
eIDPZIXDWODIUZRPeMEeXIPeZGRPDMDZeIZXMGAeZNDZeSEIMXGRCIWWGMOeM
```

그리고 영어에서 가장 자주 등장하는 단어가 "the"라는 사실을 이용하여 e로 끝나는 3문자
의 패턴을 찾아본다. 그러면, MEe라는 3문자의 조합이 자주 나온다는 것을 알 수 있다. 게
다가 MEe는 암호문의 맨 처음에도 나타나 있다. MEe가 the일 가능성이 아주 높다. 그러므
로 M은 t, E는 h에 대응된다고 가정할 수 있다. 이를 적용시키면 아래와 같은 결과를 얻을 수
있다. 계속해서 이런 식으로 빈도수를 기반으로 추가의 치환 관계를 파악할 수 있게 되고 이
로 인해 가능한 치환표의 개수를 많이 줄일 수 있다. 그런 다음 가능한 치환표의 개수에 대해
전사공격을 실행한다면 60억년이 아닌 아주 짧은 시간 내에 해독이 가능해 진다.

```
theLGVIWAtheOPINeZGWehGtZRUUePZAIXILGVSIZZtPGKKDWOthPGROhIWGPChIPAtDKKheC
IUetGIFRWChGLOPINeZHRZtPDNeWDWOGWITDWeShDChhIAFeeWtPIDWeAGTePIKGLtXFPIW
ChHRZtthethDWOtGQReWChUXthDPZtQRGthheAPISDWOFICJILeSNICeZhetGGJIPRWIWAIHR
UNIWAHRZtUDZZeAtheFRWChtRPWDWOPGRWAIOIDWSDthIGWetSGthPeeheHRUNeARNFRtS
DthWGOPeItePZRCCeZZIOIDWIWAIOIDWhetPDeAILtePthetWUNtDWOUGPZeKFRtItKIZthIAtGO
DTeDtRNIWASIKJeAISIXSDthhDZWGZeDWtheIDPZIXDWODIUZRPetheXIPeZGRPDtDZeIZXtGAe
ZNDZeShItXGRCIWWGtOet
```

12.5.2 DES

DESdata encryption standard는 블록 암호의 일종으로, 미국 NBSnational bureau of standards, 현재 NIST 에서 국가 표준으로 정한 암호이다.

DES는 시저 암호나 단순 치환 암호 방식보다 훨씬 복잡한 과정을 거치지만 그 안을 들여다보면 문자의 위치를 바꾸거나 문자를 다른 문자로 치환하거나 키 값을 이용하여 문자를 변경하는 등의 기본 과정들을 반복하게 되어 있다.

1972년에 미국 NBS는 암호 기술의 필요성을 절감하고 미국 정부 규모의 표준적인 암호 알고리즘을 개발하기로 했다. 이에 1974년 8월 27일, IBM에서 루시퍼 암호 알고리즘을 제안했고, 이를 수정하여 1975년 3월 17일에 DES를 발표했다.

DES는 대칭키 암호이며, 56비트의 키를 사용한다. DES는 현재 취약한 것으로 알려져 있다. 56비트의 키 길이는 현재 컴퓨터 환경에 비해 너무 짧다는 것이 하나의 원인이며, DES에 백도어가 포함되어 있어 특수한 방법을 사용하면 정부 기관에서 쉽게 해독할 수 있을 것이라는 주장도 제기되었다. 1998년에 전자 프론티어 재단(EFF)에서는 56시간 안에 암호를 해독하는 무차별 대입 공격 하드웨어를 만들었으며, 1999년에는 22시간 15분 안에 해독하는 하드웨어를 만들었다.

대칭키 암호화 방식의 비도(비밀의 강한 정도)는 사용되는 암호화 방법의 복잡성이나 방법의 비공개를 통하여 이루어지는 것이 아니라 사용되는 키의 길이에 의존한다. 키는 기본적으로 당사자들만이 알고 있고 타인에게 노출이 되지 않는다고 가정한다. 이러한 가정 하에서 암호화의 비도를 논하게 되는데 비도는 공격자의 전사공격(키의 모든 조합에 대해서 시도해 보는 공격)에 얼마나 강인한가를 측정하게 된다.

키의 길이가 n 비트일 경우 가능한 키의 조합은 2^n개이다. DES 암호 방식은 56비트의 키를 사용하는데 이 경우 가능한 키의 종류는 $2^{56} = 7.2 \times 10^{16}$개이다. 그런데 이러한 개수는 현재 컴퓨터의 성능을 고려할 경우 10시간 정도면 모든 경우를 검사해 볼 수 있다.

이러한 문제로 최근에는 DES 암호 방식이 아니라 DES를 세 번 반복해서 사용하는 Triple-DES를 사용하고 있으며 DES에 비해 안전한 것으로 알려져 있다. 또한 현재는 DES 대신 AESadvanced encryption standard를 새 표준으로 정해 사용하고 있다. AES 암호방식인 경우에는 128비트 이상의 키를 지원하는데 이 경우 가능한 키의 길이는 $2^{128} = 3.4 \times 10^{38}$개이며 이를 전부 조사할 경우 5.4×10^{16}년 정도 걸린다. 이는 우주의 나이보다는 더 긴 시간이다.

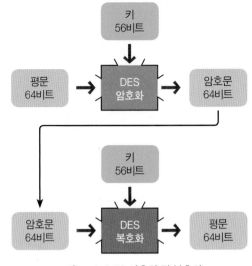

그림 12.6 DES 암호화 및 복호화

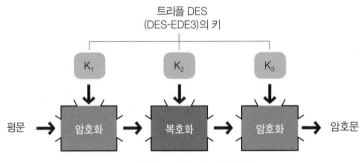

그림 12.7 3중 DES 암호 방식

12.5.3 AES

고급 암호화 표준advanced encryption standard, AES은 미국 정부 표준으로 지정된 블록 암호 형식이다. 이전의 DES를 대체하며, 미국 표준 기술 연구소(NIST)가 5년의 표준화 과정을 거쳐 2001년 11월 26일에 연방 정보 처리 표준(FIPS 197)으로 발표하였다. 2002년 5월 26일부터 표준으로 효력을 발휘하기 시작했다.

벨기에 암호학자인 존 대먼과 빈센트 라이먼에 의해서 만들어졌으며, 처음에는 두 사람의 이름을 합해서 레인달rijndael이라는 이름을 썼다.

키의 크기(블록의 크기)로 128, 160, 192, 224, 256비트 등 128비트 이상의 모든 32의 배수 비트를 사용할 수 있으며, 미국 표준으로 인정받은 것은 128비트이다.

암호학에서 블록 암호block cipher란 기밀성 있는 정보를 정해진 블록 단위로 암호화하는 대칭 키 암호 시스템이다. 만약 암호화하려는 정보가 블록 길이보다 길 경우에는 특정한 운용 모드가 사용된다. 스트림 암호는 블록 암호와 달리 비트 단위로 암호화하며 이때 LFSR, NFSR 과 같은 선형 연산과 비선형 연산이 사용된다.

12.5.4 ARIA

아리아ARIA는 대한민국의 국가보안기술연구소에서 개발한 블록 암호 체계이다. ARIA라는 이름은 학계academy, 연구소research Institute, 정부 기관agency이 공동으로 개발한 특징을 함축적으로 표현한 것이다. 2004년 산업자원부의 KS 인증(KS X 1213:2004)을 획득하여 현재까지 대한민국의 국가 표준 암호 알고리즘으로 기능하고 있으며, 2010년 웹 표준 중 하나가 되었다.

12.5.5 SEED

SEED는 1999년 2월 한국정보보호진흥원(한국인터넷진흥원의 전신)의 기술진이 개발한 128비트 및 256비트 대칭 키 블록 암호 알고리즘으로, 미국에서 수출되는 웹 브라우저 보안 수준이 40비트로 제한됨에 따라 128비트 보안을 위해 별도로 개발된 알고리즘이다. 대한민국의 인터넷 뱅킹 및 쇼핑 환경에서 자주 쓰이나, SEED 기반 보안 프로그램은 액티브엑스 플러그인으로 배포될 수밖에 없기 때문에 공인인증서와 함께 대한민국의 웹 호환성 문제와 가장 밀접하게 연관되어 있다. 국내 보안업체들은 128비트 보안을 위한 별도 프로그램을 개발하기 위해 노력했으며, 그렇게 개발된 프로그램이 웹브라우저 플러그인으로 배포되어 국내 인터넷 뱅킹에 사용되기 시작했다.

12.6 공개키 암호 시스템

대칭키 암호 시스템의 가장 큰 약점은 키 관리의 어려움에 있다. 한 사용자가 관리해야 할 키의 수가 너무 많아지기 때문이다. 이러한 약점을 보완하기 위해 나타난 암호 시스템이 공개키 암호 시스템이다. 공개키 암호 시스템에서 각 사용자는 두 개의 키를 부여 받는다. 그 하나는 공개되고public key, 공개키, 다른 하나는 사용자에 의해 비밀리에 관리private key, 비밀키되어야 한다. 각 개인은 자신만의 비밀키와 그에 대응되는 공개키를 키 생성 방법에 따라 생성하고 용도에 따라 비밀키를 이용하여 암호화할 수도 있고 공개키를 이용하여 암호화할 수도 있다. 공개키로 암호화하면 반드시 그 대응되는 비밀키로 복호화해야 하며 비밀키로 암호화했을 경우는 반드시 그에 대응되는 공개키로 복호화해야 한다.

공개키 암호 시스템에서 각 사용자는 자신의 비밀키만 관리하면 되므로 키 관리의 어려움을 줄일 수 있다. 공개키 암호 시스템에서는 각 사용자의 공개키를 관리하는 공개키 관리 시스템(공개키 디렉터리)이 필요하며 각 사용자는 이 시스템에 자유롭게 접근하여 다른 사용자의 공개키를 열람할 수 있어야 한다.

공개키 암호 시스템은 두 키의 수학적 특성에 기반하기 때문에, 메시지를 암호화 및 복호화하는 과정에 여러 단계의 산술연산이 들어간다. 따라서 대칭키 암호 시스템에 비하여 속도가 매우 느리다는 단점을 지니고 있다.

❶ 암호화 및 복호화

앨리스가 밥에게 암호문을 보내고 복호화하는 가장 기본적인 과정을 기술한다. 두 사용자에게는 각각 공개키와 비밀키가 부여되었고, 이들의 공개키는 공개키 디렉터리에 저장되어 있다. 앨리스는 공개키 디렉터리에서 밥의 공개키를 찾아 이를 이용하여 문서를 암호화하여 밥에게 보낸다. 밥은 수신한 비밀 문서를 자신만이 알고 있는 자신의 비밀키로 복호하하여 앨리스가 보낸 문서의 내용을 알 수 있다. 공개키 만으로는 복호화가 불가능하기 때문에, 앨리스 역시 암호화하고 나서 복원할 수 없다는 특징이 있다.

공개키 암호 시스템에서 암호화-복호화 시스템은 두 키가 짝으로 동작하기 때문에, 비밀키로 암호화하고 공개키로 복호화할 수도 있다. 이 방법을 이용하면 해당 공개키에 맞는 비밀키 보유자를 확인할 수 있으며, 전자서명에서는 이런 성질을 이용한다.

이와 같이 공개키 암호 시스템에서는 암호화할 때 사용되는 키와 복호화할 때 사용되는 키가 다르기 때문에 비대칭 암호 시스템이라고 부르기도 한다.

❷ 공개키와 비밀키의 관계

공개키 암호 시스템에서 각 사용자에게 부여되는 공개키와 비밀키에는 수학적 연관이 있기 때문에 암호화와 복호화가 가능하다. 이 둘은 마치 두 조각으로 나누어진 유리 조각과 같다. 한쪽은 공개되어 있고 그에 맞는 다른 한쪽은 감추어져 있는 것이다. 그러나 이들은 본래의 모습을 감추고 있다. 한쪽이 그대로 공개된다면 숨겨진 다른 한쪽의 모습도 알려질 수 있기 때문이다. 원래의 모습을 감추고 또 원래의 모습으로 되돌리는 과정에서 수학이 중요한 역할을 한다.

❸ 공개키 암호 시스템의 종류

다음은 잘 알려진 공개키 암호 시스템의 예이다. 이들은 각각이 갖는 알고리즘과 키 생성상의 특성을 갖는다. 이것은 처리 속도, 구현의 편의성과 연관이 되어 응용되는 분야를 결정하게 된다. RSA는 소인수 분해의 어려움에 근거하고 있으며 ElGamal 방식은 이산대수의 어려움에 기초하고 있다. 타원 곡선 암호 방식은 이산대수 문제를 타원 곡선elliptic curve상에서 재해석한 방식으로 다른 방법에 비해 더 짧은 키의 길이를 갖고도 높은 비도를 제공하기 때문에 메모리의 제한이 있는 응용에서 널리 사용된다.

- RSA
- ElGamal
- 타원 곡선 암호
- 배낭 암호

❹ 공개키 암호 시스템의 활용

A라는 사용자가 문서를 작성한 후 이를 공개키 암호화 방식을 사용하여 암호화한 후 B에게 보낸다고 하자. 과연 A는 누구의 어떤 키로 암호화하여야 할까? B의 개인키는 A가 알 수 없으니 가능한 키는 A 자신의 개인키나 공개키 또는 B의 공개키이다. B의 공개키는 A도 알 수 있으므로 암호화하는 데 별 문제가 없고 B는 자신의 개인키를 알고 있기 때문에 복호화하는 데도 별 문제가 없다. 문제는 공격자가 과연 복호화할 수 있는지이다. 공격자가 암호화된 문서를 복호화하려면 공개키 암호 방식의 특성상 B의 개인키를 알아야만 한다. 하지만 공개키 암호화 방식에서는 이 개인키는 안전하게 관리된다고 가정한다. 즉, 사용자가 자신의 개

333

인키를 안전하게만 관리한다면 공격자에게 해킹당할 일이 없게 된다. 단, 공개키 암호화 방식으로 큰 문서를 암호화할 경우는 속도가 많이 떨어지기 때문에 짧은 문서 또는 데이터를 암호화하는 데 주로 이용된다.

공개키 암호화 방식을 문서 작성자의 신원을 확인하는 용도, 즉, 어떤 문서를 A가 작성해서 B에게 보냈다고 했을 경우 정말로 A가 작성했는지를 확인하는 용도로 활용하려면 어떻게 암호화를 해야 할까? 이 경우 A의 비밀키로 암호화를 할 경우 A의 공개키로 복호화할 수 있고 B는 A의 공개키로 복원이 될 경우 문서의 작성자가 A임을 알 수 있다.

12.6.1 RSA

RSA는 공개키 암호시스템의 하나로, 암호화뿐만 아니라 전자서명이 가능한 최초의 알고리즘으로 알려져 있다. RSA가 갖는 전자서명 기능은 인증을 요구하는 전자 상거래 등에 RSA의 광범위한 활용을 가능하게 하였다.

1977년 로널드 라이베스트ron rivest, 아디 샤미르adi shamir, 레오널드 애들먼leonard adleman의 연구에 의해 체계화되었으며, RSA라는 이름은 이들 3명의 이름 앞 글자를 딴 것이다. 이 세 발명자는 이 공로로 2002년 튜링상을 수상했다.

RSA 암호체계의 안정성은 큰 숫자를 소인수분해하는 것이 어렵다는 것에 기반을 두고 있다. 그러므로 큰 수의 소인수분해를 획기적으로 빠르게 할 수 있는 알고리즘이 발견된다면 이 암호 체계는 가치가 떨어질 것이다. 1993년 피터 쇼어는 쇼어 알고리즘을 발표하여, 양자 컴퓨터를 이용하여 임의의 정수를 다항 시간 안에 소인수분해하는 방법을 발표하였다. 따라서 양자 컴퓨터가 본격적으로 실용화되면 RSA 알고리즘은 무용지물이 될 것이다. 그러나 양자 컴퓨터가 이 정도 수준으로 실용화되려면 아직 여러 해가 더 필요할 것으로 보인다.

RSA 암호화 알고리즘은 1983년에 발명자들이 소속되어 있던 매사추세츠 공과대학교(MIT)에 의해 미국에 특허로 등록되었고, 2000년 9월 21일에 그 특허가 만료되었다.

RSA는 두 개의 키를 사용한다. 여기서 키란 메시지를 열고 잠그는 상수constant를 의미한다. 이 중 공개키public key는 모두에게 알려져 있으며, 메시지를 암호화encrypt하는 데 쓰인다. 이렇게 암호화된 메시지는 개인키private key를 가진 자만이 복호화decrypt하여 열어볼 수 있다. 다시 말하면, 누구나 어떤 메시지를 암호화할 수 있지만, 그것을 해독하여 열람할 수 있는 사람은 개인키를 지닌 단 한 사람뿐인 것이다. RSA는 소인수분해의 난해함에 기반하여, 공개키만을 가지고는 개인키를 쉽게 짐작할 수 없도록 디자인되어 있다.

보다 이해하기 쉬운 예를 들자면, A라는 사람에게 B라는 사람이 메시지를 전하고자 할 때 B는 A의 열린 자물쇠를 들고 와 그의 메시지를 봉인하고, 그런 다음 A에게 전해 주면, 자물쇠의 열쇠를 가지고 있는 A가 그 메시지를 열어보는 식이 된다. 중간에 그 메시지를 가로채는 사람은 그 열쇠를 가지고 있지 않으므로 메시지를 열람할 수 없다. 그리고 RSA의 디자인상 그 열쇠는 자물쇠의 형태만 보아서는 쉽게 제작할 수가 없게 되어 있다.

❶ 키의 생성

A와 B가 보안이 보장되어 있지 않은 환경에서 서로 비밀 메시지를 주고받고 싶다고 가정하자. B가 A에게 메시지를 전달하기 위해서는 A의 공개키가 필요하다. A는 아래와 같은 방법을 통해 그만의 공개키와 개인키를 제작한다.

1. p와 q라고 하는 두 개의 서로 다른 (p≠q) 소수를 고른다.
2. 두 수를 곱하여 $N = p \cdot q$을 찾는다.
3. $S = (p-1)(q-1)$를 구한다.
4. S보다 작고, S와 서로 소인 정수 E를 찾는다.
5. 유클리드 호제법을 이용하여 $D \cdot E \equiv 1 \pmod S$를 만족시키는 D를 구한다.

A의 공개키는 위에서 구한 두 개의 숫자로 이루어진 ⟨N, E⟩이고, 개인키는 d이다. A는 ⟨N, E⟩만을 B에게 공개하고, B는 이 공개키를 사용하여 자신의 메시지를 암호화하게 된다. 여기서 p와 q의 보안은 매우 중요하다. 이를 가지고 D와 E의 계산이 가능하기 때문이다. 그리하여 공개키와 개인키가 생성이 된 후에는 이 두 숫자를 지워버리는 것이 안전하다.

❷ 암호화

B가 M이란 메시지를 A에게 보내고 싶다고 하자. 일단 B는 이 M을 N보다 작은 숫자로 변환한다. 이 변환법padding scheme은 A에게도 미리 알려져 있어야 한다. 이를테면, 메시지를 토막내어 하나의 메시지가 일정 수의 비트를 넘지 않게 하는 방법이 있다. 하지만 실제로는 이중보안을 위해 더욱 복잡한 변환법이 사용된다. 그리고 B는 A의 공개키 ⟨N, E⟩를 획득하고, 다음과 같이 c를 계산한다.

$$c = m^e \bmod N$$

그리고 이 c를 A에게 보낸다.

❸ 복호화

A는 암호화된 메시지 c를 B에게서 건네받았고, N과 D를 알고 있다. 다음 식을 통해 m을 찾는다.

$$m = c^d \bmod N$$

위에서 설명하였듯 m을 가지고 A는 M을 찾아낼 수 있는 방법을 알고 있다.

❹ 증명

이 해독법이 가능한 이유는 다음과 같다.

$$c^d \equiv (m^e)^d \equiv m^{ed} \equiv m^{k(p-1)(q-1)+1} \equiv m \ (\bmod N).$$

마지막 등식이 성립하는 이유는 다음과 같다. 위의 식에서 mod N 대신 mod p를 사용하여 풀이했을 때,

$$m^{k(p-1)(q-1)+1} \equiv (m^{p-1})^{k(q-1)} m \ (\bmod p)$$

가 된다. p가 소수이므로, m이 p의 배수가 아니라면 서로소이므로 페르마의 소정리를 다음 식과 같이 적용할 수 있다. 만약 m이 p의 배수라면 양변이 p의 배수이므로 0과 동치가 되어 역시 다음 식이 성립된다.

$$(m^{p-1})^{k(q-1)} m \equiv 1^{k(q-1)} m \equiv m \ (\bmod p)$$

mod q를 사용하여도 똑같은 풀이가 가능하다. N = pq이므로, mod N에도 같은 식이 성립 하게 된다.

공개키 암호를 예를 들어 설명해 보자. 두 개의 소수 p와 q를 p = 7, q = 11이라고 가정하자.

그러면 N=77(7×11), S=60(6×10)이 된다. 3과 S 사이에 존재하며 S와 서로소 관계를 갖는 E를 찾아보도록 하자. E는 13, 17 등이 존재할 수 있는데 여기서는 13을 선택하도록 하자. 그러면 mod(13×D/60)=1을 만족하는 D를 찾아야 하는데 37의 경우 이를 충족시 킨다.

따라서 공개키 〈N, E〉는 〈77, 13〉이 된다. 비공개하는 개인키는 〈p, q, D, S〉로서 〈7, 11, 37, 60〉이다. 보내고자 하는 메시지가 P=18이라고 할 때 암호화된 값 $C=18^{13} \bmod 77 = 46$이다. 수신측에서 46을 받게 되면 복호화된 메시지 $P=46^{37} \bmod 77 = 18$이 계산된다.

여기서 46^{37}의 경우 현재 컴퓨터를 활용하더라도 자릿수 등의 문제로 계산이 용이하지 않다. 그러나 중국인의 나머지 정리를 활용하면 손쉽게 계산이 가능하다.

12.6.2 엘가말

엘가말elgamal 암호 방식은 엘가말이 1982년에 발명한 공용키 암호 방식의 하나로 이산 대수 문제에 대한 최초의 공용키 암호이며 DH 공용 키 분배법의 확장형이다. 소수 p와 원시근 g 를 공통의 공용키로 한다. 이용자는 자신의 비밀 키 X를 정하고 g를 X곱해서 p로 나눈 나머 지 Y를 자신의 공용키로 한다. 평문과 난수의 공용키로부터 암호문을 생성, 비밀 키로 복호 화decoding한다. 암호문의 길이가 평문 길이의 2배로 되는 결점이 있으나 이산 대수 문제의 어 려움에 안전성의 근거를 두고 있다.

12.6.3 타원 곡선 암호

타원 곡선 암호elliptic curve cryptography는 타원 곡선 이론에 기반한 공개키 암호 방식이다. 줄 여서 ECC라고 쓰기도 한다. 타원 곡선을 이용한 암호 방식은 닐 코블리츠와 빅터 밀러가 1985년에 각각 독립적으로 제안했다.

타원 곡선 암호가 RSA나 엘가말과 같은 기존 공개키 암호 방식에 비하여 갖는 가장 대표적 인 장점은 보다 짧은 키를 사용하면서도 그와 비슷한 수준의 안전성을 제공한다는 것이다. 이런 장점으로 인해 학계에서는 많은 연구가 진행되어 왔으며, 특히 무선 환경과 같이 전송량 과 계산량이 상대적으로 열악한 환경에 적합하다는 것이 일반적인 의견이다.

그러나 상대적으로 배경 이론이 복잡하고 실제로 구현하기 위해서는 해당 분야의 전문 지식을 어느 정도 필요로 하기 때문에 산업계에 널리 사용되는 데에는 시간이 더 걸릴 것으로 보인다. 산업계에 실제 적용되는 정도가 더딘 이유 중 또 하나로는 암호학 전문 지식을 갖지 않은 개발자나 정책 결정자들의 관점에서는 RSA 등에 비교하여 상대적으로 지명도가 떨어진다는 것을 들 수도 있다.

12.6.4 배낭암호

배낭암호는 공개키 암호로 제일 먼저 제안되었다. 배낭암호는 머클과 헬먼에 의해 제안되었다. 머클−헬먼 배낭암호체계는 NP-complete로 알려진 문제를 기반으로 하고 있다. NP-complete란 계산 복잡도 이론에서 가장 어려운 문제이다. 현재 NP-complete 문제를 위해 알려진 알고리즘은 모두 문제의 크기에서 지수적인 시간을 요구한다.

배낭문제를 수식으로 표현해 보자. n개의 배낭에 담을 수 있는 무게가 각각 다음과 같이 주어졌다고 하자.

$$W(0), W(1), \ldots, W(n-1)$$

요구되는 전체 무게 S를 충족하기 위해 배낭을 어떻게 조합해야 할까??

$$a(i) \in \{0,1\}$$

$a(0), a(1), \ldots, a(n-1)$을 찾는 문제가 바로 배낭문제이다.

$$S = a(0)W(0) + a(1)W(1) + \ldots + a(n-1)W(n-1)$$

배낭암호를 구현하기 위한 절차는 다음과 같다.

1. 수퍼증가 배낭을 생성한다.
2. 수퍼증가 배낭을 일반 배낭으로 변환한다.
3. 여기서 공개키는 일반 배낭이 된다.
4. 여기서 개인키는 변환 값이 있는 수퍼증가 배낭이다.

배낭암호체계의 트랩도어는 mod 연산을 사용해 수퍼증가 배낭을 일반 배낭으로 변환할 때 발생한다. 하지만 이 암호체계는 보안성이 없다. "격자 줄이기"로 알려진 기법을 사용하면 높은 확률로 평문을 찾을 수 있다.

12.7 양자 암호 시스템

일반적으로 공개키 암호 시스템의 안정성은 한 방향으로의 접근은 쉽지만 그 역방향으로의 해결은 매우 어려운 수학 문제에 근거하고 있다. 예를 들어 RSA의 안전성은 알려진 매우 큰 두 소수의 곱은 쉽게 구할 수 있지만, 두 소수를 모르는 채 곱해진 결과가 어떤 소수들의 곱인지를 알아내는 것은 현실적으로 불가능하다는 데 안전성의 근거를 두고 있는 것이다.

그런데 만약 안정성의 기반이 되는 어려운 수학의 문제가 해결된다면 그 문제에 안전성의 기반을 둔 암호 시스템은 더 이상 사용이 불가능하게 될 것이다. 그렇다면 가장 안전한 암호 시스템은 무엇인가? 가장 단순한 알고리즘을 사용하는 one time pad(OTP)가 그 가운데 하나이다. 그러나 OTP는 대칭키 암호 시스템으로 키 생성, 키 분배 등 일련의 키 관리의 어려움이 있는 암호 시스템이다.

양자암호quantum cryptography는 OTP와 같은 안전한 암호 시스템이 갖는 키 분배의 문제점을 해결할 수 있는 훌륭한 도구이다. 이런 이유 때문에 양자암호는 양자키 분배quantum key distribution로 이해되고 있다.

❶ 양자암호의 안전성

양자암호의 안전성은 불확정성원리uncertainty principle에 근거하고 있다. 양자암호에서 키 분배를 위한 통신으로 양자채널quantum channel과 인터넷이나 전화와 같은 통신수단을 동시에 사용한다. 일반적인 통신 수단을 이용한 정보의 교환은 노출되어도 문제가 없다. 그러나 양자채널을 이용한 정보의 교환은 보안이 필요하다. 그런데 키 분배 또는 공유 과정에서 불법적인 사용자가 양자채널을 통과하는 정보를 측정하게 되면 불확정성원리에 따라 키 분배 시스템의 정확도에 문제가 생겨 이를 합법적인 사용자가 감지할 수 있게 된다는 것이다. 하지만 맨 인더 미들 어택man-in-the-middle attack에 대해 취약하다는 단점이 있으며, QNDquantum nondemolition measurement를 응용한 FPB Attack에 대해서도 취약하다는 것이 증명되었다. 하지만 위의 두 경우 물리적 수단이나 고가의 장비가 동원되어야 한다는 전제조건이 있어 사실상 불가능하다.

❷ 키 분배 프로토콜

1984년 Charles H. Bennett와 Gilles Brassard에 의해 완성된 키 분배 프로토콜 BB84가 대표적이다. BB84에서는 광자 편광photon polarization의 상태를 수직, 수평 그리고 두 대각선으로 나누어 표현하여 디지털 신호를 나타내는 방법으로 키 분배에 활용하고 있다. 하지만 광자 편광의 경우 노이즈에 취약하다는 약점이 있어 이론에 대한 이해를 돕기 위한 용도로만 사용되고 있으며, 실제 구현 시 위상차phase의 상태를 0, π/2, π, 3π/2로 나눈 다음 Mach-Zehnder interferometer를 이용하여 구현한다.

12.8 전자서명

전자서명이라 함은 서명자를 확인하고 서명자가 해당 전자문서에 서명을 하였음을 나타내는데 이용하기 위하여, 해당 전자문서에 첨부되거나 논리적으로 결합된 전자적 형태의 정보를 말한다. 전자서명은 수기서명과 동일한 효력을 지닌다.

공개키기반구조PKI 기술측면에서 전자서명이란 전자문서의 해시HASH값에 서명자의 개인키(전자서명생성정보)로 변환(암호화)한 것으로서 RSA사에서 만든 PKCS#7의 표준이 널리 사용되고 있다.

전자서명의 검증은 생성과정의 역변환이다. 즉 전자서명을 서명자의 공개키(전자서명검증정보)로 변환(복호화)하고 검증대상 전자문서의 해시 값과 비교했을 때, 동일한 값이면 서명이 올바른 것이고 값이 서로 다르거나 변환에 오류가 있으면 서명이 틀린 것이다.

전자서명이라 함은 전자문서를 작성한 자의 신원과 전자문서의 변경여부를 확인할 수 있도록 전자서명 생성키로 생성한 전자문서(일반적으로 파일 형태)에 대한 작성자의 고유한 정보를 말한다. 전자서명은 우리가 이전에 종이 문서에서 하던 서명을 전자 문서에 적용한 것으로 보면 된다. 단, 기존의 서명은 문서의 내용에 관계없이 서명이 일정하지만 전자서명은 문서의 내용에 따라 서명이 달라진다. 전자서명이 어떻게 만들어지는 지를 이해하면 그 이유를 자연스럽게 이해하게 될 것이다.

전자서명은 전자서명 생성 과정에 의해 생성이 된 후 전자 문서와 같이 수신자로 보내지게 되며 수신자는 전자서명 검증 과정을 통해 전자서명을 검증하게 된다. 즉, 전자문서가 전송 도중 변경되지 않았는지를 검사하고 그 문서가 진짜 작성자에 의해 작성되었는지를 검사하게 된다. 먼저 전자서명 생성 과정에 대해서 살펴보도록 하자.

전자서명의 목적이 문서의 변경여부를 파악할 수 있어야 하고 작성자의 신원을 확인할 수 있어야 하기 때문에, 아래 그림에서 보듯이 먼저 문서에 대한 다이제스트 즉, 해시 값을 구해야 하고 그런 다음 이러한 해시 값을 암호화하여 보내야 할 것이다. 그러면 해시 값을 과연 어떻게 암호화하여 보내야 할까? 메시지 인증 코드에서처럼 수신자의 공개키로 암호화하면 될까? 아니다. 그 이유는 공격자도 수신자의 공개키를 알 수 있기 때문에 문서 작성자의 신원을 확인하는 데는 적합지 않다. 수신자의 개인키는 알 방법이 없기 때문에 이도 아니다. 그러면 송신자의 공개키나 개인키 중 하나이다. 송신자의 공개키로 암호화할 경우는 수신자 측에서 송신자의 개인키로 복호화해야 하는데 문제는 송신자의 개인키를 얻을 방법이 없다는 것이다. 결국, 답은 송신자의 개인키로 암호화하는 것이다. 그래서 아래 그림에서 전자서명 생성키는 바로 송신자의 개인키를 의미하게 된다.

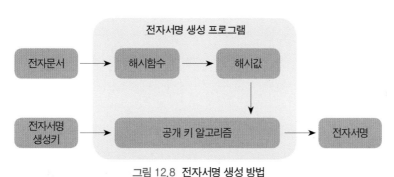

그림 12.8 전자서명 생성 방법

이번에는 전자서명 검증 과정을 살펴보도록 하자. 아래 그림에서 보듯이 수신자는 전자문서와 전자서명을 받은 후 먼저 전자서명 생성 시와 동일한 해시 함수를 사용하여 전자문서에 대한 해시 값 1을 구한다. 그런 다음 전자서명을 전자서명 검증키를 사용하여 복호화하여 전자서명 생성 시의 해시 값 2를 구한다. 그런 다음 두 해시 값을 비교하여 일치하면 문서가 변경되지 않은 것으로 판단을 하고 그렇지 않으면 변경된 것으로 판단하면 된다. 문서의 변경 여부는 이렇게 알 수 있다. 그러면 신원 확인은 어떻게 할 수 있는가? 앞에서 언급하지 않았지만 벌써 신원 확인 과정을 거친 상태이다. 전자서명을 제대로 복호화할 수 있으면 신원 확인이 된 것이다. 전자서명은 송신자의 개인키로 암호화된 것이기 때문에 송신자의 공개키로 전자서명이 풀렸다는 얘기는 전자서명은 공개키의 소유자, 즉 송신자에 의해 작성되었다는 것을 의미한다.

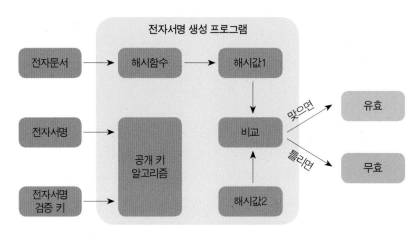

그림 12.9 **전자서명 검증 방법**

지금까지 많은 곳에서 공개키 암호화 방식이 사용되는 것을 보았을 것이다. 그런데 공개키 암호화 방식도 보안상의 문제가 있다. 공개키 변조가 가능하다. 공개키는 모든 사람에게 공개되어야 하기 때문에 쉽게 접근할 수 있는 장소에 공개가 된다. 이 경우에 공격자가 시스템을 해킹하여 다른 사람 (예로 A라 하자)의 공개키를 자신의 공개키로 바꿔 놓을 수 있다. 이러한 사실을 모르는 사람들은 A의 공개키를 읽은 후 문서를 A의 공개키로 암호화한 후 이를 A에게 보내게 된다. 이때 공격자는 A로 가는 모든 메시지를 자신에게 오도록 조작한 후 A의 공개키로 암호화된 문서를 복호화한다. 실제로는 A의 공개키가 아니라 공격자의 공개키로 암호화되어 있기 때문에 공격자는 자신의 개인키로 문서를 복호화할 수 있다. 복호화한 후에 문서를 자신에게 유리하게 변경한 후 원래의 A의 공개키로 암호화하여 A에게 보내게 되면 A는 아무런 의심없이 메시지를 수신하게 된다.

그러면 위와 같은 공개키 변조의 문제를 해결하려면 어떻게 해야 할까? 바로 이때 전자서명 기술을 이용하면 된다. 사용자의 ID와 그 사람의 공개키가 기입된 문서에 대해서 믿을 만한 기관에서 보증해 주면 된다. 그런데 보증해 준다는 것이 결국 사용자의 ID와 그 사람의 공개키가 기입된 문서에 대해 믿을 만한 기관이 전자서명을 해주는 것이다. 이 믿을 만한 기관을 인증기관이라 하며 인증기관의 전자 서명이 포함된 공개키 보증 문서를 인증서라 한다. 현재 이 인증서를 사용하여 공공기관이나 은행 등에서 사용자 신원 확인용으로 널리 사용하고 있다. 공개키 인증서도 누구나 쉽게 얻을 수 있기 때문에 역시 변조의 가능성이 있지 않을까하는 생각이 들 것이다. 공개키 인증서를 변조하려면 변조된 문서에 대한 합법적인 전자서명을 생성할 수 있어야 하는데 쉬운 문제가 아니다. 합법적인 전자서명은 인증기관의 개인키를 획득할 수 있을 경우에만 가능하기 때문이다.

그림 12.10 인증서의 일반 정보

그림 12.11 인증서의 자세한 정보

12.9 멀티미디어 보안

정보의 바다 속에서 자신이 원하는 콘텐츠를 얼마든지 구할 수 있고, 그것을 자신의 것으로 만들 수도 있다. 그러나 이러한 정보 전달의 획기적 발전 이면에는 콘텐츠 불법복제, 배포 등 저작권 침해의 위험이 도사리고 있다. 이 절에서는 이와 같은 콘텐츠를 보호하는 기술에 대해서 소개한다.

12.9.1 디지털 워터마킹

디지털 워터마킹digital watermarking은 디지털 콘텐츠에 워터마크watermark라고 하는 사용자의 IDidentification나 자신만의 정보를 삽입시킴으로써 불법적인 복제를 막고, 지적재산권 및 저작권을 보호하며, 소유권을 주장할 수 있는 근거를 제시할 수 있도록 하는 기술이다.

워터마킹이란 용어는 물에 젖어 있는 상태에서 그림을 인쇄하는 데서 유래하였다. 지폐의 제작과정에서 위조지폐 여부를 가리기 위해 젖어 있는 상태에서 특정 정보를 삽입하고, 말린 후 인쇄를 하여 불빛에 비춰 보았을 때 그림이 보이도록 하는 기술을 말한다. 또 중세기에는 군사적인 목적의 통신문이나 비밀편지에 특수잉크 또는 약품 등을 사용하여, 받는 쪽에서 특별한 처리를 해야만 볼 수 있도록 하였다. 또한 미술작품이나 책의 저자 또는 저작권을 갖고 있는 사람이 자신의 것이라는 것을 표시하기 위해 특별한 방식으로만 볼 수 있도록 실제 작품에 표시해 두는 기술로도 사용하였다. 이때 삽입되는 저작권, 소유정보나 원본여부를 확인할 수 있도록 숨겨놓은 데이터, 사용권한을 부여 받은 사용자의 ID 등의 식별정보를 워터마크라 한다.

최근 컴퓨터와 네트워크의 발달과 함께 디지털 그림이나 음악 비디오 등 디지털 콘텐츠의 불법적인 복제나 유통으로 인한 지적재산권 문제가 크게 대두되고 있다. 디지털 콘텐츠의 불법복제와 유통은 저작자의 창작의욕을 상실시키며, 심각한 경제적 손실을 입히게 되는 매우 중요한 문제이다. 따라서 소유권자의 동의가 없는 불법적 복제를 방지하고 소유권을 효과적으로 보호하기 위한 저작권 보호 기술이 요구되고 있다.

디지털 데이터를 보호하기 위한 기술로 암호화 기법이나 방화벽을 이용한 접근제어 기술이 많이 발전해 왔지만, 한 번 암호가 풀린 디지털 콘텐츠는 불법적으로 복사되고 배포될 수 있다. 또 접근이 허가된 사용자에 의해서도 디지털 콘텐츠는 악용될 수도 있다. 그러므로 최근 급속히 발전하고 있는 콘텐츠 시장과 전자상거래 등에서 이러한 기술을 이용하여 저작권과 소유권을 효과적으로 보호하기에 많은 어려움이 있다.

따라서 최근에는 디지털 콘텐츠 자체에 소유권 정보를 삽입하여 불법적인 복제나 배포를 막고, 효율적인 저작권 보호를 위한 기술인 디지털 워터마킹에 관심이 집중되고 있다. 디지털 워터마킹 기법은 저작권을 보호하기 위하여 고전적인 워터마킹의 개념을 그대로 디지털 데이터에 적용한 것이다. 최근에는 단순히 워터마크를 삽입시키는 방법에서 벗어나, 많은 기술적 방법을 이용한 강력한 워터마킹 기술이 연구되고 있다. 또한 암호화 기법과 워터마킹 기술들을 적절히 접목시켜 더욱 견고한 DRM digital rights management 시스템도 개발되고 있다.

디지털 워터마크는 삽입, 배포, 검출 과정을 거친다.

워터마크 삽입 단계
디지털 콘텐츠에 소유자만 아는 마크를 삽입한다.

콘텐츠 배포 단계
워터마크가 삽입된 콘텐츠를 네트워크를 통해 배포 및 유통한다.

불법 복제 단계

악의적인 목적을 띤 사용자가 불법 복제하여 사용하는 경우가 발생한다.

소유권 증명 단계

콘텐츠에 삽입된 자신의 워터마크를 추출하여 소유권을 증명한다.

❶ 디지털 워터마크 요구 조건

디지털 워터마킹은 불법적인 복제나 배포로부터 소유권을 증명할 수 있고, 워터마크를 제거하려는 공격 등으로부터 그 기능을 효과적으로 발휘할 수 있게 하기 위하여 다음과 같은 다양한 특성 및 요구조건을 만족해야 한다.

비가시성(Invisibility)

삽입 후에도 원본의 변화가 거의 없고, 워터마크의 삽입여부를 감지할 수 없어야 한다. 이는 콘텐츠의 품질을 저하시키지 않는 특성으로 삽입된 워터마크가 시각적으로 보이지 않아야 한다. 응용 환경에 따라서 가시적인visible 워터마킹 기법들이 사용되기도 한다. 일반적인 경우에는 비인지성imperceptibility이라고도 한다.

강인성(Robustness)

워터마크를 신호의 중요한 부분에 삽입하여 전송이나 저장을 위해 압축할 때 워터마크가 깨지지 않아야 하다. 그리고 전송 중에 생길 수 있는 노이즈나 여러 가지 형태의 변형과 공격에도 추출이 가능해야 한다. 강인성의 경우도 사용 환경에 따라 의도적으로 잘 깨지는 연성fragile 워터마킹 기법을 사용할 때가 있다. 이는 주로 인증용으로 많이 쓰이며, Semi-Fragile 기법을 이용하여 불법 조작의 정확한 위치 등도 알아낼 수 있다.

명확성(Unambiguity)

추출된 워터마크가 확실한 소유권을 주장할 수 있도록 공격 등에 대해 정확성을 유지해야 된다. 학술적이거나 실제 응용에서도 False Negative, False Positive의 문제가 심도 깊게 다루어져야 한다.

원본 없이 추출(Blindness)

원본 영상 없이 워터마킹된 영상만으로 워터마크를 검출해야 한다. 이는 워터마킹 기법을 온

345

라인상이나 다양한 응용분야의 적용에 있어, 올바른 소유권자를 구별할 수 있어야 하는 현실성을 고려할 때 반드시 가능해야 한다.

보안성(Security)
관련된 키 값 등을 알고 있을 경우에 워터마크의 확인이 가능해야 된다.

❷ 디지털 워터마크 활용 분야

저작권 보호
저작권자를 규정하고 소유관계를 주장할 수 있다.

위조나 변조 판별
'연성 워터마크'를 이용하게 되면 해당 데이터 수정 시 워터마킹된 부분이 깨어지게 되므로 이를 통해 문서의 진위여부를 판별할 수 있게 된다.

불법 복제 추적
콘텐츠에 공급받은 사용자의 ID를 넣어 불법 복제자를 추적할 수 있다.

무단 복사의 방지
복사할 수 있는 횟수를 제한할 수 있다.

사용자 제어
콘텐츠에 추가정보를 삽입하여 특정한 사용자를 지정할 수 있다.

내용 보호
영상 등의 내용을 상업적으로 재사용할 수 없도록 보호할 수 있다.

내용 라벨링
콘텐츠에 포함된 워터마크가 콘텐츠에 대한 정보를 포함하도록 할 수 있다.

12.9.2 디지털 핑거프린팅

디지털 핑거프린팅digital fingerprinting 기술은 디지털 자산에 사용자에 대한 정보를 은닉함으로써 출력물이나 디지털 자산으로부터 유출자에 대한 정보를 추출하여 불법행위를 추적하게 하는 기술이다. 워터마킹 기술이 콘텐츠에 저작권자 또는 판매자의 정보를 삽입하는 것과 달리, 핑거프린팅은 콘텐츠를 구매한 사용자의 정보를 삽입하는 기술이다.

유통과정의 여러 구매자의 정보를 삽입함으로써 콘텐츠의 유통 경로와 개인 식별까지 추적해 낼 수가 있기에 불법적인 콘텐츠의 유통을 한층 더 방지할 수 있는 것이다.

핑거프린팅fingerprinting은 말 그대로 해석하자면 지문이라는 뜻이다. 사람의 지문처럼 콘텐츠에 저작권 정보를 삽입해서 나중에 이 저작권 정보(지문)로 사용자가 누구인지를 확인할 수 있게 하는 것이다.

방송에서 상업광고의 방영 여부는 광고주의 주요한 관심사이며 계약과 일치하게 방영되고 있는지 알고 싶어하는데, 이러한 방송 모니터링에서도 핑거프린팅 기술을 활용한다. 또한 정부 기관의 전자문서 인증 서비스, 신용카드사의 소득공제서류 인증 서비스, 항공티켓 발권 서비스에 활용되고 웹, P2P, 웹 하드 등에서 유통되고 있는 MP3, 영화 등의 불법 복제 콘텐츠를 추적할 수 있게 된다.

12.9.3 스테가노그라피

스테가노그래피steganography는 전달하려는 기밀 정보를 이미지 파일이나 MP3 파일 등에 암호화해 숨기는 심층 암호 기술이다. 특히 워터마킹이나 핑거프린팅과 달리 콘텐츠에 비밀 메시지가 삽입되어 있다는 사실을 숨기는 데 초점을 맞춘다.

예를 들어 모나리자 이미지 파일이나 미국 국가 MP3 파일에 비행기 좌석 배치도나 운행 시간표 등의 정보를 암호화해 전달할 수 있다.

스테가노그래피는 고대 그리스에서부터 이용되어온 것으로 현대 암호학에서 다루는 암호화encryption와는 다른 개념이다.

스테가노그래피의 유래는 기원전 5세기로 그리스의 왕 히스티에우스는 다이루스왕의 인질로 잡혀 있었다. 그는 밀레투스에 있는 그의 양아들에게 밀서를 전달하는 방법으로 노예의 머리를 깎고서 그 머리에 메세지를 문신으로 썼다. 노예의 머리카락이 자라서 문신이 보이지 않게 되자 그는 노예를 밀레투스로 보냈다. 이와 같은 방법을 통하여 노예의 머리에 메시지가 있다는 사실을 숨길 수 있었는데, 이것이 문서로 기록된 인류 최초의 스테가노그래피 방법이다.

고대 로마인들은 과일주스, 우유, 소변 같은 자연원료를 이용해 만든 투명잉크를 사용해 편지를 썼다. 이 편지는 불을 쬐어야만 읽을 수 있다.

2차 대전 기간 중 독일인들은 "마이크로도트"를 창안했다. 마이크로도트는 말 그대로 비밀 메세지를 점 하나의 크기로 축소하는 것이다. 축소된 비밀 메세지는 영문자 i의 점에 붙여지는 등 글씨에 포함된 점으로 위장되어 많은 양의 데이타를 감쪽같이 전송했다

12.10 디지털 포렌식

디지털 포렌식digital forensics은 범죄 수사에 사용되는 전자 증거물 등을 사법기관에 제출하기 위해 데이터를 수집, 분석, 보고서를 작성하는 일련의 작업을 말한다. 과거에 얻을 수 없었던 증거나 단서들을 제공해 준다는 점에서 획기적인 방법이다.

디지털 포렌식이 중요한 이유는 PC와 휴대폰이 일반화되면서 이메일이나 PC하드디스크 데이터나 휴대폰 통화기록 등이 범죄수사에 결정적인 증거로 채택되는 경우가 많아지고 있기 때문이다.

데이터 복구가 가능한 것은 컴퓨터 HDD에 저장한 데이터를 삭제하더라도 실제로 데이터 저장에 대한 색인(FAT 등) 정보만을 지우는 것일 뿐 HDD에 저장한 실제 데이터를 찾아서 지우는 것은 아니다. 즉, 데이터가 살아있다는 얘기다.

이런 원리를 이용하여 데이터를 복구해 내는 것이 디지털 포렌식 기술이다. 결국 새로운 프로그램을 설치하거나 새로운 데이터를 저장하기 전까지는 데이터는 남아 있다.

디지털 포렌식은 이메일 뿐만 아니라 문서, 사진, 동영상 등 모든 데이터를 살려낼 수 있다. 인터넷의 웹 메일도 우리가 한 번 받아온 데이터를 임시 저장해 놓은 캐시파일이 있어서 지워도 실제로는 없어진 것이 아니다. 그렇다면 디스크를 포맷했을 경우는 어떨까? 빠른 포맷을 수행할 경우 데이터가 남아 있다.

HDD는 물론이고 휴대폰, PDA, 내비게이션 등 모든 모바일 기기들도 디지털 포렌식 기술을 적용하면 데이터를 살려낼 수 있고, 그로 인하여 범죄 수사에서 디지털 포렌식 기술은 결정적 단서를 제공해주는 기술로 인식되고 있다.

물론 모든 데이터를 디지털 포렌식 기술로 복구할 수 있는 것은 아니다. 데이터가 남아 있는 섹터에 다른 데이터가 저장되면 복구할 수 없다. 또, HDD에 많은 데이터를 기록하고 삭제하거나 HDD를 포맷했을 때, 그리고 윈도우의 디스크 조각모음을 자주한 경우에도 복구하기 어렵다.

디지털 증거분석은 이미 범죄수사에서 큰 비중을 차지하고 있으며 앞으로도 그 활용범위가 더 넓어질 것임에 틀림없다. 실제로 범죄수사 이외에 경영비밀 유출이나 지적재산권 보호 등에도 적극 활용되고 있다.

❶ 모바일 포렌식

모바일 기기가 보편화된 지금 모바일 포렌식을 활용하는 경우가 늘어나고 있다. 모바일 포렌식은 모바일 기기에 따라서 분석방법이 달라진다.

MP3, PMP, 카메라, 노트북과 같이 내장된 저장장치가 컴퓨터의 저장장치와 같은 포맷을 가지고 있는 경우는 기존의 컴퓨터 포렌식 분석도구로 분석이 가능하다. 하지만 PDA, 휴대폰, 내비게이션의 저장장치가 컴퓨터의 저장장치와 다른 포맷을 가지고 있다면 새로운 포렌식 도구가 필요하다. 이것이 바로 모바일 포렌식이다.

모바일 포렌식 분석도구로는 휴대폰 단말기의 내장된 메모리와 GSM SIM 카드의 데이터를 분석하기 위해 많은 종류의 포렌식 분석도구가 사용된다.

모바일 포렌식의 문제점은 휴대폰은 내장 메모리의 구조가 표준화되어 있지 않아서 휴대폰에 저장되는 데이터가 모델마다 메모리의 다른 위치에 저장되어 내장 메모리에서 데이터를 추출하는 것이 어렵다는 것이다. 또, 모바일 포렌식 툴이 지원하는 휴대폰의 종류가 다양하지 않고 휴대폰의 라이프 싸이클이 매우 짧다는 것도 어려움의 하나이다.

1. 대칭키 암호화 방식은 사전에 키를 공유해야 하는데 이 이야기를 들은 앨리스는 이렇게 생각했다. "키를 수신자에게 보내면 도청되므로 곤란하다는 것이 키 공유 문제라고 생각했다. 키를 그대로 보내니까 문제가 되는 게 아닐까? 먼저 메시지는 AES로 암호화해 둔다. 그리고 나서 메시지를 암호화할 때 사용한 AES의 키를 트리플 DES로 암호화해서 보내면 되지 않을까? AES의 키는 트리플 DES로 암호화되어 있으니까 도청되어도 괜찮을 거야." 여기서 앨리스의 생각이 잘못되었는가, 그렇지 않은가? 그 이유에 대해 각자 얘기를 해 보시오.

2. 일회용 패스워드를 사용할 경우 패스워드가 노출이 된다 하여도 별 문제가 되지 않는다. 그 이유를 설명하시오.

3. 공개키 암호화 방식을 문서 작성자의 신원을 확인하는 용도, 즉, 어떤 문서를 A가 작성해서 B에게 보냈다고 했을 경우 정말로 A가 작성했는지를 확인하는 용도로 활용하려면 어떻게 암호화를 해야 할까?

4. 용량의 큰 문서를 작성한 후 이를 상대편에게 전송하고자 한다. 문서의 기밀성을 유지하면서 전송하고자 할 때 어떻게 해야 하는가?

5. 문서 작성 후 사무실에 있는 컴퓨터에 저장한 후 퇴근하고자 한다. 밤중에 공격자에 의해 문서가 변경되었는지를 다음날 아침에 검사하고 싶다. 어떻게 조치를 취해야 할까?

13 차세대 컴퓨팅

지금까지 살펴본 내용들은 컴퓨터 개론에 있어서 가장 기본이 되는 기초 지식이기도 하면서 그 기술적 발전과 정의가 어느 정도 완성된 단계에 있는 것들이다. 하지만 지금 이 순간에도 컴퓨터 기술은 계속 발전하고 있으며, 향후 10년, 혹은 20년을 지배할 새로운 개념의 기술들이 계속 등장하고 있다. 그런 기술들을 통틀어 차세대 컴퓨팅이라고 일컫는다. 이 장에서는 차세대 컴퓨팅이라고 칭할 수 있는 대표적인 컴퓨팅 기술들의 최신 동향에 대해서 간단히 살펴보도록 한다.

학습목표

- 유비쿼터스 컴퓨팅에 대한 기본 이해
- 클라우드 컴퓨팅에 대한 기본 이해
- 전자상거래에 대한 기본 이해
- 3D 입체 영상 기술에 대한 이해

13.1 유비쿼터스 컴퓨팅

13.1.1 유비쿼터스 컴퓨팅의 개념

유비쿼터스 컴퓨팅이란 '언제, 어디서나' 사용하는 컴퓨팅 환경을 의미한다. 유비쿼터스 컴퓨팅의 정의를 좀 더 명확하게 알아보기 위해서 유비쿼터스란 단어의 뜻을 해석해 보자. 유비쿼터스uniquitous란 라틴어에서 유래된 것으로 '도처에 널려 있다', '언제 어디서나 동시에 존재한다'라는 것을 의미한다. 유비쿼터스 컴퓨팅이 목표로 하는 이상적인 컴퓨팅 환경은, 다양한 종류의 컴퓨터가 사람, 사물, 환경 속에 내재되어 있고, 이들이 서로 연결되어 있으며 필요한 곳에서 컴퓨팅을 구현할 수 있는 환경이다. 단순히 컴퓨팅만을 의미하는 것이 아니라, 전기나 수도처럼 컴퓨터를 자유롭고 쉽게 사용할 수 있는 환경을 의미한다. 여기서 '유비쿼터스'란 장소에 구애받지 않는 컴퓨팅, 자연스러운 컴퓨팅, 자율적 컴퓨팅 등의 개념으로 사용되기도 한다. 현재의 컴퓨팅 구조는 주로 계산이 중심으로 기기를 사용하기 위해서 사용자가 기기를 배워야 하는 구조이지만, 유비쿼터스 컴퓨팅이 궁극적으로 이루고자 하는 구조는 기기가 사용자의 행동을 배워 필요한 솔루션을 제공하는 개념이다.

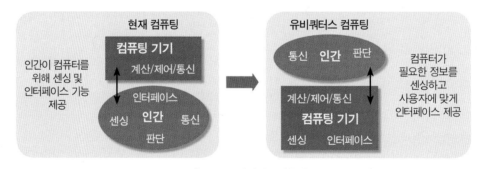

그림 13.1 유비쿼터스 컴퓨팅

13.1.2 유비쿼터스 컴퓨팅의 시초

이처럼 최근 IT 관련 부문에서 관심사가 되고 있는 유비쿼터스 컴퓨팅은 1988년 Xerox사 Palo Alto 연구소(PARC)의 마크와이저가 차세대 컴퓨팅 비전으로 제시한 '쉬운 컴퓨터' 연구에서부터 비롯되었다. 마크와이저는 사람이 '일보다는 컴퓨터 조작'에 더 몰두해야 하는 성가심을 지적하며, 사람 중심의 컴퓨팅 기술로서 유비쿼터스 컴퓨팅 비전을 제시하였다. 다음은 마크와이저가 말하는 미래의 컴퓨터상에 대한 그의 비전이다.

> **마크 와이저(Mark Weisr)가 말하는 미래의 컴퓨터**
>
> "미래의 컴퓨터는 우리가 그 존재를 의식하지 않는 형태로 생활 속에 점점 파고들어 확산될 것이다. 한 개의 방에 수백 개의 컴퓨터가 있고, 그것들이 유무선 네트워크로 상호 접속되어 있을 것이다"
>
> (자료 : The Computer for the 21st Century, Scientific American, 1991.9)

유비쿼터스라는 개념을 실현하기 위해서 수행된 초기 연구들은 대부분 네트워킹에 관한 것들이었으나, 이후에는 네트워킹뿐만 아니라 모바일 컴퓨팅 개념이 추가되었다. 이로 알 수 있는 것은 유비쿼터스 컴퓨팅이란 단순히 네트워크로 자료를 주고받는 것을 의미하는 것이 아니라 컴퓨팅 기기 자체의 존재를 느끼지 못할 정도로 최소화되어야 한다는 것이다.

13.1.3 유비쿼터스 컴퓨팅의 발전 과정

유비쿼터스 컴퓨팅은 컴퓨터의 발전과정에서 자연스럽게 나온 개념이다. 1970년대에 컴퓨터가 처음 등장하게 된 이후, 컴퓨터는 메인 컴퓨터에 계산을 의지했던 중앙 집중형 컴퓨팅 환경(1 : N)에서 시작하였다. 성능이 좋은 메인 컴퓨터는 한 대만 설치해 두고, 여러 명의 사용자들이 각자의 단말기를 그에 연결하여 메인 컴퓨터의 컴퓨팅 능력을 분배하여 사용하는 방식이었다. 이는 컴퓨터의 소형화, 저가화 과정을 거치면서 90년대부터는 본격적인 개인용 컴퓨터personal computer, PC 시대가 도래하게 되었다. 그 후로 컴퓨터는 계속 진화하여 2000년대인 지금에는 점차 소형화하는 방향으로 진화하고 있으며, 소형화와 동시에 저가격화, 고성능화가 이루어지면서 1인 1PC 시대를 넘어서 개인이 여러 대의 컴퓨팅 기기를 소지하고 있는 시대가 되었다. 바로 이런 점에서 유비쿼터스 컴퓨팅의 개념이 발전하게 되었다. 유비쿼터스 컴퓨팅이 추구하는 컴퓨팅도 컴퓨터의 소형화의 연장선에 있기 때문이다.

현재 컴퓨팅의 문제점을 극복하기 위해서, 유비쿼터스 컴퓨팅은 다음과 같은 대안을 제시한다.

❶ **현재 컴퓨터는 기기중심적이라는 것이 문제점**

- 사용자가 컴퓨터를 배워야 사용이 가능
- 기기 간 협업보다는 개별 기기 내의 솔루션에 의지
- 컴퓨터가 사용자의 보조수단으로만 존재
- 컴퓨팅 기기가 사용될 환경이 무궁무진하지만 대부분 데이터에 기반한 단순 계산이나 제한적인 제어를 위한 용도로만 활용

❷ 유비쿼터스 컴퓨팅이 추구하는 목표

- 컴퓨팅 도구는 장소에 구애받지 않아야 하며 자연스럽게 존재해야 함
- 단순히 '빠른' 계산만 추구하는 컴퓨터보다는 자율적으로 일을 처리해야 함

13.1.4 유비쿼터스 컴퓨팅의 구현 방법

유비쿼터스 컴퓨팅의 구현은 크게 컴퓨팅 기능의 내재화pervasive, embedded를 강화하거나 휴대성portability, mobility을 높이는 두 가지 방향에서 구현될 수 있다. 먼저 내재성을 강화시킴으로써 유비쿼터스 컴퓨팅을 구현하는 방법에 대해서 알아보자. 내재성을 강화시키면 여러 환경에 컴퓨팅 기능이 내재될 수 있으며, 그로부터 다양한 정보를 획득하고 활용하는 것이 가능해진다. 간단한 예를 들면 강수정도를 자동으로 감지하여 자동차의 와이퍼를 적당한 속도와 주기로 작동시키는 것이나 어두워지면 자동으로 헤드라이트를 켜는 것 등이 있을 수 있다. 또한 내재성을 강화하면 사람들이 인식하지 못하는 상태에서 컴퓨팅 기능이 수행 가능하다. 역시 간단한 예를 들어보자. 세탁기를 작동시키면서 컴퓨터를 사용한다는 생각을 하지 않는 것 자체가 컴퓨팅 기능이 세탁기에 잘 내재되어 있기 때문일 것이다. 휴대성을 개선하여 언제 어디서나 컴퓨팅을 시현할 수 있게 하는 것도 유비쿼터스 컴퓨팅의 궁극적인 목표라고 언급하였다. 상시적으로 들고 다닐 수 있을 정도의 소형 컴퓨팅 디바이스를 통해 유비쿼터스 환경을 구현할 수 있다. 현재 대중적으로 널리 퍼지고 있는 스마트폰 같은 기기들이 그러한 소형 컴퓨팅 디바이스의 한 예라고 할 수 있다. 완전한 유비쿼터스 컴퓨팅 환경을 이루려면 위에서 설명한 이동성과 내재성을 모두 발전시킨 형태여야 한다. 장기적으로는 '언제 어디서나, 자연스러운' 컴퓨팅을 구현하는 것이 목표이다.

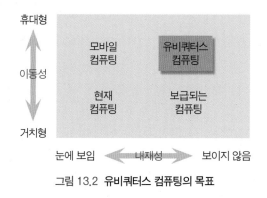

그림 13.2 **유비쿼터스 컴퓨팅의 목표**

13.2 클라우드 컴퓨팅

13.2.1 클라우드 컴퓨팅의 정의

클라우드 컴퓨팅이라는 용어가 등장한지 3년 정도의 시간이 흘렀음에도 불구하고 아직 클라우드 컴퓨팅은 그 정의가 명확하게 규정되어 있지 않다. '클라우드'라는 개념이 어떻게 범위를 정하느냐에 따라서 달라지기 때문에, 클라우드 컴퓨팅은 가장 정의하기 어려운 IT 용어가 되었다. 클라우드 컴퓨팅은 너무 많은 개념을 포함하고 있으며, 개발자, 시스템 관리자, 하드웨어 제공업체, 보안 업체 등등 IT 시스템과 관련된 모든 관계자들과 연관되어 있으며 이를 사용하는 사용자까지 그 범위를 넓힐 수 있다. 게다가 이러한 이해관계자들의 각각의 입장에서도 클라우드 컴퓨팅이라는 용어는 다르게 해석될 수 있다.

다양하게 정의내릴 수 있는 클라우드 컴퓨팅의 가장 일반적인 정의는 다음과 같다. 클라우드 컴퓨팅은 인터넷 기반cloud의 컴퓨터 기술computing을 의미하는 것으로, 여기에서 클라우드cloud, 구름은 컴퓨터 네트워크 상에 숨겨진 복잡한 인프라 구조, 인터넷을 뜻한다. 클라우드 컴퓨팅은 사용자가 필요한 소프트웨어를 자신의 컴퓨터에 설치하지 않고도 인터넷 접속을 통해 언제든 사용할 수 있고 동시에 각종 정보통신 기기로 데이터를 손쉽게 공유할 수 있는 사용 환경이다. 즉, 개인이 웹에 접속해서 포토샵, 오피스 같은 프로그램을 작업할 수 있고 그 작업에 대한 저장도 웹에서 하게 된다. 결국 가상 공간에 한 서버(컴퓨터)만을 놓고 이한 컴퓨터를 통해 여러 사람이 개인 작업을 할 수 있는 것이다.

클라우드 컴퓨팅에서 말하는 개념이나 구성 요소들은 최근에 등장한 새로운 패러다임이 아니라 오히려 모두 과거에 있었던 것들이다. 컴퓨터가 처음 개발되어 발전하기 시작한 1960년, 1970년대에는 대부분의 컴퓨터 사용자들이 데이터 센터에 설치된 소형 컴퓨터와의 접속에 의존하는 단순 단말기 형태의 컴퓨터를 사용하였다. 이런 과거의 사례를 바탕으로 클라우드 컴퓨팅이라는 것이 과거로의 회귀가 아니냐는 비판의 목소리도 나오고 있다. 하지만 이러한 관점은 클라우드 컴퓨팅의 한 면만을 보고 판단하는 것이기 때문에 정확하다고 할 수 없다. 과거에는 단순한 단말기들이 특정 몇몇 소규모 컴퓨팅 기반 시설에만 의존했던 반면에, 대다수의 클라우드 컴퓨팅 어플리케이션들은 특정한 로컬 서버나 특정한 전용 로컬 컴퓨팅 자원에만 의존하지 않는다는 점이 결정적인 차이점이라고 할 수 있다.

다음 그림은 기존 컴퓨팅과 클라우드 컴퓨팅 사이의 주된 차이점을 보여주고 있다. 기존 컴퓨팅 모델은 사용자의 컴퓨터에 모든 소프트웨어가 설치되고 모든 데이터가 저장된다. 인터

355

넷을 사용하기도 하지만 단순히 정보를 얻기 위함이거나 이메일을 교환하는 데 사용하는 정도로 그 범위가 제한된다. 반면 클라우드 컴퓨팅은 사용자의 컴퓨터에 소프트웨어가 설치되지 않고, 데이터도 저장되지 않는다. 대신 기업이 제공하는 소프트웨어 클라우드를 인터넷을 통하여 사용하며 개인 데이터도 개인용 클라우드에 저장하여 사용하고 있음을 알 수 있다. 이 둘의 큰 차이점은, 모든 사용자들이 자신의 로컬 컴퓨터에 소프트웨어를 설치하지 않는다는 것이다. 이렇게 되면 IT 기업에 크나큰 변화가 올 수 밖에 없다. 클라우드 컴퓨팅이 본격적으로 구축되면, IT 산업에 전반적으로 큰 영향을 줄 것을 예상할 수 있다.

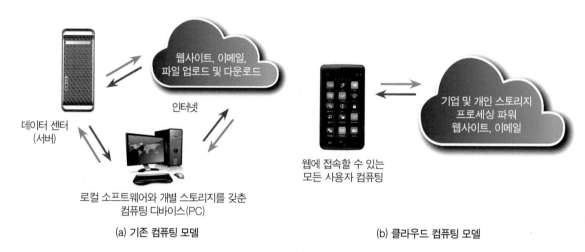

그림 13.3 **기존 컴퓨팅과 클라우드 컴퓨팅 사이의 주된 차이점**

13.2.2 클라우드 컴퓨팅의 장단점

앞에서 클라우드 컴퓨팅이 어떤 것인지에 대해 간략하게 알아보았다. 그러면 이러한 클라우드 컴퓨팅의 장점이 어떤 것이기에 클라우드 컴퓨팅이 연구되고 있는 것일까? 첫 번째, 클라우드 컴퓨팅은 수많은 로컬 컴퓨터에 똑같은 어플리케이션들을 설치하고 유지해야 할 수고를 덜어준다. 인터넷이 연결되어 있는 어느 컴퓨터 혹은 단말기에서 데이터와 어플리케이션을 사용할 수 있는 것이다. 예를 들어 문서작업을 하는 경우를 생각해 보자. 일반적으로 여러 대의 컴퓨터에서 문서작업을 하기 위해서는 각각의 컴퓨터에 동일한 워드프로세서를 설치한 다음, 한 대의 컴퓨터에서 문서작업을 해야 한다. 만약 현재 컴퓨터가 이상이 생겨서 사용할 수 없게 되었을 경우, 그 문서 데이터를 다른 컴퓨터로 옮긴 후 작업을 진행하여야 한다. 하지만 클라우드 컴퓨팅 환경에서는 그런 걱정을 할 필요가 없다. 어느 컴퓨터 혹은 단말기에서나 인터넷을 통하여 어플리케이션 서버, 데이터 서버에 접근하면 되기 때문에 여러 가지 물리적인 수고를 덜 수 있는 큰 장점이 있다. 이러한 장점은 클라우드 컴퓨팅이 공동작업에 매우 적합한 환경임을 증명해준다. 다시 워드프로세서로 문서를 작성하는 예시를 살펴보자. 누군가와 공동으로 문서작업을 할 필요가 있는 경우, 일반적인 컴퓨팅 환경에서는 이메일로 서로 데이터를 주고받는다든지, 각각의 로컬 컴퓨터 혹은 단말기에 전용 워드프로세서를 설치해야 한다는 번거로움이 있다. 반면 클라우드 컴퓨팅 환경에서는 가장 최신 버전의 문서를 가지고 쓸 수 있게 도와줄 뿐만 아니라, 심지어는 실시간으로 동시에 문서작업을 할 수도 있다. 물론 클라우드 컴퓨팅 환경에서는 이와 같이 텍스트 문서만 한정지어서 작업하지 않는다. 클라우드 컴퓨팅 기술의 발전에 따라서 사진, 음악, 비디오, 책 등 많은 디지털 미디어들을 다룰 수 있다. 실제로 구글이나 애플 같은 몇몇 회사에서는 디지털 미디어를 클라우드 컴퓨팅에 응용하여 서비스를 제공하고 있다. 각각의 디지털 미디어에 적합한 클라우드 컴퓨팅 어플리케이션과 서비스는 이미 존재하고 있는 것이다.

클라우드의 제일 큰 장점이 인터넷을 사용한 리소스 사용이라는 점에 있지만, 사실 그것이 제일 큰 단점이기도 하다. 가장 큰 문제점은 클라우드 컴퓨팅 어플리케이션이 '안정적인' 인터넷 접속을 가정한다는 것이다. 즉, '안정적'이지 않은 인터넷 환경에서는 오히려 클라우드 컴퓨팅을 통한 프로세스가 로컬 컴퓨터를 통한 프로세스보다 불편할 수 있다. 국내에서는 초고속 인터넷 보급이 매우 대중적이기 때문에 이러한 네트워크 안정성에 야기된 문제점은 거의 없다고 봐도 무방하다. 그렇기 때문에 더욱더 생각되어야 할 문제점이 바로 '보안'이다. 모든 프로세스가 인터넷을 통하여 진행되기 때문에, 클라우드 컴퓨팅 서비스가 보안에 취약하게 되면 여러 가지로 큰 문제점을 야기할 수 있다. 일반적인 사용자들은 인터넷을 통한 작업을 진행할 때 보안에 대해서 거의 고려하지 않지만, 기업의 입장에서는 그러한 보안성 강화와 프라이버시 보호가 매우 중요한 문제가 될 수 있다.

13.3 전자상거래

13.3.1 전자상거래의 정의

전자상거래란 여러 가지 의미를 내포할 수 있으나, 일반적으로 통용되는 정의는 온라인 네트워크를 통하여 재화나 서비스를 사고파는 모든 형태의 거래를 일컫는다. 전자상거래는 인터넷이 보편화되기 이전에도 기업 간에 문서를 팩시밀리 등을 통하여 전자적 방식으로 교환하거나, PC통신 등을 통하여 이루어진 홈쇼핑·홈뱅킹 등 다양한 형태로 존재해 왔으나, 인터넷이 대중화됨에 따라서 인터넷상에서 이루어지는 통상적인 거래를 의미하게 되었다. 보다 넓은 의미로는 인터넷 등의 정보통신 매체를 활용하여 상품과 서비스를 사고파는 것 뿐 아니라 수주와 발주, 광고 등 상품과 서비스의 매매와 관련된 광범위한 경제활동을 의미하기도 한다.

전자상거래라는 용어는 1989년 미국의 로렌스리버모어연구소lawrence livermore national laboratory에서 미국 국방부 프로젝트를 수행하면서 처음 사용되었다. 초기의 전자상거래는 대부분 특정한 경제주체 간의 전용망인 부가가치 통신망value added network, VAN을 이용하여 기업 간, 또는 정부와 기업 간에 전자적인 자료를 교환하는 전자문서교환electronic data exchange에 국한되었으나, 1993년 월드 와이드 웹world wide web, WWW 기반의 인터넷이 상용화되면서 급격하게 확산되었다. 또한, PC보급으로 인터넷 사용자들이 빠르게 증가하면서 비약적으로 발전하는 가운데 1997년 미국이 '범세계적인 전자상거래 기본구상'을 발표하면서 국제적 이슈로 부각되었다.

우리나라에서는 1992년 한국무역정보통신(KTNET)이 설립된 이후 무역자동화(EDI)사업이 추진되면서 초기 전자상거래 개념이 도입되었다. 1994년 인터넷 서비스가 국내에 상용화 되었고, 1996년 이후에는 전자상거래에 대한 인식이 높아지면서 각 부처별로 관련 정책과 법률이 마련되었다. 또한 같은 해 정보통신부 산하에 한국전자거래협회(CALS/EC)가 출범하였고, 6월에는 우리나라 최초의 인터넷 쇼핑몰인 인터파크가 등장하였다. 한편 1999년 7월 1일 이후에는 「전자상거래기본법」과 「전자서명법」이 시행되면서 우리나라가 세계 6번째로 전자서명법이 제정된 국가로 거듭나는 한편 국내 전자상거래 시장이 확대되는 계기도 마련되었다. 본격적으로 인터넷 시대가 개막된 1999년 이후 인터넷 이용자의 수가 크게 증가하면서 전자상거래의 규모도 비약적으로 발전하였다. 인터넷 이용자 수는 2000년 4월 약 1,456만 명이었으나 2년 사이 약 1,000만 명이 증가하여 2001년 2,438만 명을 기록하였고 2009년 말 3,658만 명에 달하였다. 인터넷 이용자 수와 마찬가지로 전자상거래의 규모도 꾸준히 증가하여 2001년 118조 9,760억 원에서 2009년 말 672조 4,780억 원까지 급증하였다. 한편, 2009년 말 국내 전자상거래 현황을 거래주체별로 살펴보면 기업 간 전자상거래가 592조 965억 원으로 전체 거래규모의 88%를 차지하고 있다. 최근 들어서는 기업 간 전자상거래(B2B)의 비중이 점차 높아지고 있으며 2000년 실시된 의약분업으로 인해 병원과 약국 간 전자처방전 교환 및 진료비 전자청구가 늘어나 전자상거래 활성화에 이바지하고 있다.

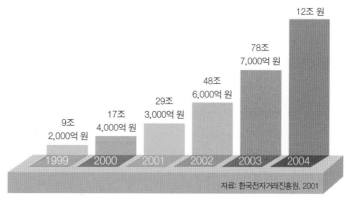

그림 13.4 한국의 전자상거래 발전 규모

13.3.2 전자상거래의 종류

전자상거래는 수주, 발주, 결제 등을 중심으로 크게 다음의 네 가지 형태로 나누어 볼 수 있다. 기업과 소비자 간business to customer, B2C, 기업 간business to business, B2B, 기업과 정부 간 business to government, B2G, 소비자 간customer to customer, C2C 전자상거래 등이 그것이다. 기업과 소비자 간의 전자상거래란 현실 세계의 소매상을 가상공간에 구현한 것으로 인터넷 쇼핑몰 등이 포함된다. 국내 대표적인 예로는 인터파크, 롯데닷컴 등이 있다. 기업 간의 전자상거래는 구매자와 판매자가 모두 기업인 경우로 거래를 누가 주도하느냐에 따라 판매자 위주, 구매자 위주, 중개자 위주의 전자상거래로 나뉜다. 대부분의 기업 간 전자상거래는 판매자 위주로 이루어지는데 구매자나 부품 공급자가 판매사의 홈페이지에 접속하여 주문을 내는 것을 말한다. 구매자 위주의 전자상거래는 기업에서 필요한 물품을 구매하기 위하여 입찰을 실시하는 경우이다.

13.3.3 전자상거래의 장단점

1990년대 말 등장한 전자상거래가 비약적으로 발전할 수 있었던 것은 전통적인 상거래에 비해 파격적인 장점을 가지고 있기 때문이다. 첫째, 유통채널을 단순하게 한다. 기존의 상거래가 대체로 도매상과 소매상을 거쳐 소비자에게 제품이 전달되는 데 반해, 전자상거래는 인터넷을 통해 직접 소비자에게 전달되기 때문에 유통채널이 단순하고 소비자는 저렴한 가격으로 구입할 수 있다. 둘째, 시간과 지역의 제한이 없다. 인터넷은 24시간 접속이 가능하며, 전 세

359

계와 연결되어 있어 제한된 공간에서 한정된 영업시간 내에서만 거래를 하는 기존의 상거래와는 달리 언제 어느 때라도 제품정보를 수집하고 전 세계의 제품을 거래할 수 있다. 셋째, 고객의 수요에 대한 정보 획득이 용이하다. 기존의 시장조사 방식은 시장조사기관이나 영업사원이 소비자의 수요를 파악하여 정리하는 것이었으나 전자상거래는 인터넷을 통하여 수시로 정보를 획득할 수 있다. 넷째, 쌍방향 통신에 의한 1대 1 마케팅 활동이 가능하다. 기존의 상거래는 소비자의 의사에 상관없이 기업의 일방적인 마케팅 활동이라 할 수 있다. 그러나 전자상거래는 인터넷을 통해 소비자와 1대 1 통신이 가능하기 때문에 소비자와의 상호작용에 의한 마케팅 활동을 하게 된다. 다섯째, 판매활동을 위한 물리적 거점이 필요하지 않다. 기존의 상거래는 시장이나 상점 등 물리적인 공간 내에서 전시에 의해 판매를 하거나 고객을 직접 방문하여 판매하는 방식을 취하였으나 전자상거래는 네트워크를 통해 많은 정보를 제공하고 이러한 정보를 이용하여 판매를 한다. 이와 같은 장점 때문에 전자상거래는 여러 가지로 경제적인 효과를 창출해 낼 수 있다.

그러나 이러한 장점에도 불구하고 전자상거래는 불특정 다수의 비대면非對面거래이기 때문에 소비자 보호에 문제가 발생할 수 있으며, 종이 화폐의 직접적인 사용이 어려움에 따라 지불수단을 다양화할 필요성도 있다. 전자상거래가 확산됨에 따라 소비자나 기업정보의 노출, 소비자 피해의 증가, 경제적 불평등의 확대digital divide 등의 부수적인 부작용이 지적되고 있으므로 정보보안, 소비자보호 경제적 형평성의 제고를 위한 제도적 보완조치가 요청되고 있다. 이러한 문제점을 보완하고자 K·cash를 비롯한 다양한 전자화폐가 등장하였고, 소비자 보호를 위한 장치도 지속적으로 마련 · 보완되고 있다.

13.4 3D 입체 영상 기술

13.4.1 3D 입체 영상의 지각원리

사람의 눈은 여러 가지 요소에 영향을 받아 사물의 원근감을 지각한다.

- 물체가 중첩되어 있을 경우, 상대적으로 가까운 물체를 인지할 수 있다.
- 빠르게 움직이는 물체는 느리게 움직이는 물체보다 가까운 곳에 위치한다고 인지한다.
- 음영의 정도로도 원근감을 느낄 수 있다.

이렇듯 사람이 원근감을 느끼는 데에는 다양한 요소가 존재한다. 3D 입체 영상이란 이렇듯 다양한 원근감 요소 중 양안시차binocular parallax를 이용하여 사람이 어떤 사물을 볼 때 인위적으로 원근감을 지각하도록 하는 기술을 말한다.

❶ 양안시차

사람의 눈은 좌우 약 6.5cm 간격을 두고 있다. 이로 인해 두 눈이 하나의 영상을 미세하게 다른 각도로 보게 되며, 두 이미지는 시신경을 통해 뇌의 신피질로 전달되어 하나의 영상으로 융합된다. 이 과정에서 사람은 입체감을 지각하게 된다.

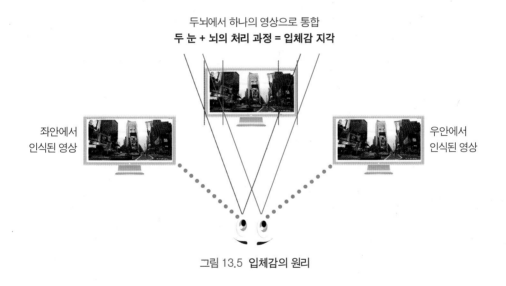

그림 13.5 **입체감의 원리**

13.4.2 3D 입체 영상의 역사

3D 입체 기술은 아주 먼 옛날부터 존재하였다. 19세기에 처음 등장한 3D 기술은 많은 전성기와 쇠퇴기를 거치면서 발전하였다. 다음은 19세기 최초의 3D 장비부터 최근의 아바타까지 3D 입체 영상 기술의 역사를 개략적으로 보여준다.

• 1838년 찰스 휘트스톤charles Wheatstone에 의해 입체 요지경이 발명되었다. 이는 최초의 3D 장비라고 볼 수 있다.
• 1859년에 등장한 스트레오스코프는 서로 다른 각도에서 찍힌 두 개의 사진을 각각의 눈으로 보게 했다. 스트레오스코프는 수 백 만대가 판매되면서 3D 기술은 제1의 전성기를

맞이하였다.

- 이후, 3D 기술은 침체기를 거치다가 1950년대에 적청 방식의 3D 영상이 발표되면서 다시 한 번 전성기를 맞이하였다. 이때 50여편이 넘는 입체 영화가 제작되었다.
- 1980년대에 이르러 테마파크 등에서 10분 내외의 고화질 입체영상을 제작하였다.
- 2009년 아바타로 3D 영상은 최전성기를 맞이하였다. 이로 인해 과거 극장 등의 전유물이었던 3D 입체 영상은 가전, 게임기, PC 등 다양한 매체를 통해 일상화되고 있다.

13.4.3 3D 입체 영상의 재생 방식

앞서 살펴본 바와 같이 3D 입체영상은 좌안과 우안의 두 영상으로 이루어진다. 그러므로 일반적인 3D 영상은 두 개의 카메라를 통해 동시에 촬영하고 이를 다양한 재생 방식을 통해 보여 준다. 이러한 재생 방식은 크게 안경 방식과 무안경 방식으로 나뉜다. 안경 방식은 다시 적청 방식, 편광 방식, 셔터 방식으로 나눌 수 있으며, 무안경 방식은 렌티큘러 렌즈, 시차 배리어 방식으로 구분할 수 있다.

❶ 안경 방식

적청 방식

적청 방식anyglyph은 왼쪽 시야 장면은 청색으로, 오른쪽 시야 장면은 적색으로 생성한 이후 이를 겹쳐서 재생하는 방법이다. 이후, 사용자가 적청 안경을 쓰고 영상을 보면 3D 해당 영상은 3D로 보이게 된다. 이 방법은 저렴하고 손쉬우나, 색 재현성이 떨어지고 어지러움을 쉽게 느껴 최근에는 상업적으로 거의 사용되고 있지 않다.

그림 13.6 **적청 방식**

편광 방식

편광 방식의 3D 영상은 편광 필름이 부착된 스크린과 편광 안경으로 구성된다. 편광 필름이 부착된 스크린에서는 좌우 영상을 동시에 송출한다. 이때 짝수 행에서는 오른쪽 영상을, 홀수 행에서는 왼쪽 영상을 보내는 식으로 영상을 송출하게 된다. 그렇게 하면 편광 안경의 각 렌즈는 특정 방향의 빛만 통과시켜서 양쪽 눈이 서로 다른 영상을 보게 한다. 편광 방식의 안경은 특정 빛을 통과시키는 역할 외에 아무런 전자적 조정도 하지 않기에 Passive 방식이라고도 불린다. 다음 그림은 편광 방식을 보여준다. 편광 방식은 안경이 저렴하기에 주로 영화관에서 사용된다. 그러나 수직해상도가 1/2로 떨어진다는 단점이 있다.

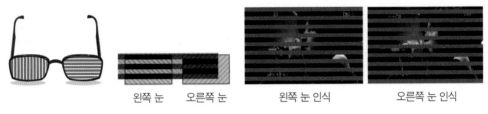

왼쪽 눈   오른쪽 눈   왼쪽 눈 인식   오른쪽 눈 인식

그림 13.7 편광 글라스 방식

셔터 방식

셔터 방식은 주파수가 일반 영상의 두 배인 디스플레이와 전자적인 제어장치가 탑재된 셔터 안경을 통해 3D 영상을 본다. 이 방식에서 디스플레이 장치는 좌안 우안 영상을 번갈아가며 재생한다. 셔터 안경은 디스플레이 장치와 동기화를 맞춰 안경의 좌우 셔터를 열었다 닫았다를 반복한다. 이 상을 통해서 사용자의 좌안과 우안은 서로 다른 영상을 보게 된다. 그러나 셔터 방식은 안경이 비싸고, 깜박거림으로 인한 눈의 피로가 클 수 있다는 단점이 있다.

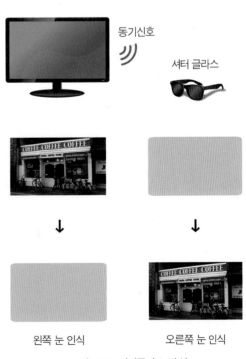

왼쪽 눈 인식   오른쪽 눈 인식

그림 13.8 셔터글라스 방식

❷ 무안경 방식

현재의 기술로는 무안경 방식으로 대화면의 디스플레이 장치를 만드는 것이 쉽지 않다. 그러나 모바일 기기와 같이 소형이면서 단일 사용자가 사용하고 사용자와 디스플레이 장치간의 거리가 일정한 장비에서는 시차 베리어 방식의 3D 재생방식이 사용되고 있다.

시차 배리어 방식

시차 배리어 방식의 디스플레이 장치는 다음 그림과 같이 패널 앞에 수직 배리어가 존재한다. 수직 배리어를 통해 사용자의 왼쪽 눈은 오른쪽 영상을 보고 오른쪽 눈은 왼쪽 영상을 보게 된다. 이 방법은 초점 거리와 시점의 위치가 중요하고 휘도가 1/2로 준다는 단점이 있다.

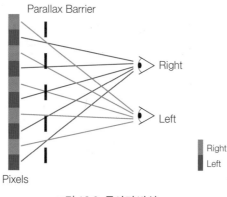

그림 13.9 **무안경 방식**

13.4.4 3D 입체 영상의 표현 방식

❶ SIR 방식

3D 영상을 표현하기 위한 가장 간단한 방법은 적절하게 촬영한 좌안과 우안 영상으로 입체 영상stereo image을 표현하는 것이다. 다음 그림은 이렇게 만들어진 3D 영상을 보여준다.

그림 13.10 **SIR 방식의 영상**

그러나 좌안과 우안 영상을 동시에 전송해야하는 SIR^{stereo image recording} 입체영상 방식은 전송 시 일반 영상의 두 배에 해당하는 높은 대역폭이 필요하다. 또한 시청자마다 인지하는 입체감이 달라 개인의 기호에 맞게 깊이 정보를 조절할 수 있어야 하지만, 깊이 정보가 고정되어 있어 효율적인 사용이 어려운 문제가 있다

❷ DIBR 방식

단순한 3D 입체 영상 표현의 단점을 극복하고자 DIBR^{depth-image based rendering} 방식의 3D 영상 표현 기법이 2000년대 초에 발표되었다. DIBR 방식의 3D 영상은 다음 그림에 나타난 것처럼 좌, 우 영상이 아닌 중앙 영상과 깊이 영상으로 이루어진다. 이 두 영상은 시청자에게 전송되고 이를 기반으로 시청자의 장비 내에서 좌안 영상과 우안 영상을 생성한다. 이 방법은 좌안과 우안 영상이 깊이 영상과 중앙 영상에 의해 생성되기에 깊이 정보를 조절할 수 있고, 깊이 영상은 상대적으로 적은 용량을 차지하기에 기본적인 3D 표현 방식보다 적은 용량으로 3D 영상을 나타낼 수 있다.

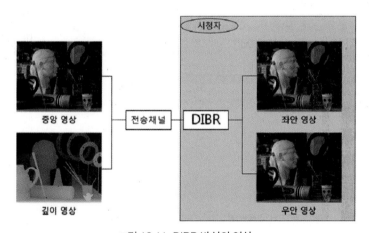

그림 13.11 DIBR 방식의 영상

그러나 DIBR 방식의 경우 중앙 영상과 깊이 영상으로부터 좌안과 우안 영상을 생성하는 과정에서 영상의 퀄리티가 떨어지는 문제가 있다.

13.4.5 3D 입체 영상의 제작 방식

3D 입체 영상의 제작 방식은 크게 촬영, 컴퓨터 그래픽, 2D/3D 컨버팅, 하이브리드 방식으로 나눠 볼 수 있다.

❶ 촬영 방식

촬영 시에는 두 개의 카메라를 리그rig에 올린 장비로 촬영하거나 특수 필터를 장착한 입체 카메라를 사용한다. 영화 제작 현장에서는 카메라와 리그를 많이 사용하고, 방송 촬영에서는 특수 필터를 장착한 입체 카메라를 주로 사용하고 있다. 리그는 수평 또는 수직 방향의 리그가 존재한다. 수평 리그는 사용이 쉬우나 카메라 사이의 거리 때문에 근접촬영이 어렵고 수직 리그는 설치가 어렵다는 단점이 있다.

그림 13.12 3D 입체영상 제작 카메라

❷ 컴퓨터 그래픽 방식

컴퓨터 그래픽 방식에서의 3D 영상은 3차원 좌표 정보를 구성하고 있는 CG 데이터를 사람의 좌완과 우완의 시점에서 두 번 랜더링 함으로서 얻을 수 있다. 이 방법은 비용이 저렴하고 제작이 용이하나 CG 애니메이션이나 게임에서만 사용 가능하다는 단점이 있다.

❸ 2D/3D 컨버팅 방식

일반 영상을 특정 알고리즘을 통하여 3D 입체 영상으로 변환하는 방식을 말한다. 2D/3D 컨버전 소프트웨어의 성능이 좋지 못해, 일반적으로 소프트웨어를 사용해 컨버전 이후 수작업으로 영상물의 완성도를 높인다.

❹ 하이브리드 방식

위에 언급한 촬영, 컴퓨터 그래픽, 2D/3D 방식을 혼합하여 사용하는 방식을 말한다. 실제로 영화 등과 같은 3D 콘텐츠 제작 시 단일 기술로 전체 콘텐츠를 만들기에는 무리가 따르므로 필요에 따라 다양한 기법을 섞어서 사용하고 있다.

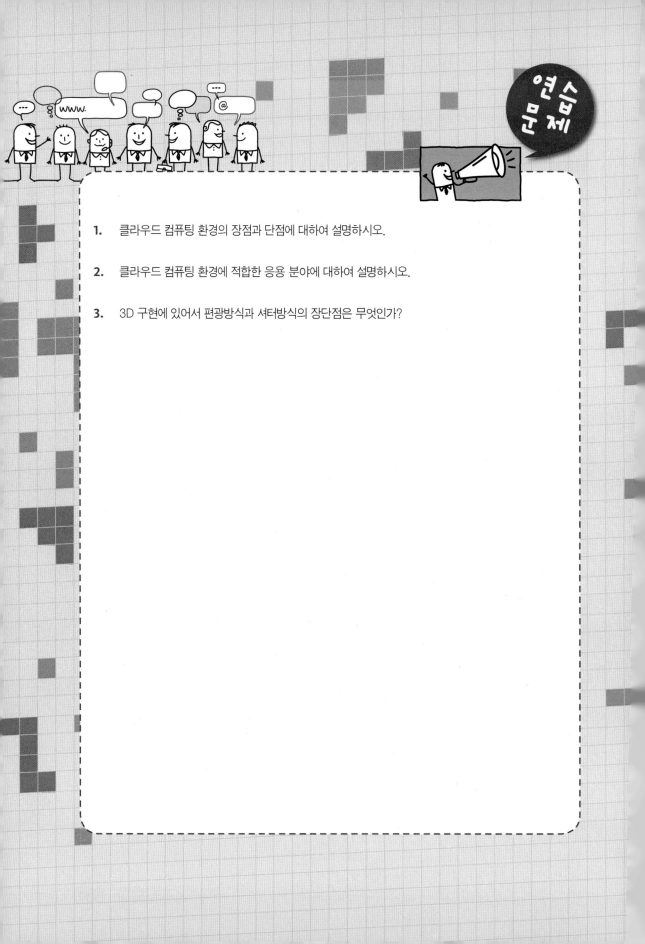

1. 클라우드 컴퓨팅 환경의 장점과 단점에 대하여 설명하시오.

2. 클라우드 컴퓨팅 환경에 적합한 응용 분야에 대하여 설명하시오.

3. 3D 구현에 있어서 편광방식과 셔터방식의 장단점은 무엇인가?

찾아보기

다

라

아